权威·前沿·原创

皮书系列为

“十二五”“十三五”国家重点图书出版规划项目

中国社会科学院创新工程学术出版资助项目

中国人口与劳动问题报告

No.17

REPORTS ON CHINA'S POPULATION AND LABOR
(No.17)

迈向全面小康的共享发展

The Shared Development to an Overall Well-off Society

主　编／蔡　昉　张车伟

社会科学文献出版社
SOCIAL SCIENCES ACADEMIC PRESS (CHINA)

图书在版编目(CIP)数据

中国人口与劳动问题报告. No. 17，迈向全面小康的共享发展 / 蔡昉，张车伟主编. --北京：社会科学文献出版社，2016. 10
（人口与劳动绿皮书）
ISBN 978-7-5097-9828-7

Ⅰ. ①中… Ⅱ. ①蔡… ②张… Ⅲ. ①人口-问题-研究报告-中国②就业问题-研究报告-中国③小康建设-研究报告-中国 Ⅳ. ①C924. 24②D669. 2③F124. 7

中国版本图书馆 CIP 数据核字（2016）第 245709 号

人口与劳动绿皮书
中国人口与劳动问题报告 No. 17
——迈向全面小康的共享发展

主　编 / 蔡　昉　张车伟

出 版 人 / 谢寿光
项目统筹 / 邓泳红
责任编辑 / 周映希

出　版 / 社会科学文献出版社 · 皮书出版分社（010）59367127
地址：北京市北三环中路甲 29 号院华龙大厦　邮编：100029
网址：www. ssap. com. cn
发　行 / 市场营销中心（010）59367081　59367018
印　装 / 北京季蜂印刷有限公司

规　格 / 开 本：787mm × 1092mm　1/16
印 张：27. 5　字 数：419 千字
版　次 / 2016 年 10 月第 1 版　2016 年 10 月第 1 次印刷
书　号 / ISBN 978-7-5097-9828-7
定　价 / 79. 00 元

皮书序列号 / B-2000-010

本书如有印装质量问题，请与读者服务中心（010-59367028）联系

版权所有 翻印必究

序言
共享发展的内涵、外延与实现路径

蔡　昉*

2015 年 10 月，党的十八届五中全会审议通过了《中共中央关于制定国民经济和社会发展第十三个五年规划的建议》（以下简称《建议》）。在《建议》中，党中央正式提出了“创新、协调、绿色、开放、共享”五大发展理念。上述理念是新的历史时期破解发展难题、增强发展动力、实现发展目标的思想纲领。作为长期关注民生状况的品牌皮书，今年的人口与劳动绿皮书（No. 17）紧紧围绕“共享”理念，从“全面二孩”政策调整的社会经济影响、户籍制度改革与“以人为中心”的城镇化、缩小收入差距、反贫困与共同富裕、劳动力市场建设与和谐发展、社会保障制度的改革及完善等层面，细致深入地探讨当下中国民生领域的重点话题。

在我国经济发展进入新常态的情况下，推进改革开放、加大对“短板”领域的投资力度等措施皆有紧迫性和现实性。我们也倾向于认为，在经济增长减速的情况下，更应借助共享发展来延续中国奇迹。当然，在系统论证本书观点之前，首先得廓清“共享”的概念，以及共享发展的内涵、外延与实现路径。

从概念来看，与共享式发展较为接近的是“包容性增长”（Inclusive Growth）。该词较早见于亚洲开发银行 2007 年的一项报告。2010 年 9 月 16 日，时任国家主席胡锦涛在出席第五届亚太经合组织人力资源开发部长级会议开幕式时，发表题为《深化交流合作，实现包容性增长》的讲话中，再

* 蔡昉，中国社会科学院副院长、学部委员。

次提到了“包容性增长”。为了避免“包容性增长”被曲解为可以包容经济增长过程中的负面因素，人们倾向于用“共享式发展”来替代、升华“包容性增长”。换言之，“共享式发展”是“包容性增长”的升级版。当然，类似的提法还有“基础广泛的增长”“分享型增长”“益贫式增长”，但在内涵和外延上都没有“共享发展”深广。

那么，什么是共享？有学者认为，共享即共同体内不同的行为主体，经由某种制度安排和机制设计，实现对财富、收入、利益、信息、知识和技术等资源的分享。共享或分享的目的，在于达成各行为主体间的协调或均衡发展，即实现共享性发展①。从权威解读来看，共享的内涵主要有全民共享、全面共享、共建共享和渐进共享等四大方面②。显然，共享式发展着眼于解决社会公平正义问题，体现了中国特色社会主义本质要求和发展目的。全面建成小康社会，也必须以全体人民的共同进入为根本标志③。基于此，我们认为共享式发展的内涵和外延在具体表现上至少应该包括以下几个方面，即民生的普遍改善、社会的公平和谐、人民享有更多更好的发展权、各民族共享改革发展成果。

从改革开放 30 多年的发展历程看，我国经济社会的发展可以说是共享式的。这体现在诸多方面。首先是备受关注的收入分配问题。1978 年改革伊始，我国城镇居民人均可支配收入仅为 343.4 元，农村居民人均纯收入仅为 133.6 元。及至 2015 年，城镇居民人均可支配收入增加到 31195 元，农村居民人均纯收入则增至 10772 元。显然，我们的绝对收入水平有了非常大的提高。尽管基尼系数在经济发展过程中曾一度高企，但近些年来，特别是 2009 年之后有了较为明显的下降。国家统计局最新数据显示，2015 年全国居民收入基尼系数为 0.462，是 2003 年以来的最低值。这表明我国的收入分配改革取得了一定的成效。

---

① 周兴维：《西藏共享性发展理路述要》，《西藏研究》2011 年第 6 期。

② 中共中央宣传部编《习近平总书记系列重要讲话读本（2016 年版）》，学习出版社、人民出版社，2016。

③ 蔡昉：《践行五大发展理念　全面建成小康社会》，《光明日报》2015 年 11 月 5 日。

在反贫困方面，我国也取得了巨大成就，实现了世界上规模最大的减贫。1978 年，按当时我国政府确定的贫困标准每人每年 100 元统计，温饱不保的贫困人口多达 2.5 亿，占农村总人口的 30.7%。而按照每人每年 2300 元（2010 年不变价）的农村扶贫新标准计算，2015 年农村贫困人口已减至 5575 万，贫困发生率大幅下降。事实上，根据购买力平价法计算，中国的扶贫标准是高于国际贫困标准的。世界银行、联合国开发计划署等国际机构也承认，30 年来全人类取得的减贫成就，2/3 应归功于中国①。在迈向“十三五”的进程中，中央制定了精准扶贫战略，该战略是对以往扶贫工作的发展和补充。可以预期，随着对贫困的精准识别、精准帮扶、精准管理和精准考核，我国的反贫困事业将会进一步取得重大突破，民生也将不断改善。

户籍制度改革不仅有利于生产要素在城乡和区域间的流动，提高资源配置效率、推动新型城镇化建设，还有利于人民享有更多更好的发展权，有利于构建和谐稳定的社会环境，是共享发展的重要一环。这些年来，随着户籍制度的改革、农民工社会保障的强化，我国农民工得以保持着庞大的规模，2015 年，全国农民工总量高达 27747 万人，其中外出农民工 16884 万人。

人均预期寿命的延长则反映了营养、健康和医疗卫生条件的改善，也是共享式发展的重要体现。统计数据显示，2015 年我国人均预期寿命已达 76.34 岁，比 1982 年第三次全国人口普查时的 67.77 岁延长了 8.57 岁，这是很了不起的。人力资本积累是另一项重要成就。1982 年我国每十万人中仅拥有 615 名大专及以上学历人口，2015 年则上升至 12445 人，增长了 19.24 倍。受教育程度的提高不仅能提升劳动者劳动生产率和收入水平，使个人享有更多更好的发展权，真正体现以人为本，而且对社会也能产生正向溢出效应。从这个意义上讲，以人为本与共享式发展相互促进、互为因果。

费孝通先生曾系统论述中华民族的多元一体格局②。可以说，中华文明

---

① 蔡昉：《破解中国经济发展之谜》，中国社会科学出版社，2014。

② 费孝通：《中华民族的多元一体格局》，《北京大学学报》（哲学社会科学版）1989 年第 4 期。

是中原文明、高原文明和草原文明相互融合之后的瑰丽和美。中华人民共和国成立以来，各族人民在党和政府的正确领导下，生活水平和生产条件都有了极大提高和改善，社会经济状况发生了翻天覆地的变化。特别是改革开放之后，这一进程得以加速推进，共享式发展特征越发明显。以西藏自治区为例，中央在 1980 年、1984 年、1994 年、2001 年、2010 年和 2015 年先后召开了六次西藏工作座谈会。在 2015 年的西藏工作座谈会上，习近平总书记更是强调，“同全国其他地区一样，西藏和四省藏区已经进入全面建成小康社会决定性阶段”，并提出到2020 年农牧民的人均纯收入和基本公共服务接近全国平均水平等发展目标。党和政府对民族地区的扶持及重视，将极大推动各族人民在中华民族伟大复兴历史进程中，共享经济社会发展成果，实现共享式发展。

以“大历史”的眼光看，中国已经经历过马尔萨斯式的贫困陷阱、刘易斯式的二元经济发展、刘易斯转折点和索洛式的新古典增长四种增长类型中的前三个过程①。在越过刘易斯转折点后的新古典增长阶段，中国经济将不可避免地蕴含着许多现实的和潜在的挑战，新常态也许就是这些挑战的综合体现。未来应当如何破局，如何“在增长的迷雾中求索”，是摆在理论家和实操者面前的难题。

如前所述，我们可以借助共享式发展来延续中国奇迹。在实现路径上，共享式发展可从继续深化改革开放，调整户籍制度，完善生育政策，推动劳动力市场建设，提高扶贫效能，密织社会安全网等方面着手。这些都是本书着重探讨的内容，读者可在相关章节获取具体信息。

这里想强调的是，当下及未来的一大工作重心，是如何更有效地实现低收入群体的“收入倍增”，如何密织社会安全网。我们知道，商业秩序的扩展并不能使每个人都得到关照，总有一部分人被排除在生产性经济之外，他们往往会游离在主流社会经济活动之外。这部分人无论是人力资本还是社会

① 蔡昉：《理解中国经济发展的过去、现在和将来：基于一个贯通的增长理论框架》，《经济研究》2013 年第 11 期。

资本都相对缺乏，我们的社会安全网能否有效“兜住”他们，关乎未来的和谐稳定。在共享式发展道路上，我国取得了不少成就，但也存在着一些不平衡、不协调问题。这是必须承认的现实，不应讳疾忌医。“理念是行动的先导，一定的发展实践都是由一定的发展理念来引领的。”① 发展理念是否对头，从根本上决定着发展的成效乃至成败。在全面建成小康社会的进程中，在坚持共享式发展的道路上，我们要深入贯彻习近平总书记“坚持以人民为中心的发展思想”，坚持普惠性、保基本、均等化、可持续方向，扫清经济社会发展障碍，破除中等收入陷阱，拥抱中华民族伟大复兴。

① 中共中央宣传部编《习近平总书记系列重要讲话读本（2016 年版）》，学习出版社、人民出版社，2016。

Preface
Connotation and Extension of Shared Development and the Path to Its Realization

Cai Fang *

In October 2015, the Fifth Plenum of the 18th Central Committee of the Communist Party of China (CPC) considered and adopted the "Recommendations for the 13th Five - Year Plan for Economic and Social Development" ("Recommendations"). In the "Recommendations", the CPC Central Committee formally proposed the five concepts of development— "Innovative Development, Coordinated Development, Green Development, Open Development, Shared Development". Above-mentioned concepts are the ideological program to solve the problems of development, enhance driving force for the development, and achieve the goals of development in the new historical period. As a well-known Green Book which concerns the status of people's livelihood for a long time, this year's "Reports on China's Population and Labor (No. 17)" evolves around the concept of "sharing" to investigate the key topics of people's livelihood in contemporary China in depth. The topics discussed in the report include the socio-economic impact of the universal two-child policy adjustment, the reform of household registration system and the "People - Centered" Urbanization, narrowing the income gap, anti-poverty and common prosperity, the construction and harmonious development of labor market, and the

---

* Cai Fang, Vice President of Chinese Academy of Social Sciences (CASS), CASS member.

reform and improvement of social security system and other aspects.

As China's economic development has entered a new normal, it is urgent and realistic to apply some measures including promoting the reform and opening up, increasing the investment on the areas of weakness, and so on. We also tend to think that as economic growth has slowed, we should use shared development to help continue the China miracle. Of course, before systematically demonstrating the insights in this book, we need to clarify the concept of "sharing" and the connotation and extension of shared development and the path to its realization.

From the point of view of the concept, one concept closer to "Shared Development" is "Inclusive Growth". This concept—Inclusive Growth—was found earlier in a report of Asian Development Bank in 2007. On September 16, 2010, Hu Jintao, former President of the People's Republic of China, addressed a speech on "Deepen Exchanges and Cooperation for Inclusive Growth", when he attended the opening ceremony of the Fifth APEC Human Resources Development Ministerial Meeting. In the speech, Hu mentioned "inclusive growth" again. In order to avoid "inclusive growth" misunderstood as containing the negative factors in the process of economic growth, therefore, people tend to use "shared development" instead of "inclusive growth". In other words, "shared development" is an upgraded version of "inclusive growth". Of course, similar wording includes "broad-based growth", "shared growth", and "pro-poor growth", but the connotations and extensions of them are not as broad and deep as those of "shared development".

So, what is sharing? Some scholars believe that sharing is that different actors within the same community achieve a joint use of wealth, income, interest, information, knowledge and technology and other resources, through some institutional arrangements and mechanism design. The purpose of sharing is to achieve the coordinated or balanced development among the various actors, namely shared development①. From the perspective of authoritative interpretation, the meanings of sharing mainly are four aspects as universal sharing, comprehensive

① Zhou Xingwei (2011), "A Brief Introduction to the Tibetan Shareable Development Venation", *Tibetan Studies*, No. 6.

sharing, co-constructive sharing, and progressive sharing[①]. Obviously, shared development focuses on solving the problems of social equity and justice, which reflects the essence and development purposes of the Socialism with Chinese characteristics. Completing the building of a moderately prosperous society must use the common entering of all the people as the basic symbol[②]. Based on this, we believe that the connotation and extension of shared development concretely should at least include the following aspects, namely, the general improvement of people's livelihood, social equity and harmony, more and better rights of development enjoyed by people, and fruits of the reform and development shared by all ethnic groups.

From the perspective of more than 30 years'development course of the reform and opening up, China's economic and social development can be viewed as a shared development. This is reflected in many aspects. The first aspect is the income distribution which has been received much concern. At the beginning of the reform in 1978, the per capita disposable income of urban residents in China was only 343. 4 yuan; while the per capita net income of rural residents in China was only 133. 6 yuan. By 2015, the per capita disposable income of urban residents in China increased to 31, 195 yuan; while the per capita net income of rural residents in China increased to 10, 772 yuan. Obviously, the level of our absolute income has been improved a lot. Although the Gini coefficient was high in the process of economic development, in recent years, especially since 2009, the Gini coefficient has significantly declined. The latest data from National Bureau of Statistics of the People's Republic of China shows that the Gini coefficient of national income was 0. 462 in 2015, which was the lowest value since 2003. This indicates that China's income distribution reform has achieved certain results.

In terms of anti-poverty, China has also made great achievements to realize the largest poverty alleviation in the world. In 1978, using the standard of poverty

① Publicity Department of the Communist Party of China edit (2016): "General Secretaryof the Communist Party of China Xi Jinping's Series Important Speeches Reader (the 2016 Edition)", Xuexi Press, Renmin Press.

② Cai Fang (2015), "Practice Five Development Concepts, Complete the Building of a Moderately Prosperous Society", *Guangming Daily*, December 5, 2015.

line—100 yuan per person per year—determined by our government at that time as the threshold, the population below the poverty line, who was insufficient for clothes and food, was up to 250 million, accounting for 30. 7 percent of the total rural population. And using the new standard of rural poverty reduction—2, 300 yuan (constant price of 2010) per person per year—as the threshold, the rural population below the poverty line reduced to 55. 75 million in 2015; this shows that the incidence rate of poverty dropped significantly. In fact, calculating based on the purchasing power parity, China's poverty line is higher than the international one. International institutes such as the World Bank and the United Nations Development Programme also acknowledge that two-thirds of the achievements mankind made in poverty alleviation should be attributed to China in the past 30 years①. In the process of marching toward the "13th Five - Year Plan", the central government formulated a strategy of taking targeted measures to help people lift themselves out of poverty. The strategy is a supplement and development of the poverty alleviation work in the past. It can be expected that with the targeted identification, targeted help, targeted management, and targeted measures of poverty, China's anti-poverty will make further major breakthroughs and people's livelihood will continue to improve as well.

The reform of household registration system will not only benefit the flow of factors of production between urban and rural areas and regions, improving the efficiency of resources allocation, and promoting the construction of new urbanization, but also benefit people enjoying more and better rights of development and building a harmonious and stable social environment. The reform of household registration system is an important part of the shared development. In the past years, with the reform of household registration system and the strengthening of the social security of migrant workers, China's migrant workers have maintained a large size. In 2015, the total number of national migrant workers was up to 277. 47 million, in which 168. 84 million was outgoing countryside migrant workers.

---

① Cai Fang (2014), *Demystifying the Economic Growth in Transition China*, China Social Sciences Press.

Increase in life expectancy reflects the improvement of nutrition, health and medical and health conditions; it is also an important manifestation of the shared development. Statistics show that in 2015 China's life expectancy reached 76.34 years, which increased for 8.57 years, comparing with the life expectancy—67.77 years—at the time of the third National Population Census of the People's Republic of China in 1982. This is a remarkable achievement. The accumulation of human capital is another important achievement. In 1982, only 615 people had junior college and above per 100000 people in the population in China; while in 2015, that number was up to 12445 people, which increase 19.24 times. Improvement of the level of education not only raise employees' productivity and income levels, so that it makes people enjoy more and better rights of development and truly reflects putting people first; but also benefit the society by generating positive spillover effects. In this sense, people oriented and shared development promote and reinforce each other.

Professor Fei Xiaotong systematically discussed the pattern of diversity in unity of the Chinese nation①. We can say that Chinese civilization is a magnificent and beauty after the merging of Central - Plains civilization, plateau civilization, and prairie civilization. Since the founding of People's Republic of China, under the leadership of the Communist Party of China and government, all the people of China have greatly improved their living standards and production conditions and socio-economic situation has enormous changed. Especially after the reform and opening up, this process has accelerated and the characteristics of shared development have become more and more obvious. Use the Tibet Autonomous Region as an example, the CPC Central Committee held six forums on Tibetan work in 1980, 1984, 1994, 2001, 2010, and 2015, respectively. On the forum on Tibetan work in 2015, General Secretary of the Communist Party of China XI Jinping emphasized that "as with the other regions of China, Tibet and the Tibetan areas in four provinces has entered the decisive stage of completing the building of a moderately prosperous society in all respects", and raised the goals of

① Fei Xiaotong (1989), "The pattern of diversity in unity of the Chinese nation", *Journal of Peking University (Philosophy and Social Sciences)*, Vol. 4.

development including by 2020 the per capita net income of farmers and herdsman and the capacity of basic public services will be close to the national average level. The support and attention of the Party and government on the ethnic minority areas will greatly promote that in the historic process of the rejuvenation of the Chinese nation, people of all ethnic groups share the fruits of economic and social development, to realize the shared development.

From the perspective of "Macro History", China has experienced the first three processes of four types of economic growth, which include the Malthusian poverty trap, the Lewis dual economic development, the Lewis turning point and the Solow neoclassical economic growth①. In the neoclassical growth phase after crossing the Lewis turning point, China's economy will inevitably contain many realistic and potential challenges. The new normal is perhaps a comprehensive reflection of these challenges. What should be done to break through in the future and how to "the elusive quest for growth" are difficult problems faced in front of theorists and practitioners.

As mentioned earlier, we can use the shared development to continue the China miracle. In terms of the path to its realization, the shared development can embark on continuing to deepen the reform and opening up, adjust the household registration system, improve the fertility policy, promote the construction of labor market, improve the effectiveness of poverty alleviation, closely weave social safety nets and other aspects. These are the contents this book focuses on. Readers can get specific information in the relevant chapters.

Here I would like to emphasize that a major focus of the present and future work is how to achieve the "income doubling" for low-income groups more effectively and how to closely weave the social safety net. We know that the expansion of order of business does not always make everyone get care; while there are always some people who are excluded from the productive economy and are away from the mainstream of socio-economic activities. Those people are relative lack of either human capital or social capital. Whether the social safety net can

① Cai Fang (2013), "Understanding the Past, Present, and Future of China's Economic Development: Based on A Unified Framework of Growth Theories", *Economic Research Journal*, Vol. 11.

effectively "catch" those people or not matter to the harmony and stability in the future. On the path of shared development, China has made a lot of achievements, but there are still some unbalanced and uncoordinated issues. This is a reality that must be acknowledged, which should not be concealed. "Philosophy is the precursor of action, certain practices of development is to be led by certain concept of development"①. The correctness of the development concept fundamentally determines the effectiveness and even the success or failure of development. In the process of completing the building of a moderately prosperous society in all respects and on the path of shared development, we need to thoroughly implement the General Secretary Xi Jinping's "vision of people-centered development", follow an inclusive, basic, equal, and sustainable direction, clear obstacles for economic and social development, across the middle-income trap, and embrace the great rejuvenation of the Chinese nation.

① Publicity Department of the Communist Party of China edit (2016), *General Secretary of the Communist Party of China Xi Jinping's Series Important Speeches Reader* (*the* 2016 *Edition*), Xuexi Press, Renmin Press.

目 录

Ⅰ 总论

Ⅱ 专题一 “全面二孩”政策调整的社会经济影响

Ⅲ 专题二 户籍改革与“以人为中心的”城镇化

Ⅳ 专题三 缩小收入差距与反贫困

Ⅴ 专题四 劳动力市场与人力资本培养

Ⅵ 专题五 社会保障改革与完善

皮书数据库阅读**使用指南**

CONTENTS

I Pandect

Ⅱ Part I The Social and Economic Impacts of the Universal Two-child Policy

Ⅳ Part III Narrowing the Income Gap and Anti-poverty

Ⅴ Part Ⅳ Labor Market and Human Capital Development

Ⅵ Part V The Reform and Perfection of Social Security

总　论

Pandect

G.1

第一章
用“以人民为中心的发展思想”破解民生领域难题

蔡　昉*

一　引言

思想是实践的指南，理念是行动的先导。党的十八大以来，以习近平同志为总书记的党中央，开辟了治国理政的新境界，开创了党和国家事业发展的新局面，领导全国人民取得了经济社会发展的新成绩，根本就在于遵循了习近平总书记系列重要讲话中阐述的新理念、新思想和新战略①。其中，作

* 蔡昉，中国社会科学院副院长、学部委员。本研究受国家自然科学基金面上项目（项目编号：71473267）和国家自然科学基金应急管理项目（项目编号：71541037）的资助。

① 本文直接引用习近平同志的讲话或转述其讲话精神，主要参考自中共中央宣传部：《习近平总书记系列重要讲话读本》，学习出版社、人民出版社，2016；国务院扶贫办：《习近平关于扶贫开发论述摘编》，内部资料，2015。

为创新发展、协调发展、绿色发展、开放发展和共享发展五大发展理念之一的共享发展，集中地体现着以人民为中心的发展思想，引领了民生领域的新实践，也将进一步推进全面建成小康社会目标的实现。

体现在习近平同志系列重要讲话以及党的十八大以来治国理政的新理念、新思想、新战略中的“以人民为中心的发展思想”，是21世纪中国的马克思主义政治经济学或中国特色社会主义经济学的精髓。作为中国特色社会主义经济学的一个重要组成部分，劳动经济学以民生领域为研究对象，坚持这一发展思想至关重要。第一，只有坚持这一发展思想，才能准确地解释中国劳动力市场现象，讲好中国就业发展的故事，提出有益民生的政策建议，使劳动经济学成为经世济民的学问；第二，只有坚持这一发展思想，才能做到学科发展不拾人牙慧，而是立足中国国情，构建中国特色、中国气派、中国风格的劳动经济学；第三，中国劳动经济学家把握好这一发展思想，才能立足于正确的理论出发点和研究立脚点，真正做到为人民做学问。

改革开放以来中国经济创造的奇迹，与其说表现在国内生产总值（GDP）的高速增长，毋宁说体现在城乡居民生活水平的成倍提高和民生的明显改善。与此同时，在劳动经济学研究的对象——民生方面，研究者仍然面临着众多而棘手的课题。首先，中国毕竟处于中等收入阶段，经济发展“蛋糕”的规模仍然较小，老百姓对收入、就业、社会保障和基本公共服务方面的需求尚未得到充分的满足。其次，“蛋糕”的分配尚不公平，收入差距过大、就业质量不高、基本公共服务供给不均等的现象仍然存在。最后，随着中国经济增长减速，做大“蛋糕”的节奏也将放慢，对如何分好“蛋糕”，实现共享发展提出了更高的要求。

回应上述挑战，迫切要求用“以人民为中心的发展思想”指导中国的劳动经济学研究。本文的第二部分概要归纳这一发展思想的马克思主义渊源和中国特色社会主义的实践基础；第三部分从目标导向和问题导向相统一的方法论出发，进一步解说全面建成小康社会与共享发展的内涵；第四部分提出劳动经济学在中国现实中面临的重大挑战，并从这一发展思想着眼，提出应对挑战的政策建议。

二　理论渊源、深刻内涵和实践基础

以人民为中心的发展思想不是凭空而来的，而是有着深厚的马克思主义理论渊源和中国特色社会主义实践基础，反映了我们党关于经济、政治、文化、社会、生态文明发展理论的一个崭新高度，特别体现在党的十八大以来以习近平同志为总书记的党中央一系列新理念、新思想、新战略及其新实践中。

首先，唯物史观从来认为人民是推动发展的根本力量。把人民群众看作社会生产力、社会生活和社会历史的主体，是马克思主义的基本原理。写在《中国共产党党章》中的党的根本宗旨就是“坚持全心全意为人民服务”，同时要求做到“发展为了人民、发展依靠人民、发展成果由人民共享”。中国经济社会发展的实践，特别是改革开放以来创造发展奇迹的经验，反复证明依靠人民、为了人民是取得伟大成就的根本出发点和落脚点。鉴于此，为了在2020年实现全面建成小康社会目标，《中共中央关于制定国民经济和社会发展第十三个五年规划的建议》明确地把“坚持人民主体地位”作为必须遵循的原则之一①。可以说，以人民为中心的发展思想是马克思主义政治经济学的基本观点，因而也是创建中国特色社会主义经济学的思想基石。

其次，共同富裕是中国特色社会主义的根本原则和本质特征。我们党把实现好、维护好、发展好最广大人民根本利益作为发展的根本目的，把人民对美好生活的向往作为奋斗目标。党的十八大闭幕后，习近平总书记代表党中央做出庄严的承诺：“我们的责任，就是要团结带领全党全国各族人民，继续解放思想，坚持改革开放，不断解放和发展社会生产力，努力解决群众的生产生活困难，坚定不移走共同富裕的道路。”在《中共中央关于制定国民经济和社会发展第十三个五年规划的建议》中，共享发展作为首次明确

① 本书编写组：《〈中共中央关于制定国民经济和社会发展第十三个五年规划的建议〉辅导读本》，人民出版社，2015。

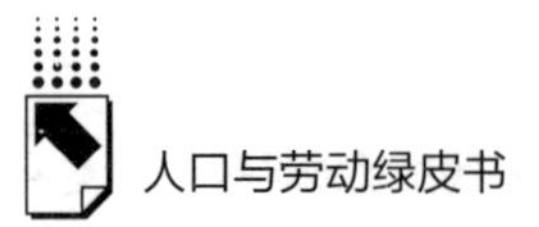

提出的五大发展理念之一赫然在目，应该成为中国发展新实践的遵循。

最后，党的十八大以来，以人民为中心的发展思想在中国经济社会等方面发展的各项实践中得到了突出的贯彻。特别表现在，经济增长更具有共享性和包容性，取得了一系列民生领域的新成绩。例如，在整个“十二五”期间，在GDP实现了年均增长7.8%的同时，城镇居民可支配收入增长率为7.7%，农村居民人均纯收入增长率高达9.6%，城乡居民收入整体增长跑赢了GDP。相应地，城乡收入差距和基尼系数双双下降。例如，按不变价计算的城乡居民收入差距（城镇居民收入与农村居民收入的比值），从2009年最高点的2.67下降到2015年的2.38，共降低了11.1%；全国基尼系数从2008年最高点的0.491下降到2015年的0.462，共降低了5.9%。此外，就业保持稳定和扩大，社会保障水平和覆盖率持续提高，城乡统筹水平上了更高的台阶。

坚持目标导向和问题导向相统一，是贯彻以人为中心的发展思想的一项重要方法论，全面体现在党的十八届五中全会提出的五大发展理念中，也是全面建成小康社会的具体工作指导。党的十八大确立的宏伟愿景以及体现在一系列发展目标的各项部署，近有全面建成小康社会的GDP翻番目标和城乡居民收入翻番目标，远有第二个“一百年目标”、实现中华民族伟大复兴的中国梦。依此倒推，厘清到每个时间节点必须完成的任务；同时，不回避经济社会发展中面临的不平衡、不协调、不可持续，以及存在明显短板等问题；并从这些迫切需要解决的问题顺推，明确破解难题的途径和办法。这个逻辑充分体现了以习近平同志为总书记的党中央，在全面建成小康社会决胜阶段，贯彻以人民为中心的发展思想所作战略部署的鲜明特点。这一目标导向和问题导向相统一的原则，在共享发展领域中得到了具体部署和充分体现。

首先，两个翻番目标与经济保持中高速增长。党的十八大提出了到2020年GDP和城乡居民人均收入在2010年基础上双双翻番的目标。这要求经济保持中高速增长，以及城乡居民收入提高与经济增长同步。2010年，中国GDP为40.9万亿元，按照不变价计算，2015年GDP已经增长到59.6

万亿元，实现翻番要求到 2020 年 GDP 达到 81. 8 万亿元。这就要求在“十三五”时期 GDP 的年平均增长率必须达到 6. 53%。在经济发展进入新常态的条件下，依靠生产要素投入驱动的增长，无法保证实现这一增长速度目标，必须转向新的增长源泉，即依靠全要素生产率的提高实现创新驱动的增长。而只有加快供给侧结构性改革才能获得这个新的增长源泉，即创造改革红利，提高潜在增长率。

其次，人人都有获得感与收入差距明显缩小。经济总量和平均收入的提高达到目标要求，并不意味着建成了全面小康社会。扩大基本公共服务供给以及提高其均等化水平，明显缩小城乡之间、地区之间和社会群体之间的收入差距，不仅要做大“蛋糕”还要分好“蛋糕”。随着社会保障体系建设和劳动力市场发育，中国在基本公共服务均等化和收入差距缩小方面的政策努力，迄今已经取得了明显的效果。但是，在今后短短 4 年多时间实现人人都有获得感的全面小康目标，仍需加大再分配力度。从那些收入差距较小的发达国家经验来看，再分配政策可以把初次分配的基尼系数进一步降低 36. 2%。由此得到的启示在于，在不伤害劳动力市场机制的前提下，从税收体系、扶贫济困工作方式、社会保障等基本公共服务供给体制方面，仍有更充分发挥政府再分配职能的巨大空间。

再次，全面小康的要求与农村贫困人口脱贫。如果到 2020 年中国仍有几千万农村人口生活在扶贫标准线之下（截至 2015 年底为 5575 万），我们就不能理直气壮地宣布建成了全面小康社会，也不能声称实现了共享发展。因此，《中共中央关于制定国民经济和社会发展第十三个五年规划的建议》做出庄严承诺并要求各级政府立下军令状：到 2020 年，中国现行标准下农村贫困人口实现脱贫，贫困县全部摘帽，解决区域性整体贫困。党中央部署的脱贫攻坚战，也树立了一个精准扶贫、精准脱贫的实施榜样。例如，在党的十八届五中全会上，习近平总书记代表党中央将现有农村贫困人口逐一分解，分别对应于产业扶持、转移就业、易地搬迁和社保政策兜底等方式，确保其在“十三五”收官之时全部脱贫，就体现了这种战略性与可操作性相结合的正确方法论。

最后，供给侧结构性改革与社会政策托底。经济发展进入新常态是中国经济发展的大逻辑，做好经济工作，要从供给侧认识和适应新常态，以结构性改革引领新常态。习近平总书记概括了新常态的主要特点：增长速度从高速转向中高速，发展方式从规模速度型转向质量效益型，经济结构调整从以增量扩能为主转向调整存量、做优增量并举，发展动力从主要依靠资源和低成本劳动力等要素投入转向创新驱动。这些概括也规定了我们要实现的转变目标，提出达到目标需要在哪些方面实施供给侧结构性改革。

供给侧结构性改革与保持经济中高速增长之间，并不是非此即彼或此消彼长的关系，而是改革可以促进潜在增长率的提高。但是，涉及调整产业结构、消除过剩产能、处置僵尸企业等方面的改革，也不可避免地造成部分传统产业和企业的职工转岗。一方面，结构性改革必须坚持市场在资源配置中发挥决定性作用。另一方面，也不能让转岗工人的生活受到影响，甚至陷入贫困。因此，在推进社会保障制度建设的过程中，要特别关注那些受到结构性改革和产业调整影响的劳动者群体，如产能过剩行业的劳动者、东北地区等老工业基地的职工和进城农民工，既要以社会政策为他们的基本生活托底，又要加强培训、职介等公共就业服务，促进创业或就业以帮助他们尽快实现转岗，这是共享发展的题中应有之义。

三　从全面共享认识和改善民生

作为拥有13.7亿人口的发展中大国，中国推进以人民为中心的发展并实现既定的宏伟目标，具有历史和世界意义。中华民族曾经拥有辉煌的文明，科学技术和经济发展都曾处于世界前沿。根据安格斯·麦迪森的数据，直到1820年，中国GDP仍然占世界总份额的30%，人均GDP也达到欧洲12个国家平均水平的90.9%①。但是，在西方国家进入工业革命的时代，中国却擦肩而过，在科技和经济发展上落到了后面。中华人民共和国成立之

① 安格斯·麦迪森：《世界经济千年统计》，伍晓鹰、施发启译，北京大学出版社，2009。

后，中国经济逐渐复苏但仍然错过了赶超的机会。改革开放以来，中国创造了经济发展的奇迹，GDP 占世界经济的比重和人均水平都迅速赶超。中国在短短几十年中创造的这个长期发展的由盛到衰，再由衰至盛，是人类历史上唯一的。在完成两个“一百年目标”的过程中，这个历史奇迹将体现在人民福祉的提高上面。

在经济高速发展的同时，中国也对世界减贫做出了重要的贡献，得到了国际社会的广泛认同。国际机构承认，30 年来，全人类取得的减贫事业成就中，2/3 应归功于中国。今后，中国全面建成小康社会和共享发展，仍将继续对世界减贫做出贡献。同时，说我们实现了全面小康，不仅要在广大人民群众的获得感上得到体现，而且有必要得到国际上的认同。

因此，理解乃至最终实现全面建成小康社会目标，要把重心放在两个关键词上，一是“小康”，这是对发展水平提出的要求；二是“全面”，这是指惠及民生的广泛覆盖面，体现发展的平衡性、协调性和可持续性。习近平同志反复强调的“小康不小康，关键看老乡”，正是对这两个关键词之间的逻辑关系做出的辩证阐释和高度概括。也就是说，以诸如“三农”问题这样的短板，以及贫困问题这样的短板中的短板作为基本尺度，既能够对是否实现了小康进行精准度量，也同时对这个小康是不是全面做出根本评判。

第一，决不能让贫困地区和贫困群众掉队的共享发展。全面共享发展特别着眼于贫困地区和贫困人口这样的“短板”，着重于精准扶贫、精准济困和精准脱贫脱困。中国的经济社会发展仍然不平衡，存在着各种因素造成的贫困现象。从人口群体看，特别要关注农民、低收入者等贫困人口，以及老年人、残疾人、农村留守儿童和妇女等特殊困难人群。从区域角度看，农村、边疆地区、革命老区、民族地区、贫困地区则是全面小康的难点和重点。只有从加强公共产品和服务的供给，培育贫困地区和群众的发展能力，促进发展机会的均等化，完善发展的基础设施等环节入手，才能使全国各族人民同步迈入全面小康社会。

第二，在“五位一体”总体布局成果中全面体现的共享发展。共享发展的全面性，来自于人民群众全面享有经济、政治、文化、社会、生态文明发展成果的权益。以生态文明建设成果为例。对于资源环境生态问题，在国际发展理论中经历过从“先污染后治理”到“边污染边治理”，再到不以后代人发展条件为代价的可持续发展的理念变化。这个理念变化轨迹虽然显示出越来越重视对资源环境生态的保护，但仍然是将其作为发展的手段看待，而没有自觉地上升到发展目的本身的高度。习近平总书记在浙江工作时提出并实践的“两山”理念，把生态环境也作为人民群众对美好生活向往的一个重要领域，揭示了“环境就是民生，青山就是美丽，蓝天也是幸福，绿水青山就是金山银山”这一与时俱进的发展目的论，在党的十八届五中全会精神中被表述为五大发展理念中的绿色发展，也是共享发展的重要内容。

第三，人人参与、人人尽力、人人享有，广泛吸引社会力量参与的共享发展。实现共享发展的途径，既包括政府努力提供越来越充分的公共产品和公共服务，也需要全民参与共建，创造必要的激励机制，以最广泛地汇聚民智，最大限度地激发民力。人们福祉的不断提高及至达到全面小康社会的标准，取决于市场产品和公共产品（服务）的不断扩大和均等化。市场产品的创造要坚持市场机制配置资源、提供激励信号的原则，使广大人民群众依靠自己的智慧、勤奋和双手，实现共同富裕。在公共服务供给领域，政府也应有所为有所不为，即坚持普惠性、保基本、均等化、可持续的方向，确保基本公共服务供给；同时还要创新公共服务提供方式，调动社会各方面的力量，广泛吸引社会资本参与，增强一般公共产品和服务的攻坚能力，增加供给数量，丰富供给类型，提高供给质量和效率。

第四，尽力而为、量力而行，符合发展阶段的共享发展。共享发展是一个渐进的过程，以发展和社会财富扩大为前提。这就是说要处理好做大“蛋糕”和分好“蛋糕”的关系，“蛋糕”做大了需要均等分享，分享的前提则是“蛋糕”不断做大。一些国家在中等收入阶段长期徘徊不前的教训之一，就是在较早的发展阶段且经济增长绩效不佳的情况下，做出过多的公共产品供给承诺，形成经济和社会政策中的民粹主义倾向，最终却是口惠而实不至。中国目前人均 GDP 接近 8000 美元，位于世界银行定义的中等偏上收入国家行列，经济发展新常态下面临着经济增速和财政收入增速放缓、人口老龄化加速、需要帮扶的群体扩大等严峻挑战。为了顺利跨越这个发展阶段，全面建成小康社会，需要立足社会主义初级阶段这个国情，合理引导预期，既保证不断做大“蛋糕”又分好“蛋糕”，同时避免陷入高福利陷阱。

四　劳动经济学领域面临的挑战性课题

劳动经济学坚持“以人民为中心的发展思想”，就是要从劳动力市场、城乡就业、劳动关系、社会保障、收入分配和新型城镇化等分析视角入手，研究如何实现共享发展。唯其如此，这个经济学分支才能够成为马克思主义政治经济学或中国特色社会主义经济学的组成部分。从劳动经济学学科的角度着眼，在就一些重要和热点话题进行研究时，需要坚持从马克思主义政治经济学的正确方法论出发。首先，着眼于战略和历史视野、辩证分析方法、忧患意识和底线思维，把近期和长远视角有机结合，才能准确认识和把握当前民生领域问题的性质，在保持历史耐心与战略定力的同时，应对面临的近期、紧迫挑战。其次，具体问题具体分析是马克思主义活的灵魂。因此，坚持问题导向，并与全面建成小康社会宏伟目标相统一，也应该成为中国特色劳动经济学的方法论基础。

在以下的分析中，我们尝试应用这些方法论，揭示民生领域取得的成就，分析面临的问题和挑战，进而提出具有针对性的政策建议。由于我们选取的这些问题领域基本上也都属于劳动经济学的研究分支，所以，在揭示挑战、分析问题和提出建议的同时，也就意味着指出劳动经济学这门学科应该关注的理论创新方向。

（一）就业的总量、质量与结构变化

坚持就业是民生之本，要求我们根据中国就业形势的新变化，与时俱进地坚持实施并不断完善更加积极的就业政策和就业优先战略。随着中国经济

高速增长和总量的扩大，在中国经济于2004年跨越刘易斯转折点①，特别是2011年以来15~59岁劳动年龄人口进入负增长的情况下，劳动力市场状况发生了根本性的变化，即在改变了长期存在的总量供求关系的同时，提出了就业质量和劳动力市场制度建设的新课题，也显现出就业的结构性矛盾乃至相关风险。

近年来，就业总量矛盾明显缓解，城乡就业比较充分。更有甚者，劳动力短缺成为全国城乡处处可见的现象。2014年，城镇就业总量达到3.93亿。根据相关的统计数据，近年来城镇登记失业率保持在4.1%左右，城镇调查失业率保持在5.1%左右，城镇调查失业率大体上与估计的自然失业率相同，意味着没有发生周期性失业现象，宏观经济总体上处于充分就业的状态。实际上，许多地方的企业仍然面临着招工难的问题，不仅存在熟练劳动者的短缺，也存在普通劳动者短缺的现象。工资迅速上涨的情况就是一个证据。例如，作为普通劳动者的代表，农民工实际工资在2004~2014年期间年平均增长率为11%。根据对中国人口结构的预测，上述就业总量变化趋势仍将继续，例如，表现为继2011年劳动年龄人口负增长之后，预计2017年之后经济活动人口也进入负增长。

与就业更加充分相伴随，劳动力市场制度建设步伐加快，劳动者获得了更好的社会保护。劳动力短缺并不是工资提高的唯一原因。《劳动合同法》的颁布实施、最低工资制度的执行和标准的频繁调整、劳动争议仲裁制度的实行以及工资集体协商制度的推进，也起到了推动工资上涨的作用。以此为标志的劳动力市场制度建设推进，总体而言符合经济发展的阶段性要求，也符合共享发展的理念。以农民工就业状况的改变为例，在前述城镇就业总量中，大约有30.8%由农民工构成。而在过去的城镇就业统计中，大部分农民工被遗漏了。随着更多的农民工签订了劳动合同，就业的正规性提高，并且抽样框架中包括了更多农民工住户，他们被纳入城镇就业统计的比重也就

---

① Cai, Fang (2016). *China's Economic Growth Prospects: From Demographic Dividend to Reform Dividend.* Cheltenham, UK: Edward Elgar Publishing Limited.

合乎逻辑地提高了。这不仅仅是一个统计现象，更是从一个侧面反映了整体就业质量的提高。

然而，中国的就业仍然面临着挑战和风险，主要表现为结构性的问题。中国经济发展进入新常态的一个表现，就是经济增长速度处于下行趋势。虽然减速原因在于潜在增长率的下降，只要实际增长率与潜在增长率保持一致，较低的增长速度也可以维持总量意义上的充分就业。然而，经济增长的减速并不是单纯的数量问题。新常态还意味着经济结构调整、发展方式转变和增长动力转换，这些都会造成劳动力市场上的结构性矛盾。特别是，如果非熟练劳动力短缺产生对人力资本培养的负激励、工资上涨过快及至超过劳动生产率的提高速度，以及某些劳动法规条文降低了劳动力市场灵活性，会使中国经济、产业和企业的传统竞争优势过快丧失，反过来将抑制新岗位的形成，造成对劳动者长期利益的伤害。

（二）居民收入的初次分配和再分配手段

在劳动力供求关系发生变化的情况下，一方面，国民收入分配通过初次分配，相应朝着有利于居民和劳动者的方向变化；另一方面，在劳动力全面短缺现象下，普通劳动者工资上涨因而低收入家庭的收入提高更快一些。这都表明，初次分配领域已经具备了缩小收入差距的条件，也产生了实际的收入差距缩小效果。按照库兹涅茨的倒 U 形曲线假说，即在经济发展的早期，收入差距较大且持续提高，直到某个新的发展阶段的来临，这时收入差距达到峰值，随后逐步缩小①，表面上中国已经跨过了库兹涅茨转折点，即基尼系数和按照不变价计算的城乡收入差距，分别于 2008 年和 2009 年达到峰值，随后至今一直处于进一步缩小的变化中。

然而，无论是与历史状况（如中国 20 世纪 80 年代）相比，还是按照国际标准（如国际上一般认为基尼系数 0.4 为警戒线水平），2015 年中国由

---

① Kuznets, Simon (1955) . “Economic Growth and Income Inequality” . *American Economic Review*, 45 (1), 1 -28.

这两个指标所表现的收入差距，即城乡收入差距2.38和基尼系数0.462，仍然代表着一个较严重的不均等水平。例如，我们观察28个处于高收入阶段的经济合作与发展组织（OECD）国家的基尼系数，其算术平均值为0.30，远低于中国目前的水平。中国正处在从中等偏上收入到高收入国家的过渡阶段，预计2020年时人均GDP将进一步接近跨入高收入国家行列的门槛。但是，按照目前的自然变化速度，收入差距将难以实现更快的缩小。

近年来收入分配研究的许多最新成果都揭示，如果没有政府介入其中通过实施适当的政策并着眼于发挥再分配的职能，收入差距扩大的趋势很难得到遏止，如托马斯·皮凯蒂①。再来看前述收入差距较小的28个OECD国家的情况。如果把这些国家再分配之前和再分配之后的基尼系数进行比较，则可以发现这些国家在进行再分配之前，基尼系数的算术平均值也高达0.47。也就是说，经过再分配环节，这些国家的基尼系数大幅度下降。可见，要在2020年前的短短几年中，进一步显著缩小收入差距，必须大张旗鼓地借助政府的再分配手段。

总体来说，目前中国的国民收入和居民收入再分配制度尚不完善。例如，税收结构仍然是以间接税为主，个人所得税明显缺乏累进的性质，再分配功能不能充分发挥；基本公共服务供给也倾向于锦上添花而不是雪中送炭。因此，明显加大再分配力度仍面临着诸多政策调整和体制改革的任务。例如，从税收制度改革入手进一步有效调节过高收入，从基本公共服务供给入手提高均等化水平，既符合国际惯例，也有巨大的调整空间，同时对应着政府应履行的公共品供给职能，预期可以取得更显著的缩小收入差距效果。

（三）公共服务的绝对水平和均等化程度

在人均收入水平提高和政府财力增强的情况下，中国居民享受公共服务的水平得到大幅度提高。党的十八大以来，政府着力提高基本公共服务的均等化水平，覆盖的范围也明显扩大。根据全国人大财政经济委员会与国家发

---

① 托马斯·皮凯蒂：《21世纪资本论》，巴曙松等译，中信出版社，2014。

展和改革委员会的数据[1]，在“十二五”期间，9 个领域 44 类 80 项基本公共服务项目全部落实，经济增长得以建立在以就业基本稳定、教育公平和质量明显提升、收入提高与 GDP 同步增长、基本公共服务为核心的民生保障得到加强的基础上，表现在基本医疗保险实现全覆盖，基本养老保险参保率超过 80%，城镇保障性安居工程住房建设 4013 万套等诸多方面。

在经济发展进入新常态，增长速度逐年呈下行趋势的情况下，政府的财政收入增速也不可避免地放缓。例如，2015 年，全国一般公共预算收入同口径增长 5.8%，比上年回落 2.8 个百分点，系 1988 年以来的最低水平。然而，在财政收入增速放缓的情况下，增加公共服务供给的任务目标既不能放弃也丝毫不能降低。如何协调这对矛盾，应在深刻认识共享发展的全面性内涵的基础上，借鉴国内外经济社会发展规律，创新公共服务供给政策和实施模式。

第一个原则是区分基本公共服务和一般公共服务，在这两个领域分别采取不同的供给方式。政府作为提供公共服务的主体，主要应该体现在两个方面。第一是政府利用财政支出的方式，并通过直接建立相关制度、制定相关政策、采取相应的措施，保证基本公共服务的供给。这方面包括基本社会保险制度、社会救助制度和义务教育等领域。第二是主动设计并选择适当的合作模式（如政府和社会资本合作模式），借助社会资本保障一般公共服务的供给。这方面包括后义务教育阶段发展、职业技能培训、基础设施建设等。界定好政府的两种公共服务供给方式，更加倚重后一种实施模式，既有利于提高供给效率，也是在财政收入增速下降的情况下能够保持公共服务供给继续扩大的新源泉。

第二个原则是在提高公共服务供给水平与提高其均等化水平都遭遇资源瓶颈时，在保证基本公共服务供给的前提下，把提高公共服务均等化水平放在更加优先的议事日程上。全面建成小康社会的目标和共享发展的理念，要

---

① 全国人大财政经济委员会、国家发展和改革委员会：《2016～2020〈中华人民共和国国民经济和社会发展第十三个五年规划纲要〉解释材料》，中国计划出版社，2016。

求我们做出政策努力显著改善民生。比较而言，在改善民生提高共享发展水平方面，政府的作用也更加突出。同时，这个目标和这个理念着眼于全体中国人民生活水平与质量的长期和根本改善。因此，实施和推进应该是目标导向，但不是单纯的指标导向。总水平和平均数不代表均等化。实现全面建成小康社会的关键短板，在于一部分人群和地区尚未均等地获得必要的公共服务，难点在“全面”这个问题上。因此，补齐这样的短板可以在共享发展方面取得事半功倍的效果。

上述两个原则之间也有诸多的交叉点。例如，教育越是在较低的年龄阶段，如学前教育、小学教育和初中教育阶段，具有越高的社会收益率，因而更接近于基本公共服务领域。同时，教育资源和机会的不均等现象，也恰恰集中表现在这些领域。因此，公共教育资源应该显著地向这里倾斜，并坚持公办学前教育和基础教育的原则，而把那些个人收益率较高的领域留给市场和社会投入①。这样，可以用更有效率的方法，达到显著缩小贫富差距、防止贫困代际传递的效果。

（四）新型城镇化的需求侧和供给侧效应

无论从世界范围还是历史角度，中国按照常住人口统计的城镇化水平，提高速度是前所未有的，而且与经济发展阶段的对应程度也在提高。中国常住人口城镇化率从1978年的17.9%提高到2014年的54.8%，年平均提高速度为3.2%，不啻为世界经济史上另一个由中国创造的发展奇迹。然而，除了城镇化过程中表现出的建成区面积扩大快于城镇人口增长这种见物不见人的现象外，目前的城镇化还存在一个严重的非典型特征，即接近1.7亿农民工被统计在城镇常住人口中，对城镇化贡献率高达1/4②，而户籍人口城镇化率（目前仅为38%）没有得到同步的提高，农民工因没有

① Heckman, James (2005), China's Human Capital Investment. *China Economic Review*, 16 (1), 50 – 70.

② 蔡昉、郭震威、王美艳：《中国新型城镇化如何成为经济增长源泉——一个供给侧视角》，《比较》，即将出版。

获得城镇户口而未能享受与城市居民同等的基本公共服务供给。这给城镇化促进经济增长和结构变化的功能，以及以人民为中心的要求打了一个不小的折扣。

鉴于此，中央提出以人为核心的新型城镇化，同时在《中共中央关于制定国民经济和社会发展第十三个五年规划的建议》中，要求“十三五”时期户籍人口城镇化率加快提高。推进新型城镇化的意义可以从需求和供给两侧来认识。一般来说，需求侧的重要性比较容易被认识到，已经得到决策者和研究者的充分关注。例如，李克强总理在 2016 年《政府工作报告》中，把推进新型城镇化作为“深挖国内需求潜力”的一项举措，称其是中国最大的内需潜力和发展动能所在。许多学者也尝试测算这种效应。例如，Wang & Cai 具体测算了农民工实现市民化，从而转变消费行为可能产生的扩大消费内需的效果①。

但是，既然中国经济减速的原因主要在于供给侧，推进新型城镇化、加快提高户籍人口城镇化率的供给侧意义，应该得到更清晰的认识和更高度的重视。在党的十八届五中全会上，习近平总书记在做关于《中共中央关于制定国民经济和社会发展第十三个五年规划的建议》的说明时指出，实现 1 亿人在城镇落户意义重大。从供给看，在劳动年龄人口总量减少的情况下，这对稳定劳动力供给和工资成本、培育现代产业工人队伍具有重要意义。这是对于诸如新型城镇化、户籍人口城镇化率加快提高、户籍制度改革和农民工市民化等一系列概念所表达的战略部署，从供给侧所做出的最精辟论述。

从经济增长的角度，新型城镇化的供给侧意义具体表现在，农民工市民化可以显著提高劳动参与率，同时通过就业岗位转移创造资源重新配置效率，对全要素生产率提高做出贡献，从而可以大幅度提高潜在增长率。对中国经济的模拟表明，如果在 2011 ~ 2020 年期间，每年把非农产业的劳动参

① Wang, Meiyang & Cai Fang (2015), “Destination Consumption: Enabling Migrants' Propensity to Consume”. In Ligang Song, Ross Garnaut, Fang Cai & Lauren Johnston (eds.), *China's Domestic Transformation in a Global Context.* Canberra: ANU Press, pp. 91 -110.

与率提高 1 个百分点，其间的年平均 GDP 潜在增长率可以提高 0. 88 个百分点[①]。如果在同一期间，全要素生产率的年平均增长率提高 1 个百分点的话，这一时期的年平均 GDP 潜在增长率可以提高 0. 99 个百分点。可见，通过把农民工转化为城市市民而不再仅仅将其视作过客般的劳动者，可以保持农民工作为劳动力供给和资源重新配置主要贡献者的地位，从而达到“一箭双雕”的供给侧效果，即延长人口红利同时获得新的可持续增长动力。

① Cai, Fang & Yang Lu (2013), “The End of China's Demographic Dividend: The Perspective of Potential GDP Growth”. In Ross Garnaut, Fang Cai & Ligang Song (eds.), *China: A New Model for Growth and Development.* Canberra: ANU Press, pp. 55 – 73.

专题一 “全面二孩”政策调整的社会经济影响

Part Ⅰ The Social and Economic Impacts of the Universal Two – child Policy

G.2

第二章 “全面二孩”实施、预期与政策储备

张车伟 杨 舸*

我国计划生育政策实施的30多年来，有效控制了人口总量过多、增速过快的问题，实现人口再生产方式的转变。近些年来，在计划生育政策和经济社会发展的共同推动下，我国人口形势发生了转折性变化，人口的“结构问题”代替“总量问题”成为人口与社会经济协调发展的突出矛盾；劳动年龄人口开始减少，老龄化程度加深，出生人口性别比居高难下。在这种

* 张车伟，中国社会科学院人口与劳动经济研究所所长、研究员；杨舸，中国社会科学院人口与劳动经济研究所副研究员。

情形下，调整计划生育政策的需求和急迫性日益突出。因此，2013 年十八届三中全会决定启动实施“单独二孩”政策，2015 年中国共产党第十八届五中全会提出“全面实施一对夫妇可生育两个孩子政策”。经过两年的“缓冲期”，我国全面完成了由“独生子女”政策向“全面二孩”政策的调整。选择这一时机进行生育政策调整，不仅是顺应人口形势转变的需要，更是适应社会体制完善、经济进入“新常态”的发展需要；不仅在宏观上对国家的人口变化有着长远的影响，而且在微观上对家庭的结构也具有深刻的影响。下文我们将梳理“全面二孩”政策出台的历史背景和面临的人口形势，政策实施后可能产生的人口结果，以及未来政策的预期。

一　生育政策的历史和争议

（一）生育政策的历史演变

新中国成立之后，我国的人口计划生育政策经历了争论、否定、停滞、统一思想、决策、执行和调整一系列过程。从人口状况、人口思想和人口政策的演变来看，主要可以分为以下几个阶段。

第一阶段：1949 ~1969 年，节育思想和政策从萌芽到逐渐成熟，人口快速增长阶段。

新中国成立之后，国民经济得到快速恢复和发展，人民生活得到改善，人口死亡率快速下降，人口出生率不断攀高，再加上政策上对人口增长的鼓励，人口迅速从 1949 年的 4.5 亿增长到 1953 年的 6.02 亿，总和生育率达 6.8。鼓励生育的政策迅速向节制生育转变。1955 年，中央在卫生部党组关于节制生育问题报告上指示：“节制生育是关系广大人民生活的一项重大政策性的问题。在当前的历史条件下，为了国家、家庭和新生一代的利益，我们党是赞成适当地节制生育的。”这标志着我国的各项相关政策将从反对节制生育到赞成节制生育实现根本转变。此后，中央文件和国家最高领导人的讲话中均明确提及要逐步推广计划生育政策。1962 年国务院《关于认真提倡计划生育的指示》出台，并逐步以指令发文件的形式规定了节育手段和工作方式以及必要的配套措施，标志着中国限制人口生育政策的诞生。1963年10月中央和国务院决定在中央和地方设立计划生育机构，落实限制人口增殖生育政策，1964年国务院成立了计划生育委员会，接着各省、直辖市、自治区相继成立了计划生育工作机构。然而，我国面临越来越大的人口增长压力，1964年第二次人口普查显示人口已超过7亿，1969年，总人口突破8亿。在这一时期，受“反右派斗争”、“文化大革命”等政治运动的影响，尽管限制人口增殖的生育政策已经出台，但效果不甚理想，计划生育机构也名存实亡，马寅初及其《新人口论》被打倒，更使得学术界谈“人口”色变。尽管如此，这一时期的人口思想、人口政策的演变和计划生育机构的构建，为后来严格计划生育政策的出台和执行奠定了基础。

第二阶段：1970～1983年，限制生育的思想逐渐形成共识，不断收紧的计划生育政策逐步形成并全面推行。

新中国成立后至20世纪70年代，我国人口翻番只花了20多年时间，人口的过快增长引起了党和国家领导人的重视，国务院专门成立了计划生育领导小组，下设办公室，各级政府（包括农村地、县）均先后恢复或成立了计划生育工作机构，因“文化大革命”而中断的计划生育工作得以恢复。1971年，国务院发布《关于做好计划生育工作的报告》，1973年实施提倡“晚、稀、少”的生育政策，1978年10月，中央批转《关于国务院计划生育领导小组第一次会议的报告》，具体提出晚婚为女23周岁，男25周岁，一对夫妇生育子女数最好一个最多两个，生育间隔三年以上。20世纪70年代以“晚、稀、少”为主要内容的计划生育政策基本形成，总和生育率由1970年的5.81下降到1980年的2.23。1980年，国务院正式宣布实行计划生育政策，中共中央发表了《中共中央关于控制我国人口增长致全体共产党员共青团员的公开信》①。至此，计划生育政策从70年代的“晚、稀、

① 《中共中央关于控制我国人口增长问题致全体共产党员、共青团员的公开信》（2005－02－04），http://news.Xinhuanet.com/ziliao/2005－02/04/content_2547034.htm.

少”逐步转变为80年代初的“晚婚、晚育、少生、优生”，从允许生二孩调整为基本只准生一孩，并正式成为我国基本国策，由此，我国进入了历史上生育限制最严格的时期。在这一时期，计划生育政策得到稳定有效的运行，使得生育水平大幅度下降，然后，“一孩政策”在广大农村地区遇到了极大阻力，也使得政策与人民生育需求之间的矛盾达到顶峰。

第三阶段：1984～2000年，计划生育政策得到进一步调整并稳定下来，人们生育观念受政策影响而发生改变，生育水平继续下降。

鉴于20世纪80年代初的计划生育政策在农村落实受阻，从1984年开始，我国对生育政策做出“开小口、堵大口、煞歪口”的调整，国家计划生育委员会党组《关于计划生育工作情况的汇报》调整了生育政策的某些规定，允许在农村适当放宽生育二胎的条件，同时对人口在1000万以下的少数民族允许一对夫妇生育二胎，甚至生育三胎。经过这次调整，大部分省、直辖市、自治区的农村地区开始实施“一孩半”政策，即农村独女户可以再生育一个小孩。从80年代末到90年代初，各省、直辖市、自治区都先后制定了本地区的计划生育条例，并经过相应级别的人大常委会审议通过后，作为本地区的具有法律效力的文件执行。至此，计划生育政策逐渐稳定下来，在政策和社会经济发展的双重影响下，人们的生育观念正在快速发生转变，生育意愿和实际生育水平同时下降。1993年我国人口总和生育率达更替水平，并继续下降到1.6～1.8。生育水平的快速下降，使得中国人口结构也快速变动，结构问题逐步显现。

第四阶段：2001年至今，人口快速转变带来的负面效应凸显，国家有关部门开始对计划生育政策进行反思，这一时期我国生育水平下降到极低程度，限制生育的政策进入放松通道。

2000年以来我国人口素质、结构、分布等人口发展问题凸显，给生育政策提出了新的挑战，同时也给生育政策的不断发展和完善提出了新的课题。一方面，随着人口转变的完成，我国进入低生育率阶段，生育率在更替水平以下持续超过20年；另一方面，人口老龄化进程加快，劳动力年龄人口从2011年开始减少，出生性别比例严重偏高，这些人口结构问题可能给社会经济发展带来负面影响。为适应社会经济发展的需求，人口政策正在逐步调整，将放宽对人口生育的限制。2013 年 11 月 15 日，十八届三中全会通过的《中共中央关于全面深化改革若干重大问题的决定》对外发布，其中提到“坚持计划生育的基本国策，启动实施一方是独生子女的夫妇可生育两个孩子的政策”。然而，在“单独二孩”政策实施后的第一年内，全国仅有不足 100 万对单独夫妇提出再生育申请，新增出生人口没有达到预期。2015 年 12 月 27 日，第十二届全国人民代表大会常务委员会第十八次会议对《中华人民共和国人口与计划生育法》做出了修改，“国家提倡一对夫妻生育两个子女”的计划生育新政策于 2016 年 1 月 1 日开始施行。

（二）人口政策得失之辩

伴随着计划生育政策建立、调整和完善的过程，学者们关于人口的思想也处于不断变动中。20 世纪七八十年代，学者们几乎一边倒地倾向“人口负担论”，把当时国内的粮食、资源等许多供应不足问题归结于人口过多，认为人口过多将对社会经济发展造成严重影响，必须加以控制。随着独生子女群体规模的增大，一些学者开始关注独生子女的教育、心理和人格发展等成长问题。进入 90 年代，随着总和生育率降至更替水平以下，国内少数人口学者开始意识到严格限制生育的政策可能带来的弊端①，对“人口负担论”进行了反思②。进入 2000 年后，随着各种人口问题开始集中显现，学术界对人口观和生育政策的讨论或辩论空前激烈。这些争论的观点主要体现在以下几个方面。

第一，生育率是否过低的争论。部分人口学家认为中国人口生育水平已经下降到极低程度，应该尽快放宽生育限制。2000 年第五次人口普查的数据显示，我国总和生育率下降到 1.22。由于出生人口存在瞒报、漏报的问题，一些人口学家认为真实的总和生育率应该是 1.8③，应该保持生育限制，

① 顾宝昌、穆光宗：《重新认识中国人口问题》，《人口研究》1994 年第 5 期。

② 《人口研究》编辑部：《人口多是中国现代化的主要障碍吗》，《人口研究》1996 年第 1 期。

③ 张为民、崔红艳：《对中国 2000 年人口普查准确性的估计》，《人口研究》2003 年第 4 期。

以稳定生育水平。于学军等学者根据2000年人口普查数据、普查的漏报情况以及其他数据，重新估计了2000年的生育率，估计结果为我国的总和生育率处于1.6~1.8。国家统计局以历年公布的出生人数为基础，推算出总和生育率在1991年降到更替水平，然后稳步下降到20世纪90年代末的1.7左右，从2002年至今在1.6左右。翟振武、陈卫在2007年曾经以历年全国小学生在学人数数据为基础，利用队列分析、存活倒推和回归拟合等方法，重构了2000年人口普查低年龄组的年龄性别结构，估算出我国生育率自1992年达到并低于更替水平，之后持续走低，1999年达到1.69，2000~2007年各年的总和生育率为1.59~1.66。2010年第六次人口普查得到总和生育率再创新低，只有1.18，之后几位学者根据相关数据将其修正为1.5左右①。尽管漏报和瞒报的问题始终存在，但随着时间的推移，大多数学者对总和生育率的估计由1.8下降到了1.5左右，对我国已经成为极低生育率国家，应该放开生育限制达成共识。

第二，继续计划生育政策是否得不偿失的争论。计划生育限制逐渐带来了负面效应，表现在以下几个方面：一是长期的独生子女政策使得家庭脆弱性极大提升，已经到了崩溃的边缘。一方面，独生子女家庭的子女数量减少是其风险性增加的主要原因，独生子女家庭具有天然的结构性缺陷与系统性风险，特别表现在"失独家庭"问题上。《中国老龄事业发展报告（2013）》显示，我国每年的"失独"家庭以7.6万速度递增②。"六普"数据显示，我国家庭户均人口3.10人，比"五普"3.44人减少0.34人，家庭小型化更加明显，家庭脆弱性进一步增强。另一方面，快速人口老龄化与独生子女问题叠加，使得家庭养老面临极大的风险，加剧了家庭脆弱性，2010年60岁及以上人口比重为13.3%，比2000年上升了2.9个百分点，增加了28.4%③。

① 崔红艳、徐岚、李睿：《对2010年人口普查数据准确性的估计》，《人口研究》2013年第1期。

② 《首部老龄事业发展蓝皮书发布　老龄化带来新挑战》（2013-02-28），http://politics.people.com.cn/n/2013/0228/c1001-20623900.html。

③ 中华人民共和国国家统计局：《2010年第六次全国人口普查主要数据公报（第1号）》，《中国计划生育学杂志》2011年第8期。

2013 年我国空巢老人达到 1 亿[①]。二是社会经济发展风险增加。一些学者指出，严格限制生育数量是当前出生人口性别比居高不下的主要原因，持续的新生儿性别比失衡，意味着我国未来将发生严重婚姻挤压，造成家庭和社会的不稳定；劳动力供给已经开始减少，2012 年我国 15 ~ 59 岁劳动力人口首次下降，人口红利拐点开始显现[②]。独生子女政策的推行还给家庭和社会制造了诸如贫困、妇孺身心健康受损、道德、腐败、党群干群关系紧张、人口逆淘汰、国防等方面的风险[③]。基于这些风险，部分学者认为继续计划生育政策将得不偿失[④]。

第三，“人口负担论”与“人口资源论”的认识争论。从马尔萨斯的人口陷阱学说到 1972 年“罗马俱乐部”出版的《增长的极限》，整个 20 世纪都充满对人口增长的悲观预期，《增长的极限》模拟了“放任自流”条件下全球的工业化、人口、食物、资源、环境污染等方面的发展，预计人类文明将在 2070 年之前崩溃。作为世界第一人口大国，再加上当时国内的人口剧增和生活、生产资料供应紧缺，对人口过快增长的担忧充斥着整个学术界。我国计划生育政策出台的核心理论依据就是“我国人口众多，人均资源少，人口对资源环境的压力大，不利于经济社会的持续发展”。但是，随着我国社会经济发展的全面进步，越来越多的人认识到，人口不仅是负担，更是宝贵的人力和人才资源。我国大量的劳动力资源是改革开放后经济起飞的重要先决条件。社会经济的发展取决于社会经济制度的完善和生产率的提高，这些可以克服人均资源的不足；生态环境问题主要是缘于高耗能、高污染、高消费的生产和生活方式，而不是人口本身[⑤]。对人口认识的变化由学术界传递到政策制定者方面。

---

① 《首部老龄事业发展蓝皮书发布老龄化带来新挑战》 (2013 - 02 - 28). http: //politics. people. com. cn/n/2013/0228/c1001 - 20623900. html。

② 《中国劳动力人口首次下降人口红利拐点显现》 (2013 - 02 - 24), http: //news. xinhuanet. com/fortune/2013 - 02/24/c_ 124380454. htm。

③ 陈友华：《独生子女政策风险研究》，《人口与发展》2010 年第 4 期。

④ 徐俊：《我国计划生育政策的反思与展望》，《人口与经济》2014 年第 6 期。

⑤ 梁建章、李建新：《中国人太多了吗?》，社会科学文献出版社，2012，第 177 ~ 178 页。

第四，关于如何调整生育政策的争论。尽管调整生育政策逐渐成为共识，但如何调整以及何时调整依然存在争论，主要分为三类观点。第一类认为应该逐渐调整生育政策，逐步放宽生育限制，以避免产生出生堆积等问题①，从“单独二孩”政策过渡到“全面二孩”②，由部分省市试点扩展到全国③。大部分专家认同这一观点④；第二类认为当前我国生育水平已经下降到十分危险的境地，应该立刻废止计划生育政策中限制生育的条款，鼓励生育率提升⑤；第三类认为目前应该继续稳定低生育率⑥，等待生育意愿继续下降，下降到一定程度，再适当放宽政策，相应的婴幼儿规模就不会突然膨胀了。

二　政策调整的准备

在计划生育政策正式实施 30 年后，人口快速转变给我国人口带来的负面效应逐渐出现，主要表现在生育率过低、劳动力供给开始减少、人口老龄化快速发展、出生性别比畸形升高等方面。我国人口问题的主要矛盾由总量向结构转换，将可能对社会经济发展产生严重的负面影响，计划生育政策调整的时机逐渐成熟。

（一）人口发展出现的新问题

1. 生育水平持续走低

20 世纪 80 年代以来，计划生育政策使得我国人口的生育率快速下降，

① 陈友华：《关于进一步完善生育政策的若干认识问题》，《市场与人口分析》2007 年第 1 期。

② 曾毅：《以晚育为杠杆，平稳向二孩政策过渡》，《人口与经济》2005 年第 1 期。

③ 马力、桂江丰：《中国特色的人口转变》，《人口研究》2012 年第 2 期。

④ 位秀平、吴瑞君：《中国计划生育政策反思》，《哈尔滨工业大学学报》（社会科学版）2013 年第 6 期。

⑤ 李建新：《放开生育政策，促进人口长期均衡发展》，《南京人口管理干部学院学报》2013 年第 2 期。

⑥ 尹文耀、李芬、姚引妹：《再论中国生育政策的系统模拟与比较选择——兼论现行生育政策再稳定 15 年》，《浙江大学学报》（人文社会科学版）2006 年第 6 期。

1995 年就已经下降到更替水平以下，2000 年之后，我国妇女的总和生育率下降到 1.8 以下。随着生育率的持续走低，部分学者疾呼：中国可能掉入“低生育率陷阱”。国际上通常把总和生育率低于 1.5 称作“很低生育率”，当总和生育率降到 1.3 以下时，称作“最低或极低生育率”，20 世纪 90 年代以来，极低生育率在欧洲出现并扩散到东亚一些国家和地区。这些发达国家的经验表明，一旦人口进入“极低生育率”阶段，生育率的回调将变得十分困难，人口结构将不可避免走向极端负面。从国家统计局的人口普查和人口变动抽样调查的结果看，近 10 年来的我国生育率已经下降到 1.5 以下的很低生育率阶段。但由于出生漏报的存在，真实的生育率扑朔迷离。美国人口咨询局出版的《2007 世界人口数据表》估计我国的总和生育率为 1.6；联合国出版的《世界人口前景：2015 修订版》中估计我国 2010 ~ 2015 年的总和生育率为 1.55。从生育水平的角度出发，我国调整计划生育政策刻不容缓。

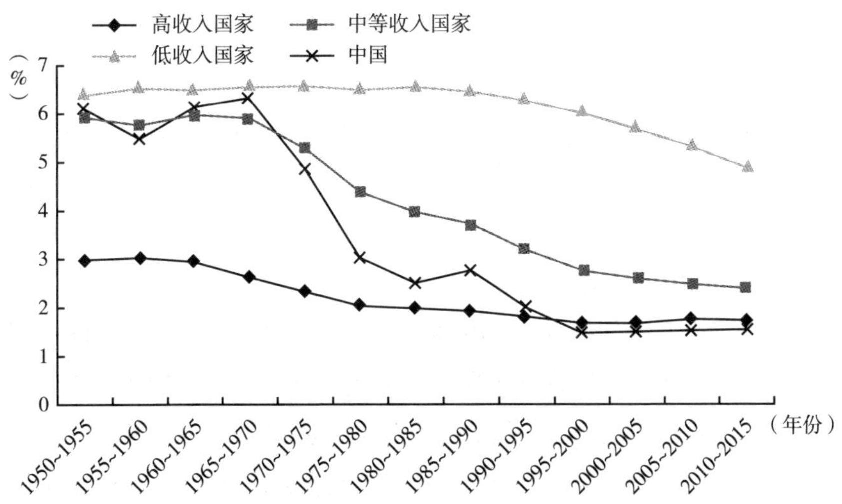

图 2－1 中国和其他国家总和生育率变动趋势

资料来源：经济和社会事务部人口司编制《世界人口前景：2015 修订版》。

2. 人口快速老化

在人口寿命增长和生育水平下降的双重因素影响下，我国正经历快速人

口老龄化。1990 年，我国 65 岁及以上老年人口比例仅为 5.57%；10 年之后的 2000 年已经上升到了 6.96%，根据国际通用标准，此时的中国进入老年社会，老年人口已达 8879.3 万人；2010 年 65 岁及以上老年人口比例达到了 8.87%，是世界上唯一老年人口超过 1 亿的国家。除了老年人口规模大、人口老龄化速度快之外，我国人口老龄化还存在地域分布不均匀的特点，加大了应对老龄化的难度。虽然西方发达国家都经历了人口老龄化的过程，但中国将是仅次于日本的世界上老龄化速度最快的国家。1970 年至 1994 年，日本的 65 岁及以上人口比例由 7% 增长到 14% 仅用了 24 年的时间，远远短于英国（45 年）、瑞士（50 年）、美国（65 年）和法国（115 年）等人口老龄型国家（JARC，2003）。根据预测，中国完成这个历程大约需要 27 年的时间，但若生育率继续下降，中国人口老龄化的速度甚至会快过日本。人口老龄化会带来养老、医疗和照料等一系列社会问题，快速老龄化使中国建立完善社会保障制度和进行经济产业转型变得更加紧迫。

3. 劳动力资源加速萎缩

近年来，我国劳动力供给出现了新的变化，从 2012 年开始，15～59 岁劳动年龄人口出现绝对数量下降，2012 年我国劳动年龄人口为 93727 万人，比 2011 年减少 345 万人，2013 年 15～59 岁劳动年龄人口又比 2012 年减少 244 万。由此，中国劳动力市场由劳动力无限供给阶段转向劳动力短缺阶段，即经历“刘易斯转折点”，相应的劳动力供给曲线开始向上倾斜，劳动力工资水平也开始不断提高。这改变了我国作为经济发展基础要素劳动力数量的变化，并由此对我国长期经济发展造成深远影响。首先，劳动力供给数量减少和劳动力价格提升使得劳动密集型产业丧失比较优势，急需依赖资本投入和技术进步来推动经济发展，产业结构升级的客观要求和总体趋势愈加突显；其次，青年人口的减少将影响社会整体的创新活力，使得技术进步率下滑；最后，劳动力数量下降导致从事生产的人口减少，老龄人口增多导致储蓄人群减少，将造成储蓄率、投资率和消费率的下降，从而导致我国经济潜在增长率的下降。

4. 出生性别比

我国出生性别比持续偏高已经成为一个严重的人口问题。理论上来说，出生人口性别比应保持在 103~107 之间，该比例可以使婚育期的男女比例保持平衡。然而，我国已经持续 30 多年超出这一指标，约从 1982 年开始，我国出生人口性别比偏高为 107.2，之后一路飙升，自 1994 年以来，我国出生人口性别比始终在 115 以上，2004 年达到最高峰 121.2。虽然 2009 年被看作我国出生人口性别比的一个拐点，2013 年下降到 117.6，但仍然远高于正常水平。研究结果表明，出生性别比偏高的原因有两个：一是“男孩偏好”；二是胎儿性别鉴定和终止妊娠技术的普及。计划生育政策对子女数量的限制，加剧了选择胎儿性别的倾向。出生婴儿性别比长期偏高势必造成婚姻年龄段男女两性人口的比例失调，从而出现男性婚姻竞争加剧，进而导致家庭不稳定等一系列现象的发生。这些现象的发生也将危害未来社会经济健康稳定的发展。

（二）人口转变对社会经济发展的负面效应

人口转变对社会经济发展的影响具有两面性。人既是消费者，也是生产者，人口转变通过生产和消费两个方面与宏观经济相互影响。一方面，伴随人口转变的人口抚养比下降过程中的“人口红利期”对经济增长具有推动作用，总人口中劳动年龄人口比例上升，社会总体的生产能力增强，社会财富的创造和储备能力增强；另一方面，人口抚养比在整个人口转变过程呈现 U 形发展趋势，“人口红利期”过后，紧接着而来的是人口抚养比上升，劳动力供给下降和人口老龄化加剧，这可能会阻碍社会经济发展。

人口红利对东亚经济发展的影响常常被学者认为是人口转变促进经济发展的典型案例。世界银行组织出版的《东亚奇迹：经济增长和公共政策》报告中指出，“东亚奇迹”2/3 归功于投资水平提高和人力资本积累等要素投入，1/3 归功于劳动生产率改善。与其他发展中国家相比，东亚经济能够更好地配置物质和人力资源，并把它用于高产出的投资领域和掌握先进技术。东亚经济奇迹得益于高投资率和高储蓄率的持续，而这正与“人口红利”密切相关。我国国内学者指出，我国经济增长现象也得益于“人口红利”[①]，劳动投入对经济增长的贡献达到20%左右[②]。

但从人口转变中获得的“人口红利”是一次性的，生育率下降使得人口老龄化。人口年龄结构的变迁将对经济增长产生深刻的负面影响。第一，人口年龄结构老化造成劳动力供给的绝对数量下降，劳动力参与率也大幅下降，导致潜在劳动生产率下降；第二，整体消费市场可能由于“消费最旺盛的人口”的减少而趋于萎缩；第三，为了给庞大老年人口支付养老金，政府将不得不增加税收和社会保险，从而加重国民负担；第四，人口老龄化使得健康照料需求和费用急剧上升，家庭也会面临沉重的健康照料负担。人口转变后的负面效应可以从当前发达国家的经历中找到答案。

1. 日本老龄化与“失去的十年”

日本经济起飞始于20世纪50年代初，与其人口转变相吻合。日本人口抚养比呈现与经济发展相反的趋势，20世纪60年代日本经济增长最快，这个时期也是日本人口转变过程中劳动年龄人口比例上升的阶段。日本人口抚养比在20世纪90年代之前一直保持在低于50%的较低水平，日本的经济也持续保持平均5%左右的增长速度。但随着人口老龄化，日本的抚养比呈现上升趋势，日本经济也开始持续萎靡不振。一些研究认为，人口老龄化及其养老体制是导致日本经济长期增长衰退的主要因素之一[③]。

首先，人口老龄化使得劳动力供给不足，推动实体经济的出走。20世纪90年代，日本劳动年龄人口达到峰值后逐渐下降，根据日本人口预测机构的预测结果，从2010年到2030年，日本劳动年龄人口将从8128.5万人减少到640.4万人[④]。劳动力供给不足导致了“产业空心化”的出现。在经济全球化背景下，资本在世界范围内追逐劳动力。劳动力供给不足推动劳动

① 蔡昉、王德文：《中国经济增长可持续性与劳动贡献》，《经济研究》1999年第10期。

② 李坤望：《中国经济增长因素的比较分析》，《中州学刊》1996年第1期。

③ Paul S. Hewitt (2003), “The gray roots of Japan’s crisis”, *Asia Program Special Report*, No. 107, Woodrow Wilson International Center for Scholars。

④ 田香兰：《日本劳动力不足问题及解决对策》，《社会工作》（理论版）2009年第1期。

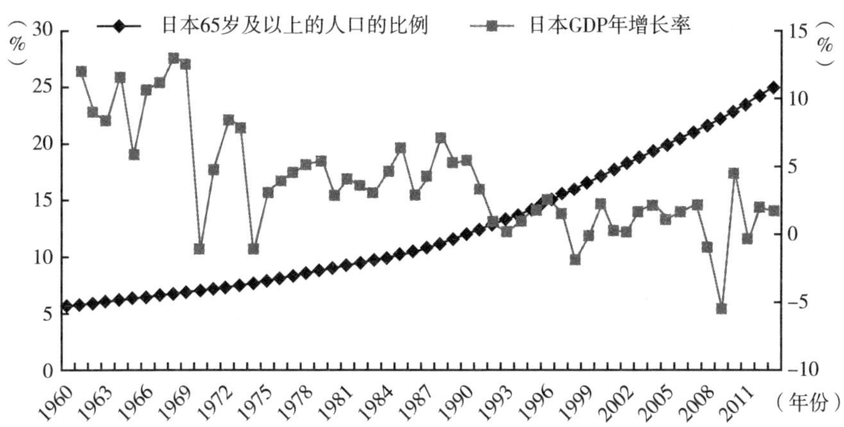

图 2-2　日本 GDP 年增长率与 65 岁及以上人口比例的变动

资料来源：世界银行数据库。

力价格上升，使得实业资本流向劳动力成本更便宜的国家，进而造成本国实业资本的短缺，出现“去工业化”现象，以制造业为核心的实体经济被大大削弱。劳动生产率追不上劳动成本，导致资本出走，整个经济增长乏力。

其次，老龄化使得社会抚养负担不断加重。由于人口寿命的延长和生育水平的下降，日本人口快速老龄化。据联合国估计数据，1950 年日本人口老化系数（即 65 岁及以上人口占总人口的百分比）为 5%，2010 年已经高到 27%，意味着每 4 个人中就有不止 1 个老人。老年人口的增加导致社会抚养负担不断加重，社会保障支出的急剧增加。伴随着高龄老年人口比重的增长也将导致养老金、医疗、福利等一系列社会保障系统对社会经济发展产生负面影响①。

最后，人口老龄化打破了生产性和消费性的平衡。人口的负增长将导致人口数量不断减少，而人口数量的减少意味着消费人口的减少，整个人口的消费能力就会有所下降。在现有经济结构中生产消费品的企业和娱乐服务等行业将不得不缩减经营规模，甚至有的企业可能陷入经营危机②；另外，人

① 陈亮：《日本护理保险制度的修订与非营利组织的养老参与》，《人口学刊》2009 年第 2 期。
② 侯建明、周英华：《日本人口老龄化对经济发展的影响》，《现代日本经济》2010 年第 4 期。

口年龄结构的生产性与消费性一旦失衡，依赖高税收的高福利政策也会随之失灵，巨额财政赤字也不可避免。

2. 欧债危机与老龄化

2009 年发生的欧债危机使得欧洲许多老牌工业国家经济一蹶不振，其中最重要的两个原因是高福利与老龄化。20 世纪末，欧洲整体上进入了超低生育率时代，除北欧的总和生育率维持在相对较高的水平（1.7）之外，东欧、南欧和西欧分别降到了 1.29、1.33 和 1.52。人口寿命延长、超低生育率及“婴儿潮”出生的一代人陆续进入老年，导致西欧和南欧从 20 世纪 80 年代中期开始劳动力年龄人口比重快速下降，老年人口大幅度增加。从劳动力对老年人的实际抚养比来看，2010 年北欧国家平均每 2.9 个劳动力负担一个老年人，西欧国家平均每 2.8 个劳动力负担一个老年人，南欧国家平均每 2.4 个劳动力负担一个老年人。而在 20 年前，这个比值分别为 3.7、3.1 和 3.0。

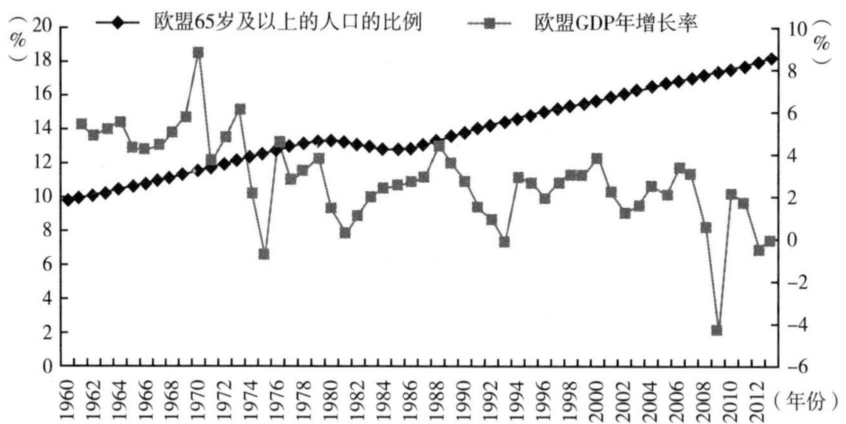

图 2-3　欧盟国家 GDP 年增长率与 65 岁及以上人口比例的变动

资料来源：世界银行数据库。

社会福利制度本质上是一种社会再分配机制，养老金是一种通过收入的代际分配来实现个人生命周期收入与消费之间均衡的制度安排。老年人口增长和长期低生育率导致的抚养比大幅度提高，使得代际递次支持结构失衡和当期的供求关系变得紧张，当老龄化和抚养比超过一定程度时，国家财政乃至整个社会福利制度就会出现危机。2009 年，欧元区 17 国和欧盟 27 国的社会保护支出占 GDP 的比重分别为 30.41% 和 29.61%，其中养老金支出占 GDP 的比重都超过了 13%，而意大利、法国、西班牙、希腊都超过了这个平均水平。因此，随着抚养比的不断攀升，高福利制度也就失却了应有的人口条件。

不仅如此，高福利和长期低迷的生育率导致了欧洲劳动力成本的提高，加速了国内产业向新兴发展中国家转移的步伐。劳动生产率追不上劳动成本，导致资本出走，整个经济增长乏力。2011 年欧元区国家和欧盟国家的经济增长率分别只有 1.2% 和 1.5%。经济低迷加剧了失业，2012 年 7 月份欧元区和欧盟 27 国的失业率分别为 11.3% 和 10.4%，欧盟和欧元区青年失业率分别为 22.5% 和 22.6%，其中希腊和西班牙在 2012 年 5 月达到了 53.8% 和 52.9%。由此可见，如果欧债危机国家不能恢复和提高人口结构的活力，就难以摆脱“高福利陷阱”。

（三）政策调整的初步探索

受人口形势发展变动的影响，完善和调整当前的生育政策成为必然选择。最早进行的是从独生子女政策到“双独二孩”政策的转变，早在 20 世纪末，山东、四川等 27 个省、市、区已经实行“双独”夫妻可生二胎政策，紧接着湖北、甘肃、内蒙古在 2002 年也开始实施“双独二孩”政策，到 2011 年，《河南省人口与计划生育条例》的修订标志着“双独二孩”政策在全国都已经实行。但该政策的目标人群较少，对生育率的影响较小。

2013 年 12 月 28 日，第十二届全国人大常委会第六次会议表决通过了《关于调整完善生育政策的决议》，一方是独生子女的夫妇可生育两个孩子的“单独两孩”政策依法启动实施。该政策的出台受到了极大的欢迎，根据相关专家测算，该政策将使我国每年出生人口增长 100 万 ~200 万。根据国家卫生计生委公布的数据，截至 2014 年 12 月，全国有近 100 万对单独夫妇提出再生育申请，其中 92 万对获得批复。根据国家统计局公布的数据，

2014 年的出生人口总量为 1687 万人，仅比 2013 年增加了 47 万人，2015 年的出生人口为 1655 万，反而比上年减少了 32 万。不论是申请生育的人数，还是实际生育的人数，均大大低于预期。根据上海市卫生和计划生育委员会的统计，进入婚育年龄的户籍女性中，有 90% 符合“双独”或“单独”生育政策，但实际申请二孩的比例不足 5%，户籍人口生育意愿低迷。作为生育率下降最早、生育水平最低的地区之一，上海市的生育政策和生育现实将在一定程度上反映中国东部沿海发达地区的基本生育情况。

2015 年出生人口下降主要有以下几个因素影响：一是育龄高峰期的女性数量在持续减少，2011 年我国育龄妇女数量达到峰值后开始减少，2015 年 15～49 岁育龄妇女数量比上年减少约 500 万人，其中 20～29 岁生育旺盛期育龄妇女数量减少约 150 万人。二是新进入育龄高峰期的女性生育意愿在降低。根据国家卫生计生委前期开展的生育意愿调研，在 1500 万至 2000 万符合生育新政的夫妇中，50%～60% 愿意生育第二个孩子。部分地区的生育意愿更低，北京、上海、江苏等地的二孩生育意愿率不足 50%（马小红，2007；马小红、张信峰，2008；郑真真，2011）。三是意愿、偏好或理想子女数往往大于生育打算，而后者又往往大于决定生育的孩子数。欧美大量的实证研究表明，生育水平低于更替水平并非人们的生育意愿过低所致。相反，尽管大部分发达国家在世纪之交的生育水平远远低于更替水平，但人们的生育意愿却仍在更替水平上下（杨菊华，2008）。四是政策影响的目标人群中有相当比例人口已经错过了生育的最佳年龄，生育能力下降。医学数据表明，怀孕的最佳年龄为 23～30 岁，超过 35 岁的女性生育能力会迅速下降，这可能使得“60 后”“70 后”的夫妇不得不放弃生育二胎。

预期中的出生高峰和出生堆积问题均没有出现，再次引起了生育率回调乏力的强烈担忧，也促使中国政府下定决心进一步调整生育政策。因此，在短短两年之后，2015 年 12 月 27 日，十二届全国人大常委会第十八次会议表决通过了《人口与计划生育法修正案（草案）》。十八届五中全会提出的“全面两孩”政策于 2016 年 1 月 1 日起正式实施。

三 “全面二孩”政策后的人口预期

“全面两孩”可以有效降低计划生育的行政管理成本，实现公民平等生育权利的回归，而配套政策的同步实施，也将提高生育政策调整的效果。最重要的是，虽然政策的调整不可能从根本上扭转人口结构变动的基本趋势，但能减缓人口老龄化的进程，为社会体制和经济体制的调整带来难得的缓冲期。那么，相较于“单独二孩”政策，“全面二孩”政策将给人口发展带来哪些改变?

（一）生育高峰在短期内出现，但不会出现严重出生堆积

由 2014 ~2015 年期间“单独二孩”的实施结果来看，新增出生人口并不如预期，这和当今人们的生育意愿下降有很大的关系。随着工业化、城镇化及现代化进程的推进，社会转型使得人们的生活环境、生活方式均发生了重大变化，生育观念也随之发生重大改变。同时，现代社会的生活、就业、教育、医疗的成本有了极大的提升，导致人们生育意愿大大降低。据此判断，全面放开二孩政策并不会带来出生率的猛增和人口数量的剧烈反弹。

根据专家测算，“全面二孩”生育政策目标人群扣除“双独”“单独”和“双非独”“农业一孩半”地区一孩育龄妇女后，新政策目标人群在 9000 万以内，其中超过 40% 的目标人群年龄在 40 岁及以上。全面二孩政策每年新增出生人口规模达到或超过 800 万的可能性微乎其微，在 430 万以内的可能性很大。政策新增 40 岁及以上一孩育龄妇女每年生育二孩比例超过 1% 的可能性不大①。根据梁建章估算，目前我国 20 ~40 岁的育龄女性中，符合政策的可能有 5000 万 ~6000 万人，未来每年平均新增的小孩规模预计将在 250 万左右。人口学专家、美国霍普金斯大学生物统计学博士黄文政在

① 王广州：《全面两孩政策目标人群及出生人口变动测算分析研究报告——基于宏观孩次递进及微观仿真模型的测算》，中国社会科学院人口与劳动经济研究所课题报告，未发表，2015。

接受媒体采访时表示，“全面二孩”每年带来的新增人口在300万~800万之间，估计中值为500万，生育高峰可能在2017年出现。北京大学社会学系教授陆杰华认为，“全面二孩”政策的目标人群中“80后”和“90后”占多数，但这一代人的生育观念已经发生了较大改变。南京大学社会学系教授陈友华则认为，政策实施带来的新增人口每年不会超过600万，而中国的出生人口总量不会超过2400万①（见表2－1）。

表2－1 政策调整对出生人口的影响

单位：万

年份	全面二孩	单独二孩	差距
2016	1807.0	1700.7	106.3
2017	1929.1	1772.7	156.4
2018	2034.8	1627.8	407
2019	1829.5	1582.3	247.2
2020	1726.5	1534.7	191.8

本文分别假定2016~2050年一直维持“全面二孩”或“单独二孩”政策，进行了人口测算。“全面二孩”政策将给中国带来短期的生育高峰，峰值大约会出现在2018年，年出生人口将超过2000万，比当前的数量高出400多万，但由于育龄妇女的减少，年出生人口很快就会再次下降，2020年下降到1700万左右。相比“单独二孩”政策，“全面二孩”政策可以提高出生人口的数量，高峰期可以提高400多万，平稳期可以提高100万~200万。

（二）政策调整有利于改善人口结构，但作用微乎其微

生育政策的调整并不能扭转人口结构变动的趋势，但能够延缓恶化的速度，增补劳动力人口数量，延缓人口老龄化进程，延长“人口红利期”。从

① 李丹丹、王姝、信娜、邓琦：《中国全面放开二孩》，《新京报》2015年10月30日。

人口绝对规模来看，政策的调整使得人口峰值由2026年的14.21亿提升到2027年14.43亿，2050年的劳动年龄人口由7.99亿提升到8.33亿；从人口负担方面来说，生育政策调整使得人口机会窗口（人口负担系数小于或等于50%称为人口机会窗口期）的关闭时间点由2031年延长到2035年；从老龄化进程来说，生育政策调整使得2040年和2050年的老龄化系数分别由23.66%、25.62%下降到22.94%、24.33%（见表2-2）。依然可以明显地发现，目前的生育政策调整对人口结构的影响微乎其微，未来需要更大力度的生育政策变动。

表2-2 政策调整对人口规模和人口结构的影响

年份	全面二孩				单独二孩			
	15~64岁人口数(亿)	总人口数(亿)	总扶养比(%)	65岁及以上人口比例(%)	15~64岁人口数(亿)	总人口数(亿)	总扶养比(%)	65岁及以上人口比例(%)
2016	10.06	13.84	37.63	10.01	10.06	13.83	37.53	10.01
2017	10.03	13.94	38.95	10.52	10.03	13.91	38.69	10.54
2018	10.00	14.04	40.43	11.05	10.00	13.97	39.76	11.10
2019	9.96	14.12	41.67	11.57	9.96	14.03	40.76	11.64
2020	9.94	14.18	42.72	12.04	9.94	14.07	41.62	12.14
2030	9.66	14.43	49.47	16.69	9.66	14.16	46.67	17.01
2040	8.95	14.23	58.95	22.94	8.75	13.79	57.51	23.66
2050	8.33	13.73	64.81	24.33	7.99	13.04	63.26	25.62

尽管如此，当前生育政策调整的意义远不在此，还在以下六个方面存在重大意义：“全面二孩”政策取消了城乡居民的生育限制差异，体现公平的原则；“全面二孩”政策更符合绝大多数夫妻的生育意愿，把生育选择权和生育决策权还给家庭；二孩家庭的增加可以增强家庭抵御风险能力，特别是减少“失独”家庭发生的风险，增强家庭养老功能；生育政策的调整完善可以在一定程度上减少因性别偏好对生育行为的人为干预，推动性别结构回归自然过程；生育政策调整还能切实地减轻基层管理部门的审批和监管难度，减少政策与民众意愿的矛盾。

四 政策展望

为应对不同时期的人口问题，我国计划生育政策经历了不断的调整和完善，同时也积累了解决人口问题的经验和教训。值得注意的是，人口发展变化存在自身的规律，不能完全受政策所控制，生育政策固然能够为促进人口长期均衡发展创造更为有利的条件，但也带来了一定的副作用。我国即将面临的劳动力资源萎缩和人口老龄化问题不可避免，必须从社会经济体制的整体出发，及早做出适应人口发展变动趋势的战略部署。

首先，仍然需要持续监测生育行为，进一步调整生育政策。“全面二孩”并不是生育政策调整的终点，应该根据实际的生育指标发展变动趋势，及时做出调整或保持生育政策的决策，以调节人们的生育行为适应社会、经济、环境、资源可持续发展的需要。从其他国家的发展经验可以看出，随着人们生活方式的改变，结婚和生育年龄的一再推迟，人们的生育意愿和生育行为有进一步下调的可能，为避免落入“低生育率陷阱”，我国未来可能需要进一步放宽生育限制，甚至取消生育限制。

其次，完善生育相关配套措施，共同创造和维护人类繁衍后代的良好环境。人口的再生产是关系国家兴亡和民族复兴的大事，必须从战略高度，保护家庭的生育权利，为妇女生育创造良好的法制环境、文化环境和社会环境，特别应该从女性教育、就业、产假、医疗等社会公共政策出发，鼓励和引导符合政策的育龄妇女在宽松环境下生育，实现长期稳定适当的生育率。

最后，从社会体制和经济体制出发，应对劳动力萎缩和人口老龄化。生育政策调整不能改变劳动力人口数量下行的轨迹，也无法挽救人口老龄化的趋势。不再拥有劳动力资源优势是我国经济新常态下无法逃避的问题。除了调整生育政策延缓人口结构恶化的速度之外，必须加快提高劳动生产率，促进产业结构升级，推动增长方式转变，减少经济对劳动力资源的依赖；深化户籍制度改革，推动农民工市民化和健康城镇化，实现劳动力资源的优化配置；尽快健全社会保障制度、养老服务体系、医疗服务体系，解决养老的后顾之忧。

G.3

第三章 “全面二孩”政策对中国长期潜在增长率的影响

蔡 昉 陆 旸*

人口发展通常经历三个阶段。第一阶段表现为人口的“高出生率、高死亡率、低增长率”特征；第二阶段表现为人口的“高出生率、低死亡率、高增长率”特征；第三阶段表现为人口的“低出生率、低死亡率、低增长率”特征。在人口从第二阶段向第三阶段转变的过程中——人口的出生率大幅降低，使少儿人口扶养比快速下降，从而提供了资本快速积累的可能性。而受到人口发展第二阶段高出生率的影响，此时的劳动力供给依然充沛，从而提供了劳动力不断增长的可能性。我们知道，一个国家的经济增长主要依赖于其潜在增长率。潜在增长率又是由资本存量、劳动力、人力资本和全要素生产率等供给要素共同决定的。当人口从第二阶段转向第三阶段时，这种特殊的人口结构特征恰好为快速经济增长提供了必要的资本和劳动力供给条件。此时，人口结构对经济增长的贡献，我们称之为“人口红利”。

通常情况下，一个国家能否出现人口红利以及人口红利的大小取决于两个条件：第一，在人口转变的第二阶段是否出现了婴儿潮；第二，在人口转变的第三阶段，当婴儿潮进入生育年龄阶段时，人口的出生率是否出现大幅降低。中国20世纪50年代的婴儿潮进入其生育年龄阶段时，人口出生率迅

* 蔡昉，中国社会科学院副院长、学部委员；陆旸，中国社会科学院人口与劳动经济研究所副研究员。

速降低（计划生育政策和经济发展的共同影响），使得中国出现了有别于其他国家的更明显的人口红利特征——劳动年龄人口持续增加，人口扶养比持续降低，进而使中国的潜在增长率达到9% ~10%。

一　中国的经济增长率及各要素的贡献：1980 ~2010年

一个国家的实际经济增长在短期受需求因素影响，而在长期则受到供给因素的影响，后者在经济学理论中，表现为潜在经济增长率。实际上，一个国家的潜在增长率正是由资本、劳动力和全要素生产率（TFP）等供给因素决定的。这些供给因素的潜在水平决定了一个国家经济增长的潜力。而实际经济增长率总是围绕着潜在增长率波动，当实际增长率高于潜在增长率时，说明产能利用率超出一个国家的潜在水平，此时，为了满足更高的产出要求，就业人数就必然超过潜在就业量（或称为充分就业条件下的就业数量），而失业率则低于自然失业率（或称为充分就业下的失业率，仅包含摩擦性失业），此时，宏观经济表现为通货膨胀，反之则表现为通货紧缩。增长率缺口（实际GDP增长率与潜在增长率之差）为正时，宏观经济表现为通货膨胀，反之，表现为通货紧缩。这一现象在经济学中分别被表述为菲利普斯曲线（the Phillips Curve）和奥肯定律（Okun's Law）。从奥肯定律中看到，实际增长速度低于潜在增长率的部分，将对应着一定幅度的周期性失业；而菲利普斯曲线所描述的正是受短期需求因素影响的实际GDP增长率，与受长期供给因素影响的潜在GDP增长率之间的因果关系，进而印证了“潜在增长率决定论”。见表3 -1。

表3 -1　实际增长率和潜在增长率：1980 ~2010 年

变量 \ 时期	1980 ~2010 年	1981 ~1985 年	1986 ~1990 年	1991 ~1995 年	1996 ~2000 年	2001 ~2005 年	2006 ~2010 年
潜在增长率	10.23	9.84	10.04	10.83	10.02	9.98	10.87
实际增长率	10.02	10.76	7.92	12.28	8.64	9.76	11.20

资料来源：笔者估算得到。

根据增长核算方程，对各生产要素对经济增长的贡献进行分解。表3－2给出了各要素对经济增长的贡献。其中，前四列分别是生产函数中各要素对经济增长的贡献。在1978～2010年期间，资本存量的增长对经济增长的贡献最大，约占1/2，当然这里并没有分离抚养比的贡献。其次是技术进步对经济增长率的贡献，约占1/3。劳动力数量和质量的提高对经济增长的贡献约占1/6。其中，劳动力数量的增长对经济增长的贡献为10%～12%，劳动力质量的提高对经济增长的贡献为6%～7%。进一步，我们将总抚养比的递减对经济增长率的贡献从资本的贡献中分离出来。此时，抚养比对经济增长率的贡献达到5%～6%。如果将这一因素排除，单纯的资本存量积累对经济增长的贡献从50%左右下降为不足45%。此时，我们将人口数量和质量的提高，以及人口扶养比的减少对经济增长的贡献加总，得到了这三项因素产生的“人口红利”。1978～2010年期间，在中国高速的经济增长中，“人口红利”的贡献可以达到1/5至1/4的水平①。

表3－2 人口红利对经济增长的贡献

时期	各要素对经济增长的贡献(%)				人口红利(%)		
	K	h	L	A	$h+L$	D	$h+L+D$
1978～2010年	49.10	6.56	12.00	32.33	18.57	5.33	23.90
1978～1980年	40.42	10.02	22.14	27.42	32.16	11.85	44.01
1981～1990年	40.54	6.27	22.53	30.66	28.80	9.42	38.22
1991～2000年	46.57	8.04	6.56	38.83	14.60	2.14	16.73
2001～2010年	62.79	4.34	3.89	28.98	8.23	2.49	10.71

注：K代表资本存量，h代表平均人力资本水平，L代表劳动力，A代表技术进步和制度红利，D代表抚养比。其中，$h+L$表示劳动力数量和质量的提高带来的人口红利，$h+L+D$代表总体的“人口红利”。

资料来源：笔者估算得到。

然而，各要素对经济增长的贡献在不同时期却存在明显差异。在改革开放初期（1978～1990年），资本存量（剔除扶养比的贡献）、技术进步和

① 在模型中，我们仅考虑了劳动力数量和质量的提高以及抚养比递减产生的“人口红利”，并没有将劳动力重新配置效率从TFP中分解出来。

"人口红利"对经济增长的贡献大约是30%、30%和40%。在此期间，人口红利对经济增长的贡献略高于其他两个要素。然而，在1991~2000年期间，这三项要素对经济增长的贡献发生了变化，占比约为45%、40%和15%。资本存量和技术进步对增长率的贡献超过"人口红利"的贡献。到2001~2010年期间，资本、技术进步和"人口红利"对增长率的贡献又进一步发生了微妙的变化，占比约为60%、30%和10%。人口红利的贡献进一步下降，资本的贡献进一步增加，而技术进步的贡献反而下降。总体来看，资本对经济增长的贡献呈现递增趋势，"人口红利"对经济增长的贡献呈现递减的趋势，而技术进步（不能被要素投入解释的部分）对经济增长的贡献呈现了倒U形的变化趋势。从某种程度上，在高投资率支撑下的粗放型经济发展方式也限制了技术创新和全要素生产率的提高。

这一发展模式显然是不可持续的。首先，2010年之后中国的人口结构发生了根本变化——劳动年龄人口减少和扶养比上升，"人口红利"中的L和D对经济增长的贡献将由"正"转"负"，"人口红利"开始减弱。其次，抚养比上升和人口老龄化趋势也将使资本形成率逐渐下降，依靠政策性的大规模投资已经缺乏微观基础，经济刺激下的投资驱动型经济增长也将不可持续。因此，在"人口红利"减弱和不可持续的投资型经济增长方式下，理论上，提高全要素生产率才是未来中国经济增长的主要动力。事实上，当出现"人口红利"时也预示了最终会出现"人口负债"。在"人口红利"机会窗口期，政府就应该为随后可能出现的"人口负债"早作打算。

二　中国未来的潜在增长率及各要素的贡献：2010~2050年

我们选择郭志刚（2013）分年龄和性别的人口预测数据，其中包括四种方案。前三个方案分别假设TFR（总和生育率）维持在固定水平，分别为1.6、1.77和1.94。最后一个方案为"晚升高方案"，即2035年之前TFR保持在1.4的水平，2035年之后TFR迅速上升到1.94。考虑到中国目前的总和生育率和1.4比较接近，我们采用晚升高方案作为“基准情景”，在此基础上我们估计了2011～2050年中国的潜在增长率（见表3－3）。

表3－3 中国的潜在经济增长率（TFR＝1.4）

模拟	2011～2015年	2016～2020年	2021～2025年	2026～2030年	2031～2035年	2036～2040年	2041～2045年	2046～2050年
TFR＝1.4	7.493	6.649	5.773	5.173	4.631	3.857	2.758	1.685

我们进一步将2011～2050年的潜在增长率按照要素贡献进行分解（TFR＝1.4）。为了与历史数据进行对比，我们同样给出了1981～2010年各要素对中国潜在增长率的贡献（见表3－4）。从潜在增长率的要素分解来看，在1981～2010年期间，“人口红利”对潜在增长率的贡献平均达到20%，然而“人口红利”却呈现递减的趋势，到“十三五”时期“人口红利”对潜在增长率的贡献几乎为零。2020年之后，“人口红利”将变为“人口负债”，此后“人口负债”还将持续扩大。

具体来看，从“十三五”开始，潜在就业（$L*$）和抚养比（D）对经济增长的贡献都将由“正”转“负”。然而，“人口红利”的另一组成要素“劳动力质量”——人力资本（h）对经济增长的贡献还保持在4%左右，甚至2030年之后还将持续增加。即便如此，人口转变带来的直接和间接“负”影响，要远大于劳动力质量提高带来的“正”影响。因此，“人口红利”消失甚至“人口负债”的出现都是必然的趋势。

此外，在2040年之前，潜在资本对经济增长的平均贡献依然保持在1/2上下的水平。在“十二五”时期和“十三五”时期，潜在增长率中潜在资本的贡献甚至超过了60%。然而，随着人口抚养比的进一步恶化，2040年之后，潜在资本存量的增速迅速递减，甚至为负增长。需要强调的是，由于潜在增长率假设TFP保持在2010年的水平，然而，当一个国家从“二元经济”过渡到“新古典经济”后，TFP的增长将变得异常困难。这里我们显然高估了TFP对经济增长的贡献。退一步讲，如果TFP果真能够保持在2010年的水平，那么，中国未来的潜在经济增长率将主要依赖TFP的贡献，甚至在2045年之后，潜在增长率还要低于TFP增长率，因为除人力资本外，其他各要素的增速都开始为负。

表3-4 人口红利对潜在经济增长的贡献（中速潜在增长率分解）：1981~2050年

时期	各要素对经济增长的贡献(%)				人口红利(%)		
	K	*h*	*L*	*A*	*h*+*L*	*D*	*h*+*L*+*D*
A:时期1981~2010年							
1981~2010年	46.73	5.51	10.21	37.56	15.72	3.95	19.66
1981~1990年	35.23	4.45	16.45	43.86	20.90	7.45	28.35
1991~2000年	48.88	7.37	9.13	34.62	16.50	2.23	18.73
2001~2010年	56.07	4.70	5.05	34.19	9.74	2.16	11.91
B:时期2011~2050年(潜在增长率预测TFR=1.4)							
2011~2015年	60.04	4.49	3.34	32.13	7.82	0.95	8.78
2016~2020年	61.46	3.84	-1.12	35.83	2.71	-0.69	2.02
2021~2025年	58.92	3.98	-4.02	41.12	-0.04	-1.11	-1.15
2026~2030年	55.78	4.49	-6.02	45.76	-1.54	-1.16	-2.70
2031~2035年	52.08	5.26	-8.42	51.07	-3.15	-2.41	-5.57
2036~2040年	45.54	6.35	-13.32	61.44	-6.97	-5.65	-12.62
2041~2045年	28.91	8.74	-23.89	86.24	-15.15	-10.94	-26.09
2046~2050年	-11.30	13.40	-45.86	143.75	-32.45	-11.29	-43.74

注：*K*代表资本存量，*h*代表平均人力资本水平，*L*代表劳动力，*A*代表技术进步和制度红利，*D*代表抚养比。其中，*h*+*L*表示劳动力数量和质量的提高带来的人口红利，*h*+*L*+*D*代表总体的“人口红利”。2011~2050年潜在增长率的模拟和要素贡献分解是在TFR“晚升高”方案基础上进行的。

三　“全面二孩”政策对中国潜在增长率的影响

“全面二孩”政策的直接影响结果是，抚养比和人口结构的变动分别带动资本形成率和潜在就业发生变化。首先，与假设不变的高资本形成率不同，如果我们将资本形成率和“人口抚养比”联系在一起会发现，资本形成率与人口扶养比之间是负相关关系。在不同的TFR假设条件下，根据变化的扶养比可以得到不同的资本形成率（见图3-1），进而得到不同的资本存量。其次，全面二孩政策虽然在短期内不会影响劳动力供给，但是在长期，受到政策影响的新生儿将最终进入劳动力市场，从而增加劳动力供给（见图3－2）。最后，全面二孩政策也会影响中国的平均人力资本水平。新增人口的受教育年限要相对更高，“全面二孩”政策能够增加中国长期的平均教育年限，从而提高人力资本（见图3－3）。

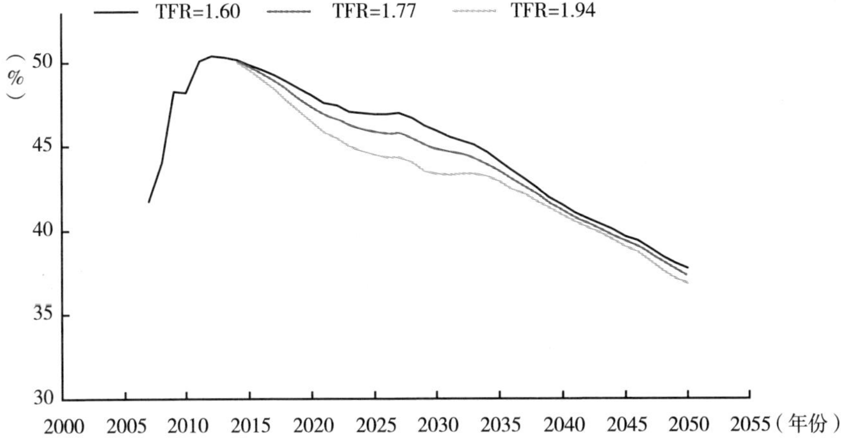

图3－1 中国资本形成率的变化趋势

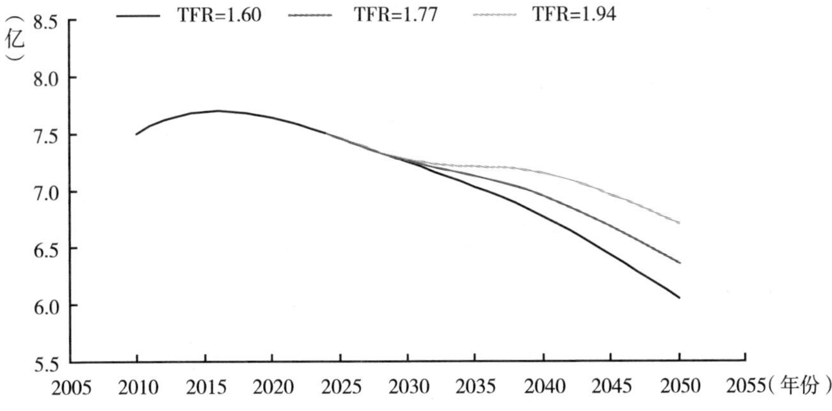

图3－2 中国潜在就业人口变化趋势

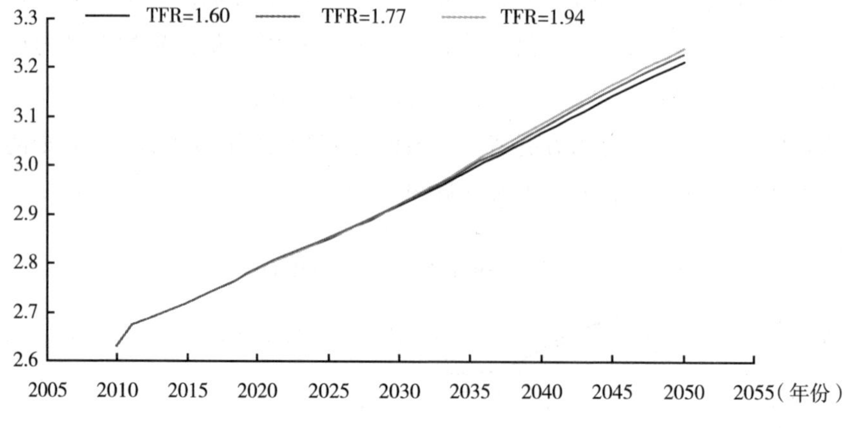

图 3－3　中国人力资本的变化趋势

改变人口生育政策使 TFR 增加，在短期内不会影响劳动年龄人口总量，进而潜在就业没有变化；但是资本存量会发生变化，因为 TFR 越高则短期内人口抚养比越高，进而资本形成率就越低，最终影响资本存量。然而，随着新生儿在 15 年之后进入劳动力市场，2030 年之后两种效应将共同决定潜在增长率。首先，劳动年龄人口绝对数量将增加，进而一个国家的潜在就业增加；其次，随着劳动年龄人口增加，虽然人口抚养比还会持续上升，但是增速会下降，资本形成率递减速度下降，进而改变资本存量。因此，在 2030 年之后，潜在增长率将出现逆转，高方案下的潜在增长率反而最高，相反，如果维持现有人口生育政策，2030 年之后中国的潜在增长率将会呈现一个迅速递减的趋势。因此，“全面二孩”政策对中短期的潜在增长率和长期的潜在增长率的影响是不同的——在短期，全面二孩政策对潜在增长率产生微弱的负向影响，然而在长期，全面二孩政策对潜在增长率产生明显的正向影响（见表 3－5）。但值得注意的是，即使放松生育政策，也难以改变“人口红利”消失的整体趋势。中国经济增长的长期动力来源应该从依靠“人口红利”转向“改革红利”。

表 3－5 全面二孩政策对中国潜在增长率的影响

模拟	2011～2015 年	2016～2020 年	2021～2025 年	2026～2030 年	2031～2035 年	2036～2040 年	2041～2045 年	2046～2050 年
TFR = 1.4	7.493	6.649	5.773	5.173	4.631	3.857	2.758	1.685
TFR = 1.6	7.493	6.600	5.633	4.983	4.540	3.935	3.151	2.474
TFR = 1.77	7.493	6.547	5.482	4.783	4.464	4.011	3.302	2.632
TFR = 1.94	7.493	6.493	5.296	4.513	4.344	4.132	3.519	2.832

四 结语

一个国家的经济增长在短期受需求因素的影响，在长期则受供给要素的影响。受政策影响而出生的人口，虽然在短期内增加了扶养比，对潜在增长率产生微弱的负向影响，但是，通过增加消费并带动了相关产业的企业和政府投资，从而对短期的实际经济增长率产生正向影响。此外，这些新出生人口最终将进入劳动力市场，增加劳动力供给，并使抚养比降低，从而有利于资本积累和技术进步，最终对长期潜在增长率产生正向影响（长期的经济增长将趋于潜在增长水平）。总之，从“单独二孩”转向“全面二孩”，有利于改善人口结构并提高中国的长期潜在增长率。

G.4

第四章
“全面二孩”与家庭支持政策

李建民*

2015 年中共十八届五中全会做出“全面实施一对夫妇可生育两个孩子政策”决定，这是继中共十八届三中全会决定启动实施“一方是独生子女的夫妇可生育两个孩子的政策”之后，完善生育政策迈出的最重要一步，它标志着执行了35 年之久的独生子女政策彻底退出历史舞台，促进人口长期均衡发展成为新的人口政策目标。“全面二孩”政策引起了社会的热烈反响，“生，还是不生”成为千家万户热议的话题。但是，在目前我国平均生育意愿低于更替水平①，甚至低于欧洲和日本等超低生育率国家生育意愿的情况下②，新的生育政策能否自动带来生育率的回升，未来的生育率能否保持在一个相对较高的水平上，还具有很大的不确定性。因为，在我国目前的社会经济条件下，影响夫妇生育意愿和生育行为的决定性因素已非生育政策，而是养育孩子的成本及孩子成长支持性环境的可获得性。

一　从“单独二孩”政策遇冷谈起

2013 年 11 月中央决定启动实施“单独二孩”政策，到 2014 年上半年

* 李建民，南开大学经济学院教授。

① 王军、王广州：《中国育龄人群的生育意愿及其影响估计》，《中国人口科学》2013 年第 4 期。

② 吴帆：《从家庭政策背景下的欧洲生育率变化看中国低生育率陷阱的风险》，《社会学研究》2016 年第 1 期。

全国所有的省、直辖市、自治区都开始实施。从政策实施结果看，全国的生育率水平并没有出现明显的回升。尽管这个政策涉及的对象多达1000万对夫妇，但根据国家卫生计生委公布的数据，截至2015年5月底，全国只有145万对夫妇提出再生育申请，2015年全国“单独两孩”只出生了80万左右①。国家统计局公布的数据显示，2014年全国出生人口1687万人，仅比2013年多生47万人，2015年的出生人口为1655万人，比前一年减少了32万②。有人口学者认为导致2015年出生人数不增反降的原因主要有两个：一是年龄结构效应，即育龄妇女人数减少；二是“羊年效应”，一些夫妇避开在羊年生育。但是，这两个理由都不能解释为什么在“单独二孩”政策实施一年之后，在符合政策规定的夫妇中只有不到15%的夫妇提出再生育申请。

另一方面，近年来一些大型（样本数量在1万以上）的生育意愿调查结果显示，大多数人认为有两个孩子最为理想。例如，根据中国人口与发展研究中心2013年进行的全国生育意愿调查，20~44岁有配偶的调查对象中，平均理想子女数为1.93，希望生育两个孩子的比例超过了80%；已生育一个孩子的单独家庭希望生育第二个孩子的比例超过60%③。山东省卫生计生委2015年5月组织开展的育龄夫妇二孩生育意愿及其影响因素抽样调查结果显示，年龄为20~49周岁已婚有配偶的山东省户籍育龄夫妇中，“单独夫妇”希望有两个孩子的比例为85%，“双非夫妇”希望有两个孩子的比例为78.7%④。但是，实际打算生育二孩的夫妇大大少于认为有两个孩子最为理想或希望有两个孩子的夫妇。在湖北省进行的一项针对符合“单独二

---

① 翟振武：《出生人口数量波动反映人口结构新变化》，《中国网》2016年1月21日，http://www.nhfpc.gov.cn/jczds/s3578/201601/313a47980a3f4cd59436c3a2577f80d9.shtml。

② 国家统计局：《中华人民共和国2015年国民经济和社会发展统计公报》（2016年2月29日），http://www.stats.gov.cn/tjsj/zxfb/201602/t20160229_1323991.html

③ 庄亚儿、姜玉、王志理、李成福、齐嘉楠、王晖、刘鸿雁、李伯华、覃民：《当前我国城乡居民的生育意愿——基于2013年全国生育意愿调查》，《人口研究》2014年第3期。

④ 张晓青、黄彩虹、张强、陈双双、范其鹏：《“单独二孩”与“全面二孩”政策家庭生育意愿比较及启示》，《人口研究》2016年第1期。

孩”政策、妻子处于生育年龄（19~45岁）的家庭生育意愿调查结果表明，明确回答“要二孩”的家庭不足四分之一[①]。另一项由中国人口与发展研究中心2015年2月通过社交网络平台对特定人群（有效样本3043个）生育意愿调查结果也显示，在单独一孩的478位受访者中，虽然有35.4%的人希望再生一个，但领取“准生证”的还不到10%[②]。

为什么人们认为的理想子女数或希望生育子女数与实际生育行为之间有这么大的差距？从相关的调查结果看，目前约束夫妇生育行为的决定性因素是经济和生育成本压力，不打算生育第二个孩子的首要原因是经济压力，没有时间照料孩子和影响自身的发展也是重要原因。如前文提到的湖北省调查，在不想生育第二个孩子的“单独二孩”政策家庭中，有50%以上是因为经济压力，有将近20%是因为时间压力[③]，山东省卫生计生委的调查和中国人口与发展研究中心的调查也得到了相同的结果[④]。

二 经济和生育成本压力下的家庭政策需求

与人口转变时期生育率下降的主导机制（以孩子效用下降为主）不同，在后人口转变阶段，影响人们生育决策和生育行为的主导机制是孩子成本（包括直接成本和机会成本）的提高。因此，夫妇实际生育的孩子数明显少于理想子女数或期望子女数在低生育率国家是一种普遍现象，我国目前的情况也是如此。对单独二孩政策的评估研究表明，大量家庭符合政策条件却选择不生育二孩的主要原因在于三大压力，即经济压力、照料子

---

① 石智雷、杨云彦：《符合“单独二孩”政策家庭的生育意愿与生育行为》，《人口研究》2014年第5期。

② 赵一盟：《我国生育意愿网络调查结果分析》，《人口与计划生育》2015年第12期。

③ 石智雷、杨云彦：《符合“单独二孩”政策家庭的生育意愿与生育行为》，《人口研究》2014年第5期。

④ 张晓青、黄彩虹、张强、陈双双、范其鹏：《“单独二孩”与“全面二孩”政策家庭生育意愿比较及启示》，《人口研究》2016年第1期。

女的压力、女性自身事业上发展的压力[①]。造成这些压力的原因主要有以下几个方面：

（一）生活成本和生育成本压力大

在过去的十几年中，我国居民的收入水平有很大提高，但是生活成本也不断上涨，尤其是房价飞涨，教育和医疗等费用激增给人民生活造成很大压力。对于年轻夫妇而言，住房、子女的抚育和教育等都属于刚性需求，这些刚性需求品和服务价格的高涨，使年轻夫妇面临的经济压力更为沉重，其中许多人不得不放弃生育第二个孩子的打算。以教育负担为例，由于我国已经成为一个高度竞争的社会，父母对子女的教育都非常重视，对子女教育的投入不仅是家庭的重要支出，而且已成为主要的支出项目之一。2010 年 9 月至 2011 年 6 月对东、中、西部 10 个有代表性的城市中 7718 个有 3 ~6 岁儿童家庭调查的结果显示，学前教育总消费占家庭人均可支配收入的 81%[②]。2013 年我国家庭的教育支出规模为 8959 亿元，占全国教育经费总投入的 29.5%。城市家庭平均每年在子女教育上的支出，占子女总支出的 76.1%，占家庭总收入的 30.1%[③]。从国际比较来看，捷克、法国、德国、意大利、荷兰等国的居民家庭教育支出占消费支出比例不到 1%，土耳其、英国、西班牙、加拿大、波兰在 1.0% ~1.9% 之间，澳大利亚、日本、墨西哥、美国在 2% ~4% 之间，韩国属于家庭教育支出比例较高的国家，在 5.9% ~7.5% 之间[④]。另一项国际比较研究则显示，我国的私人教育支出水平居于世界最高水平[⑤]。因此，可以说我国是世界上家庭教育支出负担最重的国家之一。

---

① 彭希哲：《实现全面二孩政策目标需要整体性的配套》，《探索》2016 年第 1 期。

② 刘焱、宋妍萍：《我国城市 3 ~6 岁儿童家庭学前教育支出水平调查》，《华中师范大学学报》（人文社会科学版）2013 年第 1 期。

③ 周雪涵、张羽：《高中教育阶段家庭教育成本及其影响因素分析》，《清华大学教育研究》2015 年第 5 期。

④ 沈百福、颜建超：《我国城镇居民教育支出的地区差异及其变化》，《复旦教育论坛》2012 年第 6 期。

⑤ 王远伟：《个人家庭教育投入及其社会影响的国际比较研究》，《比较教育研究》2012 年第 6 期。

一些实证研究结果从另一个侧面反映出经济压力和生育成本对生育意愿和生育决策的影响。例如，根据上海市卫生计生委的调查，受教育水平和收入与受访者的生育二孩的意愿高度正相关①。另一项研究也得到了同样的结论，即收入对青年的生育意愿影响显著，收入越高，生育意愿越强，而低收入群体面临着更沉重的经济压力，更有可能放弃生育二孩（郑真真等，2009）②。虽然农村地区的生育成本低于城市，但是相对于收入而言，农民的相对生育成本甚至高于城市③。一项基于 2010 年中国综合社会调查（CGSS）农村微观数据的研究表明，农村流动人口的实际生育率和意愿生育率都随着收入或居住所在地消费水平的增加而降低④。这些研究和证据都表明：在低生育率的社会经济条件下，收入水平和受教育程度与生育意愿之间的关系已完全不同于生育率转变时期。在生活成本和生育成本的压力下，人们的生育决策更加理性。换言之，有计划的、负责任的生育已经成为人们的自觉行为。

（二）“育儿与工作平衡”困难

抚育子女是一种时间密集型的活动，尤其是在夫妇双方都就业的情况下，抚育子女与工作之间的时间冲突非常严重。虽然近年来我国 3 岁以上幼儿的入园率有很大提高，但是对 3 岁以下婴幼儿的托育服务几乎是空白。在孩子上幼儿园之前，只能由父母、祖父母或外祖父母照料。长期以来，我国工资制度、收入分配制度等都是以夫妇“双就业”和“三口之家”（一对夫妇和一个子女）为基本前提，对于低收入和中等收入家庭而言，夫妇一方（主要是妻子）辞职在家照料孩子会因收入减少给家庭生活带来更大的压

---

① 彭希哲：《实现全面二孩政策目标需要整体性的配套》，《探索》2016 年第 1 期。

② 郑真真、李玉柱、廖少宏：《低生育水平下的生育成本收益研究——来自江苏省的调查》，《中国人口科学》2009 年第 2 期。

③ 陈友华：《农民生育成本分析：城乡比较的视角》，《南京人口干部管理学院学报》2011 年第 2 期。

④ 莫玮俏、张伟明、朱中仕：《人口流动的经济效应对生育率的影响——基于 CGSS 农村微观数据的研究》，《浙江社会科学》2016 年第 1 期。

力，因此，许多夫妇不得不放弃生育二孩。一项根据第三期中国妇女社会地位调查数据的分析发现，已婚妇女生育状况对其就业整体上存在着显著的消极影响：一是生育二孩会显著降低城镇妇女就业的可能性；二是无论城乡，家中有婴幼儿会显著降低母亲的就业可能性；三是无论城乡，曾因生育中断就业的经历会显著降低妇女的就业可能性①。

（三）缺乏对家庭的政策支持

2010 年以来，对家庭的政策支持开始成为国家政策层面的考虑，在“十二五”规划中提出了“提高家庭发展能力”，加大对困难家庭的支持力度，提高幼儿入园率，增加社会保障性房的供给，增加社区公共服务供给，不断消除影响流动人口家庭团聚的制度障碍，等等。但因过去长期坚持的严格控制生育的政策导向，我国对养育子女的家庭缺乏应有的政策支持和公共服务供给，如 3 岁以下婴幼儿托育服务几乎空白，个人所得税计税不考虑家庭负担，国家对教育投入占全部教育费用的比例过低，儿科医疗资源供给紧张，等等。这样的政策架构和公共服务体系难以满足“全面二孩”带来的各种社会需求。事实上，“单独二孩”政策遇冷与缺乏家庭政策支持有着直接关系。在“单独二孩”政策执行过程中有两个失误：一是政府有关部门是以舒缓出生堆积和防控超生为主要考虑；二是没有制定与新生育政策相配套的家庭支持政策。

上述三个方面的情况实际上反映出对家庭政策支持的强烈社会需求。在生活成本和生育成本的压力下，要使更多的夫妇实现生育二孩的愿望，除了提高收入水平以外，更直接、更有效的政策手段是加大对家庭的政策支持。一些国家的经验证明，综合性的家庭政策不仅可以有效缓解家庭育儿压力，促进工作——家庭平衡，同时也可以促进儿童发展、社会性别平等和女性就业，并且可以避免陷入“生育率陷阱”②。

---

① 宋健：《普遍二孩生育对妇女就业的影响及政策建议》，《人口与计划生育》2016 年第 1 期。

② 吴帆：《从家庭政策背景下的欧洲生育率变化看中国低生育率陷阱的风险》，《社会学研究》2016 年第 1 期。

三　完善一对夫妇可生育两个孩子的配套政策

与“单独一孩”政策相比，“全面二孩”政策有一个很大的不同，即在政策制定和执行中都考虑到了相关的配套支持政策。李克强总理在十二届全国人大四次会议上所做的政府工作报告中，专门提出“完善一对夫妇可生育两个孩子的配套政策”。《中共中央国务院关于全面实施两孩政策，改革完善计划生育服务管理的决定》指出，根据生育服务需求和人口变动情况，合理配置妇幼保健、儿童照料、学前和中小学教育、社会保障等资源，满足新增公共服务需求。引导和鼓励社会力量举办非营利性妇女儿童医院、普惠性托儿所和幼儿园等服务机构。

“完善一对夫妇可生育两个孩子的配套政策”的含义，是为夫妇生育两个孩子提供积极的政策支持。这是我国政府对生育新政下社会需求的积极回应，也是家庭政策改革的重要契机。对家庭的政策支持应该成为我国民生制度安排的基本方面和公共服务的重要内容。从这个意义上讲，完善生育政策带动的家庭政策改革将为人民共享发展开辟一条重要途径。“全面二孩”政策的配套政策应该包括六个方面的内容：一是生育和生殖健康服务；二是保护妇幼健康；三是促进儿童发展；四是减轻家庭经济负担；五是促进工作——家庭平衡；六是促进社会性别平等。当前，尤其需要制定以下几个方面的家庭支持政策：

（一）生育和生殖健康服务

“全面二孩”政策带来的第一波社会需求是与优怀孕、优生、分娩等相关的医疗和保健服务。因此，政府和社会应该提供覆盖生育全周期的信息服务、医疗服务和保健服务，保障母婴健康。2014 年，全国的产前检查率和住院分娩率分别达到了 95.6% 和 99.5%，这表明在“全面二孩”政策实施之前，我国产科医疗资源的供给与需求在总量上基本平衡。但是在“全面二孩”政策下，这种平衡将被打破。据测算，全国新增符合“二孩”政策的育龄妇女将近9000万人，即使其中只有20%的人生育二孩，也会比之前增加1800万人对产科医疗服务的需求。从时间上推算，从2016年开始对产科医疗资源需求将会出现增长，2017～2019年是需求的高峰期，例如，2017年对产科床位需求量可能会比2014年增加25%以上。因此，应该增加产科医疗资源的投入和均衡布局，包括医疗机构、医生、助产士、护士、床位，以及设备和相关技术人员等。

（二）儿科医疗服务

目前，我国儿科医疗服务供求关系已处于紧张状态，表现为儿童医疗保健资源供给不足、发展不平衡、医护人员劳动强度高、儿童看病难。如果儿童医疗服务资源的供给格局没有改观，将很难应对“全面二孩”政策带来的儿童医疗服务需求的增长。以儿科床位数为例，2013年全国共有儿科病床41.42万张，床位密度为1.85张病床/每千名0～14岁儿童。即使在保持床位密度不变的情况下，未来10年床位需求量将增加20%；如果把床位密度提高10%，床位需求量将增加30%。从需求结构上看，3岁以下婴幼儿的医疗服务需求大大高于其他年龄儿童。因此在2016～2020年期间，儿科医疗服务需求的增长主要是因为0～3岁婴幼儿数量的增长，2020年，婴幼儿对医疗服务需求将占全部儿童医疗服务需求的80%以上。我国政府已经决定在“十三五”期间健全国家、省、市、县四级儿科医疗体系，加强对儿童专科医院和综合医院儿科的扶持。

（三）产假和陪产假（护理假）

产假和丈夫的陪产假（也称护理假）一直是我国生育福利的重要内容，“全面二孩”政策实施后，相关福利政策调整最快的是延长产假。2016年全国人大通过的《人口与计划生育法》（修正案）规定了为期98天的产假。截至2016年3月底，已有19个省、直辖市和自治区都在国家规定的基础上不同程度地延长了产假，并对陪产假做出了新的规定，其中大多数省份的陪产假为15天。从表4－1中可以看到，率先修改规定的省份，产假新规定都是128天，后来的省份基本上都是158天，其中北京市产假规定弹性最大。即使按照128天产假计算，要多于国际劳工组织建议的产假时间（12周）和OECD国家的平均水平（18.1周）①。考虑到企业负担和女性就业，产假不宜过度延长。但是，在有条件的企事业单位或者工作性质允许的情况下，可以设立减薪或无薪育儿假。这样既可以不增加企业负担，同时可以减轻家庭的育儿压力，并可以缓解生育对女性就业的冲击。

表4-1　各省产假和陪产假（护理假）的最新规定（按新规通过日期排序）

省份	产假	陪产假	省份	产假	陪产假
广东	128～158天[a]	15天	四川	158天	20天
湖北	128天	15天	福建	158～180天	15天
浙江	128天	15天	江西	158天	15天
天津	128天	7天	上海	128天	10天
广西	148天	25天	北京	128天+1～3个月[c]	15天
安徽	158天	10～20天[b]	青海	158天	15天
辽宁	158天	15天	吉林	158天	15天
山西	158天	15天	江苏	128天	15天
宁夏	158天	25天	河北	158天	15天
山东	158天	7天			

a. 剖腹产的产假为158天；
b. 夫妻异地生活的，护理假为20天；
c. 女职工经所在机关、企事业单位、社会团体和其他组织同意，可以再增加1～3个月的假期。

（四）婴幼儿正规照料服务和学前教育

婴幼儿正规照料服务是指由专门机构（托儿所、幼儿园等）提供的婴幼儿保育及早期教育服务。婴龄幼儿照料最需花费时间和精力，也是职业女性与母亲角色冲突的重要原因。因此，婴幼儿正规照料服务在许多国家越来越被政府和社会所重视。婴幼儿正规照料服务不仅可以促进儿童健康成长，也可以帮助父母平衡工作——家庭，缓解母亲的就业冲击，提高整个社会的

① OECD Family Database，http：//www.oecd.org/social/database.htm.

生产效率。在我国，生育两个孩子的夫妇面临的主要困难之一就是孩子的照料问题，也是影响夫妇生育意愿的重要制约因素。目前许多地方都存在着“入园难”问题，根据国家统计局的数据，2013 年全国共有 19.86 万所幼儿园，在园幼儿 3894.7 万人，学前三年入园率仅为 67.5%。

更为迫切的社会需求是 3 岁以下婴幼儿的正规照料，但是这项服务在我国基本上还是空白，只有极少量的照料机构接受 3 岁以下的婴幼儿入托。在一些城市曾有一些幼儿园设立了托幼班，接受 2～3 岁的幼儿，但后来因为要保障 3 岁以上幼儿的入园率，这些托幼班基本上都取消了。目前，我国 3 岁以下婴幼儿正规照料面临着“三无”困境，即没有行业准入标准，没有服务规范，没有机构管理。这种状况与巨大的社会需求极不相称。从国际经验看，3 岁以下婴幼儿照料服务的发展水平对女性劳动参与率和生育率都有直接的影响，例如，2010 年 OECD 国家平均有 33% 的 3 岁以下幼儿接受正规机构的照料①。北欧国家 3 岁以下幼儿接受正规机构照料的比例都超过了 54%，丹麦高达 66%②，而这些国家的女性劳动参与率与生育率呈现正相关③。

政府应该高度重视婴幼儿正规照料服务问题，把积极推进这项服务的发展作为配套政策的重要内容。建议国家加大对婴幼儿正规照料服务的支持力度，制定优惠政策鼓励社会力量办托儿所、幼儿园。此外，还应提倡企业承担社会责任，鼓励有条件的企业提供儿童照料支持，并为哺乳期女职工和有婴龄幼儿女职工提供弹性工作岗位④。

在我国，幼儿园还承担着学前教育的任务。6 岁之前是儿童发展的关键时期，学前教育是儿童智力开发的重要手段。我国政府高度重视学前教育，

---

① OECD Family Database，http：//www.oecd.org/social/database.htm.

② Eurostat（2015）.Family Indicators. http：//appsso.eurostat.ec.europa.eu/nui/submitViewTableAction.do。

③ 吴帆：《从家庭政策背景下的欧洲生育率变化看中国低生育率陷阱的风险》，《社会学研究》，2016 年第 1 期。

④ 2005 年欧盟 21 国的规模在 10 人及以上的企业中，平均有 8% 的企业提供儿童照料及其他相关服务，荷兰和英国的比例分别为 41% 和 17%。

把学前教育定位于：是终身学习的开端，是国民教育体系的重要组成部分，是重要的社会公益事业。《国家中长期教育改革和发展规划纲要（2010～2020)》制定了学前教育改革和发展规划，提出“到2020年，普及学前一年教育，基本普及学前两年教育，有条件的地区普及学前三年教育”的目标。《国务院关于当前学前教育的若干意见》明确提出，“保障适龄儿童接受基本的、有质量的学前教育，必须坚持政府主导、社会参与、公办民办并举”的原则。《国家基本公共服务体系“十二五”规划》提出普惠性学前教育，构建覆盖城乡、布局合理的学前教育公共服务体系。2014年教育部、国家发展改革委、财政部发出《关于实施第二期学前教育三年行动计划的意见》，决定于2014～2016年实施第二期学前教育三年行动计划。其主要目标为：到2016年，全国学前三年毛入园率达到75%左右。“全面二孩”政策的实行，学前教育的适龄儿童将会在2020～2023年出现较大增长，要实现上述目标，国家还需要做出更多的投入，社会还需要做出更大的努力。

（五）减轻家庭教育负担

子女教育是属于刚性需求，如前文所述，我国家庭的教育支出占家庭收入的比例处于较高水平，在全国整体的教育支出中所占比例也处于较高水平。虽然2008年新义务教育法实行以来，这种状况有所改善，但是家庭的教育负担仍然较重。导致这种局面的原因是多方面的，其中一个重要原因是优质教育资源的短缺和分布不均衡。许多父母为了让子女进入优质的幼儿园、小学和中学，不得不花费大笔金钱购买学区房和各种课外教育服务。根据北京大学中国社会科学调查中心2011年的调查数据，就读私立学校和重点学校学生的家庭教育支出，分别是就读普通学校学生的家庭教育支出的3倍和2.5倍①。如果这种状况不能得到改善的话，“全面二孩”政策带来的出生人口增加，将会使这个问题进一步加剧。优质教育资源的高度竞争压力，使许多夫妇在是否生育二孩问题上犹豫不决。要改变这种局面，必须发

① 北京大学中国社会科学调查中心：《中国民生发展报告2012》，北京大学出版社，2012。

展更高质量更加公平的教育，应该从四个方面采取积极措施：一是增加对义务教育的财政投入；二是保证教育资源分配的公平；三是增加优质教育资源的供给；四是合理布局优质教育资源。

（六）财政支持

养育子女是父母和家庭的责任，保证儿童健康成长也是政府和全社会的责任。李克强总理在2016年政府工作报告中指出：从家庭到学校、从政府到社会，都要为孩子们的安全健康、成长成才担起责任，共同托起明天的希望。在家庭养育两个孩子普遍存在较重经济压力的情况下，我国收入分配制度改革应该充分考虑对抚养未成年子女家庭的财政支持。在“全面二孩”政策下，我国核心家庭的政策标准模式已不再是一对夫妇一个子女组成的“三口之家”，而是一对夫妇两个子女组成的“四口之家”，劳动力再生产成本也会增加。因此，应该加大对抚育未成年子女家庭的财政支持。建议采取以下措施：第一，在收入初次分配中，提高个人收入的分配份额，使全体劳动者更公平地分享经济发展成果。第二，在个人所得税制中设置专门优惠政策，对抚养未成年子女的父母给予税收减免优惠。第三，为抚养未成年子女的困难家庭、低收入家庭、单亲家庭、失业家庭等特殊家庭提供育儿补贴，通过政府购买、“教育券”等方式为这些家庭中儿童的入托、学前教育和义务教育提供资助。

G.5

第五章 人口数量及结构变化与教育资源配置

蔡翼飞　王智勇　高文书*

人口是影响社会经济发展的最基础变量。近年来，中国的人口形势发生了很大变化，人口总量缓慢增长，劳动年龄人口数量开始下降，老年人口比例快速提高，高龄少子化趋势明显。2013 年末，中国放松了独生子女政策，实施了“单独二孩”政策；2016 年，更进一步实施了“全面二孩”政策。人口政策的变化，为人口变化增加了额外的推动力量。生育政策的改革、人口形势的变化，无疑会对中国教育事业的发展产生重大影响。

公共教育供给的对象主要是教育适龄人口，教育供给的规模也主要是由适龄人口规模决定的。由于人口规模与结构不断发生着改变，而教育供给需要较长周期的建设，因此国家必须对教育资源供给进行前瞻性的谋划。因为如此，科学预测未来教育适龄人口的规模与结构就成为制定教育政策和配置教育资源的基础。

尤其是随着“单独二孩”和“全面二孩”政策的全面落实，城市中新出生人口在短期内会有一个不同程度的增加。而新增加人口会对基础教育资源的分布有着新的需求，对于政府和教育部门而言，如何充分满足新增加人口的就学需求，显然是一项重要的任务。要满足新增人口的教育需求和实现公共教育服务均等化，就需要对现有的基础教育资源进行合理的调整，需要清楚哪些地区有多少新增人口，哪些地区需要调整，又应当如何调整？因

* 蔡翼飞，中国社会科学院人口与劳动经济研究所助理研究员；王智勇，中国社会科学院人口与劳动经济研究所研究员；高文书，中国社会科学院人口与劳动经济研究所研究员。

此，细致地分析人口变化，尤其是在“全面二孩”政策实施之后新出生人口的变化，对于合理地配置教育资源，具有重要的参考价值。

本研究将对2016～2030年中国人口数量、结构、城乡和地区分布等进行预测；分析现有教育资源供给，包括全国、分城乡、分区域层面教育供给的基本状况；根据人口发展形势，测算教育资源供给缺口或剩余；在此基础上，提出教育供给与人口发展、区域格局变动和城镇化推进相适应的政策建议，保障和促进教育公平的实现。

一　我国未来人口数量及分布预测

人口预测的方法有很多，包括时间序列外推法、计量模型拟合法和队列要素法等，其中比较公认的方法是队列要素法。以下我们将使用此方法，从总量、分城乡和分区域三个维度，对2016～2030年分年龄段的人口进行了预测。预测使用国家卫计委人口发展中心研发的软件PADIS－INT。

（一）教育适龄人口总量与年龄结构

首先对中国2016～2030年的人口总量和规模进行预测。预测参数设定如下：①人口平均预期寿命。2010年，中国人口平均预期寿命为74.83岁，其中男性为72.38岁，女性为77.37岁。预期寿命与医疗条件、生活水准有着紧密关联，随着经济、社会发展水平的提高，中国人的预期寿命也会得到延长。在2010～2030年间，男、女平均预期寿命将继续增长，但随着预期寿命提高，增长幅度将变小。这里假设，到2030年，男性平均预期寿命将为78岁，女性平均预期寿命将为82岁。②生育水平。近年来中国计划生育政策有放松迹象，2014年实施“单独二孩”生育政策，2016年实施“全面二孩”生育政策。受其影响，预计生育水平将出现上升。2010～2015年总和生育率为1.5，这里假设2016～2020年总和生育率上升至1.6，2020～2030年上升至1.7。③人口出生性别比。这里我们以0岁婴儿男女比例作为出生性别比指标。2010年该比例为118∶100。随着“全面二孩”的放开，出生性别比将出现下降，预计

2020 年降至 110∶100，2030 年恢复到 105∶100 的自然水平。④国际人口迁移。对中国而言，人口国际迁移受到比较严格的控制，国际人口净迁移量相对于总人口的规模几乎可以忽略，因而这里假设国际人口净迁移规模为 0。

预测结果显示（见表 5－1），2016～2030 年间，中国的总人口呈现缓慢增长趋势，2020 年达到 14.0 亿，2025 年达到 14.2 亿，到 2030 年达到峰值 14.3 亿。但学前教育人口将不断下降，从 2016 年的 6378 万降至 2020 年的 6226 万，进一步降至 2030 年的 5565 万。小学阶段人口总体呈现比较稳定的状态，2017～2021 年略有提升，由 9427 万提高到 9588 万，2022 年后逐步下降，2030 年降至 8890 万。初中阶段人口先增加后下降，2016 年为 4400 万，峰值年份出现在 2023 年，达到 4913 万，随后逐步降至 2030 年的 4651 万。高中阶段人口总体上升，从 2016 年的 4329 万不断提高至 2027 年的 4865 万，随后开始略有下降，2030 年降至 4713 万。大学阶段人口先下降后上升，先从 2016 年的 6281 万降至最低点 2020 年的 5793 万，之后逐渐提高，2030 年提高到 6478 万。

表 5－1　2016～2030 年各教育阶段人口规模变化

单位：万

年份	2016	2017	2018	2019	2020	2021	2022	2023
学前教育(3～6 岁)	6378	6296	6284	6260	6226	6183	6131	6070
小学阶段(7～12 岁)	9427	9587	9643	9655	9638	9588	9504	9404
初中阶段(13～15 岁)	4400	4420	4470	4568	4669	4770	4853	4913
高中阶段(16～18 岁)	4329	4352	4375	4398	4418	4467	4566	4666
大学阶段(19～22 岁)	6821	6378	6038	5855	5793	5812	5832	5881
总人口	138154	138726	139265	139770	140237	140669	141062	141417
年份	2024	2025	2026	2027	2028	2029	2030	
学前教育(3～6 岁)	6004	5932	5858	5784	5709	5636	5565	
小学阶段(7～12 岁)	9371	9321	9257	9180	9091	8994	8890	
初中阶段(13～15 岁)	4867	4797	4719	4715	4702	4680	4651	
高中阶段(16～18 岁)	4768	4851	4911	4865	4795	4718	4713	
大学阶段(19～22 岁)	5928	6024	6150	6279	6407	6495	6478	
总人口	141734	142014	142258	142463	142633	142767	142867	

从各教育阶段人口占全部教育阶段人口的比重来看，学前教育和小学阶段人口比重在减少，二者分别从2016年的20.3%和30.1%，降至2030年的18.4%和29.3%。这与中国当前进入超低生育率社会直接相关。目前，中国的总和生育率约为1.5，在世界上处于超低生育水平，即便全面放开二孩，由于生育意愿不高、生育成本较高等因素，未来生育率提高幅度也不会很大。因此，低年龄需要受教育的人口占比逐渐减少。初中、高中人口比重略有上升，2030年分别为15.4%和15.5%。大学阶段人口比重先下降、后上升，2016~2020年从21.8%降至18.4%，随后逐渐上升，2030年达到21.4%。

（二）教育适龄人口城乡分布

教育适龄人口的城乡结构需要首先分别预测城镇和乡村分年龄人口规模。然而，与以上对全国人口年龄结构的预测不同，城镇和乡村都是开放的区域，人口在城乡间迁移并没有直接限制。改革开放以来，中国的城镇化水平不断提高就是因为数以亿计的农村人口进入城镇而推动的。人口的城乡迁移不但影响城镇人口规模，也影响了城镇人口的结构。

然而，城乡迁移人口是一个不断发生变化群体，迁移人口内部不断发生着新进入城镇和返乡人口的交换，也存在着农村外来人口获得城镇户籍而产生的身份的转变，从而影响农村外来人口的存量。正是由于城乡迁移人口的不确定性，使城乡人口预测非常困难。我们这里尝试使用重复预测的方法推算城乡人口结构。

第一步，使用2000年人口普查分城乡数据预测在没有城乡迁移状态下，2010~2015年城镇和农村人口变化。预测参数设定为：城市总和生育率为1.6，农村总和生育率为1.8；城市出生性别比为110∶100，农村出生性别比为120∶100；2000~2015年，男性预期寿命，城镇从74岁提高至77岁，农村从72岁提高至74岁；女性预期寿命，城镇从77岁提高至80岁，农村从75岁提高至78岁。

第二步，将城乡人口的预测结果与国家统计局每年公布的城乡人口相比

较，便可得到理论上人口净流入的变化。以该指标为基础，推算而来的外来人口净增长，进行趋势外推（使用最小二乘法进行估计），得到2010～2030年城乡人口净迁移增长量，城镇每年新增外来人口规模在1500万～2000万人，平均为每年1650万人。此外，队列要素法预测的迁移人口需要区分性别，这里我们使用2010年人口普查中户口在外乡镇街道常住本地人口的男女比例进行拆分。

第三步，以2010年人口普查数据为基准，将推算的城乡迁移人口作为预测参数，对城乡人口未来规模与结构进行第二次预测。预测参数为：城市总和生育率从2010年的1.5上升至2030年的1.8，农村总和生育率从2010年的1.8上升至2030年的2.0；城镇和农村出生性别比分别由110∶100和118∶100，均降至105∶100；2010～2030年，男性预期寿命，城镇从76岁提高至80岁，农村从74岁提高至77岁；女性预期寿命，城镇从78岁提高至82岁，农村从77岁提高至80岁。

表5－2测算了各教育阶段分城乡人口数量。从学前教育阶段来看，2016年，城镇与乡村应收学前教育的人口规模基本持平，城镇略少于乡村。但是随着城镇化的推进，城镇学前教育人口迅速扩大，“十三五”期间，由2016年的3177万提高到2020年的4112万，2025年到达峰值4234万，但受到低生育率的影响，之后又逐步降至2030年的4112万。农村学前教育人口呈现持续下降的趋势，从2016年的3201万降至2030年的1454万，下降幅度超过100%。小学阶段城镇人口逐渐扩大，从2016年的4114万提高到2030年的6436万，乡村人口萎缩速度很快，从2016年的5313万缩减至2030年的2454万。初中和高中阶段人口城乡分布变化与学前和小学类似，城镇从2030年的2121万和2301万增至2030年的3330万和3232万，而农村从2016年的2279万和2029万降至2030年的1321万和1481万，无论是增幅还是降幅都低于学前和小学阶段的人口。大学年龄段的人口则出现相反的变化，这可能是因为城镇青年人口增长贡献主要来自人口城乡迁移，但随着城镇化水平的提高，以及城乡迁移活动的放缓，城镇中该年龄段的人口自然生长无法弥补因迁移活动下降而带来的总规模的萎缩。综上

可知，越低年龄段的人口，城镇规模扩大和乡村规模缩小的速度越快。未来，城镇对学前和小学年龄段的教育增量需求比较大，增加供给的任务也主要在城镇。

表 5－2　2016～2030 年各教育阶段分城乡人口变动

单位：万人

年份	学前		小学		初中		高中		大学	
	城镇	乡村	城镇	乡村	城镇	乡村	城镇	乡村	城镇	乡村
2016	3177	3201	4114	5313	2121	2279	2301	2029	4474	2348
2017	3525	2771	4120	5467	2174	2246	2293	2059	4196	2182
2018	3871	2413	4198	5445	2182	2288	2330	2045	3864	2174
2019	3997	2264	4463	5192	2181	2388	2368	2030	3738	2117
2020	4112	2115	4768	4870	2175	2494	2412	2005	3643	2149
2021	4147	2036	5081	4507	2244	2527	2408	2059	3588	2224
2022	4170	1960	5423	4080	2248	2605	2395	2171	3690	2142
2023	4181	1889	5821	3584	2240	2673	2375	2291	3696	2185
2024	4179	1825	6207	3164	2238	2630	2438	2330	3638	2290
2025	4234	1698	6300	3021	2482	2314	2431	2420	3687	2337
2026	4215	1643	6376	2881	2786	1934	2413	2498	3627	2523
2027	4186	1597	6434	2746	3090	1626	2402	2463	3600	2679
2028	4149	1561	6473	2619	3177	1525	2639	2156	3640	2767
2029	4102	1534	6495	2499	3258	1422	2936	1781	3582	2914
2030	4112	1454	6436	2454	3330	1321	3232	1481	3570	2907

（三）教育适龄人口的区域分布

中国国土面积广袤，区域之间经济、社会发展水平极不均衡，东部地区已经进入工业化后期阶段，部分区域步入后工业化社会，而西部很多偏远地区甚至温饱问题还没有解决。受发展水平不均等的影响，教育的供给也必然存在巨大差距。因此，预测不同区域教育需求即教育人口分布状况，对于制定教育公共服务均等化政策非常有必要。为此，以下先在省域层面预测人口规模与结构，再将省级行政区数据汇总得到三大区域的情况。

首先，需要预测省级区域人口的规模与结构。预测的基本方法依然为队列要素法。预测基本参数除初始年份人口使用各省区 2010 年人口普查数据外，其他参数均与全国相同。同分城乡人口预测一样，省级区域人口预测也需考虑人口迁移影响，即人口净流入的影响。由于我们关注常住人口情况，且常住人口中已经包含了人口净流入，故这里需要知道的是人口净流入的增量，具体步骤为：人口净流入（正值为净流入，负值为净流出）等于各省常住人口减去各省户籍人口规模得到，再将某一年的规模减去前一年即位人口净流入（或流出）增量。根据现有统计资料，得到 2000～2014 年各省人口净流入规模。计算结果显示，各省级区域净流入增量规模经历了一个先加速后下降的趋势，近年来处于稳定状态。考虑到中国人口流动加速增长时期已经过去，省级维度的外来人口将维持稳定，因而我们将 2010～2014 年的人口净流入增量作为起始值，假定 2030 年人口净流入增长为 0，对中间年份进行线性插值，得到每年的值。人口净流入规模的男女比例按照 2010 年人口普查户籍在外省居住在本地的人口男女比例进行分拆。

需要注意的是，31 个省级行政区中，北京、上海和天津三个直辖市区域范围比较小，人口流入规模比较大，不适宜用上述方法进行预测。对这三个城市预测方式是采用生长曲线法预测其外来人口净流入增长，再以 2014 年为基期，以累加的方式得到每年人口的规模。生长曲线法的基本模型如公式（1）所示，这种模型对预测人口增长、预期寿命等问题具有较好应用性。其中，b_0、b_1、b_2 和 b_3 为估计参数，N_t 表示 t 期人口规模。根据这三个城市历史数据，使用最小二乘估计，可以得到估计参数值，然后将时期 t 向后延伸代入方程（1）即可得到未来 t 期的人口规模。这三个城市参数估计结果如表 5－3 所示。

$$N_t = b_0 + \frac{b_1}{1 + e^{-b_2 * (t-b_3)}} \tag{1}$$

此外，Logistic 模型只能得到这三个城市人口规模，其年龄分布还需以省域人口预测得到的年龄结构为基准。将省域预测的年龄结构按照生长曲线法的人口规模进行分拆，便可得到这分年龄人口（见表 5－4）。各地区学前、小学和初中人口总体经历了一个先上升后下降的过程，其中，省域高点

表 5－3　Logistic 模型参数回归结果

参数	北京	天津	上海
b_0	15.05	61.91 ***	－0.32
b_1	1302.48 ***	491.28 ***	1213.41 ***
b_2	0.17 ***	0.46 ***	0.20 ***
b_3	33.30 ***	32.97 ***	28.78 ***

注：* 表示在参数估计结果在 10% 的水平上显著，** 表示在 5% 水平上显著，*** 表示在 1% 的水平上显著。

表 5－4　省级区域各教育阶段人口预测

单位：万人

年份	2015				2020				2025				2030 *			
地区	总人口	学前	小学	初中	总人口	学前	小学	初中	总人口	学前	小学	初中	总人口	学前	小学	初中
北　京	2216	90	78	33	2408	121	144	44	2521	109	188	80	2578	89	169	96
天　津	1547	60	59	27	1625	81	93	31	1668	73	124	52	1708	54	114	64
河　北	7424	389	528	218	7577	362	579	268	7624	293	540	290	7624	256	445	268
山　西	3678	156	218	121	3778	171	234	109	3861	175	258	120	3912	168	263	129
内蒙古	2526	103	134	69	2564	109	153	67	2579	103	164	79	2562	90	155	81
辽　宁	4434	156	190	101	4445	175	233	94	4400	146	263	125	4308	120	220	129
吉　林	2811	107	130	65	2854	121	160	65	2870	112	182	85	2853	100	168	90
黑龙江	3923	142	172	93	3987	171	213	85	4006	158	256	115	3967	132	237	127
上　海	2456	106	88	36	2553	117	161	46	2593	77	181	94	2607	54	121	90
江　苏	8011	343	415	185	8103	354	510	211	8139	334	533	265	8101	300	502	265
浙　江	5567	228	288	140	5663	255	341	144	5704	236	384	179	5674	197	355	191
安　徽	6067	283	416	200	6164	272	424	211	6207	253	407	208	6202	224	381	204
福　建	3812	184	238	105	3916	185	273	120	3991	175	278	140	4030	158	263	138
江　西	4585	244	401	188	4705	209	364	202	4806	211	314	173	4874	202	318	157
山　东	9779	446	616	290	9869	417	665	310	9863	352	626	338	9797	319	533	307
河　南	9648	506	812	376	9877	437	756	410	10081	447	658	361	10226	443	673	328
湖　北	5858	255	321	143	5984	273	380	164	6054	270	409	193	6030	223	404	206
湖　南	6699	318	488	222	6798	288	475	245	6866	282	434	233	6890	271	425	215
广　东	10866	514	633	335	11285	576	769	321	11638	565	865	399	11871	513	849	432
广　西	4666	243	428	206	4726	191	363	215	4783	198	287	168	4830	203	297	143
海　南	895	47	68	32	919	44	70	34	936	40	66	34	945	35	60	33
重　庆	2909	122	192	101	2926	112	183	97	2938	117	169	89	2938	118	176	85
四　川	8086	327	523	281	8133	313	490	262	8173	341	472	238	8156	338	512	236

续表

年份	2015				2020				2025				2030*			
地区	总人口	学前	小学	初中	总人口	学前	小学	初中	总人口	学前	小学	初中	总人口	学前	小学	初中
贵州	3528	158	313	190	3609	143	240	155	3714	183	217	110	3791	191	273	109
云南	4737	222	374	203	4871	213	335	186	4998	221	321	164	5099	223	333	160
西藏	305	18	29	14	308	16	27	14	308	15	23	13	306	13	22	11
陕西	3846	169	211	107	3931	189	254	107	3957	163	282	131	3934	130	245	141
甘肃	2638	116	174	96	2713	120	174	87	2781	125	181	87	2829	124	189	91
青海	573	28	46	24	581	26	41	23	588	26	38	20	590	26	39	19
宁夏	651	32	52	28	670	31	48	26	687	31	46	23	699	30	47	23
新疆	2277	123	184	89	2368	111	183	93	2452	113	167	89	2522	113	171	84

出现在2020年前后，三大直辖市由于人口流入高点会先后延迟，出现在2025年左右。

按照以上省级行政区分年龄人口预测结果，根据国家战略中对三大区域的划分，可对其进行分区域汇总，即得到三大区域人口规模及结构（如图5-1所示）。从学前教育人口变化来看，三大区域变化差异显著。中、西部地区显然比较稳定，其中，中部维持在2000万左右，西部地区为1600万左右。东部地区经历了先上升后下降的变化，2017年达到峰值水平2782万，随后逐步下降，到2030年降为2081万。从小学教育阶段来看，人口呈现出与学前教育相似的变化过程。中部、西部地区相对稳定，分别稳定在3000万和2500万上下，东部地区先上升后下降，峰值出现在2023年，达到4089万，峰值年份比学前教育阶段到来更晚。再来看初中教育阶段人口，中部地区稳定在1500万左右，西部地区呈现逐步下降的趋势，从2016年的1420万降为2030年的1192万。东部地区则出现先略微下降，然后逐步上升，再略有下降的趋势，峰值出现在2026年，达到2098万，峰值年份较小学阶段进一步推迟。高中阶段人口与前几个阶段变动又有所不同，中部地区先下降，再稳定；西部地区持续下降；东部地区呈现U形变化过程，谷值出现在2016年，仅为1941万，然后逐步上升到2029年的2103万。值得注意的是，2030年似乎又有下降的趋势，根据前几个阶段峰值不断推后的情况判断，2030 年以后，东部地区高中阶段人口将持续下降。最后，从大学教育阶段人口来看，三个区域均呈现总体下降的态势。所不同的是，东部和中部地区 2020 年后基本稳定，西部地区则持续下降。

综上所述，中部和西部地区教育适龄人口呈现稳定或者略有下降的态势，教育资源数量上需求不会出现较大变化，只需注重质量的提高。而东部地区在较低年龄段短期会出现升高的情况。这是由中西部地区人口向东部地区不断迁移，迁移人口及其子女居住在东部地区所导致。在此情况下，东部地区需要对基础教育资源，特别是学前教育和小学教育资源的供给进行合理的调整，以满足新增人口的就学需求。

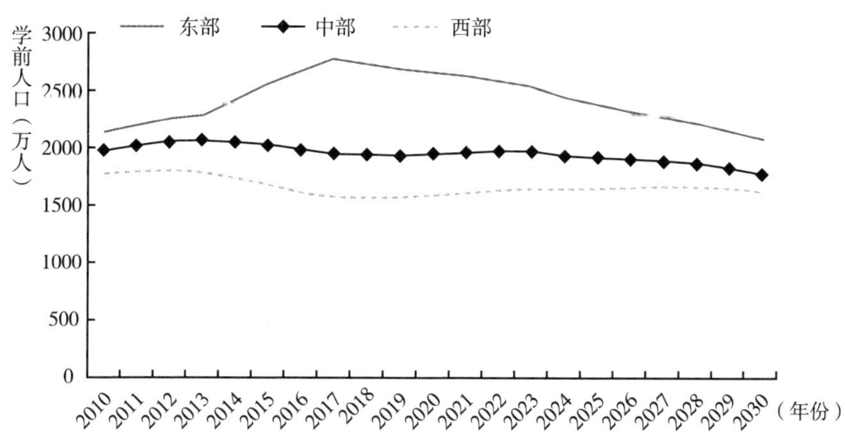

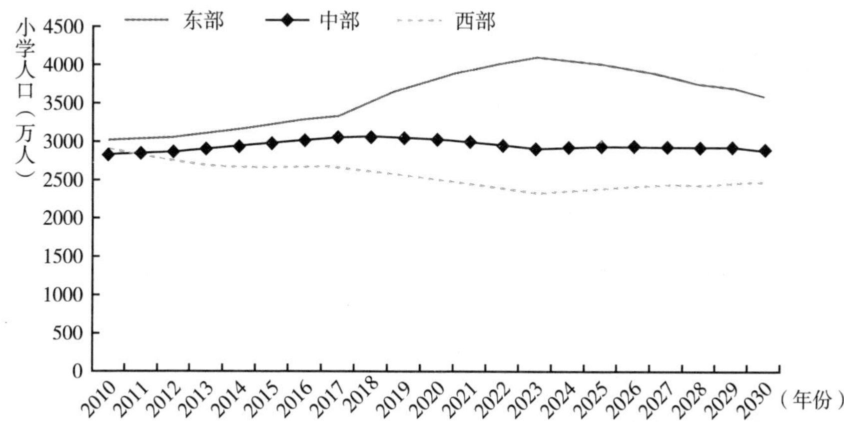

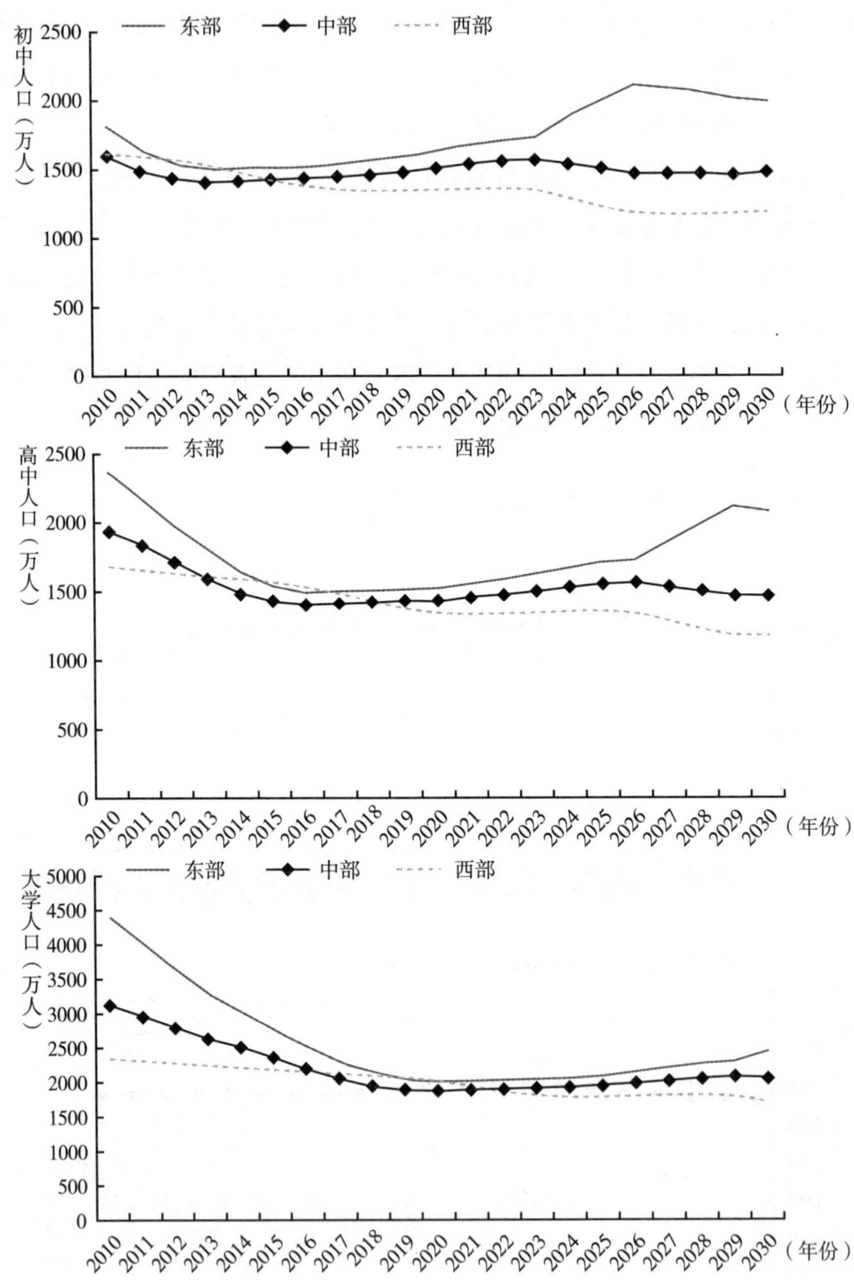

图 5－1　2010～2030 年三大区域主要教育阶段人口规模预测

资料来源：作者测算。

二 我国教育资源供给状况

教育是服务于人民群众的，因此教育资源的供给总是以人口的空间分布为重要参考。学龄人口数量直接影响着各项生均指标的水平，是教育资源分配的重要依据，因而，掌握其量的变化趋势是合理规划义务教育学校标准化建设目标的基础。单独和全面二孩政策实施以后，受此政策影响的人群主要集中于城市，因此，市辖区的教育资源配置是本文关注的重点。我们可以采用地级市作为统计单元来加以分析。利用《中国区域经济统计年鉴》提供的分地级市统计数据汇总形成省级数据，分析各地区教育资源供给的差异及其变化趋势。

（一）幼儿园教育资源供给情况

近几年幼儿园数量增长较快，在园儿童数量持续增长。2007 年以来，新出生婴儿数量呈现持续增长的态势，使得三年以后对幼儿园入园的需求持续增长，故而促使了幼儿园数量的增长，另一个主要的原因是无论城乡，对于幼儿园教育的重视程度在增加。数据还表明，不仅在园儿童数量持续增长，而且幼儿园数量也呈现稳步增长的态势，绝大多数省份幼儿园数量增幅较大，这种增长显然对应于新出生婴儿数量的增长（见图 5 –2、图 5 –3）。

可以看到，在幼儿园儿童数量与各省的人口基数有着密切关系，几个主要的人口大省，其幼儿园在园儿童数量也都呈现较大规模。而从年增长率的角度来看，则情形有所不同，沿海各省市在园儿童数量增长率相对较低，而中西部则相对较高，这种差异主要与各地区的人口基数有关。

（二）小学教育资源供给情况

小学数量呈现减少趋势，在校小学生数量以及小学生师比变化趋势呈现出显著的省际差异。小学数量的减少在很大程度上是由于城市中合并了一些小学，而在农村则因村庄人口减少而撤销与合并了一些学校（见图 5 –4、图 5 –5）。

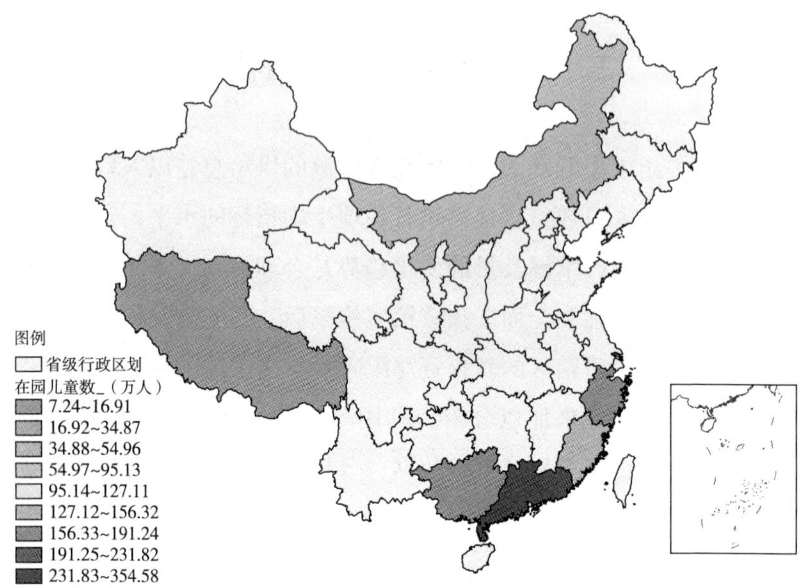

图 5－2　2013 年在园儿童数量

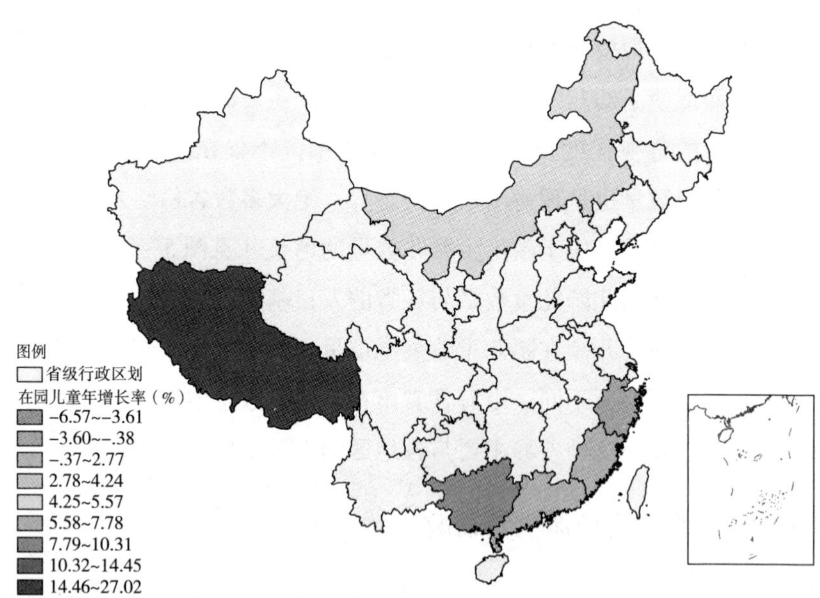

图 5－3　2013 年在园儿童年增长率

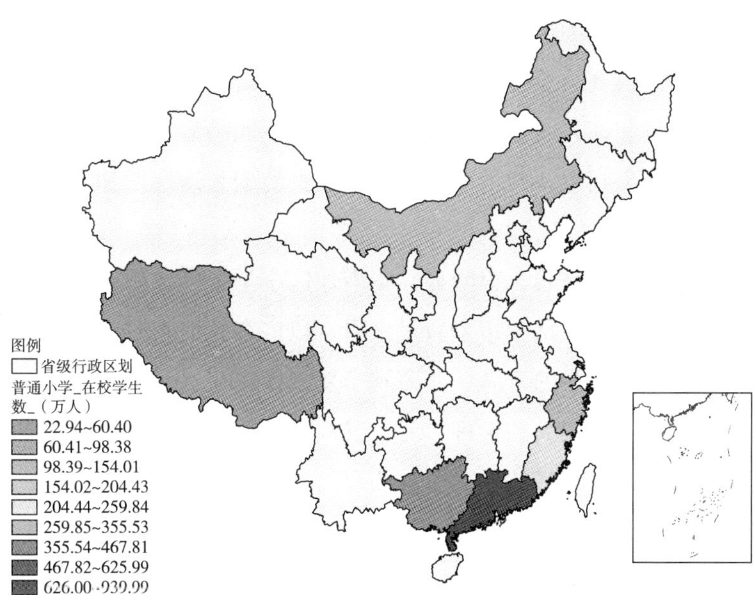

图 5－4　2013 年在校小学生数量

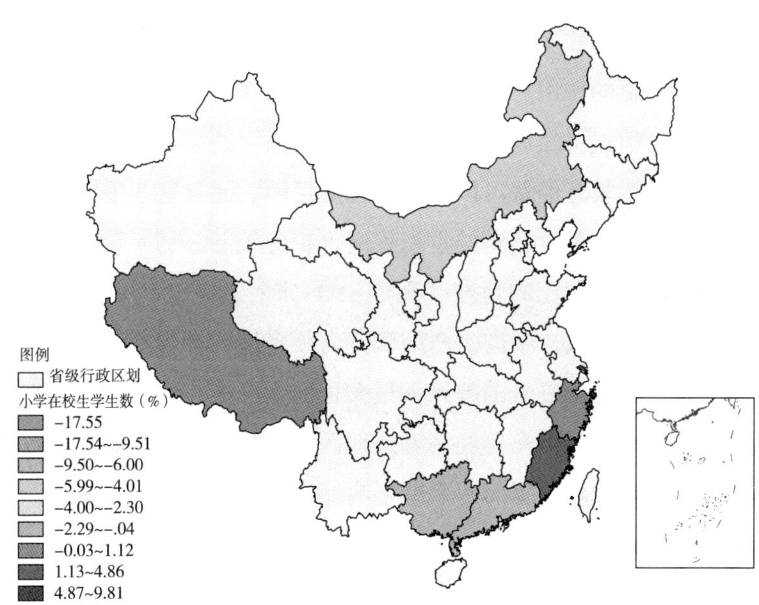

图 5－5　2013 年在校小学生数量增长率

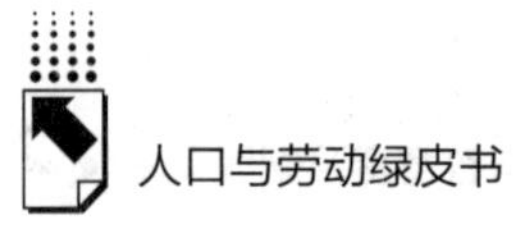

在校小学生数量的情形与在园儿童数量的情形很相似，但从年增长率的角度来看，2013 年绝大多数的省市区在校小学生数量都比上年有明显减少。小学在校生数量和幼儿园在园儿童数量的这种不同趋势，反映了新出生人口在前几年出现一个拐点，即由原先的持续减少转变为逐渐增加（见图 5－6、图 5－7）。

从生师比的角度来看，很明显，华南地区小学生师比相对比较高，而北部、东北和西北较低。从年招生数量来看，以广东、河南、四川、山东和河北较为突出，人口较少的青海、西藏和宁夏规模较小。

由于省区是一个很大的地理单元，其内部的差异性依然比较突出。从地级市区域来看，地区之间的差异更加明显（见图 5－8、图 5－9）。

图 5－8 展示了以地级市为单元统计的全国市辖区小学在校学生数量空间分布，可以看到，沿海地区小学在校的学生数量普遍要多一些，比如上海、北京、天津、重庆和珠三角地区的市小学在校学生数量明显要多于其他地区。从市辖区小学在校学生数量分布的角度来看，它与人口数量的空间分布有较密切关系，但并不完全一致，如前所述，经济发展水平和生育意愿等因素也起着很重要的作用。上海、北京、天津和珠三角地区小学数量相对较多，与这些地区的经济发展水平较高有关。最重要的一点，这些地区地方财政预算较为充足，教育经费可以有较充分的保障。而且这些地区人群受教育程度较高，对于子女教育问题的重视程度也相应较高。

从市辖区小学生师比的角度（图 5－9）来看，东北、华北以及一些沿海地区生师比通常较低，中南、西南和华南很多地区都较高。这反映了不同地区在基础教育资源配置上的差异，很大程度上可能与经济发展水平密切相关。诸如北京、天津和上海等经济发达地区，由于能够有足够的财政支持教育部门，而且也受地理位置等因素的影响能够吸引到足够多的教师，从而使得生师比能够维持在相对较低的水平。从另一个角度来看，较低的生师比也意味着具有接纳更多学生的余地。生师比较高的区域主要集中在中部、西南和华南地区，这些区域多数也都为人口密集区域，对基础教育资源的需要比其他区域更大，而当基础教育资源的配置无法充分满足时，往往就会表现在

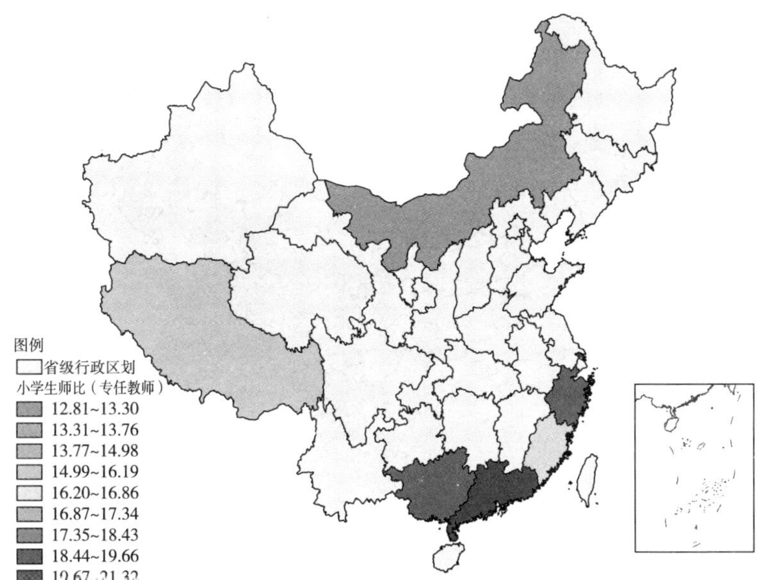

图 5－6　2013 年小学生师比

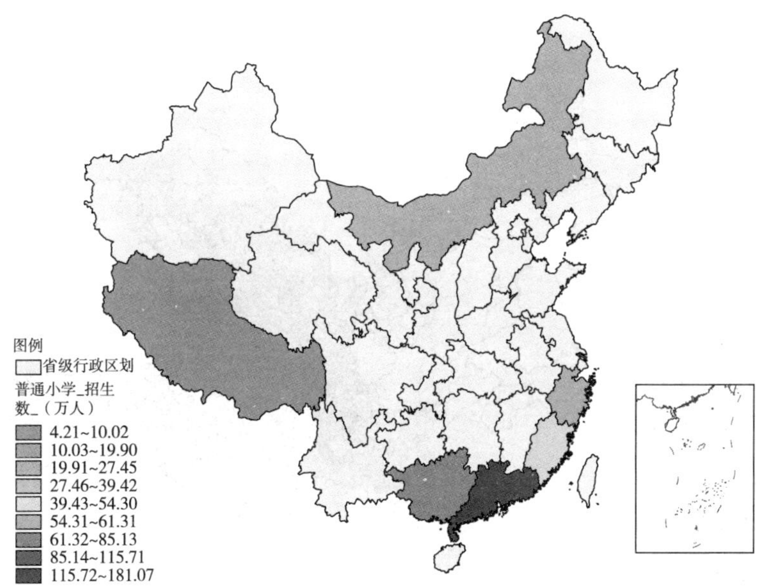

图 5－7　2013 年普通小学年招生数量

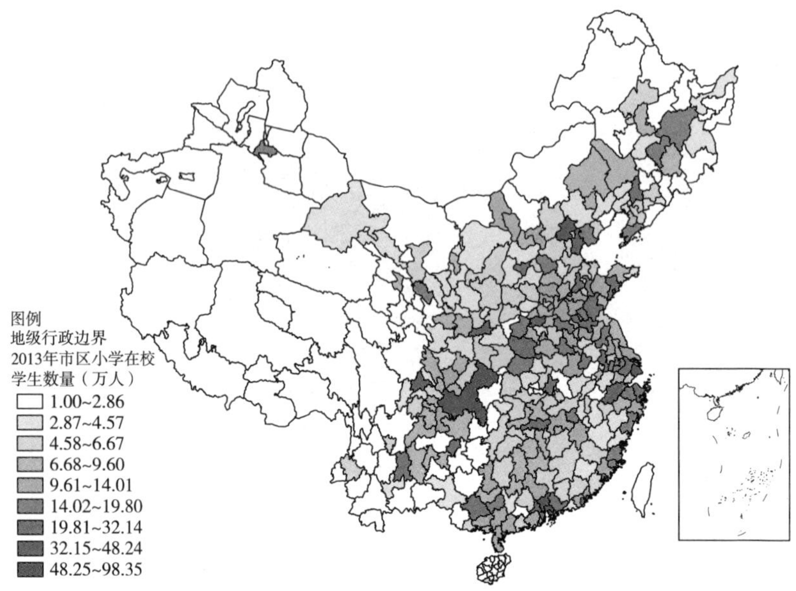

图 5-8　2013 年市区小学在校学生数

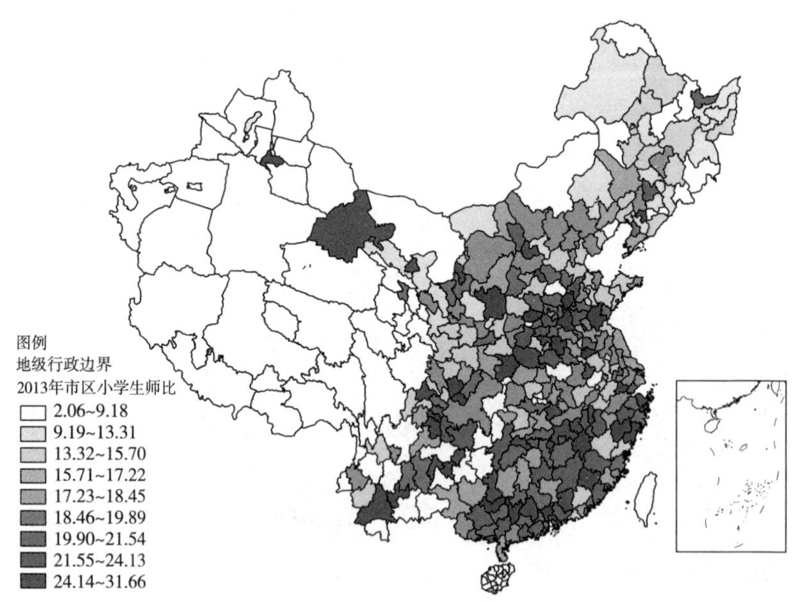

图 5-9　2013 年市区小学生师比

较高的生师比上。值得注意的是，珠三角地区的生师比也较高，这可能与该区域有较多的流动人口有关，而流动人口子女也较多地在当地市辖区小学入学，这样一来，就导致教师资源明显不足。而华南地区生师比较高可能与珠三角经济发展过程中吸纳了大量的小学教师辞职南下有关。

数据还表明，2009～2013 年期间，各地级市市辖区小学数量的变化呈现出显著的区域差异，大多数地区小学数量减少，也有一些地区数量增加（见图 5－10）。这种变化显然会影响到小学入学需求与供给关系的变化。

现行中小学教师编制标准基本上是按照生师比来核定的。根据 2001 年中央编办、教育部、财政部《关于制定中小学教职工编制标准的意见》规定，义务教育阶段中小学教职工的编制标准应为：农村初中 18∶1，县镇初中 16∶1，城市初中 13.5∶1，农村小学 23∶1，县镇小学 21∶1，城市小学 19∶1。相比之下，中原和华南地区许多城市小学的生师比都超过了国家标准，意味着这些区域的教师资源较为缺乏。这恰恰需要通过基础教育资源的合理配置来解决。如果按照 19∶1 这样的标准来配置小学教师资源，那么，中原地区、西南和华南地区小学教师的缺口较大，而东北、华北和一些沿海地区小学教师则较为富余（见图 5－11）。

不过，教师数量只是一个方面，质量则是另一个重要方面。相比于校园各种硬件设施的建设而言，作为软件的教师队伍建设则要困难得多。实现义务教育均衡发展的难点就在于“软件”的配置，而教师资源的配置成为这种资源的重中之重。众所周知，教师质量决定教学质量，教师水平决定教育水平。以教师质量为核心的学校教育资源配置不均衡在很大程度上决定了城乡和校际间教育质量的差异。而教育资源的不平等，势必会带来人力资本形成的差异。一些研究表明，在教师资源配置方面存在着“马太效应”，即发达地区占有更优秀的教师资源，薄弱地区占有更加劣势的教师资源，两者的差距有扩大趋势。即使在同一个城市，不同的区域也往往存在着基础教育资源的质量差异，优质的资源往往集中于市中心，但人口的分布却在向外围集聚。因此，教育资源的合理配置，应当充分考虑到教师质量的配备，使得不同区域内的学生能够有公平的求学环境。

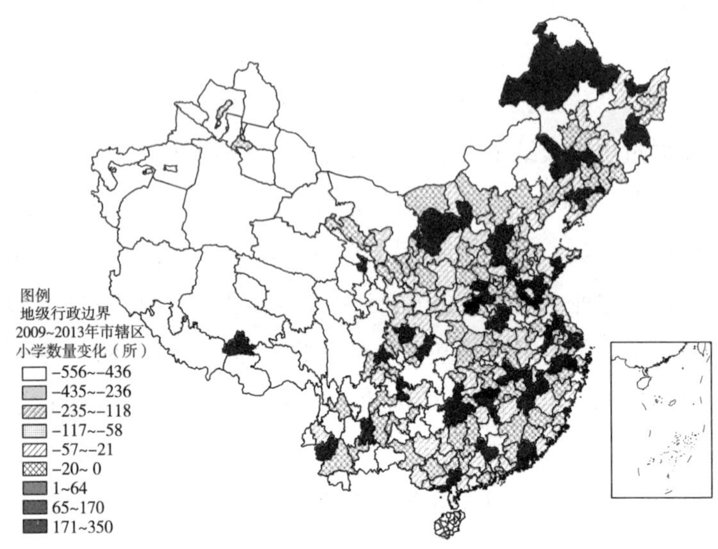

图5－10　市辖区小学数量变化（2009～2013年）

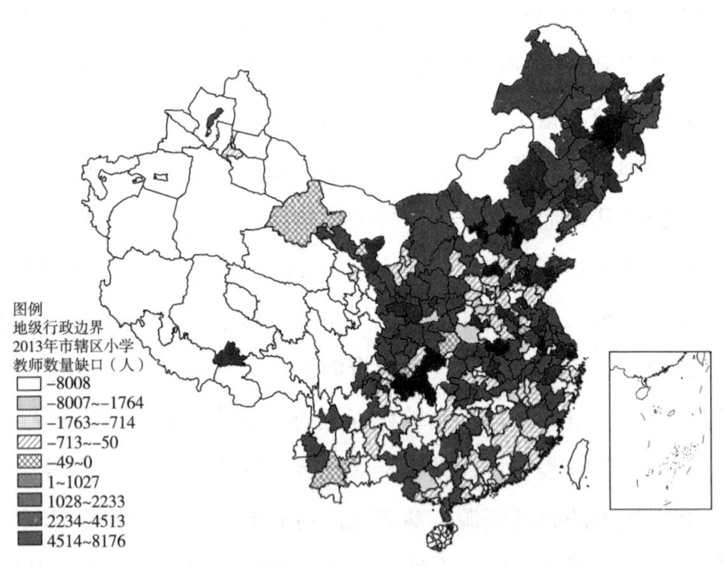

图5－11　市辖区小学教师缺口（2013年）

中国目前的新型城镇化进程正在以推动城乡一体化为主要目标，这一过程势必会使得越来越多的农村人口流向城市。而随着国家逐渐放开城市外来人口子女的教育门槛，对于城市教育部门而言，他们会面临着越来越大的满足适龄学童就学需求的压力，在这方面特大城市诸如北京、上海、广州、深圳等，城市教育部门受到的压力尤其突出。

随着单独和全面二孩政策在各地相继实施，新出生人口数量在短期内呈现上升趋势，考虑到一些符合政策的育龄妇女已经处于或者接近生育的高危年龄段，她们生育二胎的愿望更为强烈，从而有可能会造成一定程度的出生堆积。特别是城镇地区，独生子女比例相对较高，人口聚集程度较高，出生堆积可能会更明显一些。从上面的分析不难看到，对于中部、西南和华南地区而言，加强义务教育阶段基础教育资源的合理配置，具有很迫切的现实意义。政府和教育部门应当积极地采取措施增加基础教育资源的供给，尤其是增加高水平教师供给，一方面，为了使这些地区的生师比降到合理水平，以促进教育的公平；另一方面，也是为了满足未来几年新增出生人口的就学需求。在人口规模较大的并且生师比高于全国标准的城市，应该适当地增加义务阶段的学校和教师数量，以满足生育政策调整以及新型城镇化发展带来的适龄学童数量增加而促成的教育需求增长。

三 结论与建议

本文对我国 2016～2030 年人口数量和结构的预测表明：分年龄段来看，我国小学适龄人口在“十三五”期间将不断增加，高中（含中职）适龄人口在“十四五”期间会快速增长，大学适龄人口在“十五五”期间较快上升；分城乡来看，农村教育适龄人口将持续快速下降，城镇教育适龄人口在“十三五”之后会快速增长；分地区来看，中部和西部地区教育适龄人口稳中略降，东部地区总体在不断增加。因此，我国小学教育资源供给在“十三五”期间压力较大，初中教育资源供给的压力会持续增加，大学教育资源的供给压力在“十五五”时期会快速增加。

随着城镇化的推进，特别是随着户籍改革政策的逐步落实，越来越多的

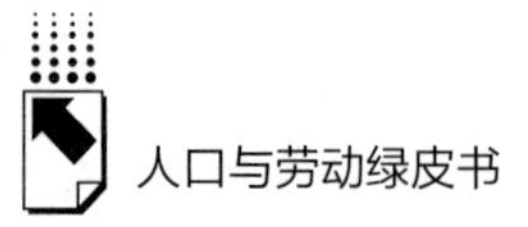

农村人口将转为城市人口，学龄孩童也相应增加，城市教育机构面临着越来越大的压力，基础教育资源日渐紧张。与此同时，生育政策的调整也会带来新增出生人口的增加，带来随后几年入园入学需求的增长。因而，各级政府应当充分重视“全面二孩”政策引起新增出生人口的就学需求问题，及早配置基础教育资源，以便解决即将形成的基础教育需求突增带来的矛盾。

就现有的教育财政体制而言，基础教育的财政支出主要在县区级层面，这是导致区域基础教育资源不均衡的一个重要原因。因而要促进基础教育资源均衡发展，尤其是要使基础教育资源适应新出生人口的短期增加，就必须加大中央和省级政府宏观调控的投入力度，使中央、省级政府投资义务教育的比例接近或超过它们下级政府投资的比例。

值得指出的是，“全面二孩”政策的效应可能会集中在未来三到六年之内，因而新出生人口的增加并不是一个常态。受人口年龄结构的影响，生育政策调整导致的新增出生人口数最终会随着政策的稳步实施而稳定下来。在达到一定的峰值之后，常住新出生人口仍会趋于递减。因此，教育部门在配置基础教育资源的时候，应当充分考虑到这种短期和长期效应，既要解决短期入学需求旺盛，又要考虑长远入学需求呈现稳定或递减趋势。

参考文献

陈峰：《均衡发展取向下的义务教育教师资源配置研究》，《教育导刊》2007 年第 2 期。

关松林：《区域内义务教育师资均衡配置：问题与破解》，《教育研究》2013 年第 12 期。

孟兆敏、吴瑞君：《学龄人口变动与基础教育资源配置的协调性及原因探析——以上海为例》，《南方人口》2013 年第 1 期。

乔晓春：《“单独二孩”生育政策的实施会带来什么——2013 年生育意愿调查数据中的一些发现》，《人口与计划生育》2014 年第 3 期。

乔晓春：《“单独二孩”政策的利与弊》，《人口与社会》2014 年第 1 期。

王广州、胡耀岭、张丽萍：《中国生育政策调整》，社会科学文献出版社，2013。

王智勇：《成长环境与人力资本形成——基于上海、浙江和福建的家庭调查研究》，《经济研究》2013 年第 1 期。

韦谢、杨治：《中国居民教育资源的分配与供给——从宏观到微观的不平等》，《教育学术月刊》2015 年第 1 期。

薛海平、王蓉：《我国义务教育公平研究》，《教育与经济》2009 年第 3 期。

岳昌君：《经济发展水平的地区差异对教育资源配置的影响》，《教育与经济》2003 年第 1 期。

张丽萍、王广州：《分区域“单独二孩”政策目标人群及相关问题分析》，《社会学研究》2014 年第 1 期。

专题二　户籍改革与“以人为中心的”城镇化

Part Ⅱ　Hukou Reform and the People – centered Urbanization

G.6

第六章 居住证制度改革与公共服务均等化

屈小博*

2016 年 1 月 1 日，国务院出台的《居住证暂行条例》（以下简称《条例》）开始施行，在全国范围内迎来实质性推开阶段。居住证是被赋予了“公平”和“发展”双重意义的制度安排，是中央出台的落实放宽户口迁移的重要政策措施，有利于推进基本公共服务均等化，消减城乡差别，促进劳动力资源的自由流动和市场配置，推动社会和谐发展，对于个人和国家都具有非常重要的作用，被称为落实户籍改革的有效政策举措。这是国家层面整体推进户籍制度改革的政策措施。

* 屈小博，中国社会科学院人口与劳动经济研究所副研究员。

居住证制度在政策、理论以及实践层面被广泛讨论。有学者认为是户籍制度改革中一个承上启下的中间阶段，是彻底进行户籍改革的一个过渡①。居住证制度改革新政是逐步解决流动人口享受基本公共服务问题，推动我国户籍制度深化改革的重要举措②。居住证制度能显著改善农民工的总福利水平③。还有研究者认为，居住证制度的出台就是把基本公共服务和社会福利分割开来的一项制度④。只要在城镇就业和定居，就有权利享受城镇的基本公共服务，把居住证作为落户城镇的凭证，一方面能使城镇原居民与流动人口权利的公平，另一方面也为社会福利一体化搭建了一座桥梁。应该说，《居住证暂行条例》的出台是我国基于基本公共服务均等化户籍改革思路的一种政策渐进性安排，需要把握关键，对其进行全面的认识和理解⑤。由于不同地区、不同城市规模对居住证的实施办法细则存在明显差异，不同类型的居住证差别较也大。不仅如此，各地的居住证制度与后续的落户问题，即户籍制度改革的方案有密切联系，有些地方明确提出落户的条件规定等。

一 居住证制度改革的公共服务效应

居住证改革是让同为城市建设者和服务者的非户籍流动人口能共享城市发展成果。其目的是淡化户籍差别，让非户籍人口和户籍人口在教育、就业、医疗等方面可以逐步享受同等待遇。推行居住证制度的核心在于落实居住证作为社会福利和公共服务提供的瞄准机制。真正触及核心内容的改革举

① 朱靖宇：《居住证制度落地：时代要求、困境及其实践路径——基于社会治理的分析》，《法制与社会》2016 年第 3 期（上）；张国锋：《居住证制度是户籍制度渐进改革的过渡》，《公安研究》2012 年第 1 期。

② 陆杰华、李月：《居住证制度改革新政：演进、挑战与改革路径》，《国家行政学院学报》2015 年第 5 期。

③ 袁方、史清华、晋洪涛：《居住证制度会改善农民工福利吗？——以上海为例》，《公共管理学报》2016 年第 1 期。

④ 田明：《户籍制度与居住证制度争论的焦点与改革方向》，《中国党政干部论坛》2016 年第 1 期。

⑤ 屈小博：《居住证：让“新市民”更好融入“新城镇”》，《时事报告》2016 年第 3 期。

措是常住人口下的社会保障、社会救助和公共服务体系均等化，使不同人群之间的社会福利差异性最终消除。通过居住证制度的实施让流动人口享受社会福利，不仅是寻求延续中国人口红利的增长点，更是对流动人口所付出的劳动价值的最公平、最好的回报。

截至2016年4月，全国已经有28个省（区、市）出台了户籍制度改革方案，这是《条例》落地的关键。《条例》规定持证者可享有六项基本公共服务和七项基本便利①。推进居住证制度覆盖全部城镇常住人口，保障居住证持有人在居住地享有义务教育、基本公共就业服务、基本公共卫生服务和计划生育服务、公共文化体育服务、法律援助和法律服务以及国家规定的其他基本公共服务；同时，在居住地享有按照国家有关规定办理出入境证件、换领补领居民身份证、机动车登记、申领机动车驾驶证、报名参加职业资格考试和申请授予职业资格以及其他便利。鼓励地方各级人民政府根据本地承载能力不断扩大对居住证持有人的公共服务范围并提高服务标准，缩小与户籍人口基本公共服务的差距。

首先，要深入理解和分析居住证制度带来的基本公共服务。这种基本公共服务的主体主要是体现平等消除歧视的方面，涉及财政投入性的基本服务和福利在中央层面的《居住证暂行条例》中没有明确提出，条例精神是鼓励地方政府给予流动人口以更多的财政投入性的公共服务和福利。但现实中，流动人口的情况千差万别，流动目标各异，甄别福利性质的社会保障和社会保险应该覆盖的范围难度很大。从全国的覆盖范围来看（图6－1、6－2），近年来，随着农村社会保障制度的完善以及农民务农的各项补助，拥有农村户籍的农业转移人口在有些方面反而比城镇户籍拥有更多的社会利益。此外，流动人口在不同地区间的高流动性，可能会造成双重乃至多重福

① 国务院颁布的《居住证暂行条例》中规定的六项基本公共服务权利为：义务教育；基本公共就业服务；基本公共卫生服务和计划生育服务；公共文化体育服务；法律援助和其他法律服务；国家规定的其他基本公共服务。居住证包含的七项基本便利为：按照国家有关规定办理出入境证件；按照国家有关规定换领、补领居民身份证；机动车登记；申领机动车驾驶证；报名参加职业资格考试、申请授予职业资格；办理生育服务登记和其他计划生育证明材料；国家规定的其他便利。

利状况。

其次，区分居住证给流动人口所带来的公共服务属性与具体内容。一类是属于城市管理和便利提供的公共服务。流动人口在享受城市的基本公共服务方面存在不同程度的限制，比如没有本地户口在本地买车、买房、享受法律援助、子女入学、参加职业资格考试、办理出国护照和补办身份证等方面都存在诸多不便。本来这些基本的公共服务都应该由本地政府提供，但是目前依然与户籍挂钩，要想办理这些事务，流动人口不得不往返于居住地和户籍地之间。这就需要与户籍制度剥离开，在哪里居住，就应该由哪里负责解决。

另一类是不能享受或不能完全享受流入城市的社会福利和社会保障，比如低保、社会救助、居民养老、居民医疗、大病保险、失业救助、住房补贴等。而这些福利也主要是依托户口来实施的，完全享受这些福利必须要有本地户口。如前文所述，这些社会福利应该由流出地提供，还是流入地提供，由哪个流入地提供不仅存在着很大的争议，也存在着很难厘清的矛盾。随着农村社会保障覆盖面的扩大，养老保障制度的改革，如图 6－1 所示，2010 年城乡居民养老保险覆盖由 2010 年的 10276.8 万人迅速增加到 2013 年的 49750.1 万人；图 6－2 显示，2007 年城乡居民基本医疗保险参保人数为 4291.1 万人，2013 年城乡基本医疗保险覆盖人数已增加到 29629.4 万人。因此，过去几年，中国的社会保险不仅在制度上全覆盖了农村人口的养老保险，而且农村人口实际参保人数也是大幅度增加。农业转移人口基本上都参加了户籍地的居民社会保险（农村居民养老、新型农村合作医疗、农村低保等），但是与流入地城镇相比保障水平要低得多。那么，如何来推进他们在流入城镇的社会保障和社会福利的公平共享需要细心斟酌。

最后，实行居住证，流动人口在享有平等的城市基本公共服务之后，社会福利和社会保障的需求是属于户籍改革的深层次及核心，需要中央政府统筹考虑整体推进。作为公民不仅包括均等享有公共服务的权利，还包括享受社会保障和社会福利。核心是消除城市户籍人口与外来人口之间、持有居住证的外来人口之间在社会保障、就业和教育机会、享受公共资源和生活服务方面存在等级差异。

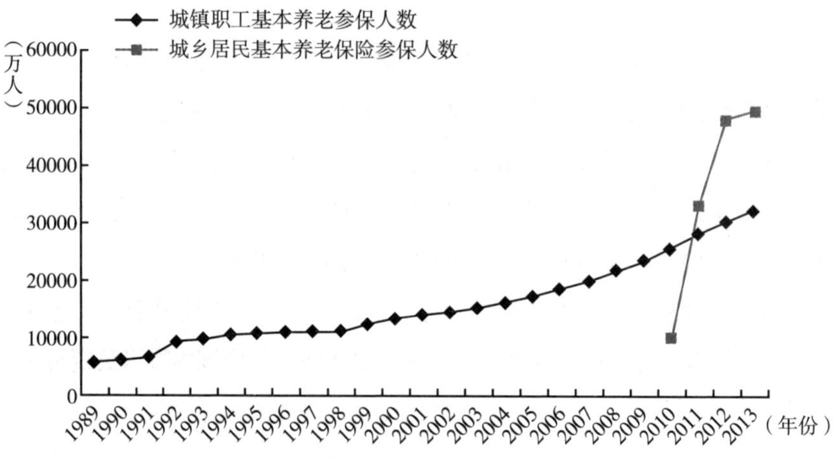

图 6-1　基本养老保险参保人数

资料来源：相关年份《中国人力资源和社会保障年鉴》。

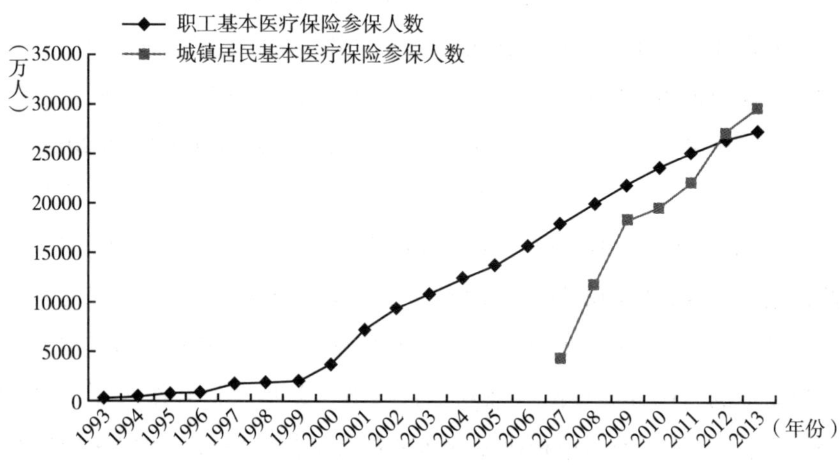

图 6-2　基本医疗保险参保人数

资料来源：相关年份《中国人力资源和社会保障年鉴》。

二　居住证的申领、享受公共服务与落户政策

《居住证暂行条例》对户籍制度实行的是差别化改革，是根据城市的人口规模来进行的，不同规模的城市落户的难易程度不同，城市规模越大落户

越难。据国家发展和改革委发布的信息，截至2016年4月，全国已有28个省（市）自治区出台了户籍制度改革的具体方案——2016年首要任务是使所有地方都能够出台具体落实国务院户籍制度改革的做法和政策，而全面落实居住证制度很重要的一点是不能设“前提条件”。因为居住证制度是国家层面的改革主导方向，意图是拓宽落户渠道，引导和督促各地市特别是外来人口聚集的城市实行更加积极、更加宽松的户口迁移政策。表6－1是东、中、西部地区典型城市居住证的申领条件和居住证持证人所能享有的基本公共服务。从享受的福利待遇来看，一个非常显著的公共特征是北京、上海、深圳、郑州、成都等东中西部五个城市的居住证制度都制定了“梯次渐进式”机制，持证人凭居住证仅能够享受基本的公共服务，但随居住、缴纳保险等条件的提高，享受的福利待遇水平也随之提高。

表6－1　典型城市居住证申领条件和居住证持证人福利待遇

城市	在城市的居住要求	就业和社会保障缴纳要求	申领居住证要求	持证人子女受教育的公共服务	持证人就业及其他基本公共服务
北京	来京人员办理暂住登记，并居住已满半年	在京有稳定就业（连续缴纳社会保险满6个月）、稳定住所、连续就读条件之一的	满足稳定居住、就业或就读之一	居住证制度对持证人子女教育未做任何规定和说明	居住证持有人按照国家和本市有关规定，享有相关公共服务和便利，具体办法另行制定
上海	有合法稳定居住已满半年	合法稳定就业，连续缴纳社保6个月；或投靠上海市户籍亲属、就读、进修等需要在本市居住6个月以上	合法稳定居住和合法稳定就业两个基本条件	可参加全日制普通中等职业学校、高等职业学校自主招生考试；持证人达到标准分值，子女可在上海市接受义务教育，可在参加中考、高考	持证人可申请上海市公共租赁住房；在上海市缴存和使用住房公积金；其配偶和同住子女可按照有关规定参加上海市社会保险
深圳	在特区有合法稳定居所	在特区参加社会保险连续满12个月，或者申领居住证之日前二年内累计满18个月	合法稳定居住、合法稳定就业同时满足	其子女接受学前教育、义务教育以及职业教育应当与常住户口学生同等对待	按规定享受职业技能培训和公共就业服务；2010年起养老保险关系可跨地区转移接续

续表

城市	在城市的居住要求	就业和社会保障缴纳要求	申领居住证要求	持证人子女受教育的公共服务	持证人就业及其他基本公共服务
成都	自办理居住登记之日起至申领居住证之日止，连续居住满6个月	参加成都市城镇职工社会保险，连续缴纳社会保险费已满6个月	同时满足稳定居住和稳定就业或稳定住所、连续就读等	按照成都2016年进城务工人员随迁子女接受义务教育申请的规定	居住证持有人按照国家、省和市有关规定，享有相关基本公共服务和便利，具体办法由市级相关部门另行制定
郑州	在郑州市登记暂住信息并居住满半年	有合法稳定就业、合法稳定住所、连续就读条件之一的流动人口	满足条件之一即可	持证人子女享受进城务工人员随迁子女相关入学政策	符合条件的可买限购商品房、申请公租房；享受职业技能培训和公共就业服务、计划生育基本项目的免费服务等

资料来源：根据各城市出台的居住证管理办法（条例）及居住证积分落户相关政策整理。

当城市不能给予所有期望迁移的外来人口以明确的城市本地居民身份时，用一定的条件来进行最初的选择，总是必要的①。事实上，大多数城市都要求居住证持证人在同一居住地连续居住并且依法缴纳社会保险满一定的年限、有固定住所、稳定职业、符合计划生育政策、依法纳税并无犯罪记录，符合这些要求的可以申请常住户口。广东与上海的居住证转办常住户口规定中均采用“实行年度总量控制、按照条件受理、依次轮候办理”的做法，这实际上也是基于户籍福利和权利供需矛盾的审批制。当不能给予所有期望迁移的外来人口以常住户口时，地方政府通行的做法是根据总量控制，设定居住证转为城市常住户口的详细条件，采用审批制实现总量控制。大城市、特大城市基本都采用这种做法，比如，特大城市（北京、上海、广州、深圳）、省会城市等户籍改革方案中均基于居住证制度基础上，实行了总量指标的审批制。不仅如此，一些最新的实证研究还发现，虽然全面实施居住

① 蔡昉：《中国流动人口问题》，社会科学文献出版社，2007。

证制度，城市取消农业户口与非农业户口性质区分，但劳动力市场城乡整合的实际程度尚受制于获得居住证和实际享有居住证权利的资格条件。从“合法稳定就业”和“合法稳定居住”两项申领居住证的基本条件能观察到，农村转移劳动力获得目标城市居住证的可能性的相对机会低于城镇劳动者，主要原因是城乡之间人力资本投资差异①。因而，有的研究建议，应该进一步降低居住证申领条件，这样才能真正有效地实现以福利权益分配促进人口登记管理②。

相对于国内理论界认为居住证是户籍制度改革无法一步到位情况下，出台的过渡性制度安排，将居住证解读为是户籍改革的一种政策渐进性安排可能更为恰当。居住证作为国家整体推进户籍改革的一项政策措施，对其全面的认识和理解需要把握以下几点。

第一，居住证对人口迁移、人口流动有非常重要的作用，从而对经济增长、社会发展的影响和价值意义重大。根据相关研究结果③，通过劳动力自由流动提高劳动供给，可以增加劳动力市场和经济的总体规模，“十三五”期间每年能够带来4%～5%的经济收益。在农村青壮年劳动力转移已经充分的情况下，增加劳动力供给只能通过户籍改革提高城镇常住人口比重。全国建立实施居住证制度后，有利于促进人口和劳动力的自由流动，提高常住人口城镇化和户籍人口城镇化。

第二，申领条件、享受的公共服务和达到一定条件后的落户政策是居住证的三个关键制度要点。一直以来，户籍制度改革是以地级城市为主导试错渐进展开，国务院《居住证暂行条例》规定了国家整体制度安排，真正在全国推开实际是各个地级城市建立的居住证实施细则。这其中，各地市申领条件都将居住、就业和缴纳社会保险等作为申领居住证的准入条件，这些准

① 姚先国、叶环宝、钱雪亚：《人力资本与居住证：新制度下的城乡差异观察》，《广东社会科学》2016年第2期。

② 袁方、史清华、晋洪涛：《居住证制度会改善农民工福利吗？——以上海为例》，《公共管理学报》2016年第1期。

③ 都阳、蔡昉、屈小博、程杰：《延续中国奇迹：从户籍制度改革中收获红利》，《经济研究》2014年第8期。

入条件及其类别和时限决定着居住证实际能覆盖多大规模的常住人口。不仅如此，各地居住证所能享受的公共服务存在明显的差异，但基本是一种“梯次渐进式”社会福利和公共服务享受机制。比如，义务教育和使用住房公积金等“含金量”较高的公共服务项目，在一些典型的大城市还不能凭居住证完全享受。而且，居住证持证人落户政策上差异更是非常大。在入户制度设计方面，不同城市在居住证基础上实行的“积分落户”门槛高低不同，但“机制设计”思路相似，通过落户门槛控制落户规模。由此，年龄、教育背景等成了城市选择人口和劳动力群体的主要指标。

第三，大城市、特大城市的居住证制度及其相关联的积分落户管理办法，距离全面深化户籍制度改革的目标还有较大差距。目前，北京、上海、天津、重庆、广州、深圳、武汉、成都、南京、杭州等20多个大城市已发布或实行积分落户制度。比如上海，总积分标准分值为120分，积分体系是由基础指标、加分指标、减分指标和一票否决指标组成。达到标准积分120分的居住证持有者，所享待遇与上海户籍居民基本相同。北京市的居住证管理办法提出，保障符合条件的居住证持有人享受相关公共服务和便利，并建立积分落户制度，影响“积分”的主要指标有稳定就业、稳定住所、教育背景、居住区域、所从事的行业、创新和创业、专业技术职务、纳税、信用记录等，每一项指标都有相应的分值，并附有加减分值的规定。尽管每个城市积分的方式和标准存在差异，但是基本都设置了较高落户积分门槛。由此，像北京、上海等一线大城市的居住证具体实施细则在多大程度上能促进户籍改革进程，到底有多少流动人口可以申请到户籍，实现“一亿农业转移人口落户城镇”？未来的改革实践将是最有说服力的。

因此，从户籍改革的目标——统筹城乡的社会保障、社会救助和公共服务体系，使其在不同人群之间的差异性最终消除，需要真正触及户籍体系核心内容的改革举措。当居住证基本可以替代户口准确地将公共服务与基本福利覆盖流动人口时，才是户籍改革目标的真正实现。《居住证暂行条例》实际上对户籍制度实行的是差别化改革，城市的人口规模是差别化的来源，不同规模的城市落户的难易程度不同，城市规模越大落户越难。但是落户需求却是城市规模越大需求越大。这就是为什么居住证基础上的落户方案令人难免失望，因为制度安排与实际落户需求之间的差距较大。

三 居住证是否应该被赋予产业和人口疏解功能

综合前面的分析和典型城市的居住证制度及其积分落户的特征，目前各地居住证具体管理办法，尤其是外来人口聚集的主要城市，其居住证制度实际上隐含了地方在经济结构调整、产业升级以及公共服务压力上的调控意图。

首先，各地居住证政策是基于城市功能的要求、城市战略定位来制定实施细节。像北京、上海等特大城市都采用通过互联网登录居住证积分管理信息系统，居住证持证人需要申请积分，进行网上模拟估分。达到标准分值的，向用人单位提出申请，委托用人单位向注册地区（县）人才服务中心申请积分。而影响“积分”的主要指标有稳定就业、稳定住所、教育背景、居住区域、行业、创新和创业、专业技术职务、纳税、信用记录等，每一项指标都有相应的分值，并附有加减分值的规定。

最后，居住证背后所赋予的产业疏解功能。各地方政府都面临着如何平衡居住证所承载的福利待遇与申领门槛的高低问题①。因而积分制的使用就成了自然的选择方式。以上海市为例，上海市的居住证积分入户规定了特定的公共服务领域的加分特征。持证人在本市特定的公共服务领域就业，每满1年积4分，满5年后开始计入总积分。远郊重点区域：持证人在本市重点发展的远郊区域工作并居住，每满1年积2分，满5年后开始计入总积分，最高分值20分。投资纳税或带动本地就业：持证人在本市投资创办的企业，按照个人的投资份额计算，最近连续3年平均每年纳税额在10万元及以上或平均每年聘用本市户籍人员在10人及以上，每纳税10万元或每聘用本市

① 陆杰华、李月：《居住证制度改革新政：演进、挑战与改革路径》，《国家行政学院学报》2015年第5期。

户籍人员10人积10分，最高100分。上海市上述这些积分规定实际上是基于户口与居住证的人口登记和管理制度，形成了公民身份等级分层体系，根据不同外来人口群体对城市贡献大小赋予差别化的公民待遇（李丽梅等，2015），体现了上海如何利用户口政策服务于城市经济发展的需要。

最后，居住证背后所赋予的人口疏解功能。比如，以上海市为例，申请人满足一定条件可获得加分，其中申请人所学专业为本市紧缺专业，且在相应岗位就职，可积30分。上海实行居住证积分制度，在积分管理办法试行期间，在上海市临港地区工作并居住可获最高20分的积分。再比如，深圳市的居住证落户规定，经深圳市人力资源和社会保障部门人才资格认定的高层次专业人才和海外高层次人才，或者取得深圳市出国留学人员资格证明的留学回国人员，或者具有全日制硕士研究生学历和硕士以上学位的人员，可直接获得深圳市居住证落户资格。这些大城市，正是基于人口疏解和对劳动力选择性的考虑，虽然全面实行居住证管理，实际上这些城市落户的名额仍然是受管制的，数量上是有限的，不是简单的积分数值达到就能够落户。因此，很多时候居住证制度及其户籍改革政策惠及的人口主要集中在年轻人、高学历、高收入等较为优秀的人群，而处于流动人口群体中较为弱势的人口，从改革中能够获得的福利实则十分有限①。这种对人口具有较强选择性的规定所体现的逻辑是：不要问城市能为你提供什么基本公共服务，而是要问你能为城市做什么贡献？从这点上来说，有悖于公共服务均等化的本质。

总体归纳来说，大城市的居住证积分落户，设置积分门槛及赋予的产业和人口疏解功能，财政投入压力及城市管理压力是制度设计和考虑的出发点。例如，北京市居住证政策制定的总的目标是，要考虑首都城市功能，以及首都保证正常运转所需要的人口结构，来统筹研究细节，反映一个与首都功能相适应的政策。而这些实际上都是涉及户籍制度改革核心和深层的问题，需要中央政府统筹推进和顶层设计，城市层面政策目标和重点取向是基于地区治理和发展考虑的。

---

① 谢宝福：《居住证积分制：户籍改革的又一个“补丁”?》，《人口研究》2014年第1期。

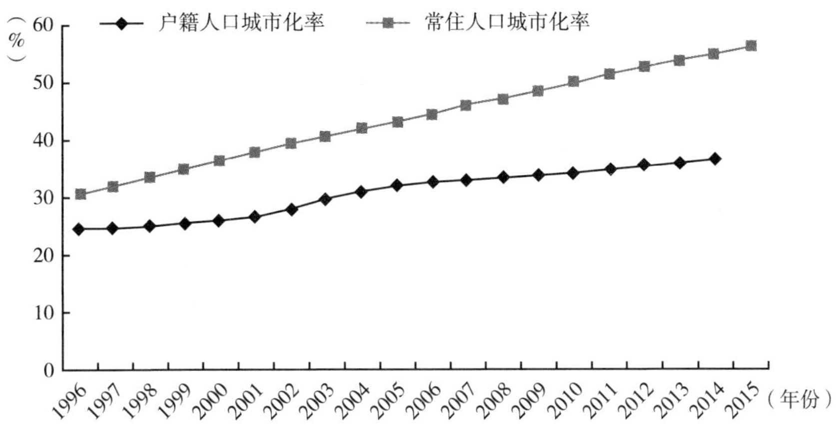

图 6－3　1996～2015 中国常住人口城市化率与户籍人口城市化率

资料来源：相关年份《人口和就业统计年鉴》。

根据《国家新型城镇化规划 2015～2020》明确提出的发展目标，到 2020 年“常住人口城市化率达到 60%左右，户籍人口城市化率达到 45%左右，户籍人口城市化率与常住人口城市化率差距缩小 2 个百分点左右，努力实现 1 亿左右农业转移人口和其他常住人口在城镇落户。”常住人口城市化率达到 60%，意味着有 7.4%（约 1 亿）的人口由农村转移到城市。在农村青壮年劳动力转移已经充分的情况下，实现这一目标只能通过户籍制度的全面改革①。图 6－3 显示，目前户籍改革步伐并没有跟上城镇化发展的速度，常住人口城镇化率和户籍人口城镇化率的差距实际上还呈现拉大的趋势。2010 年常住人口城市化率为 49.95%，有 1.53 亿外农民工进城务工就业，说明农民工的进程愿望潜力是很大的。2010 年时，户籍人口城镇化率是 34.17%左右，相差 15%左右。但到 2013 年底，常住人口城镇化率达 53.73%，但户籍城镇化率仅为 35.93%，相差了 17.8%；2014 年，常住人口城镇化率达 54.77%，但户籍城镇化率仅为

① 都阳、蔡昉、屈小博、程杰：《延续中国奇迹：从户籍制度改革中收获红利》，《经济研究》2014 年第 8 期。

36.63%，相差了18.14%。2015年常住人口城市化率增长了1.33个百分点[①]。可见目前这1.68亿城市农民工在城镇工作却没有户口[②]，也没有相应的社会保障性的基本公共服务。可见，一线城市和大城市可能很欢迎青壮年、高素质劳动力进入城市就业，但其实又不愿负担相应的改革成本。

居住证是解决人口流动的基本平等权利、就业、生活的基本公共服务和提供便利，涉及社会福利和社会保障部分的公共服务，需要户籍改革更深推进，说到底就是改革所需要的投入——成本分摊机制，谁应该承担更大的责任与投入？改革的优先序等，则是基本公共服务均等化改革的本质。否则，居住证也只能提供有限的消除歧视体现公民权利平等的基本公共服务，而城市的社会福利和社会保障不能享受或者仅有部分可以享受，那么，居住证同样也不能推动真正意义上的城镇化，不完全的城市化问题依然存在。2020目标落户一亿人，将会面临很大挑战。这也是为什么“十二五”时期，中国常住人口城镇化率与户籍人口城镇化率的差距在拉大，而不是在缩小。因此，不能让户籍改革承担大城市、特大城市产业疏解、人口疏解的功能，这样会形成新的社会排斥的制度化，与户籍改革的目的相背离。北京、上海、广州、深圳等一线城市的人口过于集中并不是户籍制度造成的。人口分布与产业分布、经济集中程度是密切相关的，人口的流向和分布是经济区域分布决定的，不是户籍制度调节所能实现的。

四　推进和完善居住证制度的政策建议

积分落户作为居住证制度的重要组成部分，承担了过多的改革附加任务。一方面，大城市居住证基础上的积分落户，其背后都附带着很强的区别

① 国家统计局《人口和就业统计年鉴》公布的户籍人口城市化率最新到2014年，只有国家发改委的《国家新型城镇化报告2015》中提到，2015年户籍人口城镇化率仅为39.9%。但这一数值与统计局2014年人口和就业统计年鉴中的户籍城镇化率36.63%，相差3个多百分点。

② 国家统计局公布的2015年全国外出半年以上农民工总量规模1.68亿。

人群的功能，承担了大城市、特大城市产业疏解、人口疏解的功能。让户籍改革承担人口疏解、产业疏解的功能，不仅难以起到改革目标的初衷，还会在户籍上附着新的“权利”。人口调控需要城市空间布局、产业规划以及布局的调整，减少城市中心区域同远郊区在交通、教育、医疗、商贸流通等方面的公共服务和公共产品上的差距。实际上，现在众多“大城市”病——城市空间布局的问题，病因更多的是在城市管理、城市布局与产业空间布局与规划上，在于公共服务的提供滞后于城镇化的速度，而不是流动人口本身。

另一方面，居住证制度与社会保障等制度改革的相关性问题。比如，当前各地居住证制度中都要求有合法稳定住所、合法稳定就业以及缴纳社会保险的申领要求。据中国流动人口发展报告显示，流动人口有相当比例就业于私营部门或从事个体经营，这些工作大多并不签订就业合同，也无法为流动人口缴纳社会保险。并且，一部分城市流动人口租住在违章建筑等低成本的住房内，也很难提供租房合同。这部分流动人口无法达到申领居住证的准入条件。在社会保障制度没有实现全国统筹的情况下，居住证申领与社保挂钩。

因此，居住证制度实际上肩负的改革目的和核心功能，即城市流动人口管理、实现基本公共服务由户籍人口向常住人口覆盖、推动户籍制度改革三项功能。户籍制度改革的目标是统筹城乡的社会保障、社会救助和公共服务体系，使其在不同人群之间的差异性最终消除。为此，中央和地方的决策者和管理者需要从整体层面考虑如何更好更快地发挥居住证作用。《中共中央关于全面深化改革若干重大问题的决定》《国务院关于进一步推进户籍制度改革的意见》等中央提出的改革政策，在一定程度上强调了基于公共服务均等化改革的针对性和指导方针，坚持统筹配套、提供基本保障，切实保障农业转移人口及其他常住人口合法权益，统筹推进户籍制度改革和基本公共服务均等化，不断扩大教育、就业、医疗、养老、住房保障等城镇基本公共服务覆盖面。

首先，探索居住证公共服务投入财政分配机制，解决居住证福利与大城市承载力的改革悖论。根据研究，户籍改革的财政投入排在前十位的城市累

计占到全国户籍改革总投入的75%，主要大城市面临的财政压力是客观存在的。户籍改革有利于中国经济长期增长，按照谁获益更多理应负担更多改革成本的原则，居住证制度中涉及的基本公共服务，财政投入应以中央为主导，形成中央与地方的合理收益分配机制。

其次，在未来较长时期内，主要大城市、省会城市通过提高基本公共服务均等化水平和扩大财政投入性的社会保障仍然是户籍改革的主要途径，依托居住证制度进一步扩大社会保障和社会福利性的基本公共服务覆盖范围，逐步增加积分制入户的数量，保证户籍人口城镇化率与常住人口城镇化率在“十三五”时期差距逐步缩小。

最后，优化调整居住证积分规则，较大幅度提高稳定居住年限（或居住证持有年限）的分值，使稳定居住的外来人口能享有更公平的市民权益，适当弱化社保缴费、投资纳税等指标的分值，居住证积分减少强制性、约束性的程度。同时，根据流动人口对公共服务需求的优先序，逐步扩大并调整居住证的公共服务供给范围和内容。比如，流动人口的子女教育应该得以优先保障，尤其是保障义务教育阶段的教育权利，而不是单独设立农民工子弟学校，人为的设定受教育群体。

G.7
第七章
积分入户制度：现状、风险与政策改进

侯慧丽*

2014 年 3 月国务院颁布的《国家新型城镇化规划（2014～2020 年）》，是中央颁布实施的首份城镇化规划，也是今后一个时期指导全国城镇化健康发展的宏观性、战略性、基础性的规划，规划中强调了要推进符合条件的农业人口转移到城镇落户，但是我国城市发展不平衡，提出了不同规模的城市实施差别化落户政策，特大城市可以设置积分制等阶梯式落户通道来调整落户规模和节奏。为了积极配合城镇化规划的顺利实施，2014 年 7 月 30 日，国务院全文发布了《国务院关于进一步推进户籍制度改革的意见》（以下简称《意见》）。《意见》提出了户籍的改革，不仅取消了农业户和非农业户的区别，统一了户籍性质，而且明确了采取中小城市放开落户限制，严格控制大城市和特大城市人口规模的政策，特别提出改进城区人口 500 万以上的城市现行落户政策，对流动人口建立完善积分落户制度。在《意见》发布之前，积分入户制已经在一些如中山、深圳、温州等城市试行，虽然取得一些成效，但也还存在一些问题有待修正和完善。此后，积分入户制在全国范围的大城市推开，各地大城市根据自己的实际情况，纷纷出台相关积分制政策。2015 年 12 月，北京市公布了积分落户制和居住证制度管理的征求意见稿，被广泛关注，但人们普遍认为积分落户制的“门槛高”，条件苛刻难达标[①]。

* 侯慧丽，中国社会科学院人口与劳动经济研究所副研究员。

① 《81.6% 北京受访者认为北京积分落户门槛高》，http：//news. sohu. com/20160307/n439635330. shtml，2016－3－7。

作为新型城镇化过程中户籍改革的一项新政，积分落户制度是不是新型城镇化进程中的一个良策，从地方与国家层面，积分落户制会给人们生活和社会发展带来什么利益和风险？本文首先对积分制形成与发展进行梳理，然后从社会风险理论的视角，对积分落户制进行深度透视。

一　积分落户制的形成与主要内容

我国户籍制度与城乡二元分割的经济社会结构共生。不同性质的户籍代表着身份、福利、权利等一系列利益的差异。在国家再分配体制下对这种差异的维持是通过户籍制度来实现。户籍不仅成为管理人们的工具，甚至成为限制人们自由流动的工具。但随着市场经济体制的转型，市场对劳动力流动需求强烈，劳动力流动日渐频繁，户籍制度逐渐显现了阻碍发展的弊端，成为人口流动的障碍。流动的劳动力因为户籍的限制无法享受到在流入地的各种福利和利益，加大了社会不平等。在市场化的冲击下，国家开始了在小城镇、具有地方性特点的小范围的户籍制度的试点改革。1997 年开始试点农村人口落户小城镇，2001 年国务院批准《关于推进小城镇户籍管理制度改革的意见》，小城镇户籍管理制度改革全面推开。2004 年，中央又提出“推进大中城市户籍制度改革，放宽农民进城就业和定居的条件”，这是第一次提出进行大中城市的户籍改革。随后，一些地方政府开始尝试户籍改革。2004 年，南京在全市范围内取消了农业、非农业等户口分类，统一为居民户口；郑州放宽落户条件，降低进城门槛；石家庄取消户籍指标管理和户籍分类等。虽然有些地区户籍改革没有完全实现当时的目标，但是户籍改革的大趋势已经无法阻挡。各地都在寻找适应本地发展的户籍制度改革的道路。2009 年，广东省中山市首先探索了积分落户制，试行一年后开始在广东省内全面推广，深圳、广州等都开始实行了积分入户制。2014 年，国务院发布《国务院关于进一步推进户籍制度改革的意见》，正式提出在大城市和特大城市实行积分入户制。至此积分制在全国范围内全面推开。

由于各地的具体情况不同，所以在积分制指标体系设置内容上略有差别，但是从已经实行的各城市情况来看，积分制所包含的基本内容都是相同的。以下以实行积分制比较成熟的深圳市为例，具体内容可参见深府办函〔2012〕40号《深圳市外来务工人员入户暂行办法》[①]，积分制主要分为基本条件和入户指标，在达到基本条件的基础上，再通过其他各项指标的分值加总得分。

基本条件：年龄在18周岁以上，48周岁以下；身体健康；高中（含中专）以上学历；已在深圳市办理居住证并缴纳社保；未违反国家人口和计划生育法律、法规和有关政策；未参加国家禁止的组织及活动，无劳动教养及违法犯罪记录。

积分入户指标包括个人素质（文化程度和发明创造）、纳税情况、参保情况、居住情况、年龄情况以及奖励加分和减分情况。从指标分值来看，文化程度和纳税情况所占的分值最高，但是两者只能选择其一进行积分，不叠加积分，其余情况所占的分值依次下降。那么总体看，可以概括为：文化程度越高可得积分越高，纳税越多积分越多，参加社会保险的分值多，有房产的比没有房产的获得的积分高，居住时间长的分值高，年轻人获得的分值高。也就是说，文化程度高、富人阶层、年轻人更容易获得高积分，从而获得户籍。

二　积分落户制是户籍改革的一条新路径

积分落户制度在广州、深圳等城市实施，作为户籍制度改革和人口管理的一项措施，学术界的讨论主流表现出对积分制的肯定与支持，认为积分制是兼顾户籍改革多重目标的普惠型制度选择[②]。

---

① 此文的全文内容详见深圳市人力资源与社会保障局网站 http：//www. szhrss. gov. cn/tzgg，2012－10－26。

② 彭希哲、万芊、黄苏萍：《积分权益制：兼顾户籍改革多重目标的普惠型制度选择》，《人口与经济》2014年第1期。

（一）积分制意味着落户政策的松动

改革开放前，我国的户籍制度作用之一就是为了限制人口的自由流动，由于户籍代表着身份上的差别和户籍上附着差别化的利益，尤其是在城乡之间，户籍制度一直难以松动。市场转型之后，户籍改革虽然日渐必要，并且也在一些地方进行了试点性改革，但是却一直是在户口指标控制的管理思路之下，未有实质性的突破。积分制改革打破以往落户的指标管理思路，改为符合条件的准入制度，这样就将落户城市的可能性大大提高，意味着户籍改革思路的转变，为打破户籍坚冰提供了一种全新的、务实的路径选择[①]。

（二）积分制有利于城市化进程

由于户籍上附着各种福利以及地方财政利益，所以流动人口在流入地无法享受到基本公共服务，进城农民工在城市只是“半城市化”，而积分制的价值在于打破了城乡二元结构的桎梏，有利于城市公共服务均等化和流动人口市民化，有利于城市吸纳人才，推进城市化进程；积分制还可以影响流动人口的行为，有利于政府加强城市管理；可以引导流动人员合理、有序流动，逐渐优化人口结构，改善流动人口内部的年龄结构比重，城市人口结构逐渐优化，高学历、高技能人口向发达地区集中[②]。在现有基本公共产品相对短缺的情况下，渐进式的户籍改革以及与地方发展实际相呼应的积分标准，平衡了多方面的利益，是城市化的新路。

（三）积分制体现了落户的公平性和“权利与义务的对等”原则

积分制构建了一套新的量化标准作为流动人口享受城市基本公共服务和

① 郑梓桢、宋健：《户籍改革新政与务实的城市化新路——以中山市流动人口积分制管理为例》，《人口研究》2012 年第 1 期。

② 陈景云、刘志光：《流动人口积分制管理的效果分析——以深圳市为例》，《中国人口科学》2013 年第 6 期；陈景云：《流动人口积分制管理的价值、限度与展望——以深圳市为例》，《岭南学刊》2014 年第 1 期。

入户的依据。每一个想落户的流动人口都可以通过具体指标的分值来为自己计算分值，标准统一、客观，充分体现了公平性，而其背后的价值基础就是“权利与义务的对等”，即为城市做出了多大贡献，就能在该城市获得相应的福利和权利①。

从对积分制的研究来看，积分制似乎被看作既可以促进城镇化，又可以解决城市有限资源分配的好办法，毕竟同原来户籍的严格限制来比，积分制的落户条件有了些许的松动。从以上文献分析看，积极倡导积分制的思想有几个特点。①以地方利益为立足点。积分制指标设计高学历、纳税多者的得分高等都是立足于地方政府利益，出于对地方发展有利的考虑，缺乏从全国的长期发展的层面来思考制度的效果。②仍然坚持福利附着在户籍之上的规则。积分制背后的基础仍然是先拥有户籍，然后通过户籍再得到福利，因此，福利附着于户籍的本质仍没有改变。这两个特点也决定了积分制存在着潜在的局限性。因此，在看到积分制带来的利益的同时，必须看到它可能产生的风险。本文将站在国家层面的高度，用社会风险理论为依据，将积分制作为户籍制度改革的一个阶段性产物来对其进行分析。

三　积分落户制产生的社会风险与风险分担

德国社会学家乌尔西里·贝克（Ulrich Beck）首先提出了“风险社会”的理论，后来英国社会学家安东尼·吉登斯又丰富了其内容，更加注重了风险社会与政策制定的衔接。具体讲，随着人类活动的增多，科学技术的不断进步，自然界和人类社会受到的人类决策和行动的影响大大增强，人类面临的风险也从自然风险占主导逐渐演变成社会风险占主导，而社会风险主要是由人的行为产生的不确定性导致的。当人类成为风险的主要制造者时，就出现了现代意义上的“风险社会”。为了预防风险，现代国家建立了各种制

① 彭希哲、万芊、黄苏萍：《积分权益制：兼顾户籍改革多重目标的普惠型制度选择》，《人口与经济》2014 年第 1 期。

度。工业化两百年来，制度变迁的历史和各种政策、法规、条例体系都是在对工业化所产生的风险和灾难进行推算和预警的过程，并在不断提高推算和预警的精确性[①]。虽然现代国家建立的各种制度为人类的安全提供了保护，但制度自身也带来了另外一种风险，即运转失灵的风险，从而使风险的“制度化”转变为“制度化”风险[②]。那么随之产生了另一个问题，即风险一旦对人类自身产生了危害，谁来为此承担责任呢？在无法完全预防和不知道该由谁负责的情况下，风险的成本往往由所有社会成员分担，其中包括受害者，相对来说，贫穷者甚至分担得更多，因此对社会风险的分担扩大了社会不平等[③]。其实，在风险社会中，风险的存在是必然的，而更重要的是风险由谁来分担？如果将没法找到责任人的风险让弱势群体分担，由此产生的后果才是最大的风险。

中国进行市场改革与体制转轨的过程，其实也是风险治理与分担机制重新建构的过程。在原来计划经济体制下，在资源短缺的情况下，各部门与各地方通过协作和资源的集中使用解决了推卸责任、共担风险的问题。在市场经济体制转轨过程中，社会内部差距扩大，原来计划体制下的以国家为中心的风险共担机制受到了冲击，社会中的强势团体把解决风险的责任完全推卸给了弱势群体[④]。这必然加剧社会矛盾和冲突。风险充斥着整个社会，其中，我国城市化就是社会风险比较集中的一个过程，从国外经验来看，城市化过程中必然会面临失业、贫困、收入差距加大、社会矛盾突出的风险，且由于我国城市化速度远远快于其他国家，因此又扩大了这些风险。具体来说，市场化动力不足、城乡发展差距拉大、农民市民化进程缓慢、城市结构发展失衡、社会冲突加剧等等都是在我国城市化进程中所面临的风险[⑤]。农村人口大

---

① 乌尔里希·贝克：《从工业社会到风险社会（上篇）——关于人类生存、社会结构和生态启蒙等问题的思考》，王武龙编译，《马克思主义与现实》2003 年第 3 期。

② 吉登斯：《现代性与自我认同》，赵旭东等译，三联出版社，1998。

③ 蒂特马斯：《蒂特马斯社会政策十讲》，江绍康译，吉林出版集团，2011。

④ 杨雪冬：《风险社会理论》，《西方社会福利理论前沿》，中国社会出版社，2009，第 280 ~ 295 页。

⑤ 刘建平、杨磊：《中国快速城镇化的风险与城市治理转型》，《中国行政管理》2014 年第 4 期。

量涌入大城市、中小城市的土地城市化快于人口城市化，人的城市化缓慢，农民在城市没有平等权利，不是完全意义上的城市化。积分落户制便是在这种风险环境中应运而生的制度，并且，制度本身也具有一定的社会风险。

（一）地区间人力资本差距加剧的风险

一个地区的经济发展水平与该地区的人口受教育程度有密切关系，一个地区的人口受教育水平高是有利于该地区的经济发展的，因此人力资本的差距是导致地区差距形成的一个重要因素。积分落户制则是通过户籍将受教育水平高的人吸收进发达城市完成对人才的筛选。从积分制的指标设计来看，学历高、年龄轻被赋予的分值高。从深圳市的积分入户结果来看，2013 年通过积分落户的人中大专以上学历 124725 人，占 82.66%，其中，研究生及以上学历 11547 人，占 7.66%；本科学历 65912 人，占 43.68%；大专学历 47266 人，占 31.33%（见表 7－1）。

表 7－1　2013 年深圳市引进人才的学历分布情况

单位：人，%

	博士	硕士	本科	大专	中专	高中及以下
人数	311	11236	65912	47266	3016	23148
比例	0.21	7.45	43.68	31.33	2.00	15.34

高学历高层次的人都被吸引过来，对本地城市来说当然是有助于提高人力资本水平的，但是相对来说，在全国范围内通过户籍来选拔高学历人才，欠发达地区的高学历人才被发达地区吸引过去，那么对于欠发达地区来说则人力资本水平下降，更不利于发展，结果是发达地区与欠发达地区之间人力资本的差距越来越大，更重要的是由此产生的地区差距加大的风险由欠发达地区承担。

除了高学历的人才被实行积分制的发达城市优先占有之外，从年龄上来说，年轻人也同样被吸引到发达城市。仍以深圳为例，从统计资料来看，2013 年深圳引进人才的年龄结构如表 7－2 所示。

表7-2　2013年深圳市引进人才的年龄结构统计

年龄＼指标	毕业生（人）	占毕业生总数百分比（%）	在职人才（人）	占在职人才总数百分比（%）	全部（人）	占人才总数比例（%）
18~30岁	56331	99.22	44604	47.39	100935	66.9
30~35岁	341	0.60	27377	29.09	27718	18.37
35~40岁	80	0.14	13455	14.30	13535	8.97
40~48岁	21	0.04	8577	9.11	8598	5.70
48岁以上	1	—	102	0.11	103	0.07
总数	56774	—	94115	—	150889	—
平均年龄	22.9		31		28	

注：年龄上限不含本数，下限含本数（如18~30岁，指已满18岁，未满30岁的）

引进的人才中排除应届毕业生，在职人口几乎都是40岁以下的年轻人，这对于本地城市来说是非常有助于优化年龄结构的。因为我国目前已经是人口快速老龄化的时期，尤其农村中的年轻人大量流动到城市，农村老龄化程度要高于城市，积分制产生的吸引年轻人政策无疑起到了降低流入地人口老龄化程度、优化人口年龄结构、增加“人口红利”的作用。但同时也意味着人口流出地的人口老龄化程度加重、人口年龄结构的失衡及“人口红利”的消失，结果是进一步扩大了地区间的差距。这与城市化道路背道而驰。积分制只是把城市化中的城乡差距转化成了地区差距，给地区之间差距扩大披上了合法化、制度化的外衣，最终结果是欠发达地区更加落后。积分制对高学历高收入年轻人选择的机制产生的风险最终转嫁到了欠发达地区身上，甚至连全国的发展也要为此付出代价。而人才聚集的发达地区却没有承担这种风险，这无疑会造成不平等的扩大。

（二）城乡公共服务不平等扩大的风险

积分制被认为是打破了城乡二元结构，给农民工进城提供了一条途径，但是从深圳市的实施结果来看，入户的城镇户籍的人口占到81.31%，农业户籍人口才占18.69%，农业户籍比例中大部分有可能还是具有高技能的人才，积分制的结果最终还是让绝大多数城市户籍人口受益，那么打破城乡二元结构从何而来呢？积分制让城市户籍的人口能够更快更多地享受福利资源，让城市户籍人口在户籍获得上优先于农村户籍人口，其实是加大了城乡居民之间的不平等，根本谈不上有利于城市化，也难做到公共服务均等化。

然而，另一方面，城市户籍对于农业户籍人口的吸引力在日渐降低。有研究在调查中发现，现在的农民并非人们所想的都愿意转入城市户籍，一半以上的农民表示不愿意转为市民，30%的人是坚定地不愿意成为市民，年龄越大的人越同意放弃土地，年龄越小越不同意放弃，60岁以上的组中57.4%的人都愿意转入城市户籍，而20～29岁组的人中70.6%的人都不愿意放弃农业户籍，这种意愿与积分制所需要的条件恰恰相反[①]。在农业户籍的年轻人都不愿意转入城市户籍的情况下，城市进行积分制来打破城乡差距，只是城市人自己玩的游戏而已。所以城市化的关键不是农民转变户籍，而是农民背后的土地权益的保障及真正的公共服务的均等化。

目前，政府已经意识到这个问题，国务院在《意见》中提出统一城乡户籍登记制度，取消农业户籍和非农户籍的区别，完善农村产权制度，现阶段，不得以退出土地承包经营权、宅基地使用权、集体收益分配权作为农民进城落户的条件。这样，取消了农民进城落户的后顾之忧，有利于户籍上的城市化。但是如果积分制对学历和财富权重过多，即使农民增加了落户的意愿，也未必能够实现落户。所以，在这一点上，积分制恰恰阻碍了农业转移人口的进城落户。

（三）产业升级产生的个人风险

实行积分制的城市都是经济发展水平高的城市，是首先实现产业升级和转型的城市，因此在积分指标的设置上，往往会通过不断调整相关分值来帮助筛选产业结构升级所需要的劳动力。比如深圳市通过积分制积极引入符合产业发展方向的人入户，2013年将技师职业资格分值由80分提高到90分，目的就是进一步适应经济发展方式转变和产业升级转型需要，加大技术技能

① 李强：《论农民和农民工的主动城市化和被动城市化》，《河北学刊》2013年第4期。

人才引进力度。从结果看，深圳市引进人才的专业主要集中在电子信息、金融财会等方面，排名前十的专业分别是计算机、通信工程、电子信息工程及自动化，会计和会计电算化，英语和商务英语，工商管理，行政管理，金融学和财务管理，国际经济与贸易，物流管理和电子商务，艺术设计，土木工程，说明深圳对高科技、物流、金融、财贸、设计、管理、建筑等专业的人才需求依然旺盛。引进人才的行业分布也向支柱产业集聚。按引进单位所属行业统计（不包括通过代理机构引进），排名前十的分别是制造业，信息传输、计算机服务和软件业，批发和零售业，交通运输、仓储和邮政业，金融业，建筑业，公共管理和社会组织，房地产业，科学研究、技术服务和地质勘查业，租赁和商务服务业等行业，显示支柱产业对人才仍有较大需求。

通过每年的调整积分制分值可以实现符合经济发展方式转变和产业升级转型需要的人才选择。但是积分制积分权重不断变化，为产业升级转型而产生的原有产业的工人转型、失业等社会风险谁来承担？积分制入户说是在现有资源缺乏的状态下的一种利益平衡，是渐进式改革与地方发展相呼应的，其实是把工业化产生的产业升级风险推给了没有户籍的流动人口，当因为产业升级和经济发展转型而被淘汰的流动人口再回到流出地或者需要他们的地方，那么这些人的流出地和其他地区就必须要承担他们的公共服务及各种社会保障，也就是经济不发达地区替发达地区在承担经济发展过程中的风险。这也是不平等扩大的原因之一。

四　积分入户制的风险分担与政策改进

积分入户制是在控制大城市人口规模的条件下实行的户籍改革的产物，然而不去除户籍上附着的福利的户籍改革仍然是未触及本质的、不彻底的户籍改革。积分制本质上仍是以户籍为基础限制外来人口对本地资源的使用，利用户籍制度对福利依赖的作用丝毫未改变，甚至是强化了这种户籍的门槛作用。

发达地区通过积分分值的设置对学历高、收入高的年轻人优先给予本地户籍，使其享受更高的福利待遇，其实也是一个利用全国的人力资源来优化本地人口人力资本和人口年龄结构的过程，由此会造成人口流入地的发达地区和人口流出地的经济欠发达地区的差距更加扩大，地区差距扩大风险让更贫穷的地区或是全国承担。同时，积分制总是可以通过调整指标分值而为本地选择最适合的产业人才，那么由产业升级和经济转型而造成的原有产业工人失业和适应新工作的培训以及养老的风险只能由其原户籍地来承担了。

当农民已经不再愿意把农业户籍转为城市户籍的时候，通过户籍改变来加快城市化只是表面上的统计数字的游戏，说积分制是城市化的新路显然有悖于事实。利用积分构建一套新的量化标准作为流动人口享受城市基本公共服务和入户的依据，实际上是地方政府在利用积分这一工具使社会上层更多地享受本地的公共服务，低层的人还是被排斥在公共服务之外，公共服务非但没有均等化反而差距更大了，由此产生的阻碍城市化的风险正在被其他落后地区分担。

从社会风险产生和分担的角度看，积分入户制虽然有利于地方对人才结构的优化，有利于地方发展，但是从全国层面上来看，却存在着各方面不平等加剧的因素。因此，在今后积分制的完善过程中，需要从以下各方面及时控制可能发生的风险。

首先，大城市的积分入户要在总量控制的前提下，充分发挥劳动力市场的作用。劳动力市场自身具有良好的选择机制，就业是否稳定就是劳动力市场选择的表现。就业稳定，居住也就稳定。所以积分分值要以就业稳定性和居住稳定性作为权重最高的指标。这两个指标说明了流动人口与本地的融合程度，而先入为主地将学历、纳税额和年龄作为权重高的指标，这是地方政府趋利的表现，结果自然是有利于本地人才的聚集，但是加大了地区间的差距。学历高、富有的年轻人并不是劳动力市场自身选择的结果，真正通过劳动力市场机制确定入户对于外来人口才是公平、公正的。

其次，体现公平、公正的原则。《意见》中提到建立完善积分落户制度要按照总量控制、公开透明、有序办理、公平公正的原则。公平公正要求对于所有流动人口不能够有歧视。而目前已经实施的积分制分值设置上明显存有对社会阶层高的群体的偏好，这是日后产生风险的根源之一。从城市本身来说，大城市需要高端产业人才，但同时也需要低端服务的劳动力。排斥低端从业人员，有损于城市化产生的规模效应，是限制了城市化中收益更大的人群①。中央政府应做好风险的预防和调控，避免将日后的风险全部转移给流出地和经济欠发达地区，必要时中央政府需要分担所产生的风险。

以就业稳定性作为积分入户分值高的指标，可以避免地方政府先入为主地干预，抑制地区差距的扩大。农民学历和收入与城市人口相较而言较低，其大多是低端从业人员，即使农民增加了落户意愿，但如果落户条件对学历和财富赋予权重过多，农民获得户籍的可能性依然低于城市人。如果完全以就业稳定性作为高分值指标的话，从事低端职业的农民就可以在城市因有大量需求而被接纳，从而可以缩小城乡人口在户籍获得机会上的差异，减小城乡公共服务不平等加大的风险。

再次，实行积分制的城市可以通过不断调整指标分值而实现产业升级及转型，那么为了防范产业转型前的劳动力的无保护状态所形成的个人风险，需要强调参加社会保险的重要性，因此在指标分值上应将是否参加各种社会保险和参加社保的时间作为分值高的指标以提高个人的抗风险能力。

最后，积分制是户籍改革的一个阶段性产物，随着社会发展会逐渐取消。《意见》中统一了城乡户籍制度，户籍改革的目的是要城乡一体化，城乡居民平等地享受各种权利，户籍最终是要回归户籍的本质即登记的作用，取消与之相连的利益是必然的过程。建立在户籍福利基础之上的积分制也必然会最终消失。但是在目前仍然需要其发挥作用的时期，就要为户籍与利益的分离做好准备，逐渐淡化户籍分层、屏蔽的作用，给予城乡居民获得落户机会的平等权，否则会加大城乡居民的差距。积分制实施的同时，应大力加强公共服务均等化的建设，从内容上实行城乡居民公共服务的均等化，那么户籍上的平等也就不远了。充分认识到它所带来的风险，规避日后可能产生

① 陆铭：《城市扩张刺激就业与收入》，载黄亚生、李华芳主编《真实的中国——中国模式与城市化变革的反思》，中信出版社，2013，第110～111页。

的风险，防止风险的制度化成为制度化的风险，这是在制定政策时必须充分考虑到的。

五 积分入户制与居住证管理

与积分入户制同时，国家还实施了另一项流动人口管理和服务的制度即居住证管理制度。这两种制度分别代表了实现农民与市民的社会保障与公共服务均等化的两种城镇化路径①：第一种路径是仍以户籍为基础，通过把农民的农业户籍改变为非农业户籍，使得农民享有与市民同等的社会保障和公共服务均等化，从而提高城镇化水平，这也是主流观点，积分制便是这一政策的典范。第二种路径是常住化推进城镇化，就是不以户籍为基础来决定是否能够享受公共服务和社会保障，而是在常住地就可以享受到本地的公共服务和社会保障。事实上，这两种方式的城镇化路径在我国同时存在。积分入户制是以户籍为主进行的农民市民化，而居住证管理制度则是以常住地推进的城镇化制度。

居住证是在流动人口大规模进入城市后为实现对流动人口的管理而出现的，与积分制在短期内的目的和作用不同，居住证有两个作用：一是人口登记和管理，二是福利资源分配，所以居住证门槛低，才能让流动人口尽可能纳入实现登记功能，而积分制则主要解决资源分配和户籍转化的问题②。

改革开放之前，人口被限制流动，但是在改革开放之后，大规模人口流动出现，流动人口的出现给流入地城市带来了很多新问题，如何管理流动人口成为新任务。1985 年，《公安部关于城镇暂住人口管理的暂行规定》出台，对流动人口实行以“暂住证”为主的管理办法。暂住证着重于对流动

① 张翼：《农民工“进城落户”意愿与中国近期城镇化道路的选择》，《中国人口科学》2011 年第 2 期。

② 王阳：《居住证制度地方实施现状研究》，《人口研究》2014 年第 5 期；赵德余、彭希哲：《居住证制度对外来流动人口的制度后果及激励效应——制度导入与阶层内的再分化》，《人口研究》2010 年第 6 期。

人口的管理，而忽视了对流动人口平等权益的保障，因此在实施过程中，出现了诸多弊端。20 世纪 90 年代，随着人口流动规模的进一步扩大，一些城市开始探索居住证制度，最初目的是引入高层次人才，持有居住证的流动人口可以享有本地一定的公共服务和社会保障。2014 年 3 月，中共中央、国务院印发《国家新型城镇化规划（2014～2020 年）》提出，全面推行流动人口居住证制度，以居住证为载体，建立健全与居住年限等条件相挂钩的基本公共服务提供机制。2014 年 7 月，《国务院关于进一步推进户籍制度改革的意见》发布，再次提出“全面实施居住证制度”的目标。2015 年 12 月 12 日，《居住证暂行条例》公布，于 2016 年 1 月 1 日起正式施行。居住证管理意味着对流动人口从管理到服务的彻底转变，是为流动人口平等地提供公共服务和社会保障利益的开始。在国务院推行的《居住证暂行条例》中规定了流动人口可以在居住地城市享有六项基本公共服务和七项便利①，并且可以根据居住地的落户条件来迁入户籍。相比较积分制，居住证的获得门槛相对较低，只需要在流入地城市居住半年以上，符合合法稳定就业、合法稳定住所、连续就读条件之一的，都可以按规定申领居住证。这样把较为稳定的流动人口都包括在可以申领的范围之内。居住证制度为流动人口平等享有公共服务打开了方便之门，也因为不以户籍为基础便可以享有居住地的公共服务，大大减轻了流动人口对户籍的依赖，从反向上剥离了附着在户籍上的利益。正是因为居住证制度没有学历、没有年龄、没有产业的限制，而是将大部分流动人口都包括进来，所以它减小了积分入户制的潜在风险，可以预见的是随着居住证制度和积分制的进一步完善，两种制度终将归于同一目标，即彻底实现农民的市民化，促进城镇化进程，提高城镇化水平。

① 六项基本公共服务是：义务教育；基本公共就业服务；基本公共卫生服务和计划生育服务；公共文化体育服务；法律援助和其他法律服务；国家规定的其他基本公共服务。七项便利是按照国家有关规定办理出入境证件；按照国家有关规定换领、补领居民身份证；机动车登记；申领机动车驾驶证；报名参加职业资格考试、申请授予职业资格；办理生育服务登记和其他计划生育证明材料；国家规定的其他便利。

G.8
第八章 特大城市的人口调控研究

王智勇　蔡翼飞*

中国快速发展的城镇化已经使大量的农村人口转移到城市，截至2015年，中国的城镇化率已达56.1%，意味着超过一半的人口都生活在城市里。根据中国人口流动的基本规律，大城市和特大城市是吸引外来人口最多的城市，因而对于市区人口规模在500万人以上的特大城市而言，人口问题变得越来越突出，主要表现在人口规模不断突破预先设定的目标，进而带来交通拥堵、职住分离和公共服务供给不足等问题。根据国际经验，大都市的人口集聚过程通常会延续到国家城市化水平达到60%～70%的后期阶段才会趋缓①。一些特大城市为了控制人口规模，设定了规模上限，例如北京为2300万，上海为2500万②，然而鉴于这些城市以前设定的目标屡被突破，这些调控目标能否实现，关键在于采取何种调控政策，而合理的政策又需要有良好的理论支撑。

特大城市人口调控并不仅仅在中国，在全世界范围内都是一个难题。北京、上海和广州等特大城市的人口规模过大引发的各种社会问题已经引起了许多学者的关注，也引发较多的研究。北京和上海等特大城市的人口问题有很大的相似性，例如中心城区人口过密、城乡接合部人口管理困难等③。

---

* 王智勇，中国社会科学院人口与劳动经济研究所研究员；蔡翼飞，中国社会科学院人口与劳动经济研究所助理研究员。

① 吴瑞君：《特大型城市人口“流动”的风险》，《探索与争鸣》2015年第3期。

② 上海市市长杨雄（2016年1月）24日表示，“十三五”期间，上海将坚持综合施策，严格控制人口规模，常住人口总量控制在2500万以内。http://house.qq.com/a/20160126/008910.htm?pgv_ref=aio2015&ptlang=2052

③ 张真理、罗瑞芳：《北京人口调控的反思与转型》，《城市发展研究》2015年第5期。

2014年，国务院发布《关于调整城市规模划分标准的通知》，对原有城市规模划分标准进行了调整。新标准将城市划分为五类七档，城区常住人口500万以上1000万以下的城市为特大城市，而1000万以上的城市则为超大城市。根据新标准，北京、上海、天津、重庆、广州、深圳、武汉为超大城市。无论是特大城市还是超大城市，它们都是外来人口聚集的重点城市，也是人口调控的重点区域。本文的研究对象包括了特大城市和超大城市，旨在探讨特大和超大城市的人口调控机制和对策。城市人口的膨胀均因外来人口流入而引起，而人口流动在全国来看，具有普遍相似的原因。因此，研究特大城市人口调控问题，选取有代表性的特大城市，基本可以形成具有普遍意义的调控思路和政策建议。基于这样的认识，我们选取北京和上海作为典型城市，细加研究。

一　特大城市人口调控的相关研究

历史经验表明，国内外大城市发展都面临一个不容回避的现实瓶颈"城市病"，而人口膨胀无疑是造成"城市病"最为重要的焦点[①]。另外，特大城市在发展过程中，外来人口起到了重要的作用。以北京为例，北京的高速城市化并不是农业生产力大幅度提高的自然结果，而是由急速增加的流动人口所推动的[②]。北京市人口增长主要来源于外来人口增长，尤以都市区最为明显[③]。外来人口流入北京，与北京拥有较多的就业机会、优质的公共服务和较低的生活成本息息相关[④]。因而，就业人口的膨胀是北京诸多城市问题形成的重要原因，调控的重要举措是分流就业人口[⑤]，通过产业疏解的

① 陆杰华、李月：《特大城市人口规模调控的理论与实践探讨——以北京为例》，《上海行政学院学报》2014年第1期。

② 张惟英：《拉美过度城市化的教训与北京人口调控》，《人口研究》2006年第4期。

③ 刘祥、王茂军、蔡嘉斌、贺梦晨：《2000～2010年北京都市区外来人口的空间结构研究》，《城市发展研究》2013年第10期。

④ 国家发改委城市和小城镇改革发展中心课题组：《北京人口调控该往哪走?》，《光明日报》2014年5月27日第11版。

⑤ 王继源、陈璋、胡国良：《京津冀协同发展下北京市人口调控：产业疏解带动人口疏解》，《中国人口·资源与环境》2015年第10期。

方式带动人口疏解。从城市空间形态和扩张的角度来看，经济的快速增长以及城市化进程的加快是形成这些特征的主要原因①。

人口与经济关系密切，故而依靠经济发展对人口进行调控将是未来特大城市人口调控的主要方向②。对特大城市而言，应以产业结构升级为契机，通过优化产业发展布局带动人口结构优化③。政府需要在宏观层面把握城市发展方向，通过科学确定城市功能定位，使产业发展符合城市功能定位要求，同时创造公平的发展环境④。应积极建立“有进有出，进出平衡”的人口动态平衡机制⑤。日本东京人口调控的经验，主要包括政府发挥主导作用、调整产业结构布局，中心区高端化、引导城市由单一中心型向多核心型城市结构转型、建立都市圈以及便捷的交通设施网络等⑥。陈功等人（2015）总结国外特大城市人口调控政策可大体分为五类：建立卫星城或次中心疏导战略、功能疏解和机构搬迁政策、注重法律和规划引导人口布局、通过调整产业布局调控人口、通过调控公共服务和社会保障间接调控人口⑦。对上海而言，通过实行居住证积分制度、新一轮城市规划、城市布局和功能定位以及产业布局与产业结构调整等措施都可以在一定程度上控制人口规模⑧。

可以看到，尽管对特大城市人口问题和人口调控的研究比较多，但多数

① 周春山、叶昌东：《中国特大城市空间增长特征及其原因分析》，《地理学报》2013 年第 6 期。

② 陆杰华、李月：《特大城市人口规模调控的理论与实践探讨——以北京为例》，《上海行政学院学报》2014 年第 1 期。

③ 李超、张红宇、卢健、覃飙：《北京市人口调控与产业结构优化的互动关系》，《城市问题》2013 年第 8 期。

④ 肖周燕、王庆娟：《我国特大城市的功能布局与人口疏解研究——以北京为例》，《人口学刊》2015 年第 1 期。

⑤ 段成荣：《从无序到有序：北京市人口规模调控的思考》，《人口研究》2011 年第 1 期。

⑥ 陈佳鹏、黄匡时：《特大城市的人口调控：东京经验及其启发》，《中国人口资源与环境》2014 年第 8 期。

⑦ 陈功、王瑜、武继磊、程云飞：《京津冀“新首都圈”人口调控战略方向和路径选择》，《光明日报》2015 年 3 月 25 日第 16 版。

⑧ 潘鸿雁：《从上海市人口调控新政策看社会治理趋向》，《上海行政学院学报》2015 年第 3 期。

研究只针对城市本身，即行政范围内的城市，较少考虑城市与周边的关联。然而，特大城市在发展过程中，已经与周边的区域形成了密不可分的联系，数据表明，特大城市外来人口多数来自周边区域，并且一部分经济活动人口因特大城市的高房价而搬迁至周边区域居住生活。需要指出的是，任何一个城市都不可能离开所在国家及所处区域的整体经济、社会、人口发展状况来讨论自身的人口规模调控问题①。因而特大城市的人口调控显然需要考虑到相邻的周边区域。此外，不少研究强调特大城市人口规模的上限，政府也试图给城市人口规模设定上限，然而，人口规模本身是调控的结果，并非手段。而且，随着城市化发展进入稳定增长阶段，大城市规模增长也会逐渐从上升转为衰减②。中国城镇化发展的进程表明，对于特大城市而言，外来人口增长的幅度已经显著下降，因而人口规模的进一步增长也相当有限。就上海而言，与其说要控制城市人口规模和调控人口导入，不如更加重视城市空间的布局来吸纳人口③。

二　中国特大城市都市圈及其界定

特大城市发展至今已经不再是独立的城市，而是与周边区域形成密切联系的有机体系。劳动力市场的城乡一体化要求进行城乡统筹发展，并逐渐消除城乡差距，然而大多数关于城乡统筹发展的研究仍局限于行政区域，少有突破行政区域的研究，有些研究提出了跨行政区域的城乡统筹④，但并没有具体界定范围或者范围过广。如前所述，研究上海的城市问题不能仅就上海市而谈，而应结合与其密切关联的县市来进行，因此，我们首先要明确上海都市圈的范围。

① 段成荣：《从无序到有序：北京市人口规模调控的思考》，《人口研究》2011 年第 1 期。

② 魏星：《特大城市人口调控的反思——“新常态经济与新型城镇化”论坛综述》，《中国人口科学》2015 年第 6 期。

③ 任远：《关于特大城市人口综合调控问题的思考》，《南京社会科学》2015 年第 1 期。

④ 叶裕明、李彦军、倪稞：《京津冀都市圈人口流动与跨区域统筹城乡发展》，《中国人口科学》2008 年第 2 期。

都市圈的划分有不同的原则和方法。R. Forstall et. al（2009）提出两条基本的原则可以用来划定都市圈里核心城市的周边区域，一是区域内从事农业或渔业的劳动力比例低于35%，二是区域内至少有20%的经济活动人口到核心城市工作。中国城市规划设计研究院上海分院对上海大都市区空间范围的界定，采用“定量测度为主，定性校核为辅”的方法①，他们最终确定上海大都市区的空间范围是“1+6”范围，即“以上海为中心约120公里范围内，北到南通市辖区，西至‘江阴－宜兴’，南抵‘慈溪－宁波’，囊括舟山群岛的范围”。

然而，中国城市研究只有在与西方城市的比较中才能得出“更有意义的结果”②。而要进行大都市圈的比较，采用相同原则进行界定则是一个基本前提。在欧盟的支持下，经合组织（OECD）于2012年推出了“城市功能区”（Functional Urban Area，FUA）的概念，旨在提供一套标准化的城市和都市圈测量方法，以便在国家之间加以比较。这种方法强调的是城市与区域的实际经济联系，而非行政边界和隶属关系。

与传统的城市测量方法相比，城市功能区不再纠结于人是否在城区，而是强调人与城区的联系程度。这与当前各国城市发展的现实相符，对中国而言，尤其具有现实针对性，中国新型城镇化建设突出了“以人为核心”，本质上也是强调人与城区的实际联系，FUA可以很好地把在行政地域上分割但实际上有着紧密联系的区域有机融合到一起，特别是有助于进行都市人口调控分析。

（一）北京都市圈的界定

为了实现国际比较，我们采用与OECD“城市功能区”相同的方法和框架来界定北京都市圈，也就是北京城市功能区的范围。结合中国的实际情况，划定以北京为中心以通勤距离为半径的城乡劳动力一体化市场区域。根

① 中国城市规划设计研究院上海分院：《上海大都市区空间发展战略研究》http://www.supdri.com/2040/index.php? c=article&id=221。

② 赛明思：《评〈中国王朝时代晚期的城市〉（摘译）》，《历史地理》1981年第1期。

据划分结果，北京城市功能区，也即北京大都市圈的核心城市半径为42.9公里，而影响半径达到93.2公里，见图8－1。

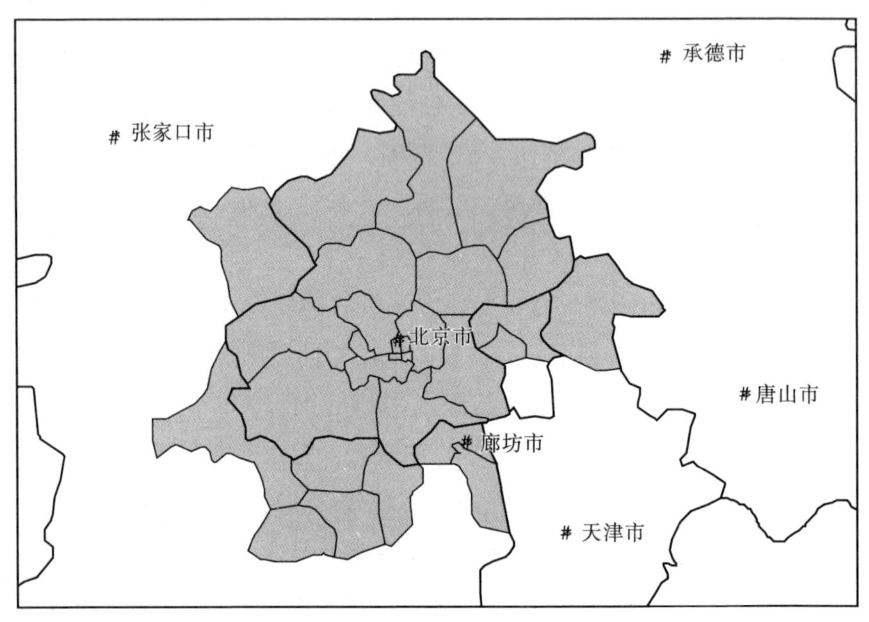

图8－1　北京都市圈界定

可以看到，北京都市圈的范围已经超出北京市域的边界，包括了河北和天津的一部分区县。在以特大城市为核心的都市圈中，这种突破行政边界的情形较为普遍，也是城乡一体化进展的必然结果。

（二）上海都市圈的界定

为了实现国际比较，我们采用与OECD“城市功能区”相同的方法和框架来界定上海都市圈，也就是上海城市功能区的范围。结合中国的实际情况，划定以上海为中心以通勤距离为半径的城乡劳动力一体化市场区域。根据划分结果，上海城市功能区，也即上海大都市圈的核心城市半径为40.7公里，而影响半径达到98.9公里，见图8－2。

可见，上海都市圈包括了上海全市域范围，还包括与之有密切往来关系

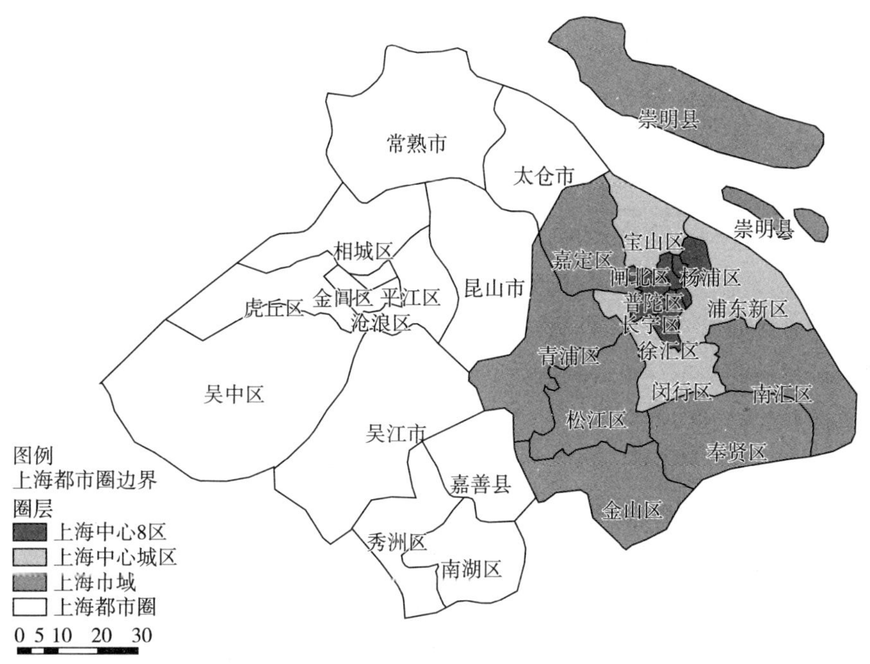

图 8－2　上海都市圈界定

的江苏和浙江一部分县市区。这一范围比中国城市规划设计研究院上海分院界定的上海大都市区空间范围略小，更加充分地体现了劳动力市场城乡一体化的基本逻辑。在此基础上分析上海的人口问题，具有更现实的可操作性。

总结国际都市圈的人口分布经验，有许多值得借鉴：首先，人口分区分层，呈现从中心向外围扩张的态势，逐渐形成规律性的空间结构；其次，核心外围模式即内核人口密集，而外围人口相对稀疏；再次，国内人才迁出，国际人才迁入，人才动态调整机制良好；最后，大都市圈发展从郊区化逐渐向中心化回归，适应信息业发展需要①。这些经验对北京和上海都市圈等以特大城市为核心的大都市圈人口调控有着重要的启示意义。这些启示可以归纳为这样几点：第一，城市的发展应以人口（劳动力）优化作为基本要素，以产业调整推动人口管理；第二，要实现不同地区之间的社会保障连接，促进都市人口的流动；第

① 王智勇：《国际都市圈人口变化的经验借鉴及启示》，《经济与管理评论》2012 年第 4 期。

三，通过产业布局调整来带动人口流动，缓解北京、上海都市圈内人口过密而造成的压力；第四，要积极推动经济圈的人口国际化，提高经济圈的竞争力，第五，要避免无就业基础的城市人口膨胀及由此而造成的城市问题。

三　中国特大城市人口问题的根源和表现

经济发展与人口发展是两个密不可分的过程，二者互为因果。经济发展是人口发展的基本环境，经济活动的变化诱发人口流动，改变人口结构和人口分布；人口是劳动要素的来源，人口结构与布局也影响经济增长与经济格局。因此，讨论人口发展离不开对经济发展形势的评估。以下首先从特大城市中心城、市域和都市圈三个维度考察经济发展情况，在此基础上探讨人口发展本身存在的问题。

（一）与国际大都市相比，中国特大城市的经济发展水平还比较低

各国的顶级大城市都聚集了本国最高端的产业和最优秀的人才，人均GDP也应该是最高的。以北京和上海为例，尽管它们在中国经济发展水平处于领先地位，但与国际大都市相比，还有较大差距（如图8－3所示）。可以看到，2014年上海人均GDP为1.45万美元，北京为1.5万美元，不仅远远落后于国际发达大都市，仅相当于纽约的25%、东京的39%，也低于墨西哥城和圣地亚哥这样发展中国家的大都市。北京和上海要建成具有全球资源配置能力、较强国际竞争力的世界城市，必须以很高的生产效率和人均产出作为基础，否则很难聚集国际最高端的人才与资本要素。

经济发展过程就是产业链不断向服务业延伸的过程，服务业比重也是反映经济发展水平的一个指标。中国特大城市的服务业比重普遍偏低。与国际大都市相比，上海市的服务业比重偏低、制造业比重偏高。纵观国际大都市，服务业增加值比重都非常高，纽约、巴黎、伦敦都接近或超过90%，东京也超过80%。但上海2014年服务业比重仅为64.8%，低于国际发达大都市20个百分点左右，并且，高端服务业从业人员占第三产业从业人员的

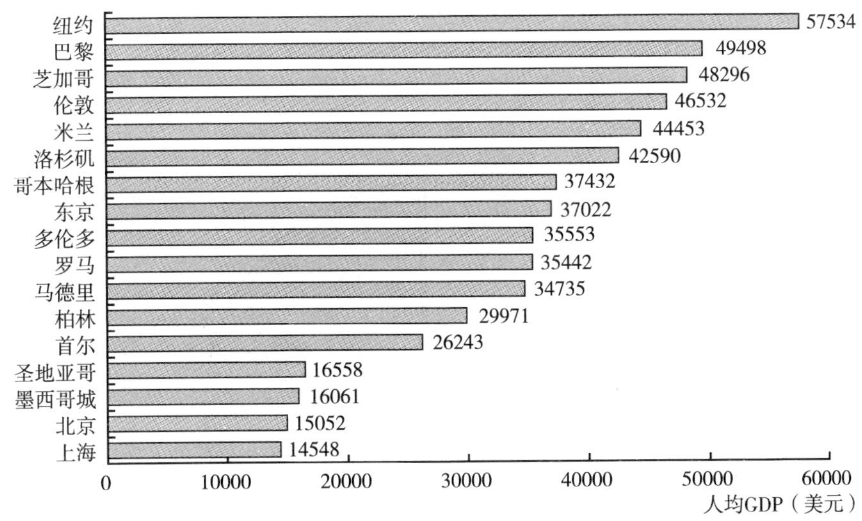

图 8－3　上海市人均 GDP 在世界大都市中的地位

资料来源：根据 OECD 网站数据计算，http：//www. oecd. org。

比重也仅有 29.5%。这种状况与中国经济发展阶段和上海经济基础密不可分。上海是中国的老工业基地，长期以来工业都是其重要支柱产业，对经济增长的贡献比较大，而且中国过去处于快速工业化阶段，国家需要上海发挥其在工业体系中的领头羊作用，因而第二产业一直是重点发展的领域。但随着中国经济步入新常态，上海经济必须加快转型升级步伐，才能保持在中国经济中的引领作用。北京的第三产业比重虽然接近东京，但与纽约、伦敦和巴黎相比，仍有差距，并且，若以高端服务业在第三产业的比重来进一步衡量的话，我们会注意到，2014 年北京的高端服务业①比重只有 52.0%，也就是说，近一半的第三产业仍属于传统中低端服务业，而像纽约这样的大都市已经形成了以金融商务等高端服务业为主导产业的集群发展模式②。

① 高端服务业主要包括：信息传输、计算机服务和软件业，金融业，租赁和商务服务业，科学研究、技术服务和地质勘查业。

② 马鹏、李文秀：《高端服务业集聚效应研究——基于产业控制力视角的分析》，《中国软科学》2014 年第 4 期。

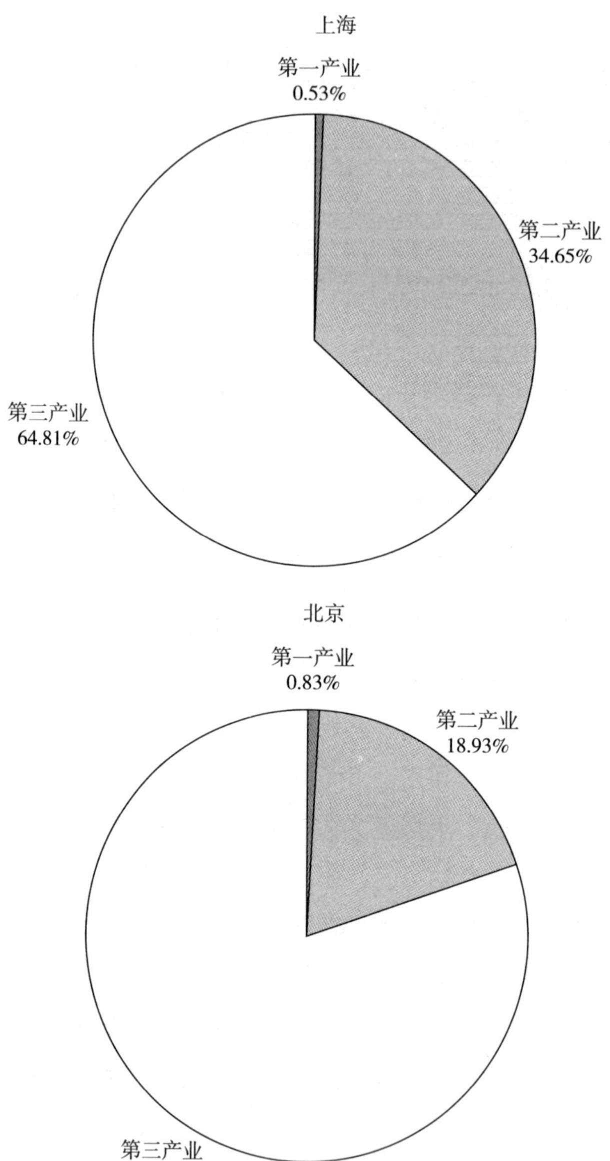
上海
第一产业
0.53%
第二产业
34.65%
第三产业
64.81%
北京
第一产业
0.83%
第二产业
18.93%
第三产业
80.24%

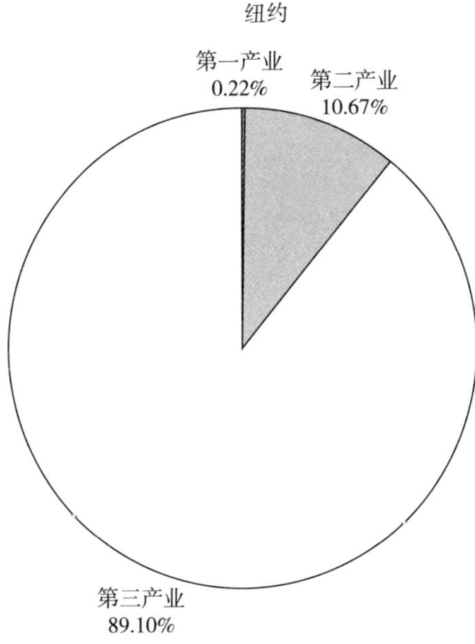
纽约
第一产业
0.22%
第二产业
10.67%
第三产业
89.10%

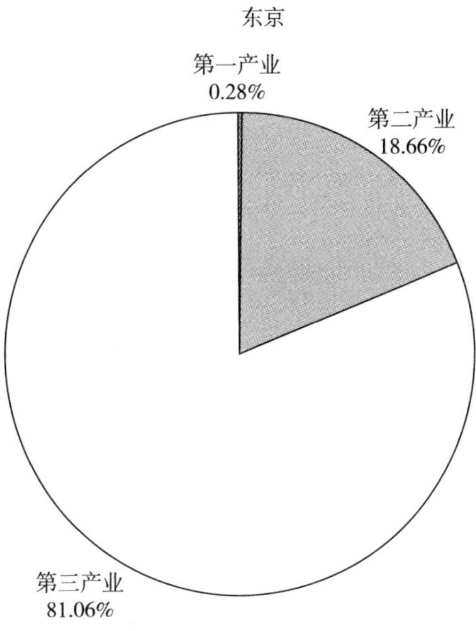
东京
第一产业
0.28%
第二产业
18.66%
第三产业
81.06%

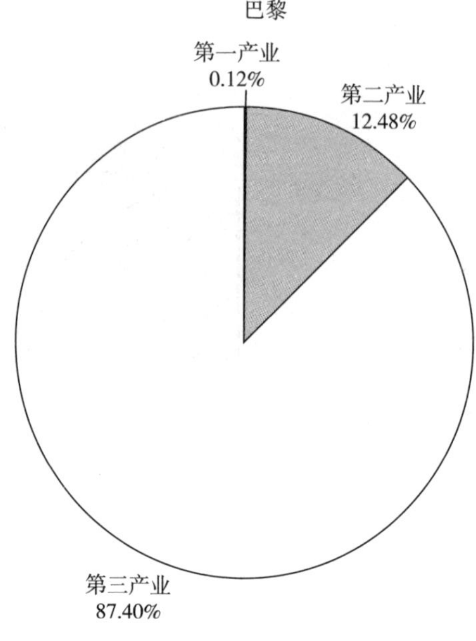

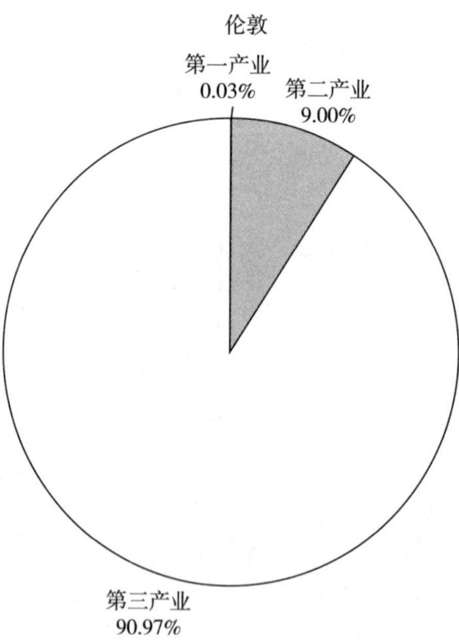

图 8－4　上海市产业结构与国际大都市比较

资料来源：国外大都市区数据来自 OECD 网站，http：//www. oecd. org；上海和北京数据来自国家统计数据库，http：//data. stats. gov. cn/easyquery. htm？ cn = E0103。

（二）与全国整体相比，特大城市经济增速放缓较快

“十二五”以来，中国特大城市经济增速明显放缓，上海尤其突出。与国内其他一线城市相比，上海降幅比较大（见图 8－5）。可以清楚地看到，“十一五”期间，上海经济增速为 8.13%，在四个一线大城市之中处于最低，到“十二五”期间降为 6.36%，降幅为 1.8 个百分点，仍低于其他几个大城市。上海在“十二五”时期的增速比“十一五”时期下降了 1.8 个百分点，超过广州的降幅。从人均 GDP 增长角度看，上海下降比较快，在 2005 年，上海人均 GDP 比北京高，而与广州接近，但此后不断下降，2011 年被北京超过，与广州和深圳的差距也逐渐拉大。

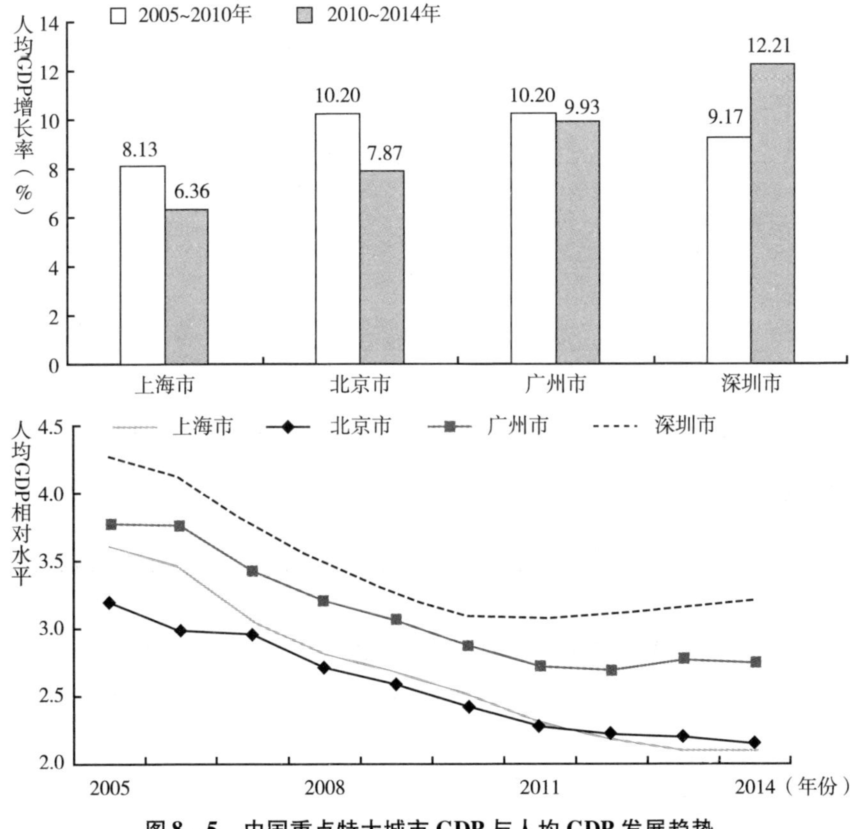

图 8－5　中国重点特大城市 GDP 与人均 GDP 发展趋势

资料来源：根据上海、北京、广州和深圳四个城市的 2015 年统计年鉴数据计算。

为揭示经济增速放缓较快的原因，我们分别考察了第二产业和第三产业增加值在“十二五”期间的增长状况（如图8-6所示）。可以看到，上海市第二产业增长率仅为2.2个百分点，大大低于北京、广州和深圳的增幅；第三产业为11.5%，与北京基本持平，但低于广州和深圳。可见，在经济结构转换过程中，缺乏增长驱动力，是导致上海经济放缓较快的原因：第二产业下降幅度过快，而第三产业增长不能弥补第二产业增长减速产生的缺口。

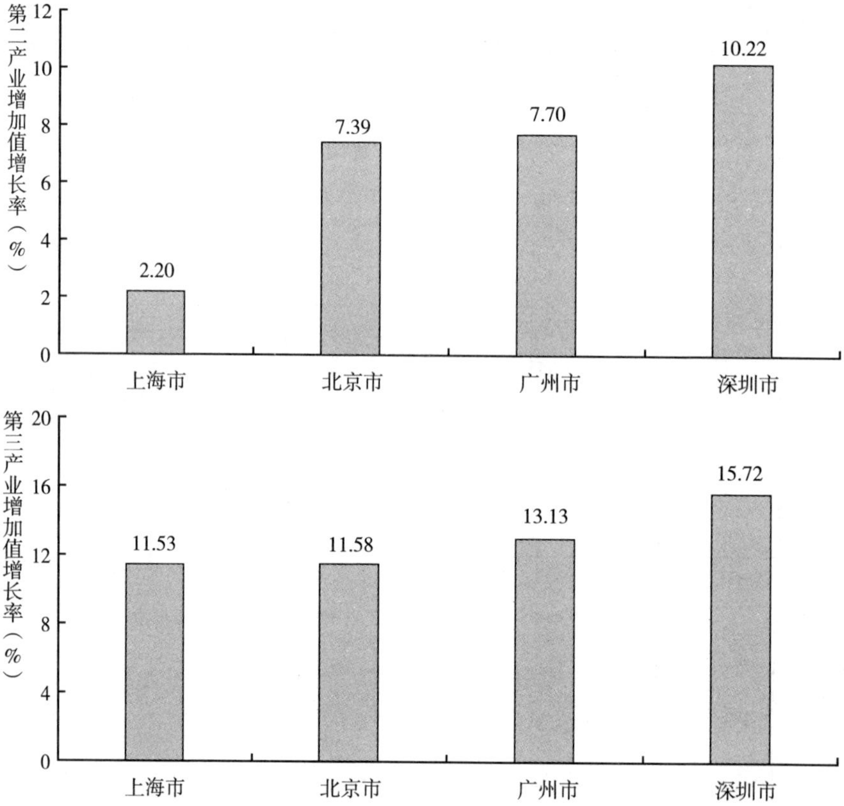

第二产业增加值增长率（%）
12
10
8
6
4
2
0
2.20
7.39
7.70
10.22
上海市
北京市
广州市
深圳市

第三产业增加值增长率（%）
20
16
12
8
4
0
11.53
11.58
13.13
15.72
上海市
北京市
广州市
深圳市

图8-6　一线城市“十二五”以来第二、三产业增长状况

资料来源：根据上海、北京、广州和深圳四个城市的《2015年统计年鉴》数据计算。

（三）外来人口增长压力较大

2000年以来，上海人口规模得到了较快增长，2000~2013年常住人口规模年平均增长率为3.17%，外来人口从287万提高到983万，年均增长率达到9.9%，这一增长率比国内同样是人口流入中心的北京、深圳的增长率更大（如图8－7所示）。实际上，特大城市规模的扩张主要来自外来人口的涌入。随着外来人口的涌入，特大城市人口结构发生了很大变化，外来人口比重快速提升。以上海为例，外来人口的比重从1990年的3.4%，提高到2000年的17.8%，再提高到2013年的40.7%，2000～2013年提高了23个百分点。

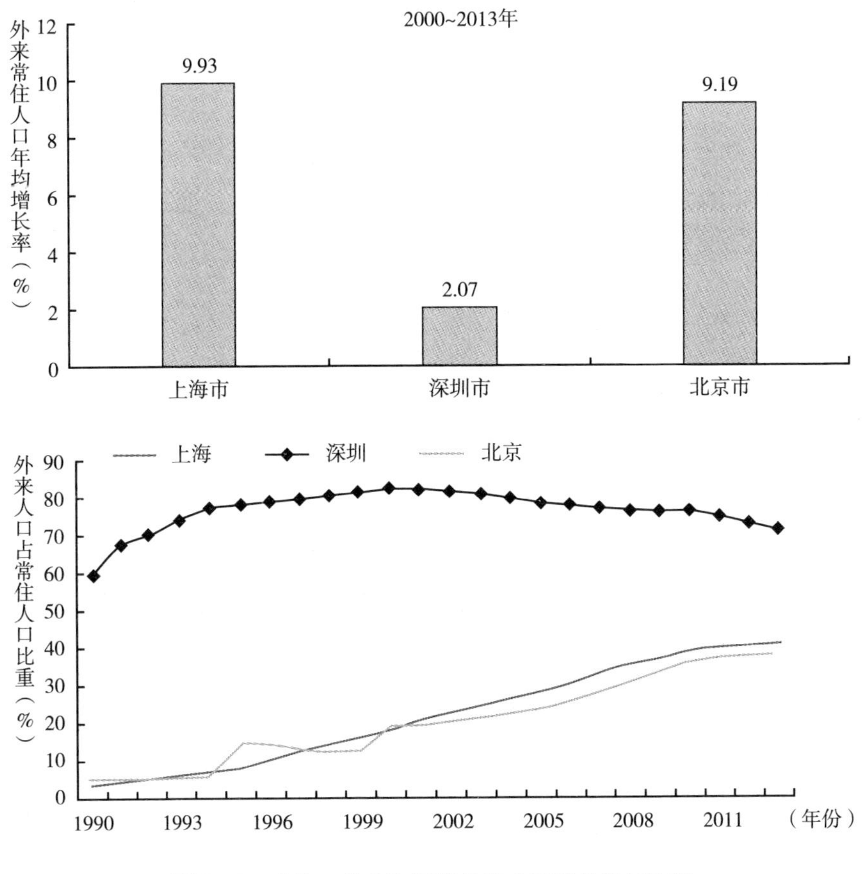

图8－7　上海、北京和深圳外来人口增长率与比重

资料来源：上海市数据来自2014年《上海市统计年鉴》，深圳和北京数据来自各自城市的2013年统计年鉴。

（四）中心城人口密集程度居全球前列

与国内外大都市圈的核心区域相比较，均可发现中国特大城市中心城人口过密，尤其以上海最为突出，其过密程度不仅在国内仅次于北京都市圈核心区域，在全球也是居于前列。

人口密度的比较需要以相近土地面积为基础，否则就没有意义。如表8－1所示，上海外环内土地面积为630平方公里，与北京五环内的668平方公里、日本东京都区的622平方公里、韩国首尔市的605平方公里非常接近，因而可进行都市圈的核心区域人口密度比较。上海中心城人口密度为14524人/平方公里（2000年），明显高于东京都区人口密度，低于首尔市和北京市五环内人口密度。虽然我们没有获取到上海市外环内的最新人口数据，但即便如此，上海人口密度也达到了非常高的水平。而且，考虑到上海外环内人口总量增长迅速，上海外环内人口密度可能已经超越了其他大都市圈。

表8－1　大都市圈核心区域人口密度比较（1）

区域	土地面积(平方公里)	人口(万人)	人口密度(人/平方公里)
上海外环内	630	915(2000年)	14524
北京五环内	668	1054(2014年)	15774
东京都区	622	859(2012年)	13815
首尔市	605	979(2010年)	16184

资料来源：上海市外环内土地面积和2000年人口数据来自汤志平、王林（2003）；北京五环内人口数据来自北京统计局，土地数据引自赵晖等（2013）；首尔市资料来源于한국 통계 연감 2013（即《韩国统计年鉴2013》）；东京都23区资料来源于《日本统计年鉴 平成26年》。

为便于与其他都市圈的核心区域比较，我们把上海中心城的范围缩小一些，界定为上海8区（黄浦区、徐汇区、长宁区、静安区、普陀区、闸北区、虹口区、杨浦区），如表8－2所示，其土地面积为289平方公里，与深圳都市圈的中心城（罗湖区、福田区、南山区）343平方公里、广州都市圈的核心区域（荔湾区、越秀区、海珠区、天河区）280平方公里、英国伦敦都市圈的内伦敦 319 平方公里比较接近。可以发现，上海 8 区 2013 年的人口密度高达 24457 人/平方公里，远高于深圳中心城、广州核心区域以及内伦敦的人口密度。

表 8－2　大都市圈核心区域人口密度比较（2）

区域	土地面积(平方公里)	人口(万人)	人口密度(人/平方公里)
上海 8 区	289	708(2013 年)	24457
深圳中心城	343	340(2013 年)	9913
广州核心区域	280	510(2013 年)	18206
内伦敦	319	203(2008 年)	6364

资料来源：上海、深圳、广州数据来自相应统计年鉴；内伦敦数据来自《伦敦统计年鉴》。

从整体规模来看，上海都市圈人口总量已经接近东京都市圈，位居全球第二。并且，从相关人口增速来看，上海都市圈人口总量将在最近 3 ~5 年内超过东京都市圈，成为全球第一大都市圈。

四　中国特大城市人口调控的思路和政策建议

通过对现有研究观点的梳理，并结合对上海和北京的实地调研及与政府有关部门和专家的座谈交流，我们对中国特大城市人口调控有以下几点认识。

（一）人口调控应立足中心城、放眼整个大都市圈解决问题

特大城市在发展过程中，已经与周边的区域形成了密不可分的联系，城乡一体化格局基本形成，即都市圈模式。从城市基本原理和运行机制角度看，特大城市都可以划分为中心城、市域和都市圈，这是实施人口调控的三个基本维度。中心城是规划和历史积淀的共同结果，承载了特大城市的核心功能。没有中心城的巨大辐射力，就不会形成都市圈。通常所认识的特大城市病主要是指中心城存在的问题。以往人口调控主要在市域内进行。但在要素流动日益自由化和交通、通信技术日新月异的今天，城市功能区域与行政

区域往往并不匹配，各种人口问题的产生都与这种不匹配紧密相关。随着城乡劳动力市场的一体化，特大城市人口的调整显然需要依托于与之有密切联系的周边区域，因而都市圈是人口调控的有效范围。

（二）特大城市现有人口规模是经济社会发展的结果，而不是反之；不改变人口聚集的原因，不可能有效改变人口聚集的结果

城市是人口、产业和各种经济要素聚集的空间载体。城市人口规模扩张是因为产业集聚需要更多的劳动力投入，也就是就业岗位增加，从而吸引外来人口流入。可见，城市经济增长是推动人口规模扩张的主要原因。当一个城市经济仍处于快速增长状态，人口的增加就是必然的结果。如果行政力量阻碍了人口向城市的集聚，产业扩张会因为缺乏劳动力或者工资成本提高而提早终止。其原因在于，各行业、各层次的劳动力存在一个均衡的比例关系，如高端服务业劳动者需要相应数量的普通服务人员来支撑。在产业结构和人口结构没有显著改变的情况下，人为提高低端产业人员的生存门槛，虽然能够阻挡一部分外来人口流入，但必然会以牺牲经济增长潜力为代价。

（三）特大城市进一步聚集人口的潜力正逐渐式微，过度关注人口规模扩张会损伤今后的发展空间和活力

人口流动的主要动力来自区域和城乡差距。上海是中国经济最发达区域的核心，长期以来都是人口流入的重要目的地。但是，随着中国区域经济格局趋于均衡，人口向特大城市集聚的动力正在减弱，具体表现为：一是区域间收入差距在逐渐缩小。以上海为例，上海居民人均可支配收入与江浙两地平均值之比由 2005 年的 1.7 下降到 2014 年的 1.5，与中部和西部地区之比由 2005 年的 3.8 和 3.3 分别下降为 2014 年的 3.0 和 2.6。二是农村剩余劳动力“蓄水池”日渐枯竭，可转移的劳动力已经很少。根据国家统计局数据，外出农民工增幅近年来持续下降，由 2010 年的 802 万，降至 2014 年的 211 万。此外，北京、深圳、广州等大城市人口增量也明显下降。在这种形势下，特大城市人口调控已经没有必要将总规模作为主要目标。

（四）特大城市的人口问题突出地表现为结构性问题，人口调控应以结构性指标作为调控的目标和抓手

人是经济发展的核心要素，国内外大都市发展经验表明，年轻化和高素质的劳动力队伍，是大都市不断创新和保持竞争优势的关键。在特大城市人口规模已经相对稳定的形势下，优化人口结构将成为特大城市在新常态下实现转型升级和迈向高收入阶段的重要保障。人口结构包括空间结构、年龄结构和素质结构三个方面。从空间结构上看，特大城市都存在着中心城人口比重偏高、人口密度过大的问题，需要向外围区域疏解人口。从年龄结构上看，特大城市户籍老龄化比较突出，特别是中心区尤为严重。从人口素质结构上看，与国际发达大都市相比，我国特大城市人口整体素质还不高，高端领军人才数量也比较紧缺。中心城人口过密和老龄化严重的问题需要依靠加快产业结构升级，疏解中心城功能，特别是通过将优质公共资源疏散到外围区域来解决。而提高人口素质，则需借产业结构升级的契机，以企业和科研机构为载体，发挥市场对人才的筛选机制作用，引进和培养研发、管理人才，积极吸引全球高端领军人才。

根据对中国特大城市人口问题的认识和分析，并结合国内外大都市人口调控的经验，我们认为中国特大城市人口调控不应设置总量目标，而应通过优化人口空间布局，改善人口结构，实现人口与经济社会发展之间的匹配平衡。调控应设置结构性指标作为手段，重点解决中心城区人口过密问题，通过统筹都市圈的产业布局、经济活动和公共服务引导人口合理聚集。

1. 通过设置结构性指标，优化人口空间分布

特大城市人口问题的突出表现是中心城人口分布过密，解决的办法是有序疏解中心城非核心功能，优化人口空间分布。为此，应加强交通基础设施建设，疏解中心城区优质公共资源，引导人口向外围区域转移。在都市圈范围内调整经济结构和产业布局，降低中心城区的人口密度，从而实现优化人口空间分布的目标。

从人口分布的角度来看，国际大都市都呈现从中心向外围扩张的态势，

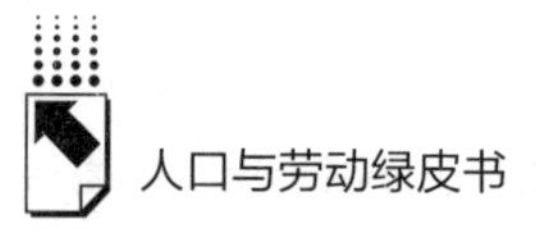

逐渐形成规律性的圈层空间结构。以纽约为例，纽约大都市圈由内而外分成四层，分别称为城区、内环、中环和外环，各层人口比例分别为37%、23%、28%和12%。伦敦都市圈分成内伦敦和外伦敦，人口比例分别为40%和60%。可见，中心城区人口比例以不超过40%为宜。

优化轨道交通设计，加强郊区新城基础设施建设和公共服务提供。都市圈基础设施建设应以交通先行为主，公共资源合理空间配置为辅，适应疏解特大城市非核心功能的需要，促进人口从中心城区向外围区域疏散。研究表明，仅仅改善交通而不合理配置公共资源，只会使人口更多地向中心城区集聚，只有两者相结合，才能有效疏解人口。城市在向外扩张的同时，相应的公共资源和公共服务应适时跟进，合理配置，才能促进人口的空间优化。在都市圈内，应加强中心城市与其他城市的密切联系，加快同城化进程，促进公共资源在城市间和区域间的合理分布。

通过产城融合构建职住平衡体系。郊区新城应积极承接产业转移，解决职住分离问题。在疏解特大城市中心城非核心功能的过程中，应发挥生产要素价格相对低廉优势，按照整体功能定位，积极对接产业转移，合理规划产业布局。选择在人口居住密度高且规模较大的区域附近布置相关产业，吸引就业人口从中心城区向郊区新城转移。

2. 以公共服务和资源引导人口流动，保持人口活力

人口结构包含年龄结构和素质结构。优化人口结构是解决特大城市人口老龄化现象突出和高层次人才不足等问题的主要手段。

通过完善和放宽特大城市人才落户条件，吸引年轻人口和高素质人口。国内外解决人口老龄化的一个重要手段是通过加快人口流动来实现。大都市由于就业机会充足和公共资源丰富等原因，很容易吸引外来年轻高素质人口。在当前户籍制度仍具有社会保障功能的形势下，人才落户条件直接关系到城市能否吸引到足够多的年轻和高素质人口。因此，需切实加以简化并适当宽松人才落户条件，加大力度吸引高素质年轻人口。

加快人口流动还应当实现社保统筹，推动优质公共资源的空间合理布局，促进老年人口从中心城区向外围区域转移。国外大都市发展的经验表

明，越是中心城区的人口越年轻，素质越高，他们也越有竞争力，越是外围区域的人口越年老，他们的竞争力也越低，从而形成一种圈层化的动态调整机制，有效地保持了中心城区的吸引力和竞争力。在以市场调节机制为主的发达国家中，大都市的圈层结构也是一种稳态的良性循环。而在中国，户籍制度及与之密切相关的社保制度和公共资源的分布不均阻碍了这种动态调整机制。因此，要实现人口的动态结构优化，就应当从社保统筹和公共资源空间配置方面着手。不仅要在市域范围而且要在都市圈范围内解决这些制度障碍，从而实现人口的动态结构优化调整机制。

3. 进一步加大人才的培养与引进，打造为人才聚集高地

中国特大城市发展至今，已经形成以第三产业为主导的产业结构。然而，与国际大都市相比，最显著的区别在于高端服务业发展严重不足。特大城市由于其人口规模庞大，如果不朝着高端服务业的方向发展，则势必无法解决人口过密且竞争力较低的格局，可能导致拉美国家的城市病。特大城市应成为创新和创业的重要场所，唯有创新才能提高城市竞争力，也才能以产业结构调整的方式疏解人口问题，才有可能使特大城市成为中国经济发展的火车头。而发展高端服务业必然需要大力推动创新和创业，需要采取各种举措吸纳高精尖人才。

解决特大城市高素质人才不足的问题，要“内部育才”和“外部引才”双管齐下。一是要构建现代化、创新型人才教育体系，培养人才。既要建设好世界一流大学，也要打造世界一流的基础教育体系，还要注重职业教育发展，形成结构合理、相互协调的多元化人才培育体系。二是应借产业转型升级的契机，聚敛人才。通过大力发展战略性新兴产业，实现“产业吸引人才、人才促进产业”双向良性互动。准确把握创新创业人才的生长机制和特殊规律，积极营造能够彰显创新创业人才价值的软硬件环境。三是加快人才制度改革和各种平台打造，招徕人才。完善人才发展规划、改革人才管理机制以及相关性法律法规制度，打破人才流动的隐性壁垒。建设高端人才发展平台，扶持创新创业孵化器、企业博士后流动站建设，为人才引进和创新创业创造良好环境。

专题三　缩小收入差距与反贫困

Part Ⅲ　Narrowing the Income Gap and Anti－poverty

G.9

第九章 进一步缩小收入差距的挑战与对策

张车伟　赵　文*

近几年，我国基尼系数出现下降趋势，这是否意味着收入差距过大问题已经开始得到解决呢？要回答这一问题，必须先了解影响我国收入差距的各类因素的性质和特点。一直以来，影响我国收入差距的因素较为复杂，至少包括发展因素、市场因素和制度因素三个重要方面。在收入分配领域，经济社会发展的整体形势包含了一些积极变化，比如城乡和区域收入差距的缩小，因此，基尼系数下降的确有着积极的含义。但也要认识到，在造成我国收入差距的因素中，并非所有因素都在向着积极的方向变化。由于市场本身不完善和发展方式不合理，进一步缩小收入差距的挑战

* 张车伟，中国社会科学院人口与劳动经济研究所所长、研究员；赵文，中国社会科学院人口与劳动经济研究所副研究员。

仍然很多。比如，城乡各自内部的收入差距居高不下，收入分配秩序不规范，隐性收入、非法收入问题比较突出，部分群众生活比较困难，宏观收入分配格局有待优化。这些问题的产生，既与我国基本国情、发展阶段密切相关，具有一定的客观必然性和阶段性特征，也与收入分配及相关领域的体制改革不到位、政策不落实等直接相关。加快推进收入分配改革是解决这些问题的关键。本文结合一些对库兹涅茨转折点问题的讨论，对基尼系数变化本身进行解读，并对背后的原因进行分析，为进一步推进收入分配改革提供参考。

一　我国基尼系数变化的最近趋势及其解读

我国基尼系数连续数年下降，有观点据此认为收入差距已经迎来缩小拐点[①]，其中，重要的论据是“库兹涅茨转折点”的到来。那么，什么是“库兹涅茨转折点”呢，它与我国基尼系数最近的变化有何关系，是不是说经过了这一转折点，我国就可以自动滑进收入差距的趋势性缩小阶段了呢?

（一）跨过库兹涅茨转折点了吗?

1. 基尼系数的最新变化

改革以来，基尼系数呈现先大幅提高再小幅下降的走势。1978 年基尼系数为 0. 31，2008 年上升到 0. 491，达到最高。基尼系数是反映收入差距的指标，数字越大，反映收入差距越大，0. 4 被国际公认为收入差距的警戒线。针对收入差距过大，2013 年，国务院出台了《关于深化收入分配制度改革的若干意见》，全面细致地部署了收入分配改革任务。在各方推动下，基尼系数从 2009 年开始微降，2015 年全国居民收入基尼系数为 0. 462，这是 2008 年以来的第 7 年下降，也是 2003 年以来的最低点（见图 9 －1）。

① 《我国收入差距正迎来缩小的拐点》，《人民日报》2012 年 4 月 10 日，http：//news. xinhuanet. com/society/2012 －04/10/c_ 111756205. htm。

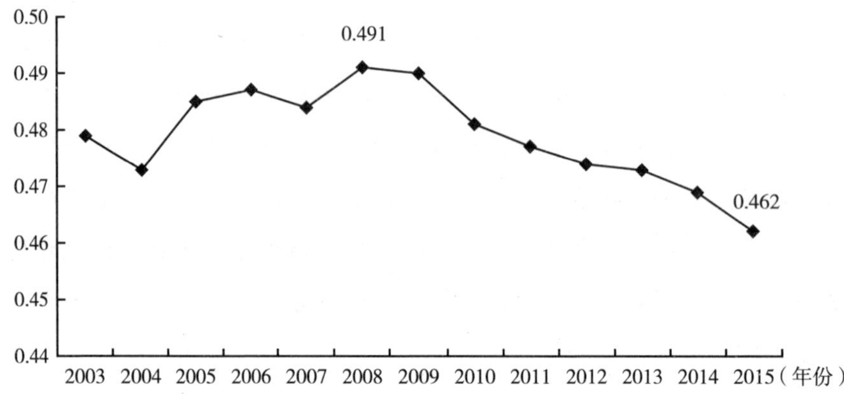

图 9-1 中国基尼系数

资料来源：国家统计局网站。

虽然我国基尼系数有所下降，但和其他国家相比仍处高位。根据 OECD 网站发布的数据，2012 年，大多数 OECD 国家的基尼系数在 0.3 左右（见图 9-2），比如澳大利亚和意大利为 0.33，法国和韩国为 0.31，德国为 0.29，英国为 0.35，美国为 0.39。我国的基尼系数和这些国家相比，还显得比较高。

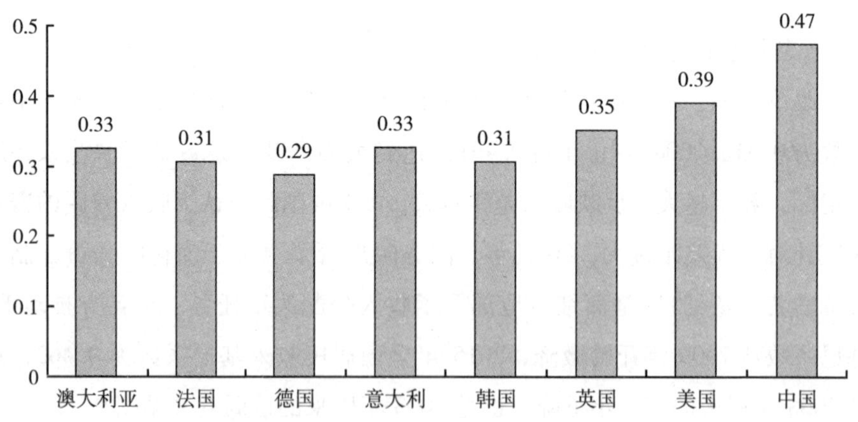

图 9-2 一些国家 2012 年基尼系数

资料来源：国家统计局网站和 OECD 网站。

2. 库兹涅茨转折点意味着什么?

在收入分配理论中，库兹涅茨转折点是一个重要的假说，其含义是随着经济增长，收入差距会呈现先扩大后缩小的倒 U 形走势，收入差距从大转小的转折点被称为库兹涅茨转折点。

这一假说源于西蒙·库兹涅茨《经济增长与收入不平等》一文，文章的主要目的是解释一个经济体在工业化过程中收入不平等的变化趋势①。根据对早期发达国家零散的数据资料观察，库兹涅茨发现在工业化中后期出现了收入不平等的下降。为了探究收入不平等变化趋势，库兹涅茨巧妙地采取了简单模拟分析。他假设存在低收入农业部门和高收入非农部门，两个部门各自内部的收入差距不变，随着城镇化、工业化推进，农业部门逐渐缩小，非农部门逐渐扩大。结果发现，收入差距的走势存在一个转折点，整体的收入不平等呈现出先上升而后下降的倒 U 形特征。

总结来看，库兹涅茨转折点主要有以下几条含义，一是库兹涅茨转折点暗示了发展因素对组间收入差距的影响。发展因素是指经济发展带来的、能够缩小不同部类、不同群体之间收入差距的因素。最常见的是城镇化（消除城乡之间的收入差距）和工业化（消除农业和非农部门之间的收入差距）。当经济社会发展到一定阶段，出现了新的经济部门时，经济增长加速，原本收入差距较大的部门逐渐缩小，从而带动整体收入差距缩小。二是库兹涅茨转折点并不能缩小农业部门和非农部门内部的收入差距。部门内部收入差距是市场因素产生和决定的，与库兹涅茨讨论的发展因素没有关系。即便库兹涅茨转折点出现了，部门内部的收入差距也不会自动消除。如果部门内部收入差距快速扩大，即便组间差距缩小了，整体收入差距也可能继续扩大，库兹涅茨转折点可能不会出现。三是库兹涅茨转折点并不涉及再分配。任何对收入调节政策都可能阻碍或者推动库兹涅茨转折点的出现，因此，库兹涅茨转折点无论出现与否，都不是整个社会收入差距的最终结果，

① Kuznets, S. (1955). "Economic Growth and Income Inequality", *American Economic Review*, Vol. 45, No. 1, pp. 1 – 28.

只是初次分配的部分结果。

学术界对于库兹涅茨转折点的争论，与对库兹涅茨转折点含义的理解不同有很大关系，其中不乏一些有影响的研究。例如，费尔茨（G. S. Fields）根据对亚洲新兴工业化国家和地区的研究对库兹涅茨转折点假说提出了怀疑，他发现亚洲“四小龙”在快速发展过程中收入分配不但没有恶化反而改善了①。费景汉（Fei）等发现从20世纪50年代到70年代中国台湾省经济迅速增长，人均GNP从1964年500多美元上升到1974年的1000多美元，而另一方面收入不平等程度却一直下降，基尼系数从1953年的0.57下降到1972年的0.29②。联合国发展计划署在《1996年人类发展报告》中认为，早期经济增长必然与收入分配的恶化相联系的传统观点证明是错误的③。这些研究的共同特点是将再分配后的收入差距走势作为库兹涅茨转折点没有出现的证据。这显然违背了库兹涅茨所专注的初次分配中发展因素的本意。

3. 我国跨过库兹涅茨转折点了吗?

我国跨过库兹涅茨转折点了吗？对于这一问题，学术界是有争论的。赞成的观点认为：城乡区域收入差距缩小，转折点已经或即将到来④。具体来看，有以下几个理由。①城乡收入差距缩小。快速的城镇化推动农村劳动力流动，工资性收入成为农民收入增长的最大贡献，城乡收入差距开始缩小，城乡居民收入比从2009年最高的3.3∶1下降到2015年的2.9∶1，城乡收入

① Fields, Gary S, 1984. "Employment, Income Distribution and Economic Growth in Seven Small Open Economies," *Economic Journal*, Royal Economic Society, vol. 94 (373), pages 74 - 83, March.

② Fei. John; Gustav Ranis; Shirley W. Y. Kuo: Growth with Equity: The Taiwan Case, Oxford University Press, 1979.

③ 联合国发展计划署：《1996年人类发展报告》，第6页。

④ 张世伟、吕世斌、赵亮：《库兹涅茨倒U形假说：基于基尼系数的分析途径》，《经济评论》2007年第4期；许冰、章上峰：《经济增长与收入分配不平等的倒U形多拐点测度研究》，《数量经济技术经济研究》2010年第2期；周云波：《城市化、城乡差距以及全国居民总体收入差距的变动：收入差距倒U形假说的实证检验》，《经济学》（季刊）2009年第4期；高帆：《我国居民收入差距变动的因素分解：趋势及解释》，《经济科学》2012年第3期。

差距缩小对于总体收入差距变化发挥着决定性作用[①]。②地区收入差距缩小。中西部地区经济增长加快，区域差距也出现收敛[②]。③城乡各自内部收入差距趋于稳定。在税费改革和农业补贴政策推动下，农村内部基尼系数从2001年的0.44逐步下降到2010年的0.39，尤其在2003年以后农村收入差距稳定下降；城镇内部的收入差距也基本稳定，基尼系数由2002年的0.342上升到2004年的0.361，又降至2007年的0.349[③]。

但也有观点认为，我国收入差距继续扩大，转折点尚未到来。库兹涅茨转折点的出现，其前提之一是城乡各自内部的收入差距不能有明显的扩大。那么，我国城乡内部的收入差距变化如何呢？国家统计局发布的基尼系数是根据住户调查数据计算的，高收入群体往往不接受这样的调查，结果使得基尼系数偏小。如果城镇内部或者农村内部收入差距扩大，那么库兹涅茨转折点会推迟到来，甚至不会到来。李实和罗楚亮利用CHIP数据，对高收入群体数据进行补充以后，发现基尼系数上升明显[④]。城镇内部收入差距持续扩大，部门之间、职业之间的收入差距扩大尤为明显，隐性收入巨大[⑤]。考虑到公共服务、社会保障、住房等隐性福利，实际的城乡差距仍然很大[⑥]。

---

① 蔡昉、王美艳：《为什么劳动力流动没有缩小城乡收入差距》，《经济学动态》2009年第8期；高文书、赵文、程杰：《农村劳动力流动对城乡居民收入差距统计的影响》，蔡昉主编《我国人口与劳动问题报告（2011）："十二五"时期挑战：人口、就业和收入分配》，社会科学文献出版社，2012年；赖德胜、陈建伟：《我国收入差距缩小的拐点或已来临》，《决策探索》2012年第5期；赵文，张展新：《统计方法对估计城乡收入差距的影响及重新测算》，《劳动经济研究》2013年第1期。

② 贾伟：《农村劳动力转移对经济增长与地区差距的影响分析》，《中国人口科学》2012年第3期；曲玥、蔡昉、张晓波：《"飞雁模式"发生了吗？——对1998～2008我国制造业的分析》，《经济学季刊》2013年第3期。

③ Richard Herd (2011). "China's Emergence as a Market Economy: Achievements and Challenges", OECD Economics Department, Working paper, March.

④ 李实、罗楚亮：《中国收入差距究竟有多大：对修正样本结构偏差的尝试》，《经济研究》2011年第4期。

⑤ 邢春冰、李实：《中国城镇地区的组内工资差距：1995～2007》，《经济学（季刊）》，2010年第1期；王小鲁：《灰色收入与国民收入分配》，载吴敬琏主编《比较》第48辑，中信出版社，2010年10月。

⑥ 邢春冰：《迁移、自选择与收入分配：来自中国城乡的证据》，《经济学》（季刊）2010年第2期。

对比两种观点的研究可以发现，认为转折点没有到来的研究，所使用的数据和论文发表的年份较早，最近几年没有相关研究出现。认为转折点已经或者即将到来的研究，论文发表的时间更近。结合最新的一些证据，我们认为中国可能正在跨过库兹涅茨转折点，理由是城乡和区域收入差距的缩小，是本轮基尼系数下降的主要原因。城乡和区域收入差距的缩小，正是库兹涅茨所描述的发展因素。在下文中，我们将集中解读城乡和区域收入差距缩小与基尼系数下降的关系。

（二）关于基尼系数下降的解读

1. 影响收入差距的几类因素

根据就业身份不同，可以将类似的家庭划分在一组。在我国，通常将城镇居民作为一组，农村居民作为一组。按照这种划分方式，有两类因素决定了收入差距的变化。一类是组间收入差距，简称组间差距。组间差距主要受到发展因素的影响。比如，由城镇化带来的城乡收入差距缩小，由后发优势带来的区域收入差距的缩小，都是典型的由发展因素带来的收入差距缩小。另一类是组内收入差距，简称组内差距。组内差距主要受到市场自身因素的影响。比如，个人能力、教育水平、发展机会，这类因素往往具有马太效应，不会因发展水平的提高而使收入差距缩小，因此，组内差距通常是不断扩大的。除了发展因素和市场因素之外，体制因素也是影响收入差距的重要因素。库兹涅茨转折点主要是指发展因素带来的收入差距变化。

组间差距会随着经济发展而逐渐消除，组内差距反而会不断扩大，因此，组内差距及其形成原因更为经济学家所关注。市场机制会扩大组内差距的现象已经被很多研究所证明。张车伟发现，我国的教育回报率展现出随收入水平增加而增加的趋势，最高95%收入者的教育回报率是最低5%收入者的2倍多，马太效应明显①。杨俊等也发现收入分配差距导致教育不平等，

---

① 张车伟：《人力资本回报率变化与收入差距："马太效应"及其政策含义》，《经济研究》2006年第12期。

教育不平等的改进却没能促进收入分配差距的改善[①]。姚先国和张海峰发现，劳动力教育程度的差异是地区收入差距的重要原因[②]。还有研究发现，居民获取收入的机会公平性在下降，最低收入群体呈现收入固化态势，中等收入群体进入低收入群体的概率大于进入高收入群体的概率[③]。

目前，我国市场因素造成的收入差距，没有明显的缩小迹象。如图 9－3 所示，城镇基尼系数和农村基尼系数都维持在 0.31 ~0.35 上下。需要说明的是，这里的基尼系数，是根据《中国统计年鉴》中城乡居民按收入五等份分组的统计资料计算的。如前文所述，高收入群体样本确实使得统计的基尼系数比实际的要低一些。因此，可以认为图中所示的基尼系数是一种保守的估计。在这样一种保守的估计下，城乡内部的基尼系数都没有缩小的迹象，说明我国市场因素造成的收入差距，没有也不会随着库兹涅茨转折点的到来而改变。

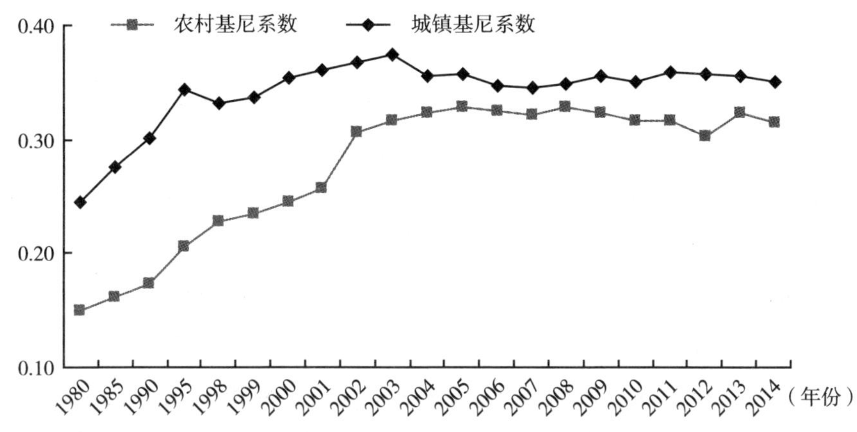

图 9－3　中国基尼系数

资料来源：根据历年《中国统计年鉴》数据计算。

① 杨俊、黄潇、李晓羽：《教育不平等与收入分配差距：中国的实证分析》，《管理世界》2008 年第 1 期。

② 姚先国、张海峰：《教育、人力资本与地区经济差异》，《经济研究》2008 年第 5 期。

③ 王洪亮、刘志彪、孙文华、胡棋智：《中国居民获取收入的机会是否公平：基于收入流动性的微观计量》，《世界经济》2012 年第 1 期；严斌剑、周应恒、于晓华：《中国农村人均家庭收入流动性研究：1986 ~2010 年》，《经济学》（季刊）2014 年第 3 期。

由此可见，组间差距和组内差距的形成机理和作用机制完全不同。针对这两类因素，应该有不同的政策措施。破除城乡地区间的要素流通障碍，促成城乡地区间的平衡发展，可以缩小组间差距。而市场本身所具有的马太效应，从收入分配的意义上说，是一种市场失败的产物。克服这种市场失败的根本办法就是要发挥政府的作用，更多地向穷人和弱势群体倾斜，通过再分配来减弱收入差距扩大的驱动力。

2. 我国基尼系数下降的解读

近期我国基尼系数的下降，主要是发展因素或者说组间差距缩小带来的结果，主要体现在城乡、区域收入差距的缩小上。而市场因素的影响仍然是扩大收入差距，这表现为城镇内部的收入差距仍然较大，且看不到明显缩小的迹象。我国缩小收入差距的真正挑战仍然很大。

（1）城乡收入差距缩小

在我国的收入差距中，城乡差距扮演着重要角色。过去，城乡收入差距贡献了我国总体收入差距的40%～60%，尽管城镇和农村内部的收入差距不断扩大，但城乡之间的差距大于城乡组内差距，这是总体收入差距的主要部分①。同时，城乡收入差距贡献了区域收入差距的70%②。因此，缩小城乡居民的收入差距是降低总体收入差距的重要途径。城乡分割的二元结构是城乡收入差距存在的重要原因，造成了农村居民收入增长缓慢。改革开放以来，中央政府采取了多种措施提高农民收入，其中之一是推动农村劳动力进城务工。2000年以后，外出农民工数量平均每年增长3.2%。到2015年全国共有2.7亿农村劳动力在非农行业就业，其中外出农民工总数达到近1.7亿人（见图9-4）。外出农民工收入水平不断提高，从2001年的644元，提高到2015年的3072元，虽然低于同

---

① 史泰丽、岳希明、别雍·古斯塔夫森、李实：《我国城乡之间收入差距分析》，载李实、史泰丽、别雍·古斯塔夫森主编《我国居民收入分配研究》，北京师范大学出版社，2008；Kanbur, Ravi and Xiaobo Zhang（2004）. "Fifty Years of Regional Inequality in China: A Journey through Central Planning, Reform and Openness". United Nations University WIDER.

② Wan, Guanghua（2008）. *Inequality and Growth in Modern China*, Oxford University Press. Discussion Paper, No. 2004/50.

期 GDP 增幅，但仍然是农村居民收入中增长幅度最快的，缩小了城乡收入差距。

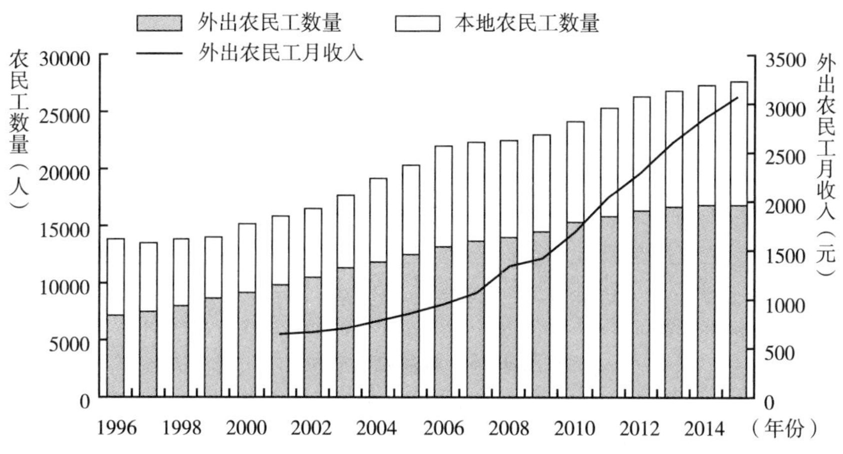

图 9-4　农民工数量和收入水平

资料来源：根据国家统计局网站数据整理。

过去由于农民工收入难以纳入统计系统，实际的城乡差距是被高估的，实际情况可能是，2003 年以后城乡收入差距已经逐步缩小①。即便不考虑这一统计偏差问题，城乡收入差距 2009 年也已经开始出现逆转迹象。如图 9-5 所示，城乡居民收入比从 2009 年最高的 3.33∶1 下降到 2015 年的 2.9∶1，城乡收入差距缩小对于总体收入差距变化发挥着决定性作用。农民工进城务工是缩小城乡差距最主要的力量。

（2）地区收入差距缩小

区域发展不平衡是造成居民收入差距的另一个重要因素。近些年来，中西部地区有些省份发展比较快，经济增长速度比较高。特别是金融危机以后，东部受影响比较大，中西部影响较小。如果把整个东部沿海地区和中西部地区作比较，不难看出区域收入差距有明显缩小的趋势。以人均 GDP 衡

① 应瑞瑶、马少晔：《城乡收入差距的再检验》，《江苏社会科学》2010 年第 5 期。

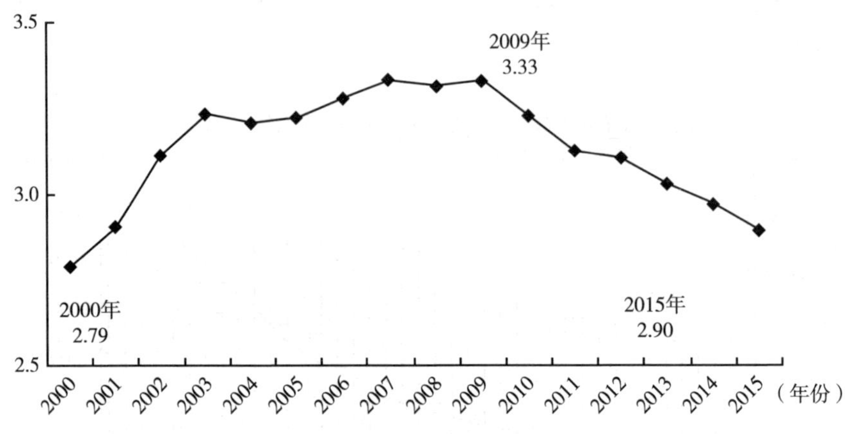

图 9-5 城乡收入差距

资料来源：根据《中国统计年鉴（2015）》计算。

量，2008 年，最高的是上海，最低的是贵州，两者比例为 7∶1；2014 年，最高的是天津，最低的是甘肃，两者比例为 4∶1。

将城镇居民人均可支配收入和农村居民人均纯收入以人口数量加权，可以得到不同地区居民的人均收入，然后可以计算不同地区居民收入的基尼系数、变异系数和泰尔指数。如图 9-6 所示，几个指数趋势完全一致。从发展趋势来看，90 年代初期，地区收入差距出现了迅速扩大的态势，该过程一直持续到 2006 年。2007 年以后，地区收入差距变化跨越了拐点，进入下行阶段。

对于 2006 年以来东部地区与其他地区收入差距缩小，曲玥等将其描述为“飞雁模式”，即初级产业从东部地区向其他地区转移引起的地区经济增长速度变化①。起初，沿海地区依靠交通、外资、政策扶持等方面的便利条件，依靠源源不断的充足低廉的劳动力的供给，成为我国制造业重地。后来，东部地区为了培育更高端产业，需要“腾笼换鸟”，中西部地区就承接

① 曲玥、蔡昉、张晓波：《“飞雁模式”发生了吗？——对 1998～2008 我国制造业的分析》，《经济学》（季刊）2013 年第 3 期。

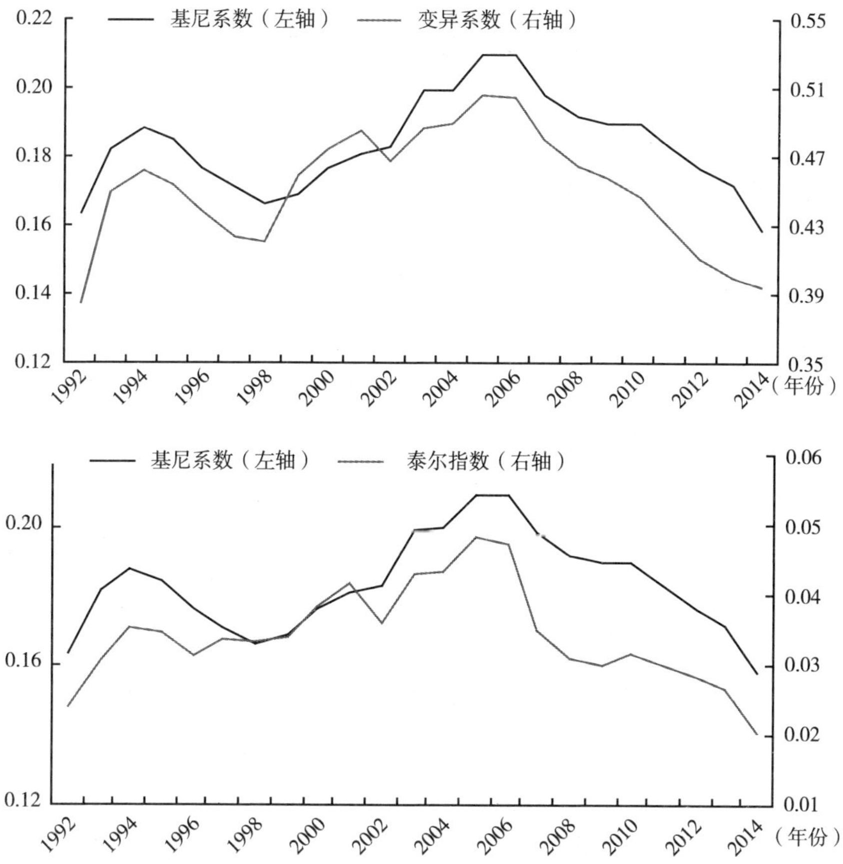

图 9－6　省际居民人均收入差距：基尼系数和泰尔指数

资料来源：转引自张车伟和蔡翼飞《人口与经济分布匹配视角下的中国区域均衡发展》，《中国工业经济》2013 年第 11 期，根据最新资料更新的数据。

了一些原先东部地区的初级产业。从宏观经济层面来看，2008 年以来的国际经济不景气给东部地区带来的冲击最大，也是东部地区与其他地区经济差距缩小的原因。不论原因是什么，中西部经济增长速度相对提高是不争的事实，中部地区和西部地区 GDP 占全国的比重，分别从 2004 年的 19% 和 17% 提高到了 2014 年的 20%。

二　进一步缩小收入差距的挑战

我国目前正处在从二元经济向新古典经济转变的工业化中后期阶段，投资驱动的增长模式决定了资本的主导地位，资本形成对经济增长的贡献长期超过50%，劳动报酬份额降低、收入差距扩大有其内在必然性。在全球化背景下，我国用短短几十年时间快速走完了传统资本主义国家历经上百年的工业化之路，工业化进程被压缩得更短，尽管市场经济体制基本框架已经建立，但制度发育尚未成熟，一些遗留的制度性障碍与市场经济体系交错在一起，造成很多收入分配问题。

发达国家在类似我国当前的发展阶段，也曾经历过这样那样的收入分配问题。在工业化初期，劳动资源丰富甚至大量剩余，而资本非常稀缺，这必然导致低工资率、高资本回报率。要素关系决定了国民收入的分配格局由资本主导，结果是劳动报酬份额偏低、资本报酬份额偏高。一旦功能性分配出现失衡，规模性分配就避免不了恶化趋势。进入工业化中后期，劳动力不再充裕，资本边际报酬出现递减，劳动与资本的博弈形势发生显著变化，劳动相对于资本的地位日渐提高，工资上涨。具有收入均等化作用的劳动报酬份额逐渐提高，具有收入集中化倾向的资本报酬份额趋于下降，整体收入差距趋于缩小。20世纪70年代以来，发达国家的工业化完成，新技术成为经济增长的关键动力。工业和生产性服务业在全球重新布局，各国经济结构和要素结构随之发生重要变化。其中重要的是，劳动阶层两极分化，大量高人力资本的劳动者报酬增长更快，与低技能劳动者差距拉大。因此，尽管劳动报酬份额没有趋势性下降，收入再分配也持续发挥作用，但目前发达国家的收入差距再次扩大。

我国收入差距缩小，主要归功于经济发展带来的城乡和区域差距缩小，而真正体现收入差距的城镇内部的收入差距仍然没有缩小。这意味着缩小收入差距仍然面临着严峻的挑战。目前，影响我国收入差距的因素中，既有有利于收入差距缩小的因素，如城乡收入差距的继续缩小，还有扩大收入差距的因素，如市场机制本身会使收入差距不断扩大。综合来看，两类因素作用的最终结果可能会使我国的收入差距在降低到一定程度后，难以继续缩小至合理水平。进一步缩小收入差距，也需要像其他发达国家那样，通过不断完善再分配手段来缩小收入差距。具体来看，要进一步缩小收入差距，如下三个挑战非常严峻。不从这几个挑战入手，收入差距恐怕难以进一步缩小。

（一）初次分配仍然不利于劳动者

长期以来，我国劳动报酬份额偏低，实际劳动报酬水平下降。雇员劳动报酬份额是指雇员劳动者的工资总额占 GDP 的比重，雇员劳动报酬份额越大，表示雇员劳动者的工薪收入在初次分配所得份额越大。全部雇员劳动报酬除以全部雇员人数即可得到雇员平均工资，雇员平均工资与人均 GDP 的比率是考察雇员劳动报酬水平的重要指标。如图 9 -7 所示，我国雇员劳动报酬水平，从 2003 年开始持续下降。劳动力供给充分是雇员劳动报酬水平下降的主要原因。另外，依靠投资形成的生产能力，虽然劳动生产率（人均 GDP）提高，但这只是依靠投资形成的生产能力的体现。因此，劳动生产率提高所带来的收益，绝大部分都转化成了资本报酬。这是我国雇员劳动报酬份额难以提高的原因。如图 9 -7 所示，我国雇员劳动报酬占 GDP 的份额长期在 30% ~34% 之间波动。国际经验表明，劳动报酬增加有利于收入差距的缩小，资本报酬增加会扩大收入差距。我国劳动报酬份额偏低是导致收入差距拉大的重要因素。

尽管从 2012 年开始，雇员部门劳动报酬份额逐年提高，但总趋势并不明朗。由于工资调整缓慢，在经济下行期，可能出现劳动报酬份额增加，但这种增加不具有长期性。近期，服务业增长较为迅速，带动经济增长。这能否带来劳动报酬份额的提高，还是个未知数。金融危机以来，服务业增加值占 GDP 的比重快速提升，主要是受到批发零售业、金融业和房地产业的拉动。2008 年，这三个行业增加值占 GDP 的比重，分别为 8.3%、5.8% 和 4.7%，2014 年提高到了 9.8%、7.3% 和 6%（见表 9 -1）。而这三个行业的劳动报酬份额，都在 30% 左右，远低于工业 40% 的水平，更是远低于其他服务业 65% 的水平。在这样的增长格局下，期望劳动报酬份额快速提高，是不现实的。

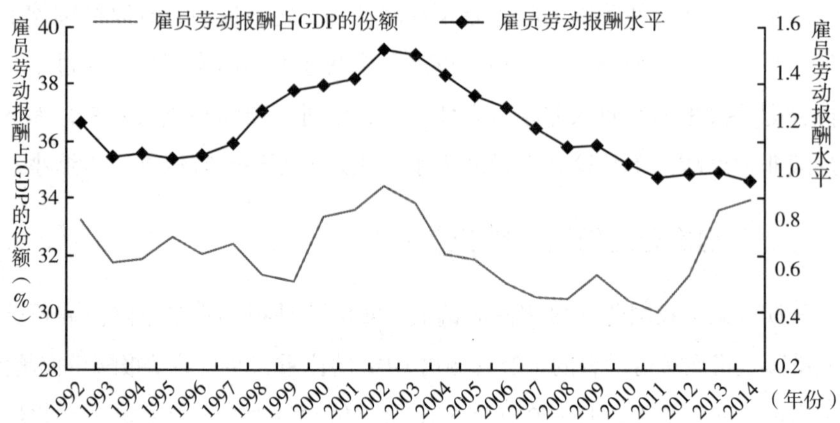

图 9－7　雇员劳动报酬占 GDP 的份额和劳动报酬水平

资料来源：根据历年《中国统计年鉴》数据计算。

表 9－1　国内生产总值构成

单位：%

项目/年份	农林牧渔业	工业	建筑业	批发和零售业	交通运输、仓储和邮政业	住宿和餐饮业	金融业	房地产业	其他	合计
2008	10.6	41.0	5.9	8.3	5.2	2.1	5.8	4.7	16.5	100
2009	10.2	39.3	6.5	8.4	4.8	2.0	6.3	5.5	17.0	100
2010	9.9	39.7	6.6	8.8	4.6	1.9	6.3	5.8	16.4	100
2011	9.8	39.6	6.8	9.0	4.5	1.8	6.3	5.8	16.4	100
2012	9.8	38.3	6.9	9.3	4.4	1.8	6.6	5.9	17.0	100
2013	9.7	36.9	6.9	9.6	4.4	1.7	7.0	6.1	17.6	100
2014	9.5	35.9	7.0	9.8	4.5	1.8	7.3	6.0	18.3	100

资料来源：《中国统计年鉴（2015）》。

（二）再分配手段调节收入差距作用不足

发达国家在初次分配的收入差距较大的情况下，最终的国民收入差距未见扩大，主要原因是再分配对收入差距起到了有效的调节作用。经过再分配的调节，发达国家基尼系数下降 10 个百分点以上，人们一般认为发达国家收入差距小，就在于此。比如，2010 年前后，美国基尼系数从 0.5 下降为 0.38，德国从 0.49 下降到 0.29，法国从 0.51 下降到 0.3，英国从 0.52 下降到 0.34（见图 9－8）。过去 20 年中，发达国家政府一直在增加税收和财政开支以弥合贫富差距的扩大趋势，它们的社会政策开支现已超过历史上任何时期。发达国家税制多以调节收入差距的直接税为主，财政支出用于民生比重高。比如，美国从 20 世纪 80 年代至今，美国联邦、州和地方政府的总体财政收入，直接税占比为 44%，间接税占比为 25%，用于人力资源的财政占财政支出的比重约为 60%，并且呈现逐年增加的趋势。税收的“削峰”作用和财政的“填谷”作用并重，对缩小收入差距起到了较为理想的效果。

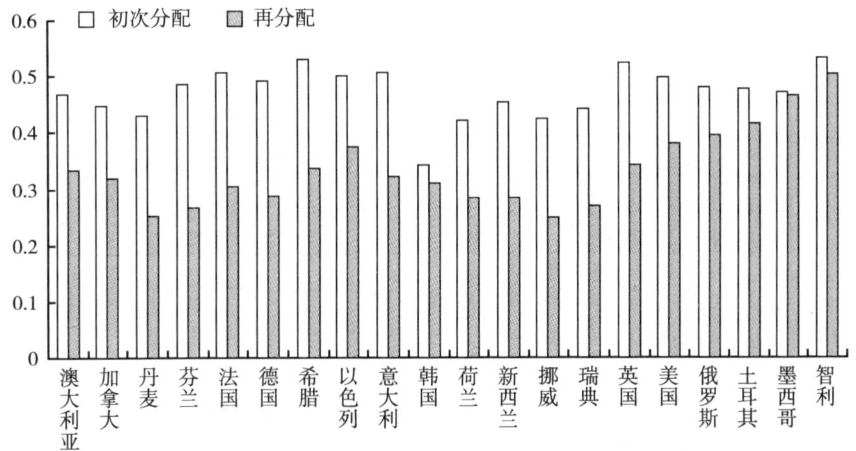

图 9－8　2010 年前后一些国家的基尼系数：初次分配和再分配对比

资料来源：OECD 网站。

由于发展中国家再分配手段作用不足，其初次分配后的收入差距和再分配后的收入差距差别不大。如果把发展中国家的收入差距和发达国家初次分配的收入差距做比较，可以发现，二者之间并没有出现显著差异，有些发达国家的初次分配的收入差距也相当大。但发展中国家再分配后的基尼系数仍然很大。可以说，能否通过再分配手段把收入差距调整到合理的限度内是一

个国家能否成为发达国家的重要标志。

发达国家再分配手段中，最重要的是个人所得税制度。由于实行累计税率和更为综合的税制，高收入人群不仅要承担更高的税率，而且难以避税。个人所得税占税收的比重越高，说明再分配力度越大。如图9－9所示，从1965年到2013年，OECD国家平均的个人所得税占税收的比重在25%左右。澳大利亚、丹麦、加拿大、新西兰、英国、美国等国个人所得税占税收的比重常常超过1/3。规模庞大的个人所得税收入保证了政府对收入差距强有力的调控。

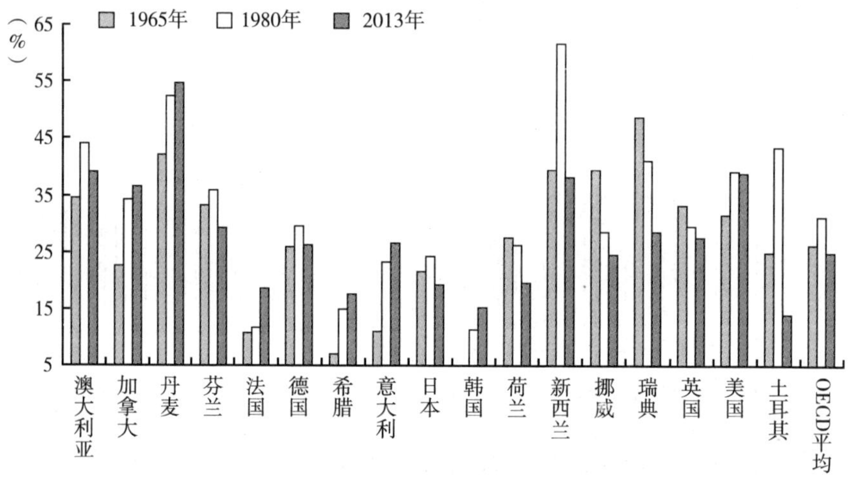

图9－9 一些国家个人所得税占税收的比重

资料来源：OECD网站。

和其他发展中国家一样，我国的基尼系数反映的也主要是初次分配的收入差距，因为我国的再分配制度不仅缺乏对收入分配的调节作用，而且还在某种程度上具有“逆向调节”的作用。尤其是我国个人所得税缺乏调节收入差距的作用。目前，我国个人所得税占税收的比重为6%～7%，规模较小。虽然也实行了累计税率，但是因为实行的是分类征收，所以高收入者容易将本该课税的收入转为其他项目进行避税，而且违法成本很低，监管难度很大。这就形成了逍遥于税收体系之外的所谓“隐性收入”，造成个税收入调节作用的丧失。

除了个人所得税外，社会保障制度也是发达国家调节收入差距的重要手段。而这一手段在我国，调节收入差距的功能较弱。何立新认为社会保障对许多群体存在较明显的逆向收入转移[①]。何立新和佐藤宏认为，高收入人群通过社会保障体系转移出去的收入很少，中国社会保障费用负担的累进性很低[②]。侯慧丽发现，体制内外不同群体的养老保险制度设计固化了收入的不平等，没有起到应有的收入调节作用[③]。王延中等的调查发现，总体上看，社会保障制度是缩小收入差距的，但是的确存在一些扩大收入差距的制度安排，弱化了再分配作用[④]。杨翠迎和冯广刚发现，城市最低保障制度不仅没有使城市不平等程度下降，基尼系数反而有所提高[⑤]。

总体来看，我国的财政支出中，医疗、教育、住房等公共支出较少；社会保障制度不健全，尤其社保制度设计忽视收入分配功能，没有起到缩小收入差距的作用。发达国家财政支出，用于民生的支出比例通常超过 50%，其中相当大的比例直接用于向中低收入人群倾斜的支出上。例如，美国财政支出占 GDP 的比例为 32%，其中能够缩小收入差距的部分占 GDP 的比重为 8%，日本的这一比例为 12%，发达国家的这一比例普遍在 10% 以上。我国直接用于向中低收入群体的民生支出占 GDP 比重不足 1%，公共财政支出在调整收入分配中起“削峰填谷”的作用不明显。

（三）供给侧结构性改革使收入差距缩小面临新压力

短期的供给侧改革将压低劳动报酬份额。据统计，本轮去产能将直接影

---

① 何立新：《中国城镇养老保险制度改革的收入分配效应》，《经济研究》2007 年第 3 期。

② 何立新、佐藤宏：《不同视角下的中国城镇社会保障制度与收入再分配——基于年度收入和终生收入的经验分析》，《世界经济文汇》2008 年第 5 期。

③ 侯慧丽：《养老保险制度再分配效应的结构性透视》，《中国社会科学院研究生院学报》2014 年第 5 期。

④ 王延中、龙玉其、江翠萍、徐强：《中国社会保障收入再分配效应研究——以社会保险为例》，《经济研究》2016 年第 2 期。

⑤ 杨翠迎、冯广刚：《最低生活保障支出对缩小居民收入差距效果的实证研究》，《人口学刊》2014 年第 3 期。

响约180万人的就业。1998年开始的下岗直接影响了约3000万人的就业，其间雇员部门劳动报酬份额从1999年的43%下降到2001年的38%。因此，本轮去产能可能会带来短期劳动报酬份额下滑，收入差距拉大的结果。去产能实际上是工业地位下降的一个缩影。2007年以来，我国第二产业占国民经济的比重持续下降，从46.7%下降到2015年的40.5%，同期第三产业占国民经济的比重从42.9%上升到50.5%。去工业化是近30年来发达国家的一个经济现象。如图9－10所示，主要发达国家的制造业比重都在下降。无论是市场自发去工业化，还是政府调节去工业化，短期都将给劳动报酬份额提高带来不利影响。我国经济发展方式和经济结构不合理状况，短时间内还难以整体改变。这将使解决我国收入分配问题的经济基础比较脆弱。

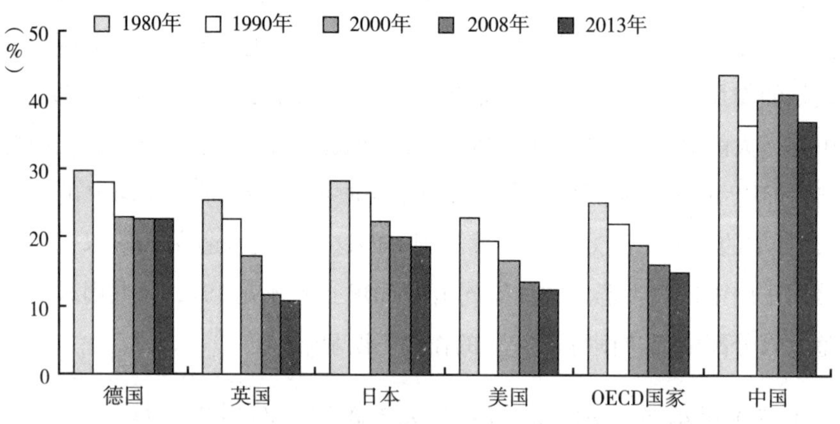

图9－10　一些国家制造业增加值占GDP的比重

资料来源：世界银行，World Development Indicators，2015。

经济下行阻碍劳动报酬份额提高。无论是粗放型还是集约型，经济增长都依赖投资。根据过去的经验，增加投资将压低劳动报酬份额。因此，经济下行压力越大，越可能阻碍劳动报酬份额提高。不论是改革前期还是目前阶段，雇员劳动报酬份额和经济增长率都呈现出反向关系。按照2020年全面建成小康社会的基本要求，未来5年，经济增长率设定在6.5%～7%之间，应该说，保增长的压力还是不小的。实现这样的目标，除了促进新兴产业发展之外，必须提振传统产业，必须保证它们不出现大的经济下滑。淘汰旧的、落后的、效益低下的产能，形成新的、先进的、高效率的产能，还是要依靠投资；经济下行期间扩大财政赤字，增加基础设施建设，也需要扩大投资。这都会成为劳动报酬份额提高的阻力。

改革以来，我国主要依靠投资和外需驱动经济增长，初次分配失衡，劳动报酬份额偏低，要素之间分配不公。低工资一直是推动经济增长的重要优势，然而随着形势发展，低工资的负面效应逐渐凸显：收入差距扩大、消费不足、产能过剩、依赖外需。于是，提高劳动报酬成为一种呼声。在经济新常态背景下，劳动报酬究竟应提高到怎样的水平是值得思考的，政策上也应当是谨慎的。因为宏观经济在一定程度上面临“进退两难”的选择困境：一方面，为避免落入“中等收入陷阱”，减少社会矛盾，国民收入分配格局亟须改善，需要提高劳动报酬；但是，另一方面，现阶段劳动报酬的突然增长会增加传统优势产业的劳动力成本，降低劳动密集型产业的利润率和企业竞争力，使我国企业陷入既要在低端市场参与成本竞争，又要在高端市场参与技术创新竞争的被动局面。供给侧改革使收入差距缩小面临新压力。

三　进一步缩小收入差距的建议

“十三五”期间，我国收入差距的总体形势是，由发展阶段带来的收入差距缩小效应已经充分体现在城乡区域收入差距的缩小上，而市场本身不完善和发展方式不合理带来的收入差距并未缩小。缩小收入差距任务仍很艰巨，挑战仍然很多。缩小市场本身不完善和发展方式不合理带来的收入差距，还需要从以下几个方面着手。

第一，通过改革消除初次分配领域的不公。完善要素市场，加快推进资本市场改革。加快利率市场化进程，消除资本市场垄断和行政干预，破除对民间资本的歧视和壁垒，形成一个统一、开放、竞争有序的金融体系，建立公平竞争的市场环境，充分发挥市场在资源配置中的决定性作用，消除非市场机制对于收入分配的影响。完善城乡土地要素市场，理顺国有土地市场交易和收益分配机制，推进农村土地确权，加快建立产权清晰、规范有序的农村土地产权交易市场，形成公平合理的农村土地要素收益分配机制。防止通过不正当手段无偿或低价占有和使用公共资源。建立健全公共资源出让收益全民共享机制，出让收益主要用于公共服务支出。

第二，健全劳动报酬合理增长机制，提高劳动报酬份额。对于合理的工资增长，政府应当给予保护和鼓励。调节垄断性与竞争性行业之间的利益关系，垄断性行业要让利，让竞争性行业，尤其是就业密集型行业，能够得到合理的利润水平；加快推进营业税改增值税，减少企业不合理负担，从而为工资合理上涨创造外部条件。严格执行劳动合同法，进一步完善劳动合同制度和劳动保护制度，加强劳动监督力度，完善保障工资增长的三方协调机制。使用小时工资而不是月工资来规定最低工资，保护劳动者权益。

第三，通过再分配缩小收入差距。改革个人所得税，减少普通劳动者负担。目前，个税的“工薪税”问题突出，税收并没有在不同收入阶层之间合理负担，而是转嫁到了普通劳动者身上。应该完善高收入者个人所得税的征收、管理和处罚措施，将各项收入全部纳入征收范围，依法做到应收尽收。应该加快建立综合和分类相结合的个人所得税制，提高起征点，综合考虑家庭负担因素，让不同收入阶层的劳动者合理分担税收。统筹推进国家基本公共服务体系建设，继续完善社会保险制度。同时，也要注意使社会保障的标准与我国现阶段的经济发展水平相适应，实行以保障基本生活为主的社会保障。

第四，继续加大人力资本投资，提升劳动者技能水平。考虑把国家义务教育提高到高中阶段，在实施向人投资战略的过程中必须要扩大向贫困地区和低收入群体财政转移支付，确保其完成义务阶段的教育。鼓励社会资本和外资投资教育事业，并给予土地、税收等方面优惠，扩大教育供给，提高教育市场竞争度。建立覆盖城乡全体劳动者的技能培训制度，将城乡劳动者纳入技能培训财政补贴范围，按规定享受职业培训和职业技能鉴定补贴。适应劳动者职业发展需求，鼓励和引导其参与和自身文化技能水平相当的职业技能培训。

G.10
第十章 中国农村扶贫与农村低保

王美艳　屈小博　贾 朋*

改革开放以来，在扶贫政策和经济发展的双重推动下，中国农村贫困状况有了显著改善。中国农村扶贫开发大致经历了三个阶段。第一阶段为体制改革推动扶贫阶段（1978～1985 年）。家庭承包制的实行，农产品价格的逐步放开，以及乡镇企业的发展，为解决农村贫困问题打开了出路。第二阶段为大规模开发式扶贫阶段（1986～1993 年）。中国政府自 1986 年起在全国范围内开展了有计划、有组织和大规模的开发式扶贫。第三阶段为扶贫攻坚阶段（1994～2000 年）。以 1994 年 3 月《国家八七扶贫攻坚计划》的公布实施为标志，中国的扶贫开发进入了攻坚阶段。

经过若干年的开发式扶贫后，按 2010 年农村贫困标准①，农村贫困人口从 1978 年的 7.7 亿人减少到 2015 年的 5575 万人，贫困发生率从 97.5%降低到 5.7%②。尚存的农村贫困人口大多为五保户、残疾、地理条件恶劣、丧失劳动能力或患病的人口。对这些人群，原来的开发式扶贫手段不再适用。此外，中国的区域发展不平衡问题十分突出，贫困地区特别是集中连片特殊困难地区，发展相对滞后，扶贫开发任务仍十分艰巨。本文将讨论中国农村扶贫的战略与对策，分析农村低保的实施状况，并针对农村扶贫提出一些政策建议。

---

* 王美艳，中国社会科学院人口与劳动经济研究所研究员；屈小博，中国社会科学院人口与劳动经济研究所副研究员；贾朋，中国社会科学院人口与劳动经济研究所助理研究员。

① 2010 年贫困标准即现行农村贫困标准，为年人均纯收入 2300 元（2010 年不变价）。

② 国家统计局：《中国统计摘要（2016）》，中国统计出版社，2016。

一　中国农村扶贫的战略与对策

从1978年农村改革激励农民收入提高、缓解中国农村极端贫困开始，30多年已经有《国家八七扶贫攻坚计划（1994～2000年）》、《中国农村扶贫开发纲要（2001～2010年）》，以及《中国农村扶贫开发纲要（2012～2020年）》等重要政策的颁布实施，中国的贫困人口减少占全球同期减贫人口总数的70%以上，为全世界减贫事业做出了巨大贡献。30多年来中国扶贫减贫的战略和政策举措主要可以总结为：保持经济持续增长，为大规模减贫奠定良好的经济条件基础；政府主导，将扶贫开发作为战略性任务来推进，组织开展大规模的专项扶贫；以开发扶贫为主导，把发展作为解决贫困的根本途径，不断提升扶贫对象自身的发展能力；不断增加贫困地区基础设施改善的投入，动员全社会参与扶贫，坚持扶贫普惠政策和实施妇女儿童、残疾人、少数民族等扶贫特惠政策相结合。

十八大以后，以《关于创新机制扎实推进农村扶贫开发的意见》为标志，中国农村扶贫开发进入了精准扶贫的阶段，以习总书记提出的“扶贫对象精准、项目安排精准、资金使用精准、措施到户精准、因村派人（第一书记）精准、脱贫成效精准”的前瞻性、针对性和适用性的思想和措施，针对现有贫困的主要根源和特征，实施精准扶贫、精准脱贫战略，重点提高脱贫攻坚的成效。通过以下主要扶贫战略和对策，实现到2020年我国现行标准下农村贫困人口实现脱贫，贫困县全部摘帽，解决区域性整体贫困。

（一）通过发展产业扶贫

根据《中共中央国务院关于打赢脱贫攻坚战的决定》战略设想，“发展产业脱贫一批”是脱贫攻坚的首要对策措施。产业扶贫是立足贫困县域优势资源，坚持宜林则林、宜牧则牧、宜游则游的原则，把扶贫与产业开发结合起来，推动产业项目进村落户，加快推进集中连片特殊困难地区区域产业发展，努力优化农户参与产业化扶贫机制，有效实现贫困农户与产业的有机结合。主要的政策方式包括：①通过因地制宜的精准选择构建新的扶贫产业来有效实现成片的产业化扶贫，充分利用当地现有的产业条件进行精准产业化扶贫，有效带动当地贫困农户脱贫致富，通过对贫困农民进行精准的产业化技能培训推动扶贫产业发展。②强化农业特色化建设，加快贫困地区发展优质、特有、高效、生态的特色农业，将产业发展与生态保护相结合，坚持林业产业生态化，生态发展产业化。目前，河北、甘肃、青海、河南、福建、江西、黑龙江等省利用地区特色发展扶贫产业是普遍做法。③探索“特色基地/规模园区/专业村群+扶贫龙头企业+专业合作社+贫困户”的“产业链式扶贫”的机制，扩大贫困农户参与、选择扶贫项目的自主权，把扶贫资金真正落实到每户的产业项目上。

除此之外，“光伏扶贫”“‘互联网+’扶贫”“旅游扶贫”等也是目前产业扶贫的创新与推广方式。在贫困地区发展电子商务，强化农村电商人才培训，鼓励引导电商企业开辟贫困地区特色农产品网上销售平台，加大对农产品品牌推介营销的支持力度等。

（二）通过易地搬迁扶贫

易地搬迁政策的扶贫对象瞄准为居住在深山、石山、高寒、荒漠化、地方病多发等生存环境差、不具备基本发展条件，以及生态环境脆弱、限制或禁止开发地区的农村建档立卡的贫困人口，属于“一方水土养不起一方人”。根据《中共中央、国务院关于打赢脱贫攻坚战的决定》提出的创新扶贫投融资机制，支持易地扶贫搬迁，“十三五”时期将投资6000亿元易地扶贫搬迁1000万贫困人口。使搬迁对象生产生活条件明显改善，享有便利可及的基本公共服务，收入水平明显提升，迁出区生态环境有效改善。易地搬迁建设标准是按照“保障基本”的原则，中央补助的建档立卡贫困户人均住房建设面积不超过25平方米。

依据实施移民搬迁规划和年度编制目标和计划，优化移民安置结构，推动城镇化发展，确保移民搬迁对象搬得出、稳得住、能脱贫。采取集中与分

散相结合的安置方式，集中安置主要包括行政村内就近集中安置、建设移民新村集中安置、依托小城镇或工业园区安置、依托乡村旅游区安置等。分散安置主要指到有条件的农村安置以及投亲靠友等。

在易地搬迁补贴上，适当提高搬迁补助标准，并实行差异化补助政策。中央预算内投资补助资金重点支持中西部地区，特别是向集中连片特困地区和国家扶贫开发重点县倾斜，主要用于搬迁对象住房建设。东部地区主要依靠自身财力解决，中央预算内投资予以适当补助。其中，在土地政策方面，新增建设用地计划指标优先保障易地扶贫搬迁的需要，在分解下达城乡建设用地增减挂钩指标时，向搬迁任务重的省倾斜。在满足城镇化需要的基础上，允许集中连片特困地区和片区外重点县将部分城乡建设用地增减挂钩节余指标在省域范围内使用。

（三）通过发展教育扶贫

《中共中央国务院关于打赢脱贫攻坚战的决定》中，教育扶贫被赋予了“阻断贫困代际传递”的使命，其基本路径就是“让贫困家庭子女都能接受公平有质量的教育”。贫困地区和贫困人口的主观能动性还有待提高。2014 年贫困地区劳动力中，不识字或识字不多所占比重为 8.7%，小学文化程度占 35%，初中占 45.7%，高中及以上文化程度占 10.5%。2014 年贫困地区劳动力中，受过非农技能培训的劳动力占全部劳动力的比重为 37.4%，刚过 1/3。不同产业劳动力中，贫困地区劳动力文化程度也不同（见表 10 - 1）。不仅如此，八成以上女性劳动力在第一产业就业，2014 年，贫困地区农村女性劳动力在第一产业就业的比重为 81.6%，这说明贫困地区女性受教育程度更低，更缺乏非农技能培训。按照文化程度分组看，户主文化程度较低的群体，贫困发生率相对较高。2014 年按现行国家农村贫困标准测算，户主文化程度为文盲的群体中贫困发生率为 14.5%，户主文化程度为小学的群体中贫困发生率为 10.7%，户主文化程度为初中的群体中贫困发生率为 5.7%，户主文化程度为高中的群体贫困发生率为 4.7%。

表 10 - 1　2014 年贫困地区劳动力就业及外出从事不同产业劳动力文化程度比重

单位：%

文化程度	第一产业	第二产业	第三产业
不识字或识字不多	10.3	2.8	2.5
小学	40.5	24.7	19.1
初中	42.0	60.9	52.9
高中以上	7.2	11.6	25.5

资料来源：国家统计局编《中国农村贫困监测报告 2015》，中国统计出版社，2015。

中央从政策和战略上注重教育脱贫。从源头和渠道上阻断贫困代际传递，就必须通过发展教育扶贫，鼓励和支持贫困家庭学生学有所成，形成教育脱贫多重合力，更加注重提高脱贫效果的可持续性。教育扶贫的主要方式：在乡镇一级设立乡镇教育发展专项基金，切实加大乡村教育基础设施建设；建立贫困农村儿童教育监督机制，确保适龄儿童享受教育权利；在脱贫管理服务中，探索“反哺”教育模式，引导贫困农村大学生毕业返乡创新创业；在教育脱贫资金方面，对贫困户学生实施奖、贷、助、减、补等政策，确保贫困户学生全面享受教育扶贫政策；针对贫困高中生，实施高等职业教育免费、贫困大学生救助政策，并配套产业发展，开展实用技术和就业技能培训。

（四）通过生态补偿脱贫

生态补偿脱贫战略是“十三五”时期加大贫困地区生态保护修复力度，增加重点生态功能区转移支付，扩大政策实施范围，对重点生态功能区域增加财政转移支付，在贫困户和牧户设立生态管护公益岗位，通过设立公益性岗位、政府购买生态养护服务等方式，让有劳动能力的贫困人口就地转成护林员等生态保护人员，实现生态功能区贫困人口就业增收。积极吸纳贫困群众参与生态保护建设，最大限度增加贫困群众收入，建立生态富民长效机制，实施林业生态效益补偿政策，从生态补偿和生态保护工程中安排资金，以政府向社会购买服务的方式，吸纳有劳动能力的贫困人口，就地转成护林员等生态保护人员，通过保护生态实现稳定就业，进而实现精准脱贫。“十三五”时期，青海、西藏、云南、贵州等贫困发生率较高的省份都将从贫困户中广泛选聘具有劳动能力的农户、牧民担任生态管护员，采取将生态保护绩效与工资挂钩的管理方式，在增加其收入的同时充分调动更多民间力量参与生态事业。

2011 年《国务院关于促进牧区又好又快发展的若干意见》、2014 年 3 月农业部《农业部关于加强草原管护员队伍建设的意见》明确要求设立草原管护公益岗位。目前全国已聘用草原管护员 8 万多人。生态补偿是区域平衡协调发展的重要工具，而扶贫攻坚是贫困地区实现追赶的重要途径。通过生态保护工程，拓宽贫困地区发展路径，已经是脱贫的主要内容，例如《怒江州脱贫攻坚全面小康行动计划（2016～2020 年）》，完善森林分类经营和生态补偿制度，拓宽生态效益补偿投入渠道，逐步提高公益林生态补偿标准。创新生态资金使用方式，利用生态补偿和生态保护工程资金。

（五）通过社保保障兜底

注重人口政策与社会保障体系建设的协调同步。社保保障兜底脱贫战略是指将 7000 万贫困人口中完全或部分丧失劳动能力的 2000 余万贫困人口，通过全部纳入低保覆盖范围，实现社保政策兜底脱贫。这部分贫困人口无法通过产业扶贫和转移就业脱贫，也无法纳入生态补偿就地转为生态养护员的扶贫计划中去，这 2000 万贫困人口全部纳入农村最低生活保障范围，实行政策性保障兜底，占全国建档立卡贫困人口比重为 28.5%。从脱贫实际来看，集中连片地区社保兜底比重要高于全国平均水平，例如，云南怒江州精准扶贫精准脱贫 2016～2020 年攻坚计划中，通过社会保障兜底一批脱贫占全部贫困人口的 30.3%。因此，通过社保兜底脱贫的压力还较大。

目前，农村低保与农村扶贫（国家扶贫办建档立卡）在政策上还存在口径、覆盖及识别标准的差异，即两项减贫制度覆盖的人数上存在差异，2014 年底全国农村低保对象 5129 万人，贫困人口 7017 万人，建档立卡数据统计，重合覆盖的人口约 2600 万人。4417 万农村贫困人口没有享受农村最低生活保障政策，而 2609 万农村低保对象又不在扶贫的范围内。主要原因在于农村扶贫全国有统一的标准，各省据此制订了地方扶贫标准，有 11

个省制订的标准高于国家标准，19 个省采用国家标准。但是农村低保全国没有统一的标准，各地标准由各省（区、市）或者设区的市级人民政府按照当地居民生活必需的费用确定。比较目前各省的农村低保标准和国家扶贫标准，有 20 个省的农村低保标准低于国家扶贫标准，有 22 个省份的农村低保的标准低于地方的扶贫标准。

建档立卡扶贫制度的初衷是扶贫开发促发展，农村低保制度保生存。但目前 2/3 以上的省份农村低保低于扶贫标准，导致农村低保不能发挥兜底的作用。因此，未来“十三五”期间需要加大农村低保的省级统筹力度，使低保标准低于国家扶贫标准的地区尽快提高保障标准，使其能真正起到使完全或部分丧失劳动能力的人口，以及部分因为特殊原因生存无着的人口，通过社会保障兜底实现脱贫。

二　农村低保制度的实施状况

最低生活保障制度（简称低保制度）是目前中国主要的社会救助制度，包括城市低保制度与农村低保制度。中国农村低保制度的建立，经历了从局部试点到向全国普遍推广的过程。自建立以来，农村低保制度处于稳步发展过程中，覆盖面不断扩大，救助水平不断提高，对农村减贫起到了积极作用。但是，农村低保制度还存在覆盖率低、低保标准的确定和调整方法不够科学、低保瞄准效率低等诸多问题。

（一）农村低保制度的演变

1993 ~ 1994 年，农村低保制度开始在一些地区试点；1995 ~ 1996 年，一些省份开始推广农村低保制度。1996 年民政部办公厅下发《关于加快农村社会保障体系建设的意见》，其中明确指出：“农村最低生活保障制度是对家庭人均收入低于最低生活保障标准的农村贫困人口按最低生活保障标准进行差额补助的制度。”自 2003 年以来，农村低保制度在北京、上海、浙江、广东、福建、江苏、天津、辽宁等省份得到了快速发展，而其余省份仍以特困户救助为主。2005～2006年，中央文件鼓励有条件有经济实力的地方尝试建立农村低保制度；2006年，农村低保制度推行的范围进一步扩大。

2007年，国务院发布《关于在全国建立农村最低生活保障制度的通知》。通知确定了农村低保的救助对象、救助范围和农村低保的申请和审批程序，明确了各级政府的责任、农村低保的资金来源和农村低保标准的确定方法。通知的颁布，标志着农村低保制度在全国范围内建立起来。

（二）农村低保制度的政策目标与主要特征

根据2007年国务院《关于在全国建立农村最低生活保障制度的通知》，农村低保制度的目标，是通过在全国范围建立农村最低生活保障制度，将符合条件的农村贫困人口全部纳入保障范围，稳定、持久、有效地解决全国农村贫困人口的温饱问题。农村低保对象是家庭年人均纯收入低于当地低保标准的农村居民。低保金原则上按照申请人家庭年人均纯收入与保障标准的差额发放，也可以在核查申请人家庭收入的基础上，按照其家庭的困难程度和类别，分档发放。农村居民低保标准由县级以上地方人民政府按照能够维持当地农村居民全年基本生活所必需的吃饭、穿衣、用水、用电等费用确定，并要随着当地生活必需品价格变化和人民生活水平提高适时进行调整。

农村低保的申请审批程序包括两个步骤。第一，户主向户籍所在地的乡（镇）人民政府提出申请；村民委员会受乡（镇）人民政府委托，也可受理申请。第二，受乡（镇）人民政府委托，在村党组织的领导下，村民委员会对申请人开展家庭经济状况调查、组织村民会议或村民代表会议民主评议后提出初步意见，报乡（镇）人民政府；乡（镇）人民政府审核后，报县级人民政府民政部门审批。

（三）覆盖面与覆盖率

2007年《关于在全国建立农村最低生活保障制度的通知》的颁布，标志着农村低保制度在全国普遍建立。这一年，农村低保人数有了跳跃性的增长。之后，农村低保人数持续增长，2013年达到顶峰（见图10－1）。2014

年，农村低保人数首次出现下降。农村低保人数占农业人口比例与农村低保人数的变化趋势基本一致。

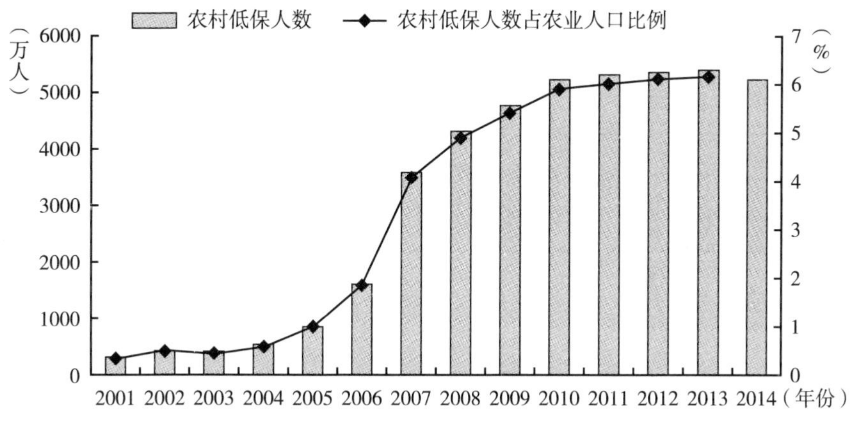

图 10－1　低保覆盖的变化

注：2014 年农业人口数尚未公布，因此当年农村低保人数占农业人口比例数据缺失。

资料来源：农村低保人数来自民政部《民政事业发展统计公报》（历年），民政部网站，http：//www. mca. gov. cn/article/sj/；农业人口数来自国家统计局《中国人口和就业统计年鉴》（历年），中国统计出版社。

农村低保覆盖率存在巨大的地区差异（见图 10－2）。2013 年，农村低保覆盖率最低的为浙江省，为 1.7%；最高的为甘肃省，高达 17.4%。农村低保的全国平均覆盖率为 6.2%。粗略观察发现，低保覆盖率较低的省份，经济发展水平普遍较高；而覆盖率较高的省份，经济发展水平往往较低。

需要指出的是，低保覆盖率既不能用于衡量各地贫困人口的需求，也不能用于衡量低保覆盖的充足性，仅能反映低保的实际救助率。理由主要有两点：第一，各地区低保标准不同，应保率也随之不同①，因此，低保救助人口的收入水平可能存在较大的地区差异；第二，各地区低保瞄准效率存在差异，享受低保的人口有些可能不属于“应保”人口，不享受低保的人口反过来可能属于“应保”人口。

① 应保率是指人均年收入低于低保标准的人口占总人口的比例。

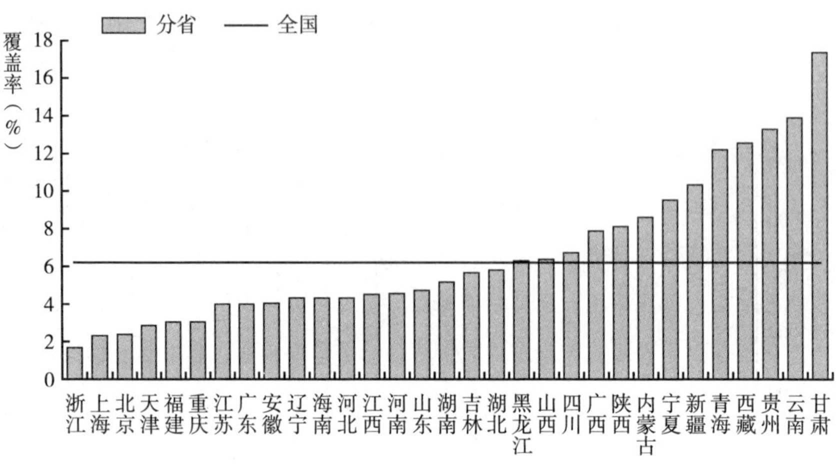

图 10－2 低保覆盖的地区差异（2013 年）

注：农村低保覆盖率系用农村低保人数除以农业人口数乘以 100% 计算得到。

资料来源：农村低保人数来自民政部《民政事业发展统计公报》（2013），民政部网站，http://www.mca.gov.cn/article/sj/；农业人口数来自国家统计局《中国人口和就业统计年鉴》（2014），中国统计出版社。

低保覆盖率与贫困发生率之间的对比，能够从一定程度上间接反映低保对贫困救助的充足性。以下我们通过农村低保覆盖率与贫困发生率的对比，观察农村低保的充足性。随着经济和社会发展水平的变化，国家统计局用于确定农村贫困的标准在不断调整，迄今一共使用过三种不同的标准：1978 年标准、2008 年标准和 2010 年标准①。国家统计局使用这些标准，公布了不同年份的农村贫困发生率。不论使用哪种标准衡量，农村贫困发生率均呈现明显的下降趋势。农村低保覆盖率则是在 2007 年实现了一个较大的飞跃，之后继续缓慢提高（见图 10－3）。

由于农村低保标准不同于贫困标准，我们无法通过农村低保覆盖率与贫困发生率的直接对比观察农村低保覆盖是否充足，但是，农村贫困标准是国家统

① 1978 年标准在 1978～1999 年期间称为农村贫困标准，2000～2007 年期间称为农村绝对贫困标准；2008 年标准在 2000～2007 年期间称为农村低收入标准，2008～2010 年期间称为农村贫困标准；2010 年标准是新确定的农村扶贫标准。

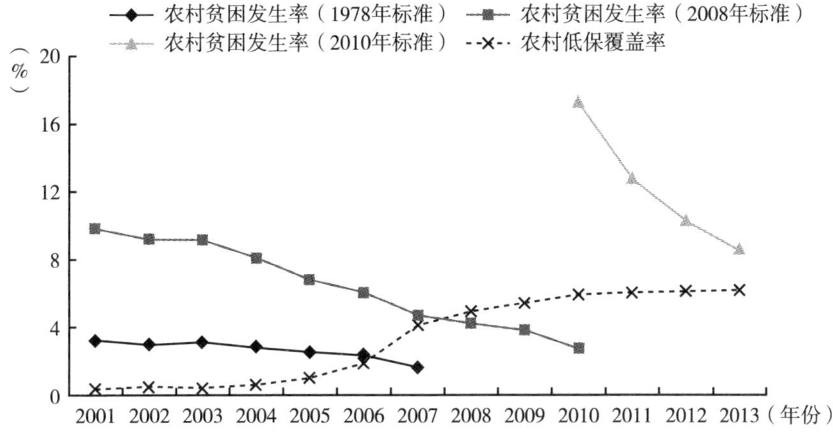

图 10－3　农村贫困发生率与低保覆盖率

资料来源：农村贫困发生率来自国家统计局《中国统计年鉴（2014）》，中国统计出版社；农村低保覆盖率系用农村低保人数除以农业人口数乘以 100% 计算得到，其中农村低保人数来自民政部《民政事业发展统计公报》（2013），民政部网站，http://www.mca.gov.cn/article/sj/，农业人口数来自国家统计局《中国人口和就业统计年鉴（2014）》，中国统计出版社。

计局基于与国际贫困标准接轨的原则，结合中国农村的经济发展状况和人民生活需要制定出来的，相对而言，农村贫困标准是更加客观的贫困衡量标准。按照 2010 年农村贫困标准，2013 年农村贫困发生率为 8.5%，当年农村低保覆盖率为 6.2%。从两者的相对关系看，农村低保对于贫困的救助不够充足。

（四）低保标准与补助水平

农村低保的低保标准和补助水平尚比较低，而且增长速度缓慢。2014 年，农村平均低保标准为 231 元，人均月补助水平为 129 元（见图 10－4）。2003～2014 年期间，农村低保平均标准年均增长为 23 元，人均月补助水平年均增长低至 13 元。

根据低保制度的相关规定，低保标准是按照当地维持居民基本生活所必需的衣、食和居住等费用确定。2014 年，农村居民月人均食品消费为 235 元①，农

① 国家统计局：《中国统计摘要（2015）》，中国统计出版社，2015。

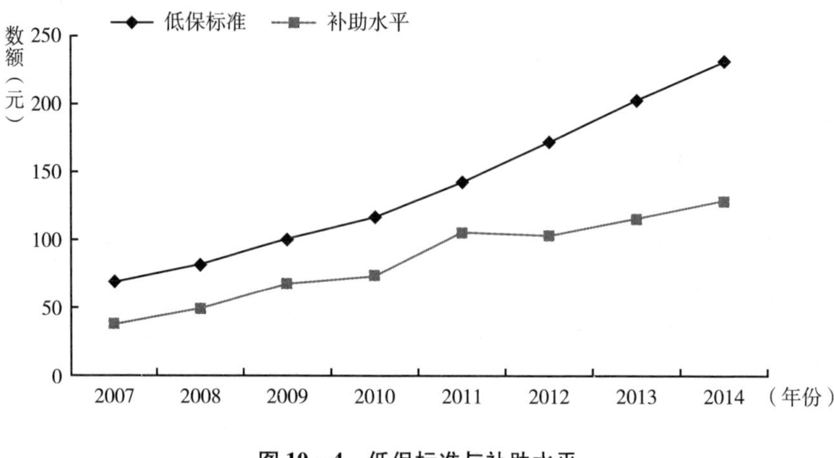

图 10-4　低保标准与补助水平

资料来源：民政部《民政事业发展统计公报》（历年），民政部网站，http：//www.mca.gov.cn/article/sj/。

村低保标准与农村居民月人均食品消费水平基本相当。这种状况表明，低保标准连基本的食品消费都难以满足。

补助水平高低是社会救助项目的一个基本问题。从国际经验看社会救助项目的补助水平存在较大差异，确定方法各不相同①。社会救助项目究竟应多慷慨，迄今为止尚没有明确的答案。国际经验表明，预算约束经常导致社会救助项目在覆盖与补助水平之间难以取舍②。设定较低的补助水平可能有助于提高覆盖率，但对救助领取者的意义不大；设定较高的补助水平尽管对

① 例如，瑞典社会救助项目的补助水平是基于合理的家庭真实生活成本确定；挪威是根据能够让人们过上体面生活的标准确定；丹麦是按照最高失业保险的60%～80%确定；荷兰是根据最低工资水平确定。此外，在一些国家，补助水平随家庭规模和年龄的变化而变化。例如，在爱沙尼亚，家庭中第一个人得到100%的补助，其他人得到80%；在德国，单身成年人得到100%的补助，两个成年人住在一起，每个人得到90%，14岁以上儿童得到80%，14岁以下儿童得到60%（O' Keefe，2010）。

② Grosh，Margaret，Carlo delNinno，Emil Tesliuc & Azedine Ouerghi（2008）．"For Protection and Promotion：The Design and Implementation of Effective Safety Nets"． Washington D. C.：World Bank.

救助领取者的意义较大，但可能产生“不工作”的激励①，还会带来沉重的财政负担，而且不利于覆盖率的提高。

农村低保标准存在较大的地区差异（见图 10－5）。2014 年，农村低保标准最低的为江西省（152 元）；最高的为北京市（632 元），后者为前者的四倍多。全国农村平均低保标准为 231 元。大致说来，低保标准较低的省区，经济发展水平普遍较低；而低保标准较高的省区，经济发展水平往往较高。

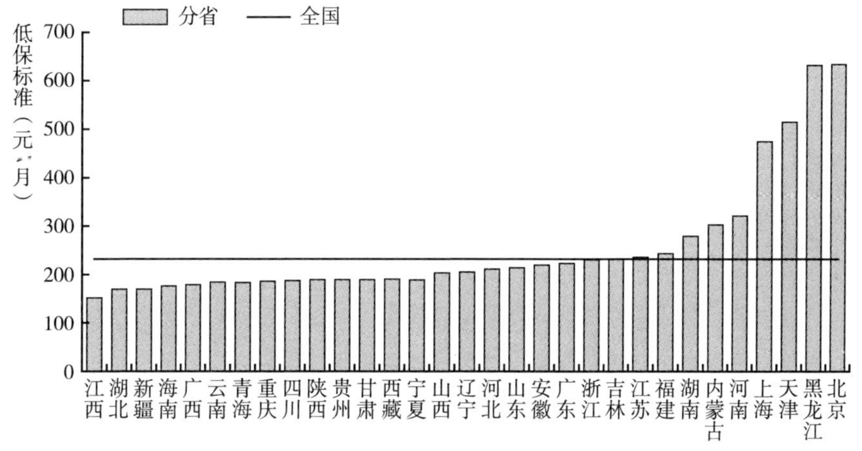

图 10－5　低保标准的地区差异（2014 年）

资料来源：民政部网站，http：//www. mca. gov. cn/article/sj/。

对低保标准与人均地区生产总值（GDP）和人均地方公共财政支出关系的分析表明，低保标准与这两个指标之间，皆呈明显的正相关关系（见图 10－6）。在低保标准与人均地方公共财政支出散点图中，西藏和青海是两个较为特殊的点。其人均地方财政支出较高，但低保标准处于较低水平。这是因为，西藏自治区和青海省的公共财政收入中，较大比例资金来自中央

① 国际经验表明，社会救助项目对发达国家的就业或工作时间产生较小或中等程度的影响，对发展中国家的影响更小（Grosh et al.，2008）。

财政转移支付①。如果将西藏和青海数据排除在外，低保标准与人均地方公共财政支出之间的正相关关系将更为明显。

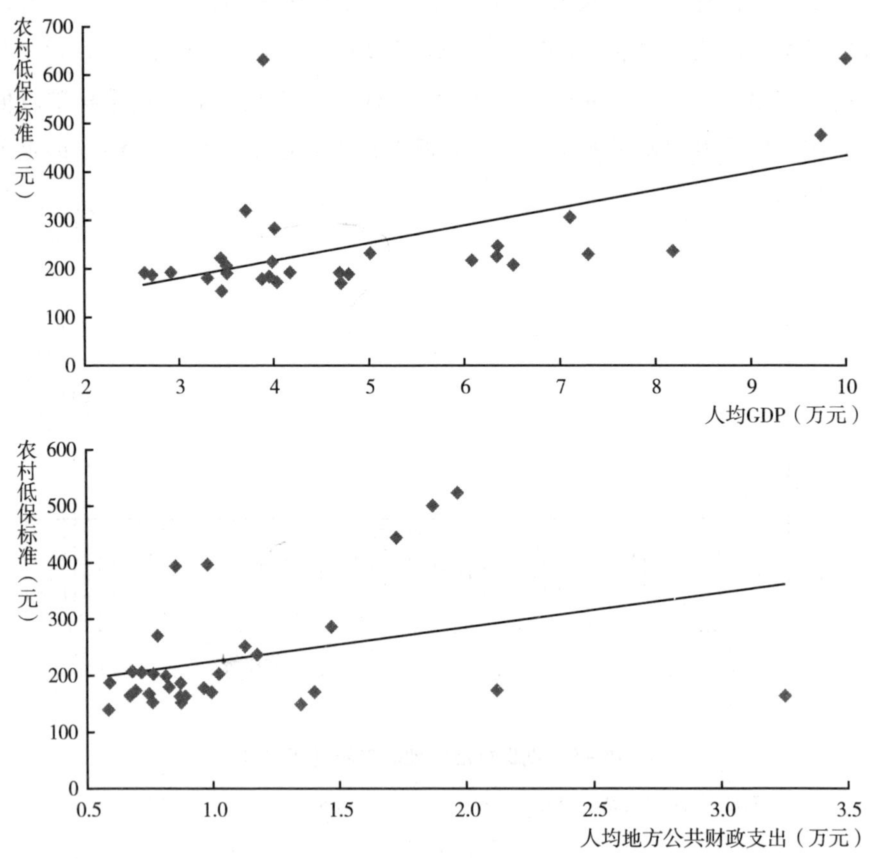

图 10－6　低保标准与人均 GDP 和人均地方公共财政支出散点分布

注：低保标准与人均 GDP 散点图为 2014 年数据，低保标准与人均地方公共财政支出散点图为 2013 年数据。

资料来源：人均 GDP 来自国家统计局（2015）；人均地方公共财政支出系用地方公共财政支出除以人口数计算得到，地方公共财政支出和人口数均来自《中国统计年鉴（2014）》；低保标准来自民政部网站，http：//www. mca. gov. cn/article/sj/。

① 以 2012 年为例。西藏自治区的公共财政收入中，来自中央的补助收入为 804. 34 亿元，占总额的 76%；青海省的公共财政收入中，来自中央的补助收入为 839. 65 亿元，占总额的 64%。

如前文所述，《关于在全国建立农村最低生活保障制度的通知》中，对农村低保标准的确定和调整分别作了相关规定。通知指出，低保标准按照维持当地居民基本生活所必需的衣食住行费用确定，并且按照当地生活必需品价格变化和人民生活水平提高适时调整。显然，这些只是原则性的规定，并未明确阐述低保标准的具体确定和调整办法，这可能导致地方政府确定和调整低保标准时具有较大的随意性，不是按照居民基本生活需要而是根据地方经济发展水平与财政能力确定低保标准。低保标准与人均 GDP 和人均地方公共财政支出之间的正相关关系，从一定程度上证明了这一点。目前的低保标准确实难以满足居民基本生活需要。以 2014 年为例，农村低保标准最高的北京市为 632 元，最低的江西省仅为 152 元。低保标准可能连居民的食品需要都难以满足。

（五）低保资格认定与瞄准

从农村低保的资格认定和瞄准看，根据《关于在全国建立农村最低生活保障制度的通知》，领取低保的对象必须具有本辖区内农村户口，而且家庭人均月收入低于当地低保标准，除此之外，家庭的财产状况、劳动力状况和实际生活水平也要接受民政部门的核查。只有这些方面的条件都符合，才具有领取低保的资格。表面看来，农村低保的资格认定规则和瞄准程序非常清楚，但实际上，低保的资格认定并不容易。

首先，准确的农户收入信息很难得到，从而很难确定申请人的家庭人均月收入是否低于当地低保标准。其次，判断低保资格需考虑除收入之外诸如家庭财产、劳动力和生活水平等多种因素，给了基层较大的决策空间。一些从收入上满足领取低保条件的家庭被排除在低保之外，相当一部分得到低保的家庭人均收入高于低保标准。研究表明，农村低保的瞄准效率不高[①]。最后，由于财政能力的限制，低保资金不足以为所有

① 韩华为、徐月宾：《农村最低生活保障制度的瞄准效果研究》，《中国人口科学》2013 年第 4 期；易红梅、张林秀：《农村最低生活保障政策在实施过程中的瞄准分析》，《中国人口资源与环境》2011 年第 6 期。

符合低保领取资格的家庭发放低保金，导致低保的名额有限，可能存在“指标”问题。也就是说，一些符合低保领取资格的人，可能被排除在低保救助之外。

（六）农村低保资金投入

根据《关于在全国建立农村最低生活保障制度的通知》，农村低保资金应该以地方为主，省级人民政府要加大投入，中央财政对财政困难地区给予适当补助。农村低保资金投入的实际状况是，2007 年中央财政首次下拨 30 亿元补助资金，用于资助财政困难地区。此前，农村低保资金一直由省级政府和地方政府负担，中央财政未支出。

低保支出占地方公共财政支出比例存在较大的地区差异（见图 10－7）。2013 年，农村低保支出占地方公共财政支出比例最高的为甘肃省（1.59%），最低的为上海市（0.03%），前者为后者的 50 多倍。农村低保支出占地方公共财政支出的比例全国平均为 0.6%。这种状况表明，地方政府应该有足够的财政能力支付低保资金。

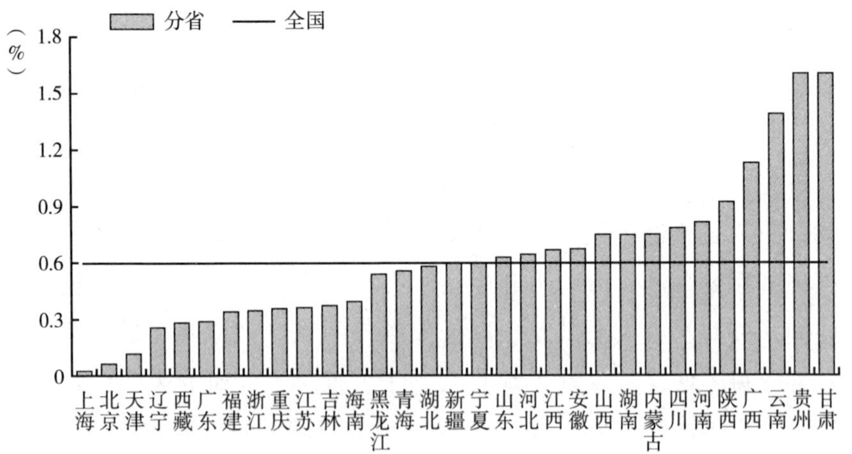

图 10－7　低保支出占地方公共财政支出比例（2013 年）

资料来源：地方公共财政支出来自《中国统计年鉴（2014）》；农村低保支出来自民政部网站，http://www.mca.gov.cn/article/sj/。

低保支出占地区生产总值（GDP）比例同样存在较大的地区差异（见图10－8）。2013年，农村低保支出占GDP比例最高的为贵州省（0.61%），最低的为上海市（0.01%）。农村低保支出占GDP的比例全国平均为0.13%。

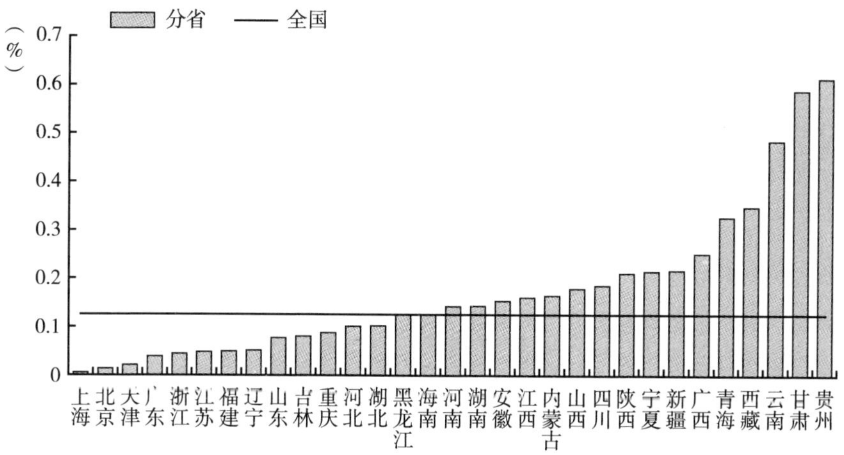

图10－8　低保支出占GDP比例（2013年）

资料来源：GDP来自《中国统计年鉴（2014）》；农村低保支出来自民政部网站，http：//www.mca.gov.cn/article/sj/。

不同国家社会救助支出占GDP比例存在较大差异（见图10－9）。对60多个国家的研究发现，社会救助支出占GDP比例均值为1.9%，中位数为1.4%，大约1/4的国家这一比例在1%以下，一半的国家在1%～2%之间，另有1/4的国家超过2%。中国的这一比例仅为0.24%，处于最低的国家之列。经济合作与发展组织（OECD）这一比例的平均水平超过2%①。另有研究发现，发展中国家社会救助支出占GDP比例大致在1%～2%区间或以下，发达国家的这一比例大致在2%～4%之间②。

① Weigand, Christine & Margaret Grosh (2008). *Levels and Patterns of Safety Net Spending in Developing and Transition Countries*. World Bank Social Protection Discussion Paper, No.0817, Washington D.C.: World Bank.

② Atkinson, Anthony (1995). *Incomes and the Welfare State: Essays on Britain and Europe*. Cambridge, UK: Cambridge University Press.

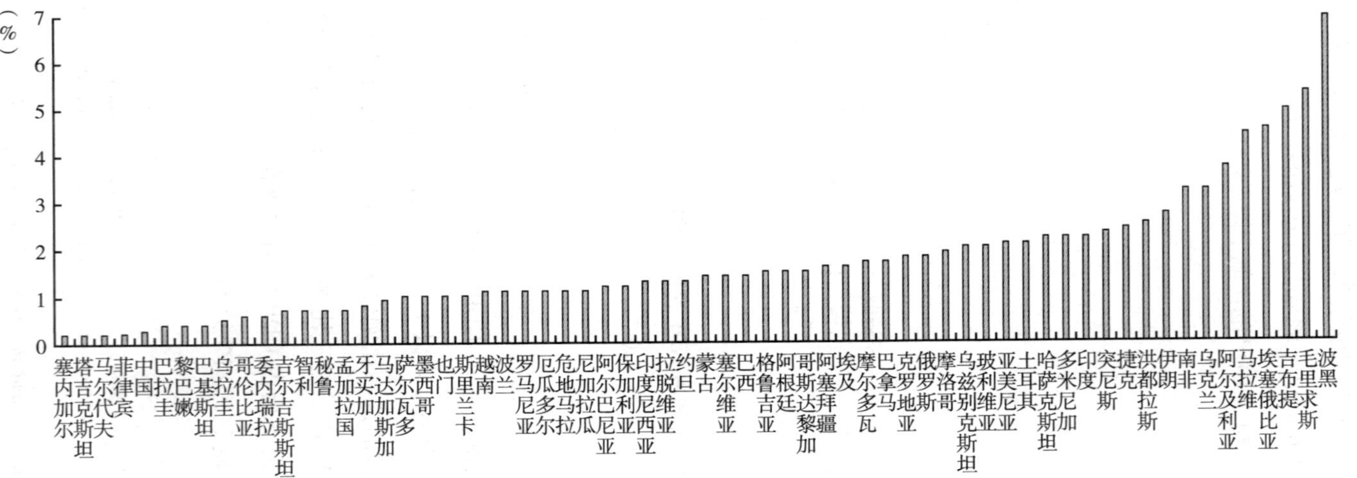

图 10－9　各国社会救助支出占 GDP 比例

注：数据是从不同来源收集到的，各国对于社会救助的定义略有差异，数据的年份也不相同。

资料来源：Weigand, Christine & Margaret Grosh (2008). *Levels and Patterns of Safety Net Spending in Developing and Transition Countries.* World Bank Social Protection Discussion Paper, No. 0817, Washington D. C.: World Bank.

各国确定社会救助支出的方法多种多样。有的国家基于历史和制度上的相似性，选择与邻国大致相同的社会救助支出；有的国家以一些与自身经济发展水平和人口特征相似国家的社会救助支出状况作为参考。对大多数社会救助支出影响因素的研究表明，人均收入越高的国家，在社会救助项目上的支出越多。究竟社会救助支出占 GDP 多大比例合适，尚没有确切的答案。然而，中国的社会救助支出占 GDP 比例异常的低却是不争的事实。

（七）农村低保治理与行政管理

对于一项社会救助制度而言，如果治理与行政管理工作不力，不仅可能无法实现救助制度的预定目标，而且可能成为社会矛盾发生的源泉。对于农村低保制度而言，其诸多决策由街道办事处或者乡镇人民政府做出，这为地方政府留下了较大的主观判断空间。与此同时，县级民政部门配置在低保制度的人力资源不够充足，其核实申请者家庭状况、监管低保支出状况、解决不公平、协调与其他社会救助项目的关系等方面的能力有限。此外，低保制度缺乏有效的监督与监管机制，以及健全的监测与绩效评估体系。

三　结语

随着农村减贫进程的推进，扶贫开发与农村低保成为农村减贫的两个重要举措。中国需要建立更有效的贫困人口识别机制，保证更多的贫困人口从扶贫开发和农村低保中受益，以尽快摆脱贫困。此外，针对连片特困地区不同的主导贫困原因，需要采取更具有片区针对性的扶贫政策，以解决集中连片和特殊类型贫困地区的发展问题。针对农村低保制度存在的问题，改进和完善农村低保制度重点需要关注三个关键领域：第一，通过扩大覆盖面和提高补助水平，确保低保制度的充足；第二，改进政策设计，提高瞄准效率；第三，完善治理与行政管理框架，加强基本制度与人力资源建设。

G.11

第十一章 流动人口与城市相对贫困：现状、风险与政策

杨 舸*

改革开放以来，我国扶贫脱贫事业取得长足进展，从1978年到2014年，农村贫困人口减少7亿，年均减贫人口规模1945万；贫困发生率下降90.3个百分点，贫困人口年均减少6.4%。中国共产党第十八届中央委员会第五次全体会议审议通过了《中共中央关于制定国民经济和社会发展第十三个五年规划的建议》，提出了全面建成小康社会新的目标要求，其中包括"人民生活水平和质量普遍提高，我国现行标准下农村贫困人口实现脱贫，贫困县全部摘帽，解决区域性整体贫困。"扶贫工作将成为"十三五"期间的最重要的工作之一。

一 问题的提出

（一）"贫困"的社会含义

扶贫脱贫工作得从"什么是贫困"入手，对于绝对贫困人口，各国有各国的标准。中国当前贫困标准为农民年人均纯收入2300元（2010年不变

* 杨舸，中国社会科学院人口与劳动经济研究所副研究员。

价），每年还将根据物价指数、生活指数等动态调整。2014 年，贫困标准上升至 2800 元，按购买力平价计算，约相当于每天 2.2 美元，略高于世界银行每天 1.9 美元的贫困标准。在 2020 年前，大约需要 7000 万绝对贫困人口摆脱贫困。然而，贫困有“绝对贫困”和“相对贫困”之分，绝对贫困可以消灭，相对贫困却是难以消除的。

英国经济学家朗特里[①]认为贫困是总收入水平不足以获得仅仅维持身体正常功能所需的最低生活必需品，包括食品、房租和其他项目等。这里的贫困界限是维持最低的生理需求所需要的财富，低于这个界限，人在生理上不能维持正常成长和生活，这种贫困是一个绝对意义上的贫困。然而，这种生物学意义上的贫困界限的计量存在很多问题，对于不同年龄、不同地区、不同性别、不同身体条件、不同气候条件、不同生活习惯的人们，他们的最低生理需求是不同的，有些人需要更多的棉衣，有些人则需要更多干净的水，由此计算得出的最低支出水平也就存在差异；即便仅计算食物类的最低需求，计算最低营养标准所需的最低食物标准也取决于食物种类的组合，大米和小麦也可能存在价格差异；计算非食物类的最低需求量更是困难重重。[②]

然而，人类作为社会性动物，不仅有生理需求，还有社会需求。英国学者汤森（Townsend）提出相对贫困理论，给贫困加入了社会性的阐释。认为“贫困不仅仅是基本生活必需品的缺乏，而是个人、家庭、社会组织缺乏获得饮食、住房、娱乐和参与社会活动等方面的资源，使其不足以达到按照社会习俗或所在社会鼓励提倡的平均生活水平，从而被排斥在正常的生活方式和社会活动之外的一种生存状态。由于穷人缺少这些资源，他们所应该拥有的条件和机会就被相对剥夺了，故而处于贫困状态。”[③] 因此，相对贫困界限高于绝对贫困界限，并非只有最低生活水平，它还包含不能达到周围

---

① 阿马蒂亚·森：《贫困与饥荒》，王宇、王文义译，商务印书馆，2001，第 20 ~ 21 页。

② 阿马蒂亚·森：《以自由看待发展》，任臣责、于真译，中国人民大学出版社，2002，第 85 页。

③ 杨立雄、谢丹丹：《“绝对的相对”，抑或“相对的绝对”——汤森和森的贫困理论比较》，《财经科学》2007 年第 1 期，第 59 ~ 66 页。

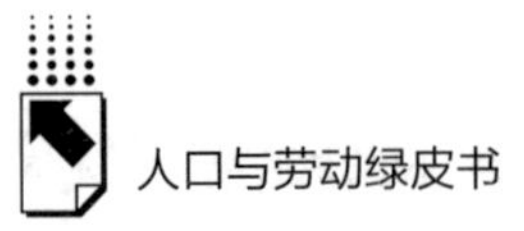

社会的平均生活水平而产生的社会排斥，是以他人或其他社会群体为参照物感受相对剥夺的社会心态。

贫困人口的社会性需求进入了研究者视线。罗伯特·坎勃对贫困人口的无助和孤立进行了开创性研究，认为贫困不仅仅是收入和支出水平低下，而且还包括脆弱性、无话语权等。[①] 迪帕·纳拉扬等人从穷人的视角定义贫困，认为贫困不仅仅是物质的缺乏，在穷人看来，缺乏权力和发言权是他们定义贫困的核心因子。[②] 世界银行将贫困定义为：贫困不仅指物质的匮乏（以适当的收入和消费概念来测算），还包括低水平的教育和健康，包括风险和面临风险时的脆弱性，以及不能表达自身的需求和影响力。[③] 相对贫困也有一个确定的客观标准，它不以人们的主观感受而改变。这一标准就是上面提到的与社会平均收入（或消费）水平相比，处于较低的层次，例如部分国家在确定贫困线时，往往以平均收入的30%以下或20%以下为标准。

然而，我国现有的城市贫困研究通常是从宏观政策层面出发，[④] 遵循绝对贫困的思路，注重研究贫困线的划分以及低保线的效果。[⑤] “十三五”规划对于消除贫困的目标也依然是以绝对贫困线为标准来考察的。而在欧美等工业化国家中，目前基本是从相对角度开展贫困方面的研究并作为制定相关社会政策的依据。与此同时，绝对贫困往往发生在偏远农村，农村扶贫工作得到大量关注和重视，城市相对贫困问题往往被忽视。相对贫困在任何国家、地区都会存在，可以缓解而难以消除，探讨这一问题的目的主要是，如何将它控制在一个对于社会来说比较安全的范围之内[⑥]。在一个社会基本解决温饱的状况下，相对贫困的问题将成为各种社会矛盾产生的主要诱因。

---

① Chamber, Robert. “Poverty and Livelihood: Whose Reality Counts.” *Economic Review*, 1995 (2)。

② 迪帕·纳拉扬等：《谁倾听我们的声音》，付岩梅等译，中国人民大学出版社，2001。

③ 世界银行：《2000/2001年世界发展报告》，中国财政经济出版社，2001。

④ 吴缚龙：《中国城市的新贫困》，《二十一世纪双月刊》（香港），2009年第113期，第86~95页。

⑤ 李实、杨穗：《中国城市低保政策对收入分配和贫困的影响研究》，《中国人口科学》2009年第5期，第19~27页。

⑥ 李培林主编《中国新时期阶级阶层报告》，辽宁人民出版社，1995。

（二）流动人口与城市贫困

随着我国的城镇化进程的不断推进，传统的城乡二元社会正在发生转变。根据国家统计局公布的数据，我国流动人口已经达到2.7亿，其中大部分为城乡流动人口。农村和城市存在的二元结构，随着农民进城而演变成了城市内部的二元结构。与此同时，流动人口在同一个城市也已经开始分化。美国20世纪90年代，社会学家在移民研究的“经典融合理论”基础上已经提出了“区隔融合理论”。[①] 根据该理论，东道主社会对于不同移民提供的机会是不一样的，一些移民将会在社会经济上成功地融入迁入社会，而另一些移民将会进入社会的底层，融入迁入城市的贫困阶层中。

一些研究表明，流动人口在迁入城市后不断分化，一部分将逐渐成为城市贫困人群的重要来源。如果以低保线衡量，迁移人口的贫困发生率约为8.3%，本地居民为7%；如果以支出上限度量，迁移人口的贫困发生率约为10.3%，本地居民为8.7%。如果把流动人口考虑进来，中国城市的贫困整体规模将增加。[②] 另一些研究表明，在城镇化的过程中，农村人口净流向城镇，带来城镇贫困人口的增加，由农村流入城镇的人口其贫困发生率大致在3%以上。[③]

农民工是城市相对贫困问题中不可忽视的群体，尽管农民工的收入水平正在逐年提升，根据国家统计局抽样调查数据，2014年农民工人均月收入2864元，比2013年增加255元，增长9.8%，东、中、西部地区的农民工人均月收入分别为2966元、2761元和2797元，分别比2013年增加10.2%、9.0%和9.6%，但仍然远低于城镇单位就业人员平均工资（2014年为4697元/月）。除了收入之外，农民工在其他方面也存在被边缘化的状

① Portes，A. and M. Zhou. “The New Second Generation：Segmented Assimilation and Its Variants.” *Annals of the American Academy of Political and Social Sciences* 1993. 530：74－96.

② 都阳：《中国的城市贫困：趋势、政策与新的问题》，《中国发展基金会研究报告》2007年第34期。

③ 骆祚炎：《镇化进程中的人口流动与城镇新增贫困人口问题分析》，《人口与经济》2007年第4期。

况。

和城市常住居民相比，部分流动人口作为外来人口在物质生活条件、工作环境、生活环境、职业技能、社会交往和生活方式等方面均处于弱势，成为城市相对贫困问题中的特殊社会群体。其特殊性在于流动人口是城市经济、社会和文化生活中日益重要的组成部分，但其相对贫困状况的起因包括户籍制度等方面的体制隔离、城市产权及其收益分配制度等制度性因素，也包括资源配置传统规则的惰性和流动人口群体素质等非制度性因素（见图11－1）。如果不能清除制度性因素，流动人口的相对贫困不能完全靠自身努力来摆脱，这将加重城市的社会不平等、扩大贫富差距，影响社会的长治久安。

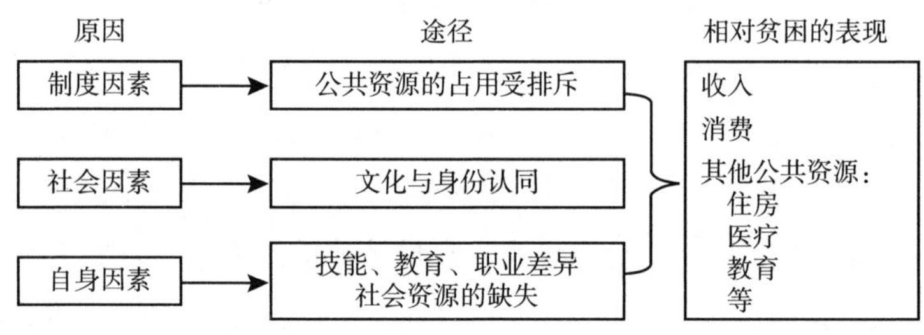

图11－1　流动人口相对贫困产生的原因和表现

因此，下文将利用流动人口调查数据和国家统计局公布的城镇居民数据分析流动人口陷入“城市相对贫困”的现状、风险和政策。

二　流动人口的相对贫困

近五年来，随着劳动力工资水平的不断上涨，流动人口群体在平均水平上与城镇居民的差异逐渐缩小，这使得流动人口产生的城市贫困问题被忽略。事实上，一方面，流动人口群体本身分化比较严重，流动人口中的成功人士会掩盖低收入群体的窘迫；另一方面，相对剥夺现象依然频繁发生在流动人口身上，从他们作为劳动者的最为基本的生存发展需求角度看，流动人口的贫困特征不仅反映在收入、消费方面，也反映在居住、教育、医疗、就业等权益方面。

（一）收入的相对贫困

近年来，随着劳动力供给的刘易斯拐点的到来，劳动力工资快速上涨，农民工的收入也在较快上涨。根据国家统计局公布的数据，从 2008 年至 2015 年，农民工月均工资由 1340 元上涨至 3072 元，年均增长超过 10%，特别是在 2011 年至 2012 年，工资年增长率超过 20%。2009 年之前，普遍存在着农民工工资远低于城镇职工工资的现象，随着劳动力收入的普遍上涨，农民工工资的增长率高于城镇单位就业人员的工资增长率，城乡差距逐渐缩小。但是，农民工工资水平与城镇职工仍然存在较大差异，2014 年两者月均工资差异为 1833 元（见表 11－1）。

表 11－1　农民工与城镇单位就业人员的工资差异

单位：元，%

年份	农民工月均工资(元)	增长率(%)	城镇单位就业人员月均工资(元)	增长率(%)	差异(元)
2008	1340		2408		1068
2009	1417	5.7	2687	11.6	1270
2010	1690	19.3	3045	13.3	1355
2011	2049	21.2	3483	14.4	1434
2012	2290	11.8	3897	11.9	1607
2013	2609	13.9	4290	10.1	1681
2014	2864	9.8	4697	9.5	1833
2015	3072	7.2			

资料来源："农民工月均工资"来自国家统计局《2014 年全国农民工监测调查报告》，"城镇单位就业人员月均工资"为笔者利用《中国统计年鉴（2015）》中"城镇单位就业人员平均工资"指标计算，其中 2015 年数据来自国家统计局《2015 年国民经济运行稳中有进、稳中有好》。

由于我国地区发展差异大，使用全国数据可能掩盖一些真实情况。因此，分地区来看，城镇单位就业人员月均工资总体上高于流动人口月均工资，但两者之间的差距在不同地区存在较大的差异，比如：北京、上海、天津的城镇单位就业人员工资几乎是农业户口流动人口的两倍；浙江、重庆、四川的城镇单位就业人员工资比农业户口流动人口的工资高出30%多；江西、海南、甘肃等地的城镇单位就业人员的工资仅略高于农业户口的流动人口。由此可见，越是经济发达的大城市，城镇单位就业人员与农民工或流动人口的工资差异越大（见表11－2）。

表11－2　流动人口与城镇单位就业人员的工资差异

单位：元

地区	城镇单位就业人员月均工资	流动人口月均工资		
		全部	非农业	农业
北京	8522	4859	6318	4210
天津	6064	3778	4697	3631
河北	3760	3190	3538	3126
山西	4081	3218	3363	3192
内蒙古	4479	3687	3979	3610
辽宁	4016	3444	4007	3274
吉林	3876	3239	3313	3218
黑龙江	3670	2938	3204	2860
上海	8354	5277	8427	4403
江苏	5072	4292	7090	3907
浙江	5131	3892	4499	3844
安徽	4241	3629	3844	3590
福建	4452	3687	4047	3662
江西	3852	3733	4314	3613
山东	4319	3420	3953	3359
河南	3515	3440	3445	3427
湖北	4153	3752	3945	3714
湖南	3926	3422	3769	3371
广东	4957	4013	5245	3823
广西	3785	3293	3712	3207
海南	4157	3947	4220	3861
重庆	4632	3489	3796	3351
四川	4380	3073	3376	3009
贵州	4398	3766	4129	3710
云南	3842	3252	3820	3189

续表

地　区	城镇单位就业人员月均工资	流动人口月均工资		
		全部	非农业	农业
西　藏	5103	4458	6397	4233
陕　西	4211	3738	3587	3760
甘　肃	3913	3879	4270	3794
青　海	4757	3846	3726	3859
宁　夏	4572	3448	3843	3385
新　疆	4456	3506	3866	3426

注："城镇单位就业人员月均工资"计算方法同表11－1，"流动人口月均工资"为利用2014年国家卫计委流动人口动态监测数据计算。

但值得注意的是，"城镇单位就业人员月均工资"来自企业、单位上报数据，一般指的是税前工资，不论是以货币形式支付的还是以实物形式支付的，均列入工资总额的计算范围，同时还包含了社保、公积金等扣除部分，所以高于个人实际得到的收入。而"流动人口月均工资"为调查问卷收集而得，人们往往回答的是自己实际得到的工资，不包括个税、社保、公积金等扣除部分。因此，下文构建了"流动人口家庭人均可支配收入"这一指标（见表11－3），居民可支配收入是居民家庭在调查期获得并且可以用来自由支配的收入，即拿到手的收入，它是扣除了基本养老保险、基本医疗保险、失业保险、公积金、个人所得税等剩下的那部分。"流动人口家庭人均可支配收入"不仅可以反映收入水平，还可以反映流动人口承担的家庭负担。

表11－3　流动人口与城镇居民、农村居民家庭人均可支配收入比较

单位：元/年

地　区	流动人口家庭人均可支配收入				居民人均可支配收入	
	(1)		(2)			
	农业户口	非农业户口	农业户口	非农业户口	城镇	农村
北　京	34824	58104	28260	53292	48532	18867
天　津	24960	35376	21444	32184	31506	17014
河　北	23640	30480	18792	25368	24141	10186
山　西	18480	22452	16440	20280	24069	8809

续表

地区	流动人口家庭人均可支配收入				居民人均可支配收入	
	(1)		(2)			
	农业户口	非农业户口	农业户口	非农业户口	城镇	农村
内蒙古	20640	27060	19596	25152	28350	9976
辽　宁	25524	34896	23364	32940	29082	11192
吉　林	21012	25044	19272	22740	23218	10780
黑龙江	19836	22848	18696	21108	22609	10453
上　海	34584	73512	27744	66516	48841	21192
江　苏	31980	53784	26208	47424	34346	14958
浙　江	32172	40188	24768	31068	40393	19373
安　徽	24516	28212	22248	25668	24839	9916
福　建	29904	35856	24024	28596	30722	12650
江　西	26316	33192	21120	26136	24309	10117
山　东	24912	28152	22716	26364	29222	11882
河　南	28812	32832	23976	27888	23672	9966
湖　北	23280	27672	21264	25788	24852	10849
湖　南	27204	33096	21240	25488	26570	10060
广　东	30108	41496	24624	36096	32148	12246
广　西	20196	30216	18276	26568	24669	8683
海　南	21528	27600	19164	25536	24487	9913
重　庆	26628	33792	21732	28704	25147	9490
四　川	25680	32412	20172	24456	24234	9348
贵　州	23280	30684	20112	26580	22548	6671
云　南	22824	32280	18912	26160	24299	7456
西　藏	38724	66480	27672	44832	22016	7359
陕　西	23520	25644	19932	21900	24366	7932
甘　肃	25476	31656	21948	27744	21804	6277
青　海	23112	30972	19368	22968	22307	7283
宁　夏	18432	27180	17136	25068	23285	8410
新　疆	20448	31164	17904	28128	23214	8724

注：计算公式为（1）流动人口家庭人均可支配收入＝流动人口家庭月收入×12/流动人口家庭成员数（不含户籍地的留守人员），（2）流动人口家庭人均可支配收入＝流动人口家庭月收入×12/流动人口家庭成员数（含户籍地的留守人员）。

资料来源："城镇居民人均可支配收入"与"农村居民人均可支配收入"数据来自《中国统计年鉴（2015）》；"流动人口家庭人均可支配收入"利用2014年国家卫计委流动人口动态监测数据计算得出。

流动人口不仅负担在流入地家庭成员的生计，也负担了在流出地留守的家庭成员的生计，所以为了便于与国家统计局公布的居民人均可支配收入进行对比，本文计算的流动人口家庭人均可支配收入，其分母不仅包含流动人口在流入地的家庭成员，也包含了在流出地的留守家庭成员。

从计算结果可知，流动人口群体本身存在较大的贫富分化，部分流动人口家庭富裕程度超过了当地居民。在上海，非农业户口的流动人口家庭人均可支配收入为 66516 元，是农业户口的流动人口家庭人均可支配收入（27744 元）的两倍多；在北京、江苏，非农业户口的流动人口家庭人均可支配收入比农业户口的流动人口家庭高 80%；在天津、辽宁、广东、广西，两者差距也超过 40%。因此，在许多地区，流动人口的收入离差较大，非农业户口流动人口的人均可支配收入超过了本地城镇居民，如：上海、江苏的非农业户口流动人口家庭人均可支配收入分别为 66516 元和 47424 元，比当地的城镇居民人均可支配收入（48841 元和 34346 元）高上万元。

流动人口的贫富分化掩盖了部分低收入流动人口家庭的相对贫困程度。在绝大多数地区，农业户口流动人口相对当地城镇居民存在较大贫困，如：在北京和上海，城镇居民人均可支配收入（48532 元和 48841 元）比农业户口的流动人口家庭人均可支配收入（28260 元和 27744 元）高 70% 以上；在浙江、天津、辽宁、内蒙古，城镇居民人均可支配收入比农业户口的流动人口家庭人均可支配收入高 40% 以上。尽管如此，外出流动极大改善了流动人口原本的贫困程度，农业户口的流动人口家庭人均可支配收入远高于农村居民的人均可支配收入。

（二）消费的相对贫困

消费支出也是反映相对贫困的指标之一。根据国家统计局数据，2014 年，外出农民工月均生活消费支出人均 944 元，低于城镇居民月均生活消费支出（1664 元）。外出农民工居住支出占生活消费支出的比重为 47. 1%，远高于城镇居民的相应比例（22. 5%）。

分地区来看，不论是农业户口，还是非农业户口的流动人口家庭人均消费支出均低于城镇居民人均消费支出。如表11－4所示，在北京、上海等大城市，流动人口和城镇居民的消费差距很大，上海和北京的农业户口流动人口家庭人均消费支出分别为14878元和16016元，不足城镇居民消费水平（分别为35182元和33718元）的一半，非农业户口流动人口家庭人均消费支出分别为27965元和27895元，也低于当地城镇居民。类似的现象也发生在天津、江苏、广东等地。不愿意消费的流动人口并非因为勤俭节约的习惯，一方面由于收入不如城镇居民，另一方面也因为需要负担留守在家的家庭成员，以及在社会保障等方面不能获得足够的安全感。消费方面的相对贫困会直接体现在流动人口表面的吃、穿、住、行上，社会剥离感愈加强烈。

表11－4　流动人口与城镇居民、农村居民家庭人均消费比较

单位：元/年

地区	流动人口家庭人均消费支出		居民人均消费支出	
	农业户口	非农业户口	城镇	农村
北京	16016	27895	33718	14535
天津	11778	17060	24290	13739
河北	10448	14791	16204	8248
山西	9464	11505	14637	6992
内蒙古	12450	16654	20885	9972
辽宁	13445	17576	20520	7801
吉林	11620	14721	17156	8140
黑龙江	10147	12813	16467	7830
上海	14878	27965	35182	14820
江苏	13279	18915	23476	11820
浙江	13276	18286	27242	14498
安徽	13300	14954	16107	7981
福建	14679	18703	22204	11056
江西	12260	15026	15142	7548
山东	12371	15073	18323	7962
河南	14031	15707	16185	7277
湖北	12693	15253	16681	8681
湖南	14420	18752	18335	9025
广东	14748	20921	23612	10043

续表

地　区	流动人口家庭人均消费支出		居民人均消费支出	
	农业户口	非农业户口	城镇	农村
广　西	11545	16108	15045	6675
海　南	11527	15504	17514	7029
重　庆	13321	17383	18280	7983
四　川	13324	16536	17760	8301
贵　州	10941	16007	15255	5970
云　南	11886	15910	16268	6030
西　藏	15718	22689	15669	4822
陕　西	11797	13800	17546	7252
甘　肃	12741	15867	15942	6148
青　海	11637	14859	17492	8235
宁　夏	9313	13593	17216	7677
新　疆	10452	15626	17685	7365

注：计算公式为流动人口家庭人均消费支出 = 流动人口家庭本地月消费 ×12/流动人口家庭成员数（不含户籍地的留守人员）。

资料来源："居民人均消费支出"数据来自《中国统计年鉴（2015）》，"流动人口家庭人均消费支出"利用2014年国家卫计委流动人口动态监测数据计算得出。

消费中另一个反映贫困的重要指标是恩格尔系数。恩格尔系数（Engel's Coefficient）是食品支出总额占个人消费支出总额的比重。19世纪德国统计学家恩格尔根据统计资料，对消费结构的变化得出一个规律：一个家庭收入越少，家庭收入中（或总支出中）用来购买食物的支出所占的比例就越大，随着家庭收入的增加，家庭收入中（或总支出中）用来购买食物的支出比例则会下降。推而广之，一个国家越穷，每个国民的平均收入中（或平均支出中）用于购买食物的支出所占比例就越大，随着国家的富裕，这个比例呈下降趋势。

联合国根据恩格尔系数的大小，对世界各国的生活水平有一个划分标准，即一个国家平均家庭恩格尔系数大于60%为贫穷；50%～60%为温饱；40%～50%为小康；30%～40%属于相对富裕；20%～30%为富足；20%以下为极其富裕。按此划分标准，20世纪90年代，恩格尔系数在20%以下的只有美国，达到16%；欧洲、日本、加拿大，一般在20%～30%之间，是富裕状态。东欧国家，一般在30%～40%之间，处于相对富裕状态。据此标准，我国居民基本处于小康至相对富裕的阶段。

比较农业户口流动人口、非农业户口流动人口、城镇居民和农村居民四类群体，流动人口的恩格尔系数普遍高于城镇居民和农村居民（见表11－5）。农业户口的流动人口消费力最差，恩格尔系数明显高于其他三类人群。即便非农业户口流动人口的消费水平与城镇居民接近，远高于农村居民，但其恩格尔系数仍然较高，这是由于流动人口一般流入物价水平较高的大中城市，高昂的食品价格使得流动人口恩格尔系数较高。食品消费是所有消费品类里最基础、最必不可少的，恩格尔系数偏高使得流动人口在其他方面的消费更显得捉襟见肘，相对贫困更加明显。

表11－5　流动人口与城镇居民、农村居民家庭恩格尔系数

单位：%

地区	流动人口恩格尔系数		居民恩格尔系数	
	农业户口	非农业户口	城镇居民	农村居民
北京	40.85	35.28	23.75	27.85
天津	44.75	42.82	33.22	31.40
河北	45.06	38.68	26.17	29.36
山西	45.72	45.63	25.99	29.38
内蒙古	43.89	40.32	28.74	30.47
辽宁	45.20	43.05	28.35	28.34
吉林	45.03	45.61	26.10	29.62
黑龙江	45.28	44.24	27.52	28.23
上海	43.97	36.27	26.83	35.98
江苏	44.70	39.28	28.52	31.40
浙江	48.14	41.16	28.28	31.86
安徽	40.71	41.00	33.28	35.61
福建	46.18	42.25	33.19	38.19
江西	41.87	38.79	32.79	36.50
山东	43.64	41.21	28.92	30.95
河南	38.80	37.11	28.81	29.60
湖北	42.13	40.26	32.32	31.38
湖南	37.94	35.61	30.52	34.30

续表

地　区	流动人口恩格尔系数		居民恩格尔系数	
	农业户口	非农业户口	城镇居民	农村居民
广　东	43.33	40.27	33.25	39.52
广　西	47.78	42.03	35.19	36.90
海　南	49.62	47.76	38.00	43.21
重　庆	45.30	39.99	34.51	40.45
四　川	43.56	43.46	34.93	39.75
贵　州	44.68	39.85	31.53	37.24
云　南	42.96	41.22	30.66	35.59
西　藏	44.27	36.08	39.35	52.57
陕　西	40.31	43.37	27.36	29.12
甘　肃	43.52	43.55	31.14	34.90
青　海	38.37	41.10	29.89	31.89
宁　夏	42.99	40.49	27.85	29.91
新　疆	48.94	44.60	31.27	34.49

资料来源：居民恩格尔系数利用《中国统计年鉴（2015）》的居民消费支出数据计算得出；流动人口恩格尔系数利用2014年国家卫计委流动人口动态监测数据计算得出。

需要注意的是，由于地区间、城乡间消费习惯、物价水平以及居住支出的不同（见表11-6），恩格尔系数有时不能反映生活质量的差异。在使用恩格尔系数进行比较时，要注意个人消费支出的实际构成情况，注意运用恩格尔系数反映消费水平和生活质量会产生误差。

表11-6　流动人口与城镇居民、农村居民家庭住房消费比例

单位：%

地　区	流动人口住房消费比例		居民居住消费比例	
	农业户口	非农业户口	城镇居民	农村居民
北　京	29.00	31.43	30.57	30.00
天　津	23.50	26.63	21.62	23.30
河　北	21.68	30.30	23.06	22.53
山　西	18.92	18.82	19.81	21.18
内蒙古	18.29	24.00	17.33	16.80
辽　宁	19.37	20.96	21.58	19.12

续表

地　区	流动人口住房消费比例		居民居住消费比例	
	农业户口	非农业户口	城镇居民	农村居民
吉　林	18.12	21.34	19.42	20.28
黑龙江	15.07	20.43	21.28	20.46
上　海	24.91	31.34	33.03	24.40
江　苏	20.60	27.29	21.73	20.87
浙　江	16.79	22.04	25.34	22.78
安　徽	26.81	28.68	21.99	21.13
福　建	19.37	23.33	24.48	23.59
江　西	24.23	24.45	22.30	24.87
山　东	26.45	26.83	21.92	19.43
河　南	27.62	30.80	19.38	21.20
湖　北	26.25	26.34	21.43	22.40
湖　南	24.02	25.40	19.46	21.97
广　东	22.24	25.53	22.41	22.29
广　西	23.33	27.52	22.53	23.23
海　南	23.23	25.20	21.11	18.90
重　庆	23.45	27.95	19.26	16.21
四　川	23.22	22.01	17.94	17.91
贵　州	22.60	25.57	19.29	20.13
云　南	28.39	31.46	21.33	19.04
西　藏	32.09	36.31	21.68	14.28
陕　西	26.31	25.34	20.63	22.43
甘　肃	26.59	26.92	22.19	17.56
青　海	31.66	30.54	19.70	17.20
宁　夏	19.96	26.41	17.59	18.08
新　疆	18.48	21.62	18.45	19.18

注：由于收集数据所限，这里的住房消费只含租房、房屋按揭的消费，不包含水电费等，因此，所得结果低于实际的住房消费比例。

资料来源：居民居住消费比例利用《中国统计年鉴（2015）》的居民消费支出数据计算得出；流动人口住房消费比例利用2014年国家卫计委流动人口动态监测数据计算得出。

随着房价快速上涨，房租价格也水涨船高，住房消费在整个消费额中所占比例不断提升，成为影响民生的重要因素。稳定住房消费不仅是经济行为，更是民生需要。根据国家统计局农民工监测数据，2014 年外出农民工月均居住支出人均445元，比2013年减少1.8%，居住支出占生活消费支出的比重为47.1%，比2013年下降3.6个百分点。与此同时，城镇居民的住房消费比例为22.48%。由此可见，对于没有自己住房，严重依赖租房的农民工来说，住房消费是巨大的开销，严重影响了其生活质量的提高。本文也利用国家卫计委流动人口动态监测的数据计算了分地区流动人口住房消费比例，由于收集数据所限，所得结果略低于实际住房消费比例。尽管如此，流动人口的住房消费比例几乎与城镇居民和农村居民的居住消费比例持平。总体来说，居住消费在总消费中占较大份额，特别是在北京、上海等大城市，住房消费比例高达三成，影响了人们在其他方面的消费水平。

（三）其他资源的相对贫困

从收入和消费来看，流动人口的相对贫困状态正在改善，与城镇本地居民的差距在缩小，但这些还远远不够。城镇化的健康发展需要流动人口在城市稳定居住、就业和生活，没有后顾之忧，这就需要全面减少社会资源、公共资源占用方面对流动人口的相对剥夺。下文从居住、教育和医疗方面阐述流动人口遭遇的相对贫困。

1. 居住

由于流动人口流动性比较强，收入相对较低，面临的住房困难比较突出。这主要表现在两个方面。一方面，流动人口背井离乡，离开了自己的土地寻找安身之地，流入城市的购房、租房的住房成本远高于农村，他们往往选择租房成本较低的城中村、城郊村，逐渐形成流动人口聚集的趋势，这里社会管理和公共基础设施都比较薄弱，房屋私搭乱建、建筑密度和容积率严重超标、卫生设施不配套、消防安全隐患多等现象严重。不仅如此，流动人口聚集地具有隔离化的倾向，主要表现为交往对象主要是与自己同质的外出务工者，与城市外部环境的交流机会较少，其生活方式很难受到城市居民的影响，进一步增大两者之间的社会隔离和心理排斥。另一方面，由于受自身经济条件和城市提供合适住房资源的短缺约束，有许多流动人口住在集体宿舍或者临时搭建的工棚里，使得城市社区管理和城市公共服务难以覆盖到该特殊群体。根据国家统计局农民工监测数据，2014 年的外出农民工中，在单位宿舍居住的占 28.3%；在工地工棚和生产经营场所居住的占 17.2%；租赁住房的占 36.9%；在务工地自购房的农民工仅占 1%。自购房农民工比例提高，主要是在小城镇自购住房的农民工增加。

政府已经开始着力于为流动人口提供保障性住房，对流动人口集中的城中村或者棚户区进行改造，满足他们基本的住房需要。但以户籍为限制的城乡二元保障体制并没有取得实质上的突破。首先，地方政府对流动人口住房问题的解决更多是被动的救火性应急和短期补充性政策规定，难以持续有效解决住房问题，外来人口仍然被排斥在城市发展规划之外。其次，将流动人口纳入住房保障体系的具体实施过程中仍存在诸多问题和限制，许多地方政府对保障房的申请条件限制过多，使得符合条件的流动人口申请者寥寥无几。最后，尽管流动人口住房管理的部门涵盖了建设、房管、公安、劳动、社区等多个部门，但政府缺乏相应的规划和必要的社会监管，对于企业提供的住房标准、住房公积金的缴存是否到位也并未纳入日常监督工作范围。

2. 教育

为了保障流动儿童在流入地平等享受接受义务教育的机会，我国逐步明确了“以流入地政府管理为主，以全日制公立学校接收为主”政策（即“两为主”政策）。流动儿童就读公立学校的状况也正在好转，但部分地区仍然存在以下问题：第一，尽管几乎所有流入地政府教育部门都明确规定公立学校要平等接受农民工子女入学，但流动儿童就读公立学校的门槛高，隐性“借读费”现象依然存在。第二，在流动儿童集中的地区，由于学生数量的快速增长，而配套教育财政投入跟不上，部分流入地出现师资力量和教育硬件资源不足等教育资源紧张的现象。第三，在部分地区公办中小学不能全面满足所有流动儿童就学需求的情况下，农民工子弟学校起到了辅助作用，但政府对这类学校监管、扶持力度不够，有的甚至采取“一刀切”的取缔政策，引发流动儿童就学难的问题。国家卫计委 2013 年流动人口动态监测数据显示，40% 的学龄前流动儿童在流入地未入读幼儿园，与城市儿童差距较大；学业延迟、不连续现象较严重，6 岁适龄儿童的不在学率超过

17%，13～15岁人口中，仍有11%在读小学，而16～18岁人口中，仍有15%在读初中。

儿童获得同等的教育机会是社会公平的重要体现，也是流动人口实现社会阶层向上流动的主要途径。尽管我国高度重视流动人口随迁子女的教育问题，但改善最大的是义务教育阶段的流动儿童教育问题，高中教育阶段的流动少年在继续升学或就业方面均存在问题。尽管异地高考政策已经被提到议事日程，但目前大部分地区异地高考、中考问题还未彻底放开，流动人口子女在义务教育结束后，往往只能回户籍地上普通高中。而两地之间的教育水平、教学方式、师资、考试模式、课程教材等方面的差异，会直接影响到他们的中考成绩，进而影响其接受高中阶段教育的机会。

3. 医疗

自2009年《关于促进基本公共卫生服务逐步均等化的意见》出台以来，国家和地方政策中逐渐将流动人口纳入基本公共服务体系。卫计委公共卫生服务均等化调查数据表明，流动人口妇幼保健服务的利用和提供状况持续改善，流动儿童未建立《0～6岁儿童保健手册》的比例从2006年的17.1%下降到2013年的8.8%。建立《预防接种卡》的比例超过99%，未建卡的比例仅为0.2%，基本实现全面覆盖，其中在流入地建卡的比例从2006年的39.1%提高到2013年的75.9%。

但政策的落实过程依然存在问题：一是尚未建立起根据常住人口或服务人口配置资金的财政保障机制，流动人口集中的基层地区公共卫生人力资源配置缺口大。加入流动人口之后，一些地区的卫生服务人员配备标准不符合实际需要，即使按照配置标准配置资源，也存在公共卫生人力资源配置严重不足、不能满足开展工作需要的问题。二是相关政策不配套，缺少针对解决流动人口基本公共卫生问题的规划和可操作性办法，大部分地区基本公共卫生资金配置未考虑流动人口，服务提供远未到位。而且流动人口缺乏主动利用公共卫生服务的意识，依从性比一般人群更差，再加上流动性大，按照服务规范和要求全程为流动人口提供基本公共卫生服务的成本远高于户籍人口，如果资金配置不足，基本公共卫生服务也就难以到位。

三 城市新贫困的风险

由农村人口流入城市带来的城市新贫困正可能带来巨大的影响和严重的后果。

（一）相对贫困的扩张

过去5年，我国人口流动规模依然保持高速增长态势。国家统计局的数据显示（见图11-1），2010年流动人口为2.21亿，到2014年增长到2.53亿，流动人口年均增长800万，年均增长率达到3.39%。外出农民工也由2010年的1.53亿增长到2014年的1.68亿，年均增长375万，年均增长率为2.34%。在绝对贫困被快速消除的时候，相对贫困却从城乡差异演变成城市居民与流动人口的对立，将成为影响社会经济发展的绊脚石。

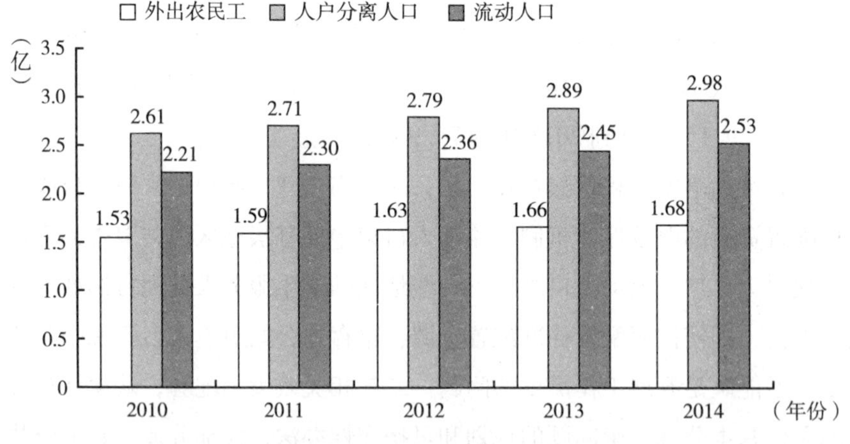

图11-1 2010~2014年人口流动规模

注：人户分离的人口是指居住地与户口登记地所在的乡镇街道不一致且离开户口登记地半年以上的人口。流动人口是指人户分离人口中不包括市辖区内人户分离的人口。外出农民工是指户籍仍在农村，在户籍所在乡镇地域外从业6个月及以上的劳动者。

（二）脆弱的社会保障

面对在城市遭遇的相对贫困，流动人口应对风险的能力有限，所得到的社会保障是脆弱的。从国家统计局农民工监测数据可知，外出农民工“五险一金”的参保率逐年提高，但覆盖率仍然十分有限，2014 年参加工伤保险的比例为 29.7%，参加医疗保险的比例为 18.2%、参加养老保险的比例为 16.4%、参加失业保险的比例为 9.8%、参加生育保险的比例为 7.1%、参加住房公积金的比例为 5.6%。分地区看，在东部地区务工的农民工“五险一金”参保率最高（见表 11－7），分别为：工伤保险 29.8%、医疗保险 20.4%、养老保险 20.0%、失业保险 12.4%、生育保险 9.1%、住房公积金 6.0%，均高于中西部地区。分行业看，在农民工比较集中的几个行业中，制造业参保率最高，建筑业参保率最低。制造业农民工“五险一金”参保率分别为：工伤保险 34.2%、医疗保险 22.1%、养老保险 21.4%、失业保险 13.1%、生育保险 9.3%、住房公积金 5.3%。但是，建筑业农民工的参保率仅为：工伤保险 14.9%、医疗保险 5.4%、养老保险 3.9%、失业保险 2.1%、生育保险 1.3%、住房公积金 0.9%。

表 11－7 2014 年分地区、分行业农民工参加“五险一金”的比例

单位：%

		工伤保险	医疗保险	养老保险	失业保险	生育保险	住房公积金
地区	东部地区	29.8	20.4	20.0	12.4	9.1	6.0
	中部地区	17.8	11.8	10.7	6.9	4.9	4.7
	西部地区	21.9	13.6	11.4	7.7	5.8	4.4
行业	制造业	34.2	22.1	21.4	13.1	9.3	5.3
	建筑业	14.9	5.4	3.9	2.1	1.3	0.9
	批发和零售业	19.2	15.0	14.4	9.9	7.8	3.5
	交通运输、仓储和邮政业	27.8	19.2	17.6	12.8	9.2	8.0
	住宿和餐饮业	17.2	10.8	10.0	5.4	4.0	2.6
	居民服务、修理和其他服务业	16.3	12.1	11.8	6.6	5.2	3.1

农民工参保率低下的原因是多种多样的。在传统的户籍管理制度下，城市和农村存在完全不同的两套社会保障体制，城镇居民的社会保障相对完善；而农村居民则依靠家庭与集体相结合、以家庭保障为主的保障制度。随着乡城流动人口的增长，政府希望逐渐将流动人口纳入城镇社会保障体系，但结果却事与愿违。首先，由于文化水平低、缺少专业技能，部分流动人口始终处于非正规就业状态，而低技能、高强度、门槛低的工作呈现用工流动性强的特点，用人单位没有为他们缴纳社会保险金的积极性，再加上劳动部门监管缺失，使得部分企业有机可乘。其次，流动人口本身的社会保障意识薄弱。许多流动人口自身对社会保障缺乏正确的认识，深厚的乡土情结、家园意识和对城市缺乏安全感，使得流动人口参与城镇社会保障体系的积极性不高。最后，当前的社会保障制度不够完善也是流动人口参保意识不强的原因，社会保障系统以省为统筹单位，实际上多数省份停留在县市统筹的水平上，流动人口跨省、跨县市流动就业十分频繁，因各地之间的标准不同，社会保险关系难以转移和接续，流动人口面临可能白白缴纳社会保险费，而不能获得保障的窘境。

我们在关注贫困人口的同时，也必须要关注其脆弱性。坎勃·罗伯特在其关于贫困与生计的研究中明确指出脆弱性包括两个方面，即暴露于冲击、压力和风险之中的外在方面和没有防御能力的内在方面，没有防御能力意味着缺少应付破坏性损失的手段①。脆弱性与贫困相联系又相区别，贫困家庭具有较高的脆弱性，脆弱性高只表明家庭陷入贫困或者更深的贫困的可能性高。影响脆弱性的因素主要包括风险冲击以及防御风险的能力。如自然灾害、宏观经济下滑、失业、疾病、意外支出、商品及资产价格变动等。② 社会保障是人们提高抗风险能力的最重要途径。然而，生活在城市的流动人口社会保障覆盖率如此低下，使得那些陷入城市相对贫困的人口变得十分脆

① Chambers, Robert. "Poverty and Livelihoods: Whose Reality Counts?" *Environment and Urbanization* 7, 1995 (April).

② 胡永和、蒋永穆：《基于脆弱性上升的中国城镇贫困现象解析》，《经济体制改革》2009年7月。

弱。尽管他们也可以同时加入农村居民的保障体系，但现阶段的农村居民社会保障体系还处于缴费低、保障能力弱的低水平阶段。流动人口的脆弱性高意味着陷入贫困的可能性更高。

（三）城市社会的对立

农村和城市的对立随着城镇化的推进演变成流动人口和城市居民的对立，流动人口所处的相对贫困的状态正在加剧这种对立。一方面，长期的城乡二元体制结构，在造就巨大城乡差距的同时，也衍生了城市人天然的优越感。在政策优势和先行一步的改革开放优势条件下，本地人口在社会资源和竞争方面占据着优势，并由此而形成“本地人”的身份优势意识。在这种背景下，许多本地人口可能并没有意识到对待流动人口的偏见与歧视，他们理所当然地把流动人口当作“外群体”看待，在认识上对其表现出偏见，在行为上对其表现出歧视。另一方面，部分流动人口由于文化素质较低，主要从事建筑、零售、餐饮、家政、制造等较为脏、苦、累、差的工作，工资收入普遍较低，流动人口及其子女进城后的一个现实困境是难以融入城市社会的经济生活，经济窘迫使流动人口常面临城市的繁华与自身处境的巨大落差，家庭的经济地位更加深了流动人口的自卑心理，导致其难以融入当地社会。正是相对贫困的存在，使得流动人口与本地户籍人口虽然同处一个社会空间工作居住和生活，但他们在社会交往上、在心理意识上都相当疏远，甚至出现对立。

四 应对流动人口相对贫困的对策

流动人口的相对贫困成为城市新贫困的来源。我国已经进入以提高城镇化质量为核心的新时期，应为城市新贫困清除制度障碍，推进农业转移人口市民化，统筹推进户籍制度改革，稳步推进城镇基本公共服务常住人口全覆盖，促进人的全面发展和社会公平正义，使全体居民共享现代化建设成果。

（一）建立和完善城乡统一的社会保障体系

针对流动人口社会保障缺失问题，城乡分割的社会保障体系不利于统筹解决流动人口的社会保障问题，流动人口面临既不能或不想被纳入城镇社保体系，又不能得到农村社保的良好保障的境遇。解决问题的基本途径在于构建和完善城乡统一的社会保障制度，即在城乡基本公共服务均等化的前提下，在全国范围内，通过社会保障制度的并轨，将城乡居民纳入统一的社会保障制度范围，覆盖就业、住房、医疗、养老等基本生活领域，缩小地区差距，使人人平等享有基本生活保障的权利，为流动人口融入当地社会解决后顾之忧。构建城乡统一的社会保障制度，既是实现社会公平、城乡平等享受社会保障基本服务的需要，也是消除劳动力市场制度壁垒、形成城乡统一劳动力市场的必要条件。

（二）加快推进户籍制度改革进度，推动相关社会福利领域的改革

经过多年探索，户籍制度改革已经进入“深水区”，涉及教育、就业、住房、医疗、社保等民生领域和土地制度、财政体制、行政体制等多方面的改革。任何一项改革的迟滞都会影响户籍改革的进度，这也是流动人口的落户意愿不强的主要原因。一是要创新土地管理制度，完善农村土地产权制度，分类指导土地流转制度，探索农民土地的退出补偿激励机制，逐步建立城乡统一的土地交易市场，保障农村转移人口的财产权益，解决流动人口落户城镇的后顾之忧。二是加快财税改革进度，健全中央和地方财力与事权相匹配的财政体制，完善地方财政收入的分配机制，建立财政转移支付同农业转移人口市民化挂钩机制，提高地方政府对于流动人口基本公共服务的供给能力和动力。

（三）促进基本公共服务的常住人口全覆盖

由于流动人口集中分布在东南沿海城市，当前我国财税、行政管理体制

又难以适应人口流动迁移的形势，使得地方政府为流动人口提供基本公共服务的能力、动力均不足。实现基本公共服务的流动人口全覆盖，关键在于建立中央政府、地方政府、企业和个人之间的成本合理分担机制。一是要明确政府、企业和个人的成本分摊责任，流动人口基本公共服务成本既包括政府需要承担的公共成本，也包括企业、个人需要承担的市场成本，明确成本分摊责任既可以避免政府“大包大揽”，也可以避免增加企业负担。二是优化中央与地方政府的分摊责任，中央政府承担跨区域基础设施建设以及社会保险、教育医疗、住房保障等基本公共服务需要全国统筹部分，地方政府承担公用设施建设以及卫生健康服务、就业创业指导等地方性公共事项；中央政府重点解决跨省流动人口的成本，地方政府重点解决省内流动人口的成本。三是建立健全跨区域的利益补偿机制，探索输入地对输出地转移支付、对口支援等形式的利益补偿形式，加快推进输入地基本公共服务覆盖跨区域流动人口群体。

（四）建立普惠流动人口的老人和儿童福利制度

提高流动人口家庭福利水平是提高流动人口在流入地社会融入水平的关键，也是流动人口从“半城市化”状态转变为“完全城市化”状态的基础。家庭中最受福利政策影响的人群是儿童和老人，流动儿童和老人离开户籍所在地直接影响到其就学、就医等基本公共福利的享受。我国已经进入中等收入阶段，着手建立普惠性的老人和儿童基础福利制度体系，既能提高整个社会的基础福利水平，也能使他们免受流动影响。一是要尽快进行普惠性家庭基础福利制度的顶层设计，这个体系既涵盖老人、儿童、家庭妇女等，又包括教育、卫生、住房、贫困救助等多个领域；二是在家庭福利的供给方面，明确中央、地方政府的分担责任，确定合理科学的财政转移支付机制，确保福利制度的落实；三是以现有福利制度为基础，打破区域分割的传统，从流动群体着手实施家庭基础福利制度，完善相关政策的接续和统筹工作，应当尽快推动教育经费、养老保险、医疗保险的跨区域接续等相关制度建设。

（五）加快流动人口融入城市的步伐

流动人口已经成为新型城镇化建设的中坚力量，推动他们融入城市符合社会经济发展的客观规律。针对长期居住在城市并有相对固定工作的流动人口，要逐步让他们融为城市“新市民”，享受同样的基本公共服务，享有同等的权利。流动人口的社会融合分为经济、社会、文化和心理四个依次递进的层次，经济立足是生存和扎根的基础，包括平等的劳动就业机会、公平公正的人文资本提升机会和获得均等公共服务的机会。社会适应（或行为适应）和文化交融这两个层面的融合是城市生活的进一步要求，反映了融入城市生活的广度和深度，政府除了应该给予政策支持外，也应该倡导包容、接纳的社会风尚。

专题四　劳动力市场与人力资本培养

Part Ⅳ　Labor Market and Human Capital Development

G.12

第十二章

坚持共享发展　维护劳动收入主体地位

吕国泉　王利中　康桂珍　淡卫军*

2015 年 10 月召开的党的十八届五中全会提出，牢固树立和贯彻落实创新、协调、绿色、开放、共享的新发展理念，强调共享发展是中国特色社会主义的本质要求，要做出更有效的制度安排，使全体人民在共建共享发展中有更多获得感。收入分配制度是实现共享发展的基础和重要内容。2013 年 2 月国务院批转的发改委、财政部、人力资源和社会保障部制定的《关于深

* 吕国泉，全国总工会劳动关系研究中心主任；王利中，全国总工会研究室副主任；康桂珍，全国总工会劳动关系研究中心社会政策研究室主任；淡卫军，全国总工会劳动关系研究中心研究员。

化收入分配制度改革的若干意见》首次提出，要维护劳动收入的主体地位。当前我国仍处于社会主义初级阶段，实现发展成果由人民共享，客观上要求在“做大蛋糕”的同时“分好蛋糕”，这就必须坚持按劳分配为主体，维护劳动收入主体地位，坚持居民收入增长和经济增长同步，劳动报酬提高和劳动生产率提高同步，提高劳动报酬在初次分配中的比重，不断增进人民福祉。

一　维护劳动收入主体地位对促进共享发展具有重要意义

（一）共享发展理念的提出要求把维护劳动收入主体地位放在更加突出的位置

创新、协调、绿色、开放、共享的发展理念，是“十三五”乃至更长时期我国发展思路、发展方向、发展着力点的集中体现，也是改革开放30多年来我国发展经验的集中体现，反映出党对我国发展规律的新认识，为全面建成小康社会、向着第一个百年奋斗目标迈进，提供了理论指导和行动指南。共享发展注重的是解决社会公平正义问题，是发展的出发点和落脚点。让广大人民群众共享改革发展成果，是社会主义制度优越性的集中体现，是我们党坚持全心全意为人民服务根本宗旨的重要实践。

坚持共享发展成果是对劳动价值的认可。维护劳动收入主体地位与坚持共享发展在理念上有着一致性，维护劳动收入主体地位提倡崇尚劳动，将劳动视为价值的源泉，是实现一切美好愿望的根本途径，不断解放生产力，发展生产力，消灭剥削，消除两极分化，最终实现共同富裕。维护劳动收入主体地位，可以在分配上保证广大人民能够通过辛勤劳动、诚实劳动、创造性劳动，更加充分享受劳动的成果，从这个意义上讲，劳动者共享改革发展成果的水平越高，劳动在财富和价值创造中的作用就会越发得到认可，劳动者的积极性、主动性、创造力就能得到更好的激发，国家发展也才会有最深厚的力量源泉，社会主义的生产力才能进一步的释放。从我国发展历程看，无论经济社会发展达到什么样的水平，劳动始终是文明进步的重要源泉，劳动者的创造始终是历史前进的根本动力。正是坚持按劳分配为主体的制度，让一切劳动、知识、技术、管理、资本的活力竞相迸发，着重保护劳动所得，让一切创造社会财富的源泉充分涌流，让发展成果更多更公平惠及全体人民，发展成果由人民共享，我们国家才实现了经济的持续稳定发展，克服了1997 年亚洲金融危机以及 2008 年国际金融危机的大冲击，避免资本主义国家周期性的经济波动乃至经济危机，成功突破了“贫困陷阱”，由低收入国家攀升到中等收入国家行列。

当前，我国正处在全面建成小康社会的决胜阶段，在经济发展“蛋糕”不断做大的同时，分配不公问题仍比较突出，收入差距、城乡区域公共服务水平差距明显，共享发展的制度设计和实际情况都有不完善的地方，实现共享发展面临着艰巨的挑战。劳动收入初次分配是国民收入初次分配的基本组成部分，在实现共享发展上，发挥着不可替代的作用。只有着眼于历史发展路径和现实国情的选择，坚持以人民为中心的发展思想，把维护劳动收入主体地位摆在更加突出的位置，通过深化收入分配制度改革，使共享发展真正落地、变成现实，才能更好地调动广大人民的积极性、主动性、创造性，国家发展也才能具有最深厚的伟力，才能确保如期全面建成小康社会。

（二）维护劳动收入主体地位是更高质量实现共享发展的题中应有之义

《关于深化收入分配制度改革的若干意见》明确提出，初次分配要注重效率，创造机会公平的竞争环境，维护劳动收入的主体地位。这与党的十八届三中全会提出的要让一切劳动、知识、技术、管理、资本的活力竞相迸发，让一切创造社会财富的源泉充分涌流，在本质上是一致的。

维护劳动收入主体地位内涵十分丰富，可以从以下三个方面理解。一是从生产要素看，要提升劳动在财富生产中的贡献率。之前，我国的要素分布格局表现为劳动力丰富，资本、技术等生产要素相对稀缺，然而，“人口红

利”正在逐渐消失，“民工荒”就是劳动力市场变化的征兆之一，经济步入存量新常态后，劳动力作为生产要素，其稀缺性、不可替代性程度提高，这意味着劳动力作为要素，其回报率应得到提高。二是从劳动对象看，要逐步提高一线职工、农民工、普通职工的劳动收入。中国社会贫富差距由改革开放初期的4.5∶1扩大到曾经一度接近13∶1；城乡居民收入差距由1998年的2.52∶1，扩大到2011年的3.13∶1①，长期以来城镇普通职工收入一直偏低，外出农民工的收入更低。三是从企业分配制度看，要坚持以按劳分配为主体，多种分配形式并存的社会主义市场经济分配原则。维护劳动收入主体地位，这是由我国以公有制为主体、多种所有制经济共同发展的所有制结构决定的，是与我国现阶段生产力发展水平相适应的，也是发展社会主义市场经济的客观要求，它保证了劳动者能够更好、更有效地共享经济社会发展的成果。

从发展实践看，维护劳动收入主体地位促进生产与消费的均衡，为共享发展创造了物质基础。改革开放以来，我国收入分配制度改革不断深化、收入分配关系深刻调整，逐步打破了计划经济体制下不合理的收入分配制度，建立了与社会主义市场经济体制相适应的按劳分配为主体、多种分配方式并存的分配制度，有效地调整了各种经济主体之间的利益关系，让人民群众更好地共享改革开放的成果。维护劳动收入主体地位促进完善了我国的收入分配制度，为共享发展提供了制度保障。收入分配制度的改革首先从农村开始。农村家庭联产承包责任制极大地调动了农民积极性。进入20世纪90年代后，农民外出务工成为增收的重要途径。2006年全国全部取消农业税，延续了2600年的“皇粮国税”终结。同时，公共财政加大了对农民的直接补贴力度。城镇分配制度改革继续深化。按照建立现代企业制度的要求，进一步深化了国有企业工资分配制度改革，不断完善多种工资收入形成机制。在工资分配调控方面，国家调控手段不断增加，初步建立了以工资指导线制度、劳动力市场工资指导价位制度和人工成本预测预警制度为核心

---

① 徐宪红：《基于最小二乘的职工收入统计分析》，《技术经济与管理研究》2015年第8期。

的工资管理与调控体系。收入分配制度改革使得初次分配充分发挥了市场机制的基础性作用；收入分配宏观调节能力不断增强，有效矫正了收入分配中市场机制的不足；城乡居民收入快速增长，生活质量不断提高；优化了资源配置，提高了经济效率。特别是“十二五”期间，通过建立工资正常增长机制、支付保障机制，推行工资集体协商制度，合理调整最低工资标准，完善工资分配宏观指导制度等，合理有序的收入分配格局逐步形成，发展成果更多更公平地惠及了全体人民。2015 年实现全国居民人均可支配收入 21966 元，比 2012 年增长 33.0%，扣除价格因素，实际增长 25.4%，年均实际增长 7.8%，居民收入年均实际增速快于同期人均 GDP 增速。其中，城镇居民人均可支配收入 31195 元，比 2012 年增长 29.3%，扣除价格因素，实际增长 21.8%，年均实际增长 6.8%；农村居民人均可支配收入 11422 元，比 2012 年增长 36.1%，扣除价格因素，实际增长 28.3%，年均实际增长 8.7%。农村居民人均可支配收入年均实际增速快于城镇居民 1.9 个百分点①。

实践证明，坚持劳动收入主体地位是取得这些重大成效的重要保证。“十三五”期间，要更高质量地实现共享发展，必须更加有效地坚持和丰富这一宝贵经验。从生产要素来看，与管理、资本等要素相比，劳动仍然是生产要素中最为重要、最为活跃、最有创造力的要素，是创造财富最主要的源泉，劳动最光荣、劳动最崇高、劳动最伟大、劳动最美丽仍然是社会的主旋律。特别是随着经济社会的发展，劳动等人的因素相对于物的因素贡献率日益增大，作用日益突出。

二　当前普通劳动者收入“一低两大”问题不容忽视

2015 年，中国经济增速虽然有所放缓，但全国居民人均可支配收入实

---

① 国家统计局：《居民收入快速增长　人民生活全面提高——十八大以来居民收入及生活状况》，国家统计局网站，2016 年 3 月 8 日。

际增长7.4%，跑赢同期GDP增长6.9%的速度。2014年，全国城镇非私营单位就业人员年平均工资56339元，实际增长7.1%；全国城镇私营单位就业人员年平均工资36390元，实际增长9.0%。2015年各地更加注重居民收入等民生指标，全国有28个地区上调最低工资标准，在经济下行压力下，上调最低工资地区不但不降而且比2014年增加了9个地区。国家收入分配领域改革力度不断加大，"提低、扩中、调高"调整改革措施不断完善，先后出台了《关于深化收入分配制度改革的若干意见》《中央管理企业主要负责人薪酬制度改革方案》《关于全面治理拖欠农民工工资问题的意见》等政策，为工资水平继续合理增长奠定了基础。同时，也要看到收入分配领域仍存在许多问题和挑战，主要表现为居民收入在国民收入分配中的比重、劳动报酬在初次分配中的比重偏低，行业之间收入差距偏大，不同劳动者群体之间收入差距较大，存在"一低两大"的问题。

（一）劳动报酬在初次分配中的占比偏低

劳动报酬占GDP的比重高低反映出劳动收入在分配中的地位。据国家统计局公布的历年资金流量表推算，2000年，劳动者报酬占国民初次分配收入总额的53.3%，此后持续下降，此间虽经国际金融危机的冲击在2009年略有回升，但仍然不改下降的趋势，2011年已经下降到新世纪以来的低点47.5%，11年下降了5.8个百分点。与之相对，政府部门生产税所占份额由2000年的37.1%不断上升，2011年达到44.2%，仅低于2008年的46%，几乎占国民初次分配收入的半壁江山。与居民和政府初次分配收入相较，企业部门（非金融机构企业和金融机构）所占份额相对稳定，基本上稳定在13%左右，2000年为12.1%，2011年为13.2%，微升了1.1个百分点。数据分析表明，最近11年来，我国初次收入分配关系调整主要表现为政府部门的提升和居民劳动报酬的下降上。

造成劳动报酬占GDP的比重走低的原因，概括起来主要有：一是大量农村剩余劳动力转移，导致长期以来劳动力总体上供过于求，使劳动力工资在很长一段时期内没有上涨或者上涨缓慢。有些学者认为这种情形具有阶段性，是发展中国家消化剩余劳动力过程中必然出现的现象。还有些人认为在农业中劳动报酬份额较高，工业部门中较低，因此，随着经济向工业化转型，总体经济中，劳动份额比重下降也具有必然性。但是随着劳动力供给下降，劳动力需求上升，当一国的人均产出达到一定的水平之后，劳动份额就会逐渐上升，因此，这可以被称为“劳动收入份额的 U 形规律”①。二是产业结构的问题。服务业中劳动者工资收入占比较高，而制造业中工资占比较低，资本的有机构成较高，因而资本份额也较高。这意味着经济结构向服务业的转型会促使劳动收入占比的上升。但是过去我国的服务业比重上升相对缓慢，部分服务行业存在较高的进入壁垒，通过发展服务业带动劳动收入状况改善的效果没有充分地发挥出来。此外，城市化水平的提高有利于扩大居民的服务需求，我国长期以来城市化滞后于工业化也在一定程度上抑制了服务业增长。三是目前劳动者享受的福利保障水平相对较低，医疗养老负担较重，只好通过增加劳动时间和劳动供给，积累更多的储蓄，预防生活中的不确定性。虽然劳动力供给旺盛在很大程度上是由大量的农村劳动力转移带来的，但是社会福利保障不足，同样会导致低收入人群劳动供给的意愿增强。在劳动者收入水平较低的情况下，劳动供给意愿增加又进一步压低了劳动工资，家庭要应对各种风险，就必须以提供更多的劳动来赚取收入。福利保障不足，造成低工资和高劳动供给水平长期并存，其背后的逻辑与经典教科书中劳动供给曲线向后弯曲的道理完全一致。四是资本深化过快，以及资本偏向型的技术进步不利于提高劳动收入。目前企业的资本使用成本被人为压低，导致在某些地区和部分行业资本深化过快。国有企业有能力引入更先进的技术，加快资本深化，这导致在国有部门资本有机构成提高较快，经济增长带动就业的能力有所减弱，这也使劳动力工资份额难以提高。五是劳动者素质整体偏低，低技能劳动力仍然占据主体，决定了工资回报较低。劳动力素质不高，我国企业的技术能力不高，导致国内企业只能承担跨国公司中附

① 李稻葵等：《GDP 中劳动份额演变的 U 形规律》，《经济研究》2009 年第 1 期。

加值较低的生产环节，阻碍了工资份额的上升，劳动报酬份额较低也具有一定的必然性。

（二）行业之间劳动报酬差距较大

根据国家统计局数据，2014 年全国城镇非私营单位就业人员年平均工资为 56339 元，与 2013 年相比年平均工资实际增长 7.1%。分行业门类看，年平均工资最高的三个行业分别是金融业 108273 元，是全国平均水平的 1.92 倍；信息传输、软件和信息技术服务业 100797 元，是全国平均水平的 1.79 倍；科学研究和技术服务业 82220 元，是全国平均水平的 1.46 倍。年平均工资最低的三个行业分别是农、林、牧、渔业 28356 元，是全国平均水平的 50%；住宿和餐饮业 37264 元，是全国平均水平的 66%；水利、环境和公共设施管理业 39198 元，是全国平均水平的 70%（见表 12 - 1）。最高与最低行业平均工资之比是 3.82，与 2013 年的 3.86 相比，差距有所缩小。尽管农、林、牧、渔业平均工资增长率 9.8% 高于金融行业 8.7%，且工资水平差距有所缩小，但是缩小比例有限。2014 年全国城镇非私营单位就业人员年平均工资数据显示，高于全国平均工资水平的有 10 个行业，其就业人员占城镇非私营单位就业人员的 1/3，而另外 2/3 的就业人员所在的 9 个行业平均工资均低于全国平均水平。例如制造业和建筑业就业人员占城镇非私营单位就业人员的 45%，而两个行业的年平均工资比全国平均水平分别低 4970 元和 10535 元。

2014 年城镇私营单位就业人员分行业年平均工资差距情况与之类似。最高的三个行业分别是信息传输、软件和信息技术服务业 51044 元，是全国平均水平的 1.40 倍；科学研究和技术服务业 47462 元，是全国平均水平的 1.30 倍；金融业（主要是各种保险代理、典当行和投资咨询公司）41553 元，是全国平均水平的 1.14 倍。年平均工资最低的三个行业分别是农、林、牧、渔业 26862 元，是全国平均水平的 74%；住宿和餐饮业 29483 元，是全国平均水平的 81%；居民服务、修理和其他服务业 30580 元，是全国平均水平的 84%。

表 12-1 2014 年城镇非私营单位就业人员分行业年平均工资

单位：元，%

行业	2013 年	2014 年	名义增长率
合计	51483	56339	9.4
农、林、牧、渔业	25820	28356	9.8
采矿业	60138	61677	2.6
制造业	46431	51369	10.6
电力、热力、燃气及水生产和供应业	67085	73339	9.3
建筑业	42072	45804	8.9
批发和零售业	50308	55820	11.0
交通运输、仓储和邮政业	57993	63416	9.4
住宿和餐饮业	34044	37264	9.5
信息传输、软件和信息技术服务业	90915	100797	10.9
金融业	99653	108273	8.7
房地产业	51048	55554	8.8
租赁和商务服务业	62538	66475	6.3
科学研究和技术服务业	76602	82220	7.3
水利、环境和公共设施管理业	36123	39198	8.5
居民服务、修理和其他服务业	38429	41882	9.0
教育	51950	56580	8.9
卫生和社会工作	57979	63267	9.1
文化、体育和娱乐业	59336	64150	8.1
公共管理、社会保障和社会组织	49259	53110	7.8

而据人力资源和社会保障部的资料，2006~2007 年最高和最低行业工资差距，日本、英国、法国为 1.6~2 倍，德国、加拿大、美国、韩国为 2.3~3 倍；从目前资料看，中国行业收入差距已居世界之首①。

影响行业工资收入差距的因素，有劳动差别、劳动分工不同形成的行业工资差距，也有制度性因素的影响，如国家有关工资的强制性政策，行业垄断经营，垄断性行业收入偏高。长期以来，农、林、牧、渔业，居民服务

① 《行业收入 15 倍差距催促收入分配改革》，http：//www.eeo.com.cn/observer/shelun/2011/02/10/192899.shtml。

业，住宿餐饮业等行业工资低，主要是由于这些行业大多属于劳动密集型行业，劳动力进入门槛低，市场竞争激烈，企业利润低，因此这些行业很难有工资收入的快速增长。2014 年，由于国家最低工资制度不断完善，最低工资调整频繁增长较快，加之经济下行压力增大，因此形成了低收入行业年平均工资增长速度较快，高收入行业增速放缓。尽管如此，最高行业与最低行业工资差距仍然较大。

（三）不同劳动者群体之间收入差距大

1. 部分高管人员收入过高

据研究，2014 年 2501 家沪深证券交易所上市公司中主要负责人的平均薪酬为 77.79 万元，全部高管平均薪酬为 47.47 万元，职工平均薪酬为 13.55 万元，主要负责人薪酬是职工薪酬的 5.74 倍。上市公司高管最高薪酬 2037.77 万元，是普通职工平均薪酬 13.55 万元的 150.39 倍①。与 2013 年相比，这种差距基本呈现持平状态，差距依然十分明显，并没有因新一轮以国企高管薪酬最高限定和职工持股为核心的混合所有制改革发生明显变化。2014 年，2501 家沪深证券交易所上市公司中有 320 家采用了股票期权、限制性股票和股票虚拟增值权等形式对高管进行激励，占全部上市公司的 12.8%，高于 2013 年的 7.48%。股权激励甚至是过度激励，再次拉大了高管与普通职工的收入差距。

中央管理企业负责人的薪酬水平总体仍然偏高。中央管理企业控股上市公司主要负责人的平均年薪 89.16 万元，而职工平均年薪为 17.46 万元，前者为后者的 5.1 倍②。中央管理企业控股上市公司主要负责人的薪酬与相同或相似职业的相关人员相比，也存在不合理的过高情况。与中央管理企业负责人级别相当的副部级公务员平均年薪十多万元，而中央管理企业控股上市公司主要负责人的年薪平均 89.16 万元，最高达 574.45 万元，收入悬殊引

① 刘学民：《中国薪酬发展报告 2015》，中国劳动社会保障出版社，2015。

② 2014 年 323 家中央企业控股上市公司主要负责人平均薪酬水平统计数据。

发社会反应强烈。

造成中央管理企业内部高管层与普通职工之间收入悬殊的原因，主要是体制机制不完善、相关法规政策不配套，以及政府宏观调控监管体制不健全。很多央企高管薪酬与业绩没有挂钩，即使公司出现大幅亏损和业绩持续下滑，高管也并不需要承担任何责任，反而还拿着高额的薪酬。

2. 部分劳动者劳动报酬收入偏低

一线职工工资收入普遍较低。国家统计局发布的2014年分行业分岗位就业人员年平均工资数据显示，生产、运输设备操作人员的年均工资为42914元，中层及以上管理人员年均工资为109760元，生产、运输设备操作人员的工资只是中层及以上管理人员工资的39%（见表12－2）。中国工运研究所一线职工收入课题组2012年调查显示，2012年东北地区有高达20.7%的一线职工收入低于当地的最低工资线。2012年机冶行业的普通工人月平均工资为2720元，一般管理人员、中级管理人员和高级管理人员的月平均工资分别为3198.7、5291.3和10552.7元，普通工人工资分别是中级管理人员和高级管理人员的51%和26%。

表12－2　2014年分行业分岗位就业人员年平均工资

单位：元

行业	就业人员	中层及以上管理人员	专业技术人员	办事人员和有关人员	商业、服务业人员	生产、运输设备操作人员及有关人员
平均	49969	109760	66074	47483	40669	42914
采矿业	56929	115662	69583	57781	43335	53061
制造业	47241	102273	64216	46833	49715	41245
电力、热力、燃气及水生产和供应业	73513	142202	83829	59424	54003	68075
建筑业	43959	82811	50086	39169	37342	41368
批发和零售业	51395	111880	65249	51850	38631	40901

续表

行业	就业人员	中层及以上管理人员	专业技术人员	办事人员和有关人员	商业、服务业人员	生产、运输设备操作人员及有关人员
交通运输、仓储和邮政业	59138	118072	90507	53271	49178	53866
住宿和餐饮业	35133	71236	40872	35210	30930	32007
信息传输、软件和信息技术服务业	101802	209315	116963	75400	71963	54874
房地产业	52703	112580	64799	44064	34919	34799
租赁和商务服务业	64919	208398	98107	59084	41364	44845
科学研究和技术服务业	90392	182419	99574	63519	48597	50981
水利、环境和公共设施管理业	45231	96409	61430	41684	33997	41690
居民服务、修理和其他服务业	38361	81393	49808	41317	31328	36277
教育	51156	93975	53160	43763	47366	38696
卫生和社会工作	54540	91252	54962	41060	38631	42348
文化、体育和娱乐业	68247	143048	90122	57876	36110	42946

农民工与其他职工劳动报酬差距大。2014 年末，全国城镇非私营单位就业人员月平均工资为 4695 元，外出农民工人均月收入水平为 2864 元①，农民工的收入仅为前者的 61%。据全国总工会 2012 年开展的第七次中国职工状况调查，2012 年，农民工月平均工资为 2368.7 元，占城镇职工的 88.6%，折合成日工资仅占城镇职工的 83.8%，考虑到农民工日工作时间更长，农民工与城镇职工的小时工资差距将更大。农民工参与单位缴纳的养老保险、医疗保险、失业保险、工伤保险、生育保险和住房公积金的比例均远低于城镇职工，其中，住房公积金、养老保险、失业保险和医疗保险最为严重，依次低于城镇职工 29.1、24、23.1 和 22.5 个百分点（见表 12－3）。

① 人力资源和社会保障部：《2014 年度人力资源和社会保障事业发展统计公报》，2015 年 5 月 28 日。

表 12-3 农民工与城镇职工社会保障及福利待遇比较

单位缴纳社保和提供其他福利待遇情况(%)	城镇职工	农民工	两者相差
养老保险	83.1	59.1	24
医疗保险	62.2	84.7	22.5
失业保险	69.6	46.5	23.1
工伤保险	70.7	67.4	3.3
生育保险	58.9	42.8	16.1
住房公积金	20.2	49.3	29.1

尽管农民工收入低，但拖欠农民工工资问题仍十分突出。《2014 年全国农民工监测调查报告》显示，当年，被拖欠工资的农民工所占比重为 0.8%；被拖欠工资的农民工人均被拖欠工资为 9511 元，比上年增长 17.1%。其中，被拖欠工资的外出农民工人均被拖欠 10613 元，比上年增长 16.8%。据人力资源和社会保障事业发展统计公报，2014 年为 461.7 万名劳动者追讨工资等待遇 345.5 亿元，其中为 335.9 万名农民工追讨工资 265.4 亿元。据全国总工会第七次职工状况调查，2012 年有 3.6% 的职工工资被拖欠；从行业类别看，建筑业最高为 6.9%，其次是采矿业为 5.8%。从所有制类型看，集体企业最高为 6.1%，其次是国有企业为 4.5%。

劳务派遣工同工不同酬现象普遍存在。据全国总工会 2011 年关于劳务派遣用工问题的调研，劳务派遣工 2011 年 5 月从本单位获得的全部货币收入平均为 2508.06 元，相当于劳动合同制正式工工资的 96%，其中基础工资（底薪）平均为 1369.87 元，只有正式工基础工资的 81%①。同时，与劳动合同制正式工相比，劳务派遣工无论是社会保险还是企业年金、住房补贴、年终奖或绩效奖及其他福利待遇享有方面均相距较大。就养老保险、医疗保险、失业保险、工伤保险、生育保险的覆盖面而言，劳务派遣工比劳动合同制正式工依次低出 16.3、18.4、5.1、16.4 和 11.7 个百分点；就住房

① 全国总工会课题组调研报告：《目前劳务派遣用工的基本情况、存在问题及对策建议》，2011。

公积金、补充养老保险、企业年金、其他商业补充保险的覆盖面而言，劳务派遣工比劳动合同制正式工依次低出8.6、8、11.5和7.6个百分点（见表12－4）。

表12－4　单位缴纳社保费和提供其他福利待遇情况比较

单位缴纳社保费和提供其他福利待遇情况(%)	正式工	劳务派遣工	两者相差
	2011年	2011年	
养老保险	89.0	72.7	16.3
医疗保险	91.8	73.4	18.4
失业保险	65.3	60.2	5.1
工伤保险	86.9	70.5	16.4
生育保险	57.8	46.1	11.7
住房公积金	47.8	39.2	8.6
补充养老保险	13.9	5.9	8
企业年金	18.0	6.5	11.5
其他商业补充保险	12.0	4.4	7.6

普通劳动者特别是农民工、劳务派遣工工资收入低，除了他们多从事低端劳动岗位导致工资回报低外，还有国家户籍制度、城市社会保障体系存在对农民工的歧视性政策因素，造成劳动力市场的分割状态。虽然经过多年的改革和市场发育，目前我国的劳动力市场上仍然存在明显的制度性隔阂，现有户籍制度下，身份的不平等决定了进城务工的农民工在就业中会受到某些歧视。户籍制度决定了进城务工的农民工难以平等地享受到就业所在城市的福利保障、医疗和教育等公共服务。除了户籍管理制度外，国有和政府所属部门的从业者也享受到比其他部门更优越的待遇，主要表现在养老、医疗等方面，这造成了体制内外的严重分割。国有部门所使用的农民工和派遣工，只能获得低工资和不完善的保障，是现行体制的必然结果。

另外，企业工资决定和增长机制的不完善，也是造成工资分配不公的因素之一。尽管近些年国家协调劳动关系三方大力推广工资集体协商制度，但是由于立法不完善，加之资强劳弱的企业环境，工资集体协商制度仍难以真正发挥作用。由于工会组织体制机制和工会干部的工作方式、能力素质限制，一些基层工会干部抱有畏难情绪，“不敢谈”，一些工会干部能力素质不够适应，“不会谈”，导致企业工资协商过程和工资协议针对性、实效性不强，企业工资集体协商不能突出职工最关心的焦点难点问题，职工认可度不高，工资集体协商流于形式。全国总工会2012年的调查显示，被调查职工中，认为企业“没有”或“不知道”企业是否开展了工资集体协商的占47.1%，“不知道”工资协商与本企业工资增减是否有关的占29.9%，认为工资协商与本企业工资增减无关的占15%。企业工资集体协商制度还有待于进一步落实和加强。

三 多措并举维护劳动收入主体地位

坚持共享发展理念，为维护劳动收入主体地位提供了行动指南。在2015年庆祝“五一”国际劳动节暨表彰全国劳动模范和先进工作者大会上，习近平总书记强调，“要始终实现好、维护好、发展好最广大人民根本利益，让改革发展成果更多更公平惠及人民”，“不断增加劳动者特别是一线劳动者劳动报酬”。2015年3月印发的《中共中央、国务院关于构建和谐劳动关系的意见》提出，要依法保障职工基本权益，切实保障职工取得劳动报酬的权利。当前，我国经济发展进入新常态，推进供给侧结构性改革任务艰巨繁重，在经济体制深刻变革、社会结构深刻变动、利益格局深刻调整的形势下，维护劳动收入主体地位，形成合理的收入分配体制，遏制收入分配差距扩大，需要从强化共享发展理念、推进供给侧结构性改革、完善制度机制、提高劳动者能力素质、加强理论政策研究等多方面入手。

（一）以树立和践行共享发展理念为引领，促进劳动收入主体地位的实现

坚持共享发展其中一个重要的要求，就是要做到人人参与、人人尽力、人人享有。要强化社会公平正义的观念，突出劳动者的主体地位，逐步建立以权利公平、机会公平、规则公平为主要内容的制度体系，努力营造公平的

社会环境。

我国作为社会主义国家，实行以公有制为主体，多种所有制形式并存的基本经济制度，这是确保我国坚持社会主义方向的经济基础。这种基本经济制度决定了必须坚持以按劳分配为主体，多种分配方式并存，这是实现共享发展目标的必然途径。党的十八届三中全会明确指出，在收入分配上，要坚持劳动、知识、技术、管理等多种要素共同参与分配，这有助于调动各种要素的积极性，促进生产力的发展。在这种情况下，更应该特别重视提高劳动收入在新增价值中的份额，这样才能最终实现共享发展的目标。

在我国社会主义初级阶段，实现工资收入分配的公平正义，是广大劳动者强烈追求的首要价值取向和迫切愿望，没有社会的公平正义就不可能实现共享，差距过大也不符合平等共享的理念。为此，要通过深化工资收入分配制度改革，高度重视劳动要素在收入分配中的重要作用，按照共享发展的要求，建立健全公正合理的收入分配秩序，使收入分配更多地向劳动倾斜，实现劳动报酬和劳动生产率增长同步，最大限度地调动广大劳动者的积极性、主动性和创造性。包括：一是健全科学的工资水平决定机制、正常增长机制、支付保障机制，推行企业工资集体协商制度，健全工资支付监控制度，形成反映人力资源市场供求关系和企业经济效益的工资决定机制和正常增长机制。二是实行有利于缩小收入差距的政策，完善市场评价要素贡献并按贡献分配的机制，完善最低工资增长机制，完善工资指导线制度，把一线职工工资增长与企业经营者工资增长挂起钩来，明显增加低收入劳动者收入。三是探索企业与职工利润共享机制，对分红制、股权分享制等方式进行论证和试点，扩大劳动报酬在微观层面所占的份额。多渠道增加居民财产性收入，规范收入分配秩序，保护合法收入，以社会公平意识感的不断上升促进广大劳动者得到更多的收入。

（二）以供给侧结构性改革为切入点，推动经济发展新常态下劳动收入主体地位的实现

认识新常态、适应新常态、引领新常态，是当前和今后一个时期我国经

济发展的大逻辑。供给侧结构性改革作为适应和引领经济发展新常态的重大创新，是“十三五”时期的主线。五大政策支柱和五大重点任务等涉及我国经济社会发展的方方面面，将对经济关系、劳动关系和职工队伍带来重大而深远的影响。

以钢铁行业化解过剩产能为例，有数据显示，2015 年的我国钢铁产能近 12 亿吨，而同年国内钢材市场需求量仅为 7 亿吨，产能利用率不足 67%，预计 2016 年国内钢材消费量将进一步下跌至 6.48 亿吨。目前，国务院已经出台了《关于钢铁行业化解过剩产能实现脱困发展的意见》，提出从 2016 年开始，将用 5 年时间压减粗钢产能 1 亿～1.5 亿吨。据人力资源社会保障部初步统计，此次钢铁行业化解过剩产能将导致 50 万名职工下岗，这将对就业、收入、社保、劳动供求双方、社会和谐稳定造成巨大压力，下岗待业、隐性失业、职工群体性事件等隐患在局部地区、局部行业有可能凸显出来。对此，要高度关注结构性改革中职工生产生活遇到的新情况新问题，特别是煤炭、钢铁、水泥、玻璃等产能过剩行业的情况，老工业基地、资源枯竭工矿区的情况，经营困难、兼并重组、破产清算企业涉及裁员、职工安置和权益保障的情况，把工作重心更多地放在保收入上，依法维护好职工劳动经济权益。

出台化解过剩产能的职工权益维护配套政策，细化补偿金安置费标准，把职工人数作为测算奖补资金的基础，所需资金国家要兜底。发挥社会保障的社会稳定器作用，重点做好兜底工作，守住民生底线。由政府为职工一次性趸交社会保险费，对于因去产能而失业的职工，由政府为职工一次性趸交其至法定退休年龄的基本养老保险费和基本医疗保险费及其他社会保障费用，其基本生活费由政府指定的机构代发。及时启动中央奖补资金后，引入地方配套资金，督促企业落实“退养一批、协议一批、转岗一批”的原则，妥善安置、培训好转岗职工，保证职工收入，解决困难职工的生活问题。鼓励企业并购重组安置富余人员，根据安置人员数量给予相应的补贴或减免企业税费。

推动与劳动收入相关的法规制度和政策落地见效。党的十八大以来，党和国家陆续实施了深化机关事业单位工资制度改革、调整国有企业负责人的薪酬结构和不合理的偏高过高收入等一系列改革举措，相关法律法规政策得到不断健全完善。以保障农民工工资为例，出台了《关于进一步做好为农民工服务工作的意见》《关于全面治理拖欠农民工工资问题的意见》《关于加强涉嫌拒不支付劳动报酬犯罪案件查处衔接工作的通知》《关于开展农民工工资支付情况专项检查活动的通知》等措施。但是从实际情况来看，拖欠农民工工资问题尚未得到根本解决，部分行业特别是工程建设领域拖欠工资问题仍较突出。要落实政府在保障职工劳动报酬权益中的责任。发挥税收政策和社会保障体系在有效调节过高收入、着力提高低收入者收入水平中的关键作用，逐步建立以个税为主、以财产税为辅调节收入差距的税制结构；加大对高收入者的征税稽查和调节力度、逐步提高个税的平均税率，实现从以增值税为主体向以个税为主体税制结构的转变；建立对高收入者持有的不动产、金融与资本交易以及遗产和赠与行为进行征税调节，实行有利于促进劳动密集型小企业提高职工工资收入的财税扶持政策。强化“提低、扩中、调高”等一系列针对性的政策措施，扭转城乡、区域、行业、身份和社会成员之间收入差距扩大趋势，实现农民工与城镇就业人员同工同酬，将拖欠农民工工资问题突出的领域和容易发生拖欠的行业纳入重点监控范围，完善与企业信用等级挂钩的差别化工资保证金缴纳办法。加大落实与劳动收入相关的法规、政策与制度的力度，加快建立统一规范的企业薪酬调查和信息发布制度，实施企业重大劳动保障违法行为“黑名单”制度。围绕产业结构优化，针对转型升级、结构性改革过程中企业发展遇到的突出问题和职工岗位变化情况，开展劳动定额指导标准制定工作，推动劳动标准体系建设。

（三）以基层协商民主制度性安排为重点，推动维护劳动收入主体地位相关法规政策的健全

涉及人民群众利益的大量决策和工作，主要发生在基层。基层协商民主是中国社会主义民主政治的特有形式和独特优势，是党的群众路线在基层的重要体现。加强基层协商民主制度性安排，有利于进一步健全完善维护劳动

收入主体地位的法规制度和相关政策。在初次分配领域，通过市场手段使劳动报酬增长水平和企业利润增长同步，及时调整分配政策导向，在国有企业工资总额调控、制定工资指导线和最低工资标准等调控工具中研究和落实“两同步”原则；重点针对部分低收入群体，在提高其劳动报酬水平的同时合理调整收入分配关系。完善最低工资制度，建立健全最低工资标准评估制度，把握时机和幅度，有控制地提高最低工资标准。完善工资指导线制度，把一线职工工资增长与企业经营者工资增长挂起钩来。提高劳动力资源配置效率，增加劳动报酬总量。

推进工资集体协商，发挥基层民主在企业层面调整收入分配的作用。要按照协商于民、协商为民的要求，通过建立健全基层协商民主建设协调联动机制，把与职工群众切身利益密切相关的收入分配调整工作摆上日程，做到协商于决策之前和决策实施之中，根据各方面的意见与建议来决定和调整决策及工作，从制度上保障协商成果落地。细化工资协商中对收入的约定，在企业大力推进工资集体协商。加强对工资集体协商合同履约情况的监督。重视困难、特殊行业及地区职工收入的工资集体协商工作。在劳动者收入普遍偏低的行业、地区要重视工资集体协商，逐步推动职工收入的改善，激发职工的创造性与潜能，提高劳动生产率，破解困难行业、地区的发展难题。通过发展非公企业工会组织和工资集体协商制度，提高非公企业一般职工工资水平。

大力构建和谐劳动关系，保障职工取得劳动报酬的权利。劳动关系是否和谐，事关广大职工和企业的切身利益，事关经济发展与社会和谐。要通过全面实行劳动合同制度，加强对企业实行劳动合同制度的监督、指导和服务，切实提高劳动合同签订率和履行质量，提升劳动用工管理水平，从源头上保障职工合法权益。加强和创新协调劳动关系三方机制组织建设，建立健全协调劳动关系三方委员会，完善协调劳动关系三方机制职能，健全工作制度，充分发挥政府、工会和企业代表组织共同研究解决有关劳动关系重大问题的重要作用。加强企业民主管理制度建设，完善以职工代表大会为基本形式的企业民主管理制度，推进厂务公开制度化、规范化，推行职工董事、职工监事制度，畅通职工民主参与渠道，依法保障职工的知情权、参与权、表

达权、监督权。健全劳动关系矛盾调处机制，通过健全劳动保障监察制度、健全劳动争议调解仲裁机制、完善劳动关系群体性事件预防和应急处置机制，切实维护劳动者合法权益。

（四）以提高劳动者能力素质为保障，夯实维护劳动收入主体地位的基础

劳动者素质对一个国家、一个民族以及个人发展至关重要。劳动者的知识和才能积累越多，创造能力就越大，劳动也就越有价值。目前，我国技能劳动者仅占就业人员的20%，高技能人才只占技能人才的25%，劳动力技能水平与市场需求还不适应，劳动力供给与需求失衡的就业结构性矛盾仍很突出，既严重影响了我国经济社会发展的续航能力，也极大降低了广大劳动者的受益度、获得感，必须把提高包括广大职工在内的劳动者能力素质作为民族发展的长远大计和战略任务抓紧抓好。

从国家层面来讲，要大力实施人才优先发展战略，把人才作为支撑发展的第一资源，加快推进人才发展体制和政策创新，构建有国际竞争力的人才制度优势，提高人才质量，优化人才结构，加快建设人才强国。特别是要加大人力资本投资力度，全面加强教育事业，组织开展技能就业培训工程暨高校毕业生技能就业和新一轮全国百家城市技能振兴等专项活动，深入实施国家高技能人才振兴计划，使劳动者更好适应变化了的市场环境。从企业层面来看，要切实承担起职业培训和技能人才培养的主体责任，建立健全企业职工培训制度，在制订生产经营计划的同时应该制订职工培训计划，通过在岗培训、脱产培训、业务研修、校企合作、技能竞赛等多种形式，建立产学研结合制度、技师研修制度，依托高技能人才公共实训基地培养企业高技能人才，建立现代学徒制度，加快提升企业在岗职工的技能水平。从企业层面来讲，要依托工会资源构建职工教育培训立体化网络，广泛开展职业技能竞赛和岗位练兵、技术比武活动，提高职工职业技能，提高技术工人待遇，改革职业资格管理制度，畅通技能人才培养、选拔、使用渠道，弘扬工匠精神，培养更多“大国工匠”，为职工成长成才创造良好环境。从个人层面来讲，

劳动者要树立终身学习理念，把学习新知识、掌握新技能作为个人发展进步的不竭动力，始终把提高岗位技能放在第一位。

推动大众创业、万众创新，培育劳动者提高收入的增长极。完善创业孵化相关政策，对孵化器等创业孵化载体进行精确定位，建立政府引导、市场化运作的培育模式，集成式构建阶梯形孵化体系，创新孵化管理运营机制，提升孵化服务能力，支持创业孵化载体发展。加大财政资金对初创企业项目引导支持力度，建立创业投资引导机制、信贷风险补偿机制和科技保险补贴机制，积极培育天使投资群体，拓宽初创企业投融资渠道，对种子期、初创期科技型中小企业给予重点支持。保护劳动者创新成果的所有权、处置权和收益权，进一步理顺企业与职工之间的关系，深化科技创新体制改革，允许企业、科研机构更灵活地处置科技成果、创新成果，允许相关人员自由转化科技成果，建立市场评价创新成果的体制机制，确保劳动者更顺畅地从创新成果获益，通过科学劳动提高收入，共享智力劳动成果。

长期以来，农民工的综合素质、学历层次和技术技能水平存在明显弱势，成为制约经济社会发展的“短板”。据有关数据，截至 2014 年，我国高中及以上学历农民工占 23.8%，大专及以上学历农民工仅占 7.3%，接受过技能培训的农民工占 34.8%。要把提升农民工技能素质作为重中之重，大力开展农民工技能素质提升计划和农民工“求学圆梦行动”，立足岗位技能和职业发展需要，为有意愿、有能力接受学历教育的农民工，提供相应的学历继续教育，不断提升其专业技能和学历层次；紧密对接经济社会发展和产业结构调整升级对人才的多样化需求，重点面向在建筑、制造、能源、物流、餐饮、物业、家政、养老等行业的农民工开展技术技能培训，提高其就业稳定性及职业迁移能力；有针对性地开展创新创业培训，提高农民工创新创业意识和能力，使他们投身大众创业、万众创新。

（五）以中国特色社会主义政治经济学为遵循，加强对劳动收入主体地位理论和实践问题的研究

在 2015 年中央经济工作会议上，习近平总书记提出了坚持中国特色社

会主义政治经济学必须把握的几个重大原则，即坚持解放和发展社会生产力、坚持社会主义市场经济改革方向、坚持调动各方面积极性、防止陷入“中等收入陷阱”。这一重要论述，既坚持马克思主义政治经济学基本原理，又赋予其丰富的实践特色、理论特色、民族特色、时代特色，开辟了马克思主义政治经济学新境界，为更好回答维护劳动收入主体地位的理论和实践问题提供了根本遵循。要以此为指导，加强对劳动公平性研究，分析在社会主义市场经济背景下，劳动的本质、劳动的价值，劳动在社会财富生产过程的作用、功能，探索劳动者合理参与社会财富分享的公平、正义的通道。强化崇尚劳动的价值取向，营造公平的社会舆论环境，维护劳动价值的公平性，排除劳动者参与发展、分享发展成果的障碍，努力让劳动者共享发展机会，实现体面劳动、舒心工作、全面发展。

在这一框架下，应围绕具体的理论实践问题进行细化研究。包括：坚持解放和发展社会生产力的原则，强调以人民为中心的发展思想，努力实现更高质量、更有效率、更加公平、更可持续的发展，不断满足人民日益增长的物质文化需求，为坚持和维护劳动收入主体地位提供了有力的理论基础。坚持社会主义市场经济改革方向的原则，强调使市场在资源配置中起决定作用是深化经济体制改革的主线，要更好解决市场体系不完善、政府干预过多和监管不到位问题，为在新形势下如何更好坚持按劳分配的主体地位提出了重大课题。防止陷入“中等收入陷阱”的原则，强调从实际出发，收入提高必须建立在劳动生产率提高的基础上，福利水平提高必须建立在经济和财力可持续增长的基础上，对健全完善最低工资标准评估制度、工资指导线制度、开展集体工资协商提出了新的挑战，从而使劳动收入主体地位问题在理论和实践上有所发展、有所创新。

G.13
第十三章
性别平等：女性就业与歧视

向　晶*

单位制度在计划经济时代对保障性别平等就业发挥着重要的作用。随着市场化发展带动单位制的变革，我国女性平等就业面临新的挑战。在强调经济社会性别平等的发展目标下，女性平等就业也就成为社会协调发展的重要内容。目前，我国女性受教育程度普遍提升，但总体就业率不断下降。同时，我国国家机关和事业单位中女性的比例也在不断提升。全面放开二胎后，市场化程度较高的各类企业和组织对适婚适育年龄段女性就业态度趋冷。女性劳动者选择在国家机关和事业单位的倾向不断提高。进一步消除劳动力市场的歧视，提高社会政策选择，是实现我国劳动力市场结构趋于合理，并推动性别就业平等的重要途径。

一　我国女性就业发展的国际比较

改革开放以来，我国在性别平等工作上取得突出成绩。女童入学率、接受高等教育的女性比重，均出现大幅度提升。2014 年，我国在校研究生中女性占比为 49.2%，专业技术人员中女性的比重达到 46.5%；与 2010 年相比，分别提高了 1.3 和 1.4 个百分点①。不仅如此，女性具有高等教育水平

---

* 向晶，中国社会科学院人口与劳动经济研究所助理研究员。

① 国家统计局：《2014 年〈中国妇女发展纲要（2011～2020 年）〉实施情况统计报告》，2015 年 11 月 27 日，http://www.stats.gov.cn/tjsj./zxfb/201511/t20151127_ 1282257.html。

的比例甚至超过男性。OECD 教育数据库显示，2010 年我国 35～44 岁女性中受过高等教育①的比例为 16%，25～34 岁女性中的比例则提高到 18%；而 25～34 岁、35～44 岁男性中具有同等学力的比例分别为 13%、12%，均低于同年龄组女性②。女性整体受教育水平提高的同时，其在劳动力市场上的发展却并不如意。15～64 岁年龄组女性劳动参与率从 2000 年的 76.7% 下降到 2010 年的 70.3%③。

相比较发达国家，中国女性目前的劳动参与率并不低（见表 13－1）。但是，持续下滑的劳动参与率水平与发达国家女性劳动参与率不断上升形成鲜明对比。目前，中国 15～64 岁女性的劳动参与率约为 70%，普遍高于亚洲很多国家。如 2014 年日本和韩国的女性劳动参与率分别只有 66% 和 57%。同时，这一水平也高于美国和法国这样的欧美国家。例如，2014 年美国女性的劳动参与率也只有 67.1%。然而，从时间上来看，中国女性在劳动年龄阶段退出劳动力市场的比例正在上升。2000 年中国 15～64 岁女性的劳动参与率达到 76.7%，2010 年则为 70.3%。10 年时间里，女性退出劳动力市场的比例增加了 6.4 个百分点。在女性退出劳动力市场的同时，留在劳动力市场上的女性与男性之间的工资差距还在不断扩大。根据三次妇女地位调查数据测算，我国城镇就业人口中，女性平均工资与男性的比值（男性＝100）从 1990 年的 77.5 下降到 2010 年 65.8。

女性在劳动力市场的劳动参与率和就业机会的变化，是导致中国性别平等工作进度放缓，甚至倒退的重要原因。《全球性别差异报告 2015》指出，中国的性别平等指数仅为 0.682，排在全球第 91 位，比 2014 年全球排序下

① OECD 根据国际教育标准分类建立起全球教育数据库。国际教育标准分类将教育体系划分为 7 个层次。其中，0 层为“学前教育”；第 1 层为小学教育；第 2 层为初中教育；第 3 层为高中阶段；第 4 层为高中后非高等教育阶段；第 5 层为大学专科、本科以及各种硕士学位教育；第 6 层为通向高级研究资格的博士教育阶段。此处高等教育指的是第 5～6 层教育，即具有大学专科及以上教育程度。

② OECD（2016），Share of Population by Educational Attainment. http://stats.oecd.org/index.aspx?queryid＝54741.

③ OECD（2016），Gender wage gap（indicator）. 10.1787/7cee77aa－en.

降了2位。与发达国家妇女解放运动兴起，继而女性参与社会公共发展的比例不断攀升，女性社会地位逐渐提高这一路径不同的是，中国推进社会性别平等采用的是自上而下，行政推动，而非女性意识地自我觉醒。在这样的性别平等推进过程中，虽然中国女性的受教育程度、健康等指标能够在短时间内出现大幅度提升，并赶超发达国家的水平，但是在劳动力市场上，行政手段失灵，企业和雇主可以采用各种手段婉拒女性求职者。

表13－1 中外就业与工资的性别比较

年份	女性劳动参与率(%)			性别工资比较(女/男)(男性＝100)		
	2000	2005	2014	2001	2005	2013
美国	70.7	69.2	67.1	76.42	81.02	82.09
英国	68.9	69.6	72.1	74.36	77.94	82.52
日本	59.6	60.8	66.0	66.13	67.17	73.41
韩国	52	54.5	57.0	59.58	60.38	63.4
法国	62.5	64.8	67.4	84.87	85.61	86.33
德国	63.3	66.9	72.9	80.71	82.7	86.62
年份	2000		2010	1990	2000	2010
中国	76.7		70.3	77.5	70.1	65.8

资料来源：中国城镇男女职工收入比率（女/男）根据全国妇联和国家统计局进行的三次妇女地位调查数据整理而得；OECD（2016），Gender wage gap（indicator），http：/10.1787/7cee77aa－en。

二 中国劳动力市场发展和女性就业

20世纪80年代，我国乡镇企业兴起，推动劳动力市场化改革迈出了第一步。虽然局部劳动力市场在小城镇涌现，但劳动用工还主要以国有、集体企业为主。1992年邓小平视察深圳、珠海、上海等地后发表重要讲话，农村大量剩余劳动力得到进一步释放。更重要的是，私有部门也开始发展，原有国有、集体部门对劳动力市场的垄断被打破。劳动力市场也形成了面向国有/集体单位的垄断劳动力市场和面向私有部门的自由劳动力市场二元结构

(刘精明，2006)①。1994 年起，我国国有企业开始为建立现代企业制度进行改革，企业对劳动力市场的控制能力被进一步分解。计算表明，国有和集体单位就业人口的比重从 1998 年的 45.89% 下降到 2014 年的 17.42%，16 年累计减少 4172 万人。

在国有企业改革过程中，随着国有集体单位将企业效益和招工用人制度联系起来，城镇社会的自由劳动力市场真正实现并开始走向统一。劳动力市场化程度的提高不断激发个体劳动者的人力资本活力。非公经济体，如混合所有制企业、私营企业以及个体工商户，已经成为吸纳劳动力的重要场所。1978 年城镇就业人口中，78.32% 在国有单位工作，21.53% 的人在城镇集体单位就业，私有部门和其他混合制企业用人占比非常小；到 1998 年，在国有单位和城镇集体企业工作的比重分别为 41.9% 和 9.08%，在其他所有制企业、私营企业和个体工商户就业的比重合计约为 50%；到 2014 年年底，城镇就业人口中，在国有单位、城镇集体单位、其他所有制企业单位、私营和个体就业的比重分别为 16.06%、1.37%、28.35% 和 54.22%（见图 13-1），其中在私营和其他所有制企业中就业人口的比重已经超过 80%。

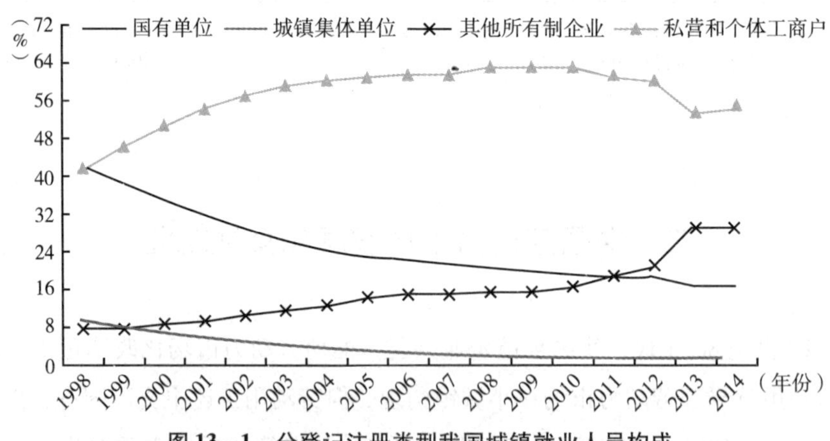

图 13-1　分登记注册类型我国城镇就业人员构成

资料来源：《中国统计年鉴（2015）》。

① 刘精明：《劳动力市场结构变迁与人力资本收益》，《社会学研究》2006 年第 6 期。

在我国劳动力市场化程度不断提高的过程中，具有更高市场化程度的非公企业和单位中，女性就业率却不断下降。据统计，2011 年我国城镇单位就业中女性的比例为 36.27%，到 2013 年女性的比例只有 35%。其中，我国其他所有制和私营企业，女性就业者的比重从 2011 年的 35.3% 下降到 2013 年的 32.99%，下降了 2.31 个百分点。相比之下，国有单位女性就业者的比重却在提高。据统计，国有单位中女性就业者的比重从 2011 年的 37.6% 上升到 2013 年的 38.8%，提高了约 1 个百分点（见图 13－2）。

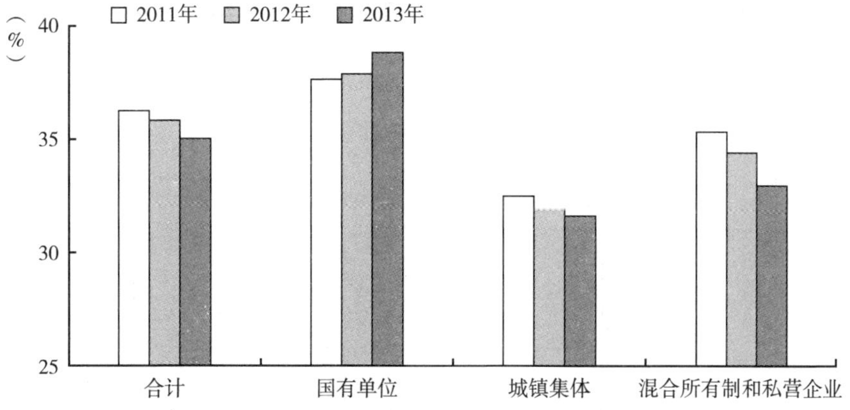

图 13－2　分登记注册类型城镇单位女性就业比例情况

资料来源：《中国劳动统计年鉴 2014》。

针对在国有单位就业规模不断下降、结构不断调整的情况下，我国女性在国有单位就业的比重反而上升这一现象，其可能的解释是，相比较市场化的组织和企业，国有单位仍具有计划经济时代国家目标和组织目标相结合的单位体制特征。比照过去，城市社会单位就业的制度设计将女性平等就业作为组织的发展目标，是使得中国在计划经济时代成为世界上少数实现男女平等就业的国家之一的重要原因。①

随着我国市场化改革，国有企业自身利益追求与完全竞争下的各类所有制企业趋于一致。各类单位组织在吸收劳动力的过程中重视因性别因素导致的劳

① 武平哲：《单位制变革与男女平等就业的社会政策选择》，《求实》2008 年第 3 期。

动力成本差异。其结果表现为，各类企业和非公经济体在招收员工时，将女性生育等间接劳动成本考虑在内。即使女性的人力资本水平与男性相等或是较之更高，非公经济体在招收女性求职者时也持保留态度，因此，在女性受教育程度普遍提高的情况下，女性在就业选择上仍然倾向于选择国家机关和事业单位。我国妇女地位调查数据显示，2000 年我国国家机关和事业单位就业人口中女性的比例为46.4%，到2010 年女性的比例达到50.3%。而国家/集体企业女性就业的比例从2000 年的44.7%下降到2010 年的33.9%。其他混合所有制企业、私营和个体中，女性就业者的比重也从2000 年53.7%下降到2010 年44.8%（见图 13－3）。

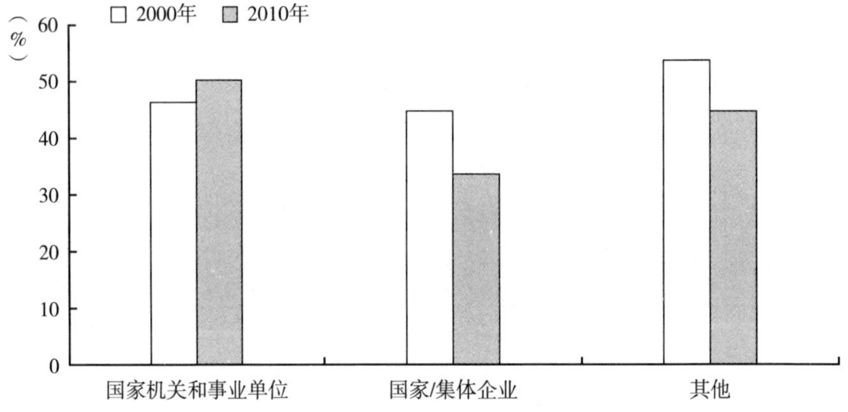

图 13－3　2000、2010 年各类单位女性就业的比重

注：其他主要包含“三资”企业/私营企业和个体等。
资料来源：《全国妇女地位调查》（2000，2010）。

虽然我国女性的人力资本提升很快，且新进入劳动力市场的女性和同期男性之间的教育差距大幅度缩小，但是在非公经济成为主要就业场所的情况下，女性对国家机关和事业单位的青睐并没有改变。女性更倾向于选择国家机关和事业单位，且越晚进入劳动力市场的劳动者，在国家机关和事业单位中就业的比例也越高。第三次全国妇女地位调查数据显示，1956～1965 年出生，并在国家机关和事业单位工作的人口当中，女性的比例为 45.2%；而1985～1996 年出生，并在国家机关和事业单位工作的人口当中，女性的比例提高到63.4%（见图 13－4）。

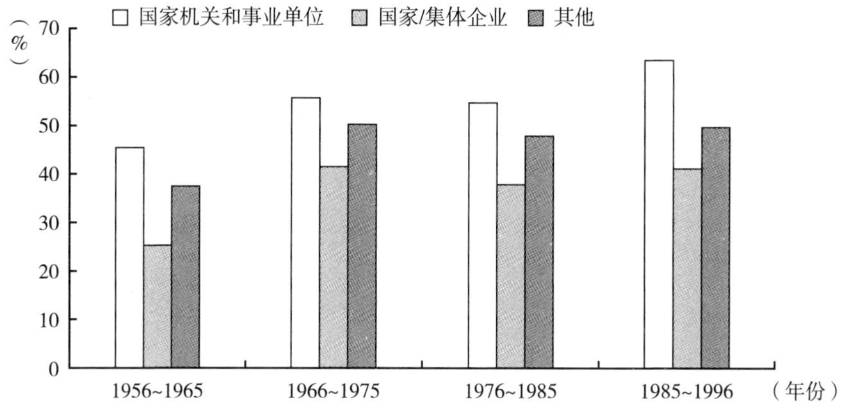

图 13－4 分出生时间队列各类单位类型女性就业者比重

注：其他主要包括中外合资经营企业、中外合作经营企业、外商独资企业等“三资企业”，以及私营和个体工商户。

资料来源：《全国妇女地位调查》（2000，2010）。

三 我国女性就业存在的问题

虽然我国非公有制经济日益活跃，并成为吸纳劳动力的重要场所，但女性总体就业率在下降。目前，我国同期进入劳动力市场的男女性之间的人力资本差距在缩小，且接受高等教育的女性比例开始超过男性，相比较非公经济，我国国家机关和事业单位中就业的女性比重还在提高。从女性就业选择倾向上可以看到，我国劳动力市场发展存在以下几点问题。

第一，实行男女不同的法定退休年龄，女性就业周期普遍低于男性。人社部规定，党政机关、群众团体，企业和事业单位干部，男性法定退休年龄为 60 岁，女性为 55 岁（经医院证明丧失工作能力的，男性法定退休年龄可提前到 50 岁，女性为 45 岁）；而全民所有制企事业单位、机关群众团体的工人，男性法定退休年龄为 60 岁，女性为 50 岁（特殊工种，男性法定退休年龄为 55 岁，女性为 45 岁）。女性法定退休年龄始终比男性小 5 ~ 10 岁。法定退休年龄对公有制企事业单位具有约束力，而对非公有制单位仅作为参考。因此，在非公有制单位工作的女性将更早地退出劳动力市场。比较不同所有制男女退休年龄分布可以看到，非公经济体中女性退休年龄比国有/集体单位要早3年左右。而男性则相反，在非公经济体中就业的男性退休年龄比国有/集体单位晚1~2年（见图13-5）。

目前，欧美发达国家法定退休年龄为65岁，且男女一样。但我国退休年龄普遍早于发达国家。国际劳动年龄阶段以65岁为上限，我国女性法定退休年龄和进入老龄阶段之间存在10年的间隔。如此大的时间差，加上三年困难时期后随“婴儿潮”出生的人口开始步入退休阶段，都是造成我国女性就业率不断下降的重要原因。

无论是法定退休年龄还是实际退休年龄，我国女性都比男性退出劳动力市场的时间要早。目前，我国女性与男性接受同等的教育，就业周期本身却比男性短，考虑到女性在非公经济单位就业周期更短，教育程度越高的女性，其选择在国有和集体单位的倾向就越高。无论是从对女性进行教育投资的家庭来讲，还是从国家对女性人力资本积累所付出的经济社会投入来讲，女性就业周期过短，是经济和社会效率的双重损失。女性法定退休年龄早于男性不利于劳动力市场的性别平等工作推进。

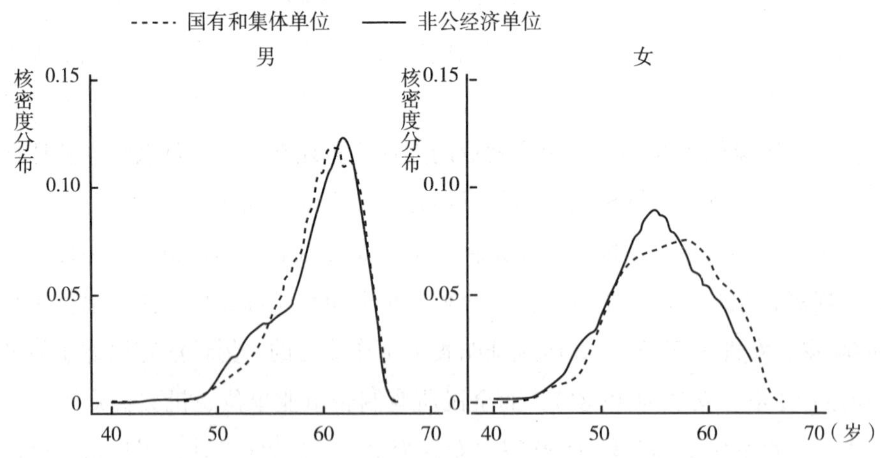

图13-5 不同经济体单位分性别的退休年龄分布

资料来源：《全国第三次妇女地位调查》（2010）。

第二，性别工资差距在不断扩大。全国妇女地位调查显示，1990 年我国城镇就业人口中，女性平均工资约为男性工资水平的 77.5%，而到 2010 年女性工资只有男性的 65.8%。同时，国家统计局城镇住户调查数据也显示，2003 年女性平均工资比男性低 13%，到 2009 年性别工资差距进一步扩大到 21.0%。由于我国劳动力市场化改革与女性就业发展同步，从公有化到非公经济为主体的过程中，时间队列间性别工资差距也呈现出正逐步扩大的趋势。

我们以具有高中以上学历人群为对象，根据入职时间划分队列，可以看到：所有队列内性别工资差距均呈扩大趋势（见图 13－6）。在控制职业、地区、个人和家庭特征等变量的情况下，1995～1999 年参加工作的群体，高学历女性在 2003 年的工资只有男性的 87%，而到了 2009 年则只有男性的 79.0%；1990～1994 年参加工作的人，女性 2003 年工资约为男性的 98.0%，而到了 2009 年则只有男性的 83.0%。虽然 1985～1990 年进入职场的高学历女性，2003 年时的工资约为男性的 106.0%，略高于男性，但是这种情况并没有维持下去，到 2009 年只有男性的 85.0%；1980～1984 年参加工作的人，2003 年女性的平均工资为男性的 113.0%，而到了 2009 年也只有男性的 85.0% 左右。由此可见，在最近的十多年时间里，无论是哪个时期进入职场的高学历女性，其与同等条件下的男性之间的工资差距均呈扩大趋势。

此外，比较不同时期进入职场的高学历女性与男性工资差距的变化趋势，可以发现：相对于新进入职场的女性而言（参加工作时间为 1995～1999 年），较早进入职场的高学历女性，其与男性的工资差距相对较小。以 2003 年为例，1980～1984 年进入职场的高学历女性比男性工资要高 13 个百分点，而同时期，1995～1999 年进入职场的高学历女性比男性工资要低 13 个百分点。虽然到了 2009 年，两个队列的性别工资差距基本都在 15%～20.0%；但是，较早进入职场的高学历女性与男性的工资差距变动趋势整体状况均好于新进入职场的女性。国家统计局城镇住户调查数据显示，高度市场化的劳动力市场在吸引大量的高学历女性的同时，这些女性与男性之间的工资差距并没有随着时代的进步而不断改善。无论是从她们在职场发展的积累，还是从进入劳动力市场的时期来看，女性与男性之间的工资差距均逐步扩大。

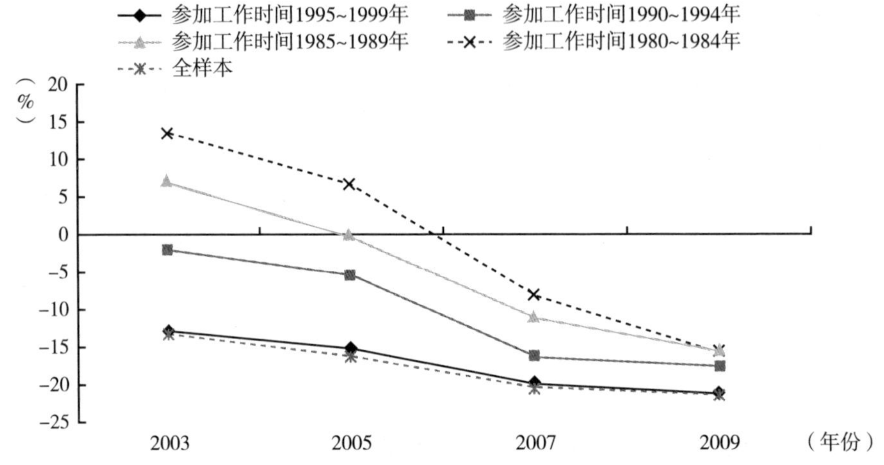

图 13－6　按入职年份队列女性与男性的工资差距

资料来源：根据国家统计局 2003、2005、2007、2009 年的城镇住户调查数据计算。

整体而言，市场化发展过程中，性别工资差距在不断扩大。对人力资本水平较高，且刚进入或即将进入劳动力市场的女性而言，这是非公经济单位给女性在劳动供给上给予的低评级。相比之下，国有部门性别工资差距较小（Maure－Fazio，Hughes，1999），女性对国有部门工作的倾向也高。据测算，硕士及以上学历女性选择在国有部门工作的概率比同等条件下的男性高出 7 个百分点。国有部门和非国有部门内部的工资差距对此的解释力高达 95%。这也是我国国有部门，尤其是机关事业单位，女性就业者的比重在提高的一个重要因素。

第三，职业总体的性别隔离还在持续。中国市场化和工业化改革，推动两性职业的分化。女性一方面因自身生育和家庭的因素，倾向于选择人力资本回报低、工作时间有弹性的职业；另一方面雇主会根据经验将性别特征作为对应聘者的生产力的判断依据，进而将女性安排在某些特定的职业。市场化水平越高，经济利益最大化驱动雇主和女性本身的职业选择导致职业性别隔离越明显。据测算，1982～2010年中国职业的性别隔离指数呈上升趋势。1982年中国的性别隔离指数为18.3，而2010年达到24。如果要消除职业的性别隔离，则意味着24%的男性或女性要改变现有的职业①。

职业性别隔离表现为两个方面：一是职业内部性别比例的提高，即职业性别构成的固化；二是具有性别特征的职业类型规模变化，即具有性别特征的职业数量和规模在增加。事实上，科学技术的快速推进，可有效地降低男女因体能差异导致的职业性别隔离水平。随着再工业化、产业结构的调整升级，一方面可以通过机器生产取代高劳动强度的职业；另一方面，生产性服务业的迅猛发展，不断提高第三产业吸纳劳动力的水平。如，白领中女性比例的上升，有效地降低了我国职业性别隔离水平②。李汪洋、谢宇也指出③，改革开放以来，具有性别特征的职业数量和规模正不断减少，中性职业④持续增加，非农职业的男女分布日趋平衡。

然而，女性职业转变为中性职业意味着女性的退出，性别不平等状况并未得到改善。随着第三产业的快速发展，女性不断从制造业退出，并集中在商业和服务领域，制造业男性化水平显著提升。从这点来讲，女性职业的中性化反而加深了性别不平等。另外，我国女性从业者进入男性职业的概率在降低。虽然受教育水平的提高对男女劳动者的作用是相同的，但对女性劳动者从女性职业进入男性职业作用不大，甚至出现负影响。换句话说，受教育程度的提高减少了女性从女性职业进入男性职业的可能⑤。

劳动力市场职业隔离是教育学科专业领域性别隔离现象的投影。王俊指出，高等学校中，女性学生显著地集聚在人文社会科学领域，相应地，女性

---

① 李汪洋、谢宇：《中国职业性别隔离的趋势：1982～2010》，《社会》2015年第6期。

② 李春玲：《中国职业性别隔离的现状及变化趋势》，载中国社会学年会《“中国社会变迁与女性发展”论坛论文集》，2009。

③ 李汪洋、谢宇：《中国职业性别隔离的趋势：1982～2010》，《社会》2015年第6期。

④ 女性比例处于30%～70%的职业是“中性职业”，女性比例超过70%的职业被称为“女性职业”，女性比例低于30%的职业被称为“男性职业”。

⑤ 张成刚、杨伟国：《中国职业性别隔离趋势与成因分析》，《中国人口科学》2013年第2期。

在劳动力市场上也往往集中于服务类行业，如一般办事员、秘书、文员等。虽然专业技术工人、工程师等职业本身并没有性别偏好，但是女性求职者的规模并没有在市场化过程中出现大幅上升，近些年甚至有些下降①。根本原因在于，高校专业学科上性别隔离需要进一步改善②。

四　推进男女平等就业的政策选择

就业是个体在社会经济发展过程中实现独立生活的基础。与男性具有相同的就业选择权是实现性别就业平等的前提。对女性而言，她们在承担养育子女等家庭劳动责任的同时，还要承担由制度等原因导致的其人力资本无法在劳动力市场得以体现而沉没的成本，这是劳动力市场性别不平等的关键问题。我国的市场化改革，已经将女性生育和家务劳动等成本转嫁给家庭，生育和家务劳动力等因素导致的劳动力成本差异都由女性自己来承担。这不仅使得女性必须依赖家庭才能生存，同时也会形成劳动力市场歧视女性，让女性离开劳动力市场的恶性循环。促进男女平等就业，需要从社会发展的角度出发，采取必要的政策措施，为女性平等就业创造条件。

首先，实行男女相同的法定退休年龄。目前，所谓的体制外组织没有传统意义上的退休概念，何时离开工作岗位是根据雇员和雇主之间的劳动合同决定，这一点对男女都相同。但是众多的非公有制企业，对女性的歧视表现为"生育歧视"。且按照法律规定，女性就业时间就比男性短。现阶段，我国法定退休年龄还是按照 1953 年《劳动保险条例》实施的。如果说当时制定政策时考虑的是让女性较早退出劳动力市场对其是一种福利，那么其与现在高度市场化的经济社会结构不适应，必须做出调整。随着我国居民平均受教育程度普遍提升，迈入就业市场的年龄也在提高。女性群体就业周期明显低于男性，已经成为一种变相的政策歧视。其结果是，在非公经济就业的女

① 王俊：《论高等教育中学科专业的性别隔离》，《高等教育研究》2005 年第 7 期。
② 石彤：《专业性别隔离的产生过程及其影响因素》，《中华女子学院学报》2013 年第 4 期。

性将更早地退出劳动力市场，而不论其是自愿还是被挤出劳动力市场。此外，对受过高等教育的女性而言，过早的退休必然造成人力资本的损失。与和她们同期进入劳动力市场的男性相比，这些女性获得的收入和福利保障均会有所降低。从性别平等的角度来说，女性拥有选择何时退休的权利。而实现这一权利的前提是，男女具有相同的法定退休年龄。对于特殊工种要实行弹性退休年龄，也应该是以此为基础。减少因制度本身造成的性别歧视是推进性别平等工作的前提。

其次，建立社会补偿体系。生育既是女性的权利也是女性的义务，但这不能成为剥夺女性平等就业机会的借口。因生育导致的性别劳动力成本差异不应当由女性独自承担。生育保险可以看作一种对女性就业的社会补偿制度，但其作用程度非常有限。在我国市场化改革过程中，经济组织愈加多元化，但是相比较国有企业和机关事业单位的生育保障模式，非公经济体，尤其是部分私营单位，其无法为职工提供生育保险，或是规避职工生育保险。因此，我国要进一步完善生育保险制度，通过建立全国统一的生育保险制度，不分单位企业所有制形式和性质，将职工纳入保障体系当中，形成一个有利于创造公平就业的社会环境。另外，可以探索设立“生育基金”，该基金对生育期间的女性进行经济补贴。女性为生育和家务劳动的付出是社会总劳动的一部分。无薪家务劳动和女性的生育性别角色，使得女性很难在完全竞争的劳动力市场获得经济独立。通过社会统筹负担女性生育期间的部分生活成本，肯定女性的社会价值，有助于形成良好的社会性别认知，促进性别平等工作的推进。

再次，建立性别平等的专业和职业文化，鼓励女性在科技、工程、数学（STEM）等专业领域的发展。学生对于专业和职业的认知是从社会宣传、家长介绍等渠道获取的，而社会对于专业和职业的评价过程中往往带有刻板的社会性别观念，容易对学生产生误导，并影响男女学生的个体选择。同时，这种对专业和职业的刻板印象会不断地被复制而在代际传递下去。要建立起性别平等的专业和职业认知，建议培养中小学生对科技、工程、数学等专业的兴趣，提倡同伴教育，鼓励女生积极参与并学习 STEM 课程。搭建课堂和科技企业交流和互动平台，让科技专业技术领域优秀女性成为专业榜样，帮助女生建立起专业和职业的发展目标，同时也积极地转变社会对女性专业和职业隔离的态度。

最后，建立性别平等的社会文化环境。正常的性别分工能够更好地发挥人力资本的效用。现阶段，女性权益都是基于女性生理特征做出的保护。但是，女性在劳动力市场的发展受到社会文化和评价机制的影响。在社会组织中，无论是女干部还是女工程师依然受到社会成见的干扰，被歪曲被误解而使得其在职业晋升中遇到阻碍。而这些都是受传统文化的影响，很难在短期内通过宣传得到解决，因此需要有政府、组织等多方齐发力，建立起性别平等的社会文化环境。一方面，充分发挥政府的宏观调控能力，制定有利于均等的就业机会，消除就业和再就业性别歧视的各项政策；另一方面，女性自我意识的增强，对维护自身在劳动力市场的平等地位具有根本性的作用。职业女性能够正确地面对世俗的偏见，用能力和品质来克服挑战，来积极地应对各种就业组织中的性别不平等现象。

G.14

第十四章 中国女性职业发展状况和问题研究

马莉芳*

无论在世界还是中国的经济史上，女性走出家庭进入职场都是一个重大事件，它意味着世界有一半人口摆脱依附，走向自主，并且进入创造财富的行列。从世界范围看，越是经济高度发达的地区，女性从业人口的比例也就越高，女性在职场中的地位也越重要。从这一意义上说，中国经济快速发展的历史，同时也是中国女性在职场上崛起的历史。1982 年我国女性人口就业率为 46.63%，到 2015 年这个数值已上升为 73%，高于大部分国家。相比于数量提升更为重要的是我国女性就业质量的提升，职业领域明显拓宽，岗位层次普遍提升，收入水平不断提高，女性商业领袖层出不穷。从各个方面看，我国女性的就业状况都处于世界先进行列。

但是，基于同男性天然的生理差别和受深厚的男权社会意识的影响，女性在就业中仍会面临多种隐忧，比如在招聘和晋升环节的不公平待遇，孕产假等专属福利的难以保障等。这些问题的存在，损害了女性的就业权益，也损害了公平公正的就业原则。

从长远来看，由于经济结构的变化，服务产业和知识经济成为主导，女性将在职场中发挥越来越重要的作用，新的经济模式下管理方式的某些特点，如重视情感纽带，提倡共赢合作，强调尊重理解等，正同女性的性别特质相契合，职场女性将成为新时代经济发展的重要驱动力量。正因为如此，

---

* 马莉芳，智联招聘。

研究和发现中国女性在职场中的真实状况，推动女性职场环境的公正与健康，就具有十分重要的意义。

基于以上目的，从2015年下半年起到2016年3月，智联招聘联合中国社会科学院人口与劳动经济研究所、中华全国妇女联合会针对中国女性职场现状的课题进行了深入调研，对全国32个主要城市不同行业、不同年龄层次的近三万名职场人士进行了问卷调查，共计回收有效问卷15876份。本次调查通过对当前两性在职场认知和职业心理上的差异对比，以及不同群体对女性职场状况感知的对比分析，试图了解我国当前职场女性从业的真实状况，探寻改善和提升女性职场环境的路径和方法，并在对调查结果分析研究的基础上，形成此《中国女性职业发展状况和问题研究》的报告，从女性从业状况分析、女性职业发展特点、结论与建议三个部分详尽阐述当前我国女性在职场中所面临的各种问题、女性在职场的特点和规律以及改进女性职场现状的一些方法和建议。

一　女性从业状况分析

女性从业状况可以从女性就业情况和女性职场状况感知两个角度进行分析。就业情况包含女性的就业比重（正在参与工作的女性占总女性人口数）和就业机会分析。职场状况则是在职女性群体在职业中实际感受到的真实境遇和状况。

（一）女性就业情况分析

首先，从女性就业人口数量来看，根据2015年国民经济和社会发展统计公报显示，2015年末全国范围内（未包含港、澳、台）地区女性人口数量达67048万人，占总人口比重为48.8%（见表14－1）。如果按照2011年发布的全国第六次人口普查数据中就业女性占女性总人口的比重计算，这意味着当前我国共有33246万女性为职业女性。

表 14－1　全国人口总数量与就业人口数量

单位：万人，%

指标	人口数	比重
全国总人口(2015 年末)	137462	100.0
其中:男性	70414	51.2
女性	67048	48.8
女性人口(第六次人口普查长表数据)	6258	100.0
其中:正在工作女性	3103	49.58
男性人口(第六次人口普查长表数据)	6475	100.0
其中:正在工作男性	3865	59.69

资料来源：国家统计局：《2015 年国民经济和社会发展统计公报》和第六次全国人口普查长表。

其次，根据女性就业行业大类分布看，农、林、牧、渔业是就业人口比重最高的行业，其次为制造业、批发和零售业（见表 14－2）。相比男性群体，女性群体在农、林、牧、渔业行业以及批发和零售业的从业比重高于男性。女性从事农、林、牧、渔业的比重为 53.22%，高出男性约 9 个百分点，批发和零售业也吸纳了更多的女性，而男性群体从事建筑业的比重明显高于女性，在制造行业两性占比差异并不太大。

表 14－2　不同性别就业者的行业分布

单位：人，%

	男性人口数	比重	女性人口数	比重
总计	39597282	100.00	31950707	100.0
其中:农、林、牧、渔业	17579444	44.40	17004775	53.22
采矿业	666207	1.68	143143	0.45
制造业	6758775	17.07	5300465	16.59
电力、燃气及水的生产和供应业	353899	0.89	142092	0.44
建筑业	3355130	8.47	564732	1.77
交通、运输、仓储和邮政业	2130365	5.38	414339	1.30
信息传输、计算机服务和软件业	262912	0.66	176500	0.55
批发和零售业	3145130	7.94	3511807	10.99
住宿和餐饮业	903340	2.28	1049845	3.29
金融业	292923	0.74	288239	0.90

续表

	男性人口数	比重	女性人口数	比重
房地产业	305950	0.77	175071	0.55
租赁和商务服务业	304710	0.77	186612	0.58
科学研究、技术服务和地质勘查业	150831	0.38	78784	0.25
水利、环境和公共设置管理业	156403	0.39	111161	0.35
居民服务和其他服务业	742217	1.87	645773	2.02
教育	734895	1.86	916104	2.87
卫生、社会保证和社会福利业	336692	0.85	497348	1.56
文化、体育和娱乐业	174890	0.44	149611	0.47
公共管理和社会组织	1242264	3.14	593953	1.86
国际组织	305	0.00	353	0.00

资料来源：第六次全国人口普查长表。

从占全部就业人口总数的比重来看，女性已占到我国就业人口总数的45%（全国最大的招聘平台智联招聘大数据显示，在白领职业群体中，职业女性占白领群体的比例为47%），约半数女性正在职场上工作，可以预见这个比例仍将会继续提升。然而，随着越来越多的女性进入职场，女性就业中面临的一些问题也随之凸显，比较突出的首先就是就业性别歧视的问题。在调查中，受访者被问到对“在求职过程中遇到过性别歧视”这一问题的看法，有39.3%的女性群体表示赞同此说法，而男性受访群体中仅有25.6%的人认同这一说法，另有53.0%的男性表示并未在求职中遇到过性别歧视（见表14－3），可见女性在就业过程中遭遇性别歧视的概率明显高于男性。

表14－3　求职中我遇到过性别歧视

单位：%

选项	总体	女性	男性
非常同意	20.2	20.8	14.3
同意	18.9	18.5	11.3
中立	25.4	25.8	21.4
不同意	18.9	19.4	13.7
非常不同意	17.5	15.6	39.3

资料来源：智联招聘数据库，2016年中国女性职场调查。

最后，女性容易遭受就业歧视的行业呈偏态分布，主要集中在能源/矿产/环保、政府/非营利机构、房地产/建筑业、汽车/生产/加工/制造等行业（见表 14－4），可能是因为这些行业长期以来一直以男性为主导。

表 14－4　求职中我遇到过性别歧视（女性）

单位：%

行业	非常不同意	不同意	中立	同意	非常同意
IT/通信/电子/互联网	19.7	18.5	23.8	17.9	20.0
金融业	15.9	21.0	31.2	15.2	16.7
房地产/建筑业	12.4	16.1	21.7	20.7	29.0
商业服务（咨询/财会/法律/广告/公关/认证/外包）	19.4	19.4	25.2	20.4	15.5
贸易/批发/零售/租赁业/快速消费品/耐用消费品	15.2	18.0	30.3	20.4	16.1
文体教育/工艺美术	19.1	23.5	25.0	17.6	14.7
汽车/生产/加工/制造	9.3	19.4	30.2	18.6	22.5
交通/运输/物流/仓储	10.6	25.5	23.4	25.5	14.9
服务业（医疗/护理/美容/保健/酒店/餐饮/旅游/度假）	17.2	17.8	28.4	13.6	23.1
文化/传媒/娱乐/体育	19.6	19.6	28.9	11.3	20.6
能源/矿产/环保	10.3	15.4	10.3	28.2	35.9
政府/非营利机构	7.9	21.1	21.1	23.7	26.3
农林牧渔	15.0	15.0	30.0	20.0	20.0

资料来源：智联招聘数据库，2016 年中国女性职场调查。

（二）女性职场状况

女性职场状况研究反映当前女性在职场中所面临的真实且普遍的问题或境遇，通过对两性职场晋升机会差异感知、职场人际关系评价和职场潜规则容忍度几个方面的考察，分析、判断当前女性职场的真实状况。

1. 两性职场晋升机会差异感知

晋升是职场人群普遍关注的焦点，也是男女两性对职场性别差异感受最深刻的环节。调查结果显示，受访者对男性在职场上更容易升职的赞同程度为 64%（见表 14－5）。71% 的人认为职场天花板现象在女性群体中表现更为严峻（职场天花板现象是指在职场中到达一定层级后，升职的通道和空间会越来越小）。进一步分析两性对职场晋升机会差异的感知发现，女性普遍认为女性的晋升机会明显低于男性，而男性态度则相对中立。具体表现为女性赞同男性在职场上更容易升职的比例为65.3%，高出男性约24个百分点。对职场天花板现象在女性群体中表现是否更为严峻的感受中，女性表示赞同的比例为72.6%，高出男性约22个百分点。

表14-5　职场晋升机会不均等

单位：%

题目	选项	总体	女性	男性
男性在职场上更容易升职	非常同意	30.0	31.0	15.5
	同意	34.0	34.3	26.2
	中立	28.0	25.9	33.9
	不同意	6.0	6.8	11.3
	非常不同意	3.0	2.0	13.1
职场天花板现象在女性群体中表现更为严峻	非常同意	33.0	35.2	22.6
	同意	38.0	37.4	28.0
	中立	21.0	20.5	30.4
	不同意	5.0	4.8	12.5
	非常不同意	3.0	2.1	6.5

资料来源：智联招聘数据库，2016年中国女性职场调查。

不同年龄阶段和不同学历水平的女性群体对职业晋升机会的感知也存在较大的差异。从年龄段来看，30~34岁人群对“职场天花板现象在女性群体中表现更为严峻”的赞同程度较高（见表14-6），也更认可男性在职场上更容易升职的观点。处于该年龄段的人群，正处于职场事业的上升期，晋升成为主要课题。因此，他们对于晋升机会的性别差异感知最为强烈和直接，这个年龄段的女性也更容易遭受职场天花板危机。比较不同学历的女性群体发现，呈现出学历越高，对职场晋升机会差异的感受越强烈的趋势。总体上，大学本科及以上学历的女性认为男性更容易升职，赞同职场天花板现象在女性群体中表现更为严峻。

表 14-6　职场晋升机会不均等

题目	女性人群	平均值
男性在职场上更容易升职	25 岁以下	3.69
	25～29 岁	3.86
	30～34 岁	4.05
	35 岁及以上	3.86
	初中及以下	3.00
	高中/中专/技校	3.46
	大专/高职	3.67
	大学本科	3.97
	硕士及以上	4.13
职场天花板现象在女性群体中表现更为严峻	25 岁以下	3.82
	25～29 岁	3.99
	30～34 岁	4.09
	35 岁及以上	3.91
	初中及以下	3.75
	高中/中专/技校	3.58
	大专/高职	3.82
	大学本科	4.07
	硕士及以上	4.00

注：数据根据 5 点量表计算平均值得出，平均值越高表示对观点的赞同程度越高。
资料来源：智联招聘数据库，2016 年中国女性职场调查。

对不同行业从业女性分析看，在政府/非营利机构从事工作的女性对“男性在职场上更容易升职”的赞同程度最高，其次是能源/矿产/环保行业、房地产/建筑业。可见，在职务晋升上男性享有优先权的多是女性涉足较少的行业（见表 14-7）。从女性自身职场上升空间的体验来看，各行各业的女性都遭遇到了职业壁垒。在已统计的 13 个行业中，超 70% 的女性认可职场天花板现象在女性群体中的表现更为严峻（见表 14-8）。

表 14－7　不同行业群体对“男性在职场上更容易升职”的看法（女性）

单位：%

行业	非常不同意	不同意	中立	同意	非常同意
IT/通信/电子/互联网	1.8	7.7	30.8	25.4	34.4
金融业	2.9	9.4	20.3	43.5	23.9
房地产/建筑业	3.2	6.5	20.3	37.3	32.7
商业服务(咨询/财会/法律/广告/公关/认证/外包)	1.9	9.7	23.3	35.9	29.1
贸易/批发/零售/租赁业/快速消费品/耐用消费品	0.9	5.2	25.6	37.4	30.8
文体教育/工艺美术	4.4	1.5	35.3	32.4	26.5
汽车/生产/加工/制造	0.8	8.5	21.7	38.0	31.0
交通/运输/物流/仓储	—	4.3	34.0	44.7	17.0
服务业(医疗/护理/美容/保健/酒店/餐饮/旅游/度假)	1.2	8.3	25.4	34.3	30.8
文化/传媒/娱乐/体育	3.1	10.3	29.9	30.9	25.8
能源/矿产/环保	2.6	—	15.4	28.2	53.8
政府/非营利机构	—	2.6	13.2	44.7	39.5
农林牧渔	15.0	—	30.0	30.0	25.0

资料来源：智联招聘数据库，2016 年中国女性职场调查。

表 14－8　不同行业群体对“职场天花板现象在女性群体中表现更为严峻”的看法（女性）

单位：%

行业	非常不同意	不同意	中立	同意	非常同意
IT/通信/电子/互联网	1.5	6.2	21.3	33.3	37.7
金融业	3.6	2.9	23.9	39.1	30.4
房地产/建筑业	2.8	6.0	20.7	37.3	33.2
商业服务(咨询/财会/法律/广告/公关/认证/外包)	1.9	5.8	21.4	47.6	23.3
贸易/批发/零售/租赁业/快速消费品/耐用消费品	1.9	5.2	13.7	44.1	35.1

续表

行业	非常不同意	不同意	中立	同意	非常同意
文体教育/工艺美术	2.9	4.4	20.6	36.8	35.3
汽车/生产/加工/制造	2.3	3.9	21.7	30.2	41.9
交通/运输/物流/仓储	2.1	6.4	14.9	44.7	31.9
服务业(医疗/护理/美容/保健/酒店/餐饮/旅游/度假)	1.8	4.7	21.9	34.3	37.3
文化/传媒/娱乐/体育	3.1	3.1	21.6	39.2	33.0
能源/矿产/环保	—	—	12.8	28.2	59.0
政府/非营利机构	—	5.3	21.1	36.8	36.8
农林牧渔	5.0	—	20.0	40.0	35.0

资料来源：智联招聘数据库，2016 年中国女性职场调查。

2. 两性职场人际关系评价

职场是一个人群的组织系统，良好的职场人际关系能够降低组织的沟通成本，提高运行效率，有效达成业绩目标。对个体而言，在关系融洽的人际关系中工作，也能够保持心情愉悦，增强归属感与忠诚度。同时，良好的职场人际关系也被认为是取得事业成功的重要条件之一。职场人际关系包含两方面，一方面是同事之间的人际互动，一方面是员工和领导之间的互动，即上下级关系。

调查发现，从人际关系角度看，职场群体对“工作中同事能够讨论并解决问题”“在公司能够交朋友”“遇到困难同事会主动帮忙”等方面的赞同程度较高，对于“当同事遇到困难的时候有人会落井下石”“不喜欢与同事一起参加文娱郊游活动”的赞同程度较低。表明当前职场人际关系是一种和谐共处、协同互助的氛围。从不同性别来看，相比男性群体，职场女性对“工作中同事间能够一起讨论并解决问题”的看法赞同程度更高，也更愿意与同事们一起参加业余文娱、郊游等活动（见表 14 - 9）。总体看，女性在职场沟通方面的优势比较明显。

表 14-9　职场人际互动评价

单位：%

题目	选项	总体	女性	男性
工作中同事间能够一起讨论并解决问题	非常同意	40.1	38.5	37.5
	同意	35.4	37.2	31.5
	中立	18.2	18.0	25.0
	不同意	3.4	3.7	3.0
	非常不同意	2.9	2.5	3.0
我觉得在公司还是能交朋友的	非常同意	25.7	23.4	33.9
	同意	38.8	41.1	32.7
	中立	24.9	24.3	27.4
	不同意	7.0	6.8	2.4
	非常不同意	3.7	4.3	3.6
我工作中遇到困难会有很多同事主动帮助我	非常同意	18.3	16.7	20.2
	同意	36.5	37.8	32.1
	中立	32.1	32.4	31.0
	不同意	9.1	8.7	8.3
	非常不同意	4.0	4.4	8.3
当同事遇到困难的时候有人会落井下石	非常同意	13.2	13.8	12.5
	同意	22.4	22.7	24.4
	中立	30.6	33.0	31.0
	不同意	18.8	17.0	13.1
	非常不同意	15.0	13.5	19.0
我对与同事们一起参加业余文娱、郊游等活动不感兴趣	非常同意	6.6	6.4	7.7
	同意	6.2	7.4	11.3
	中立	27.3	25.3	22.6
	不同意	26.5	27.0	26.2
	非常不同意	33.4	33.9	32.1

资料来源：智联招聘数据库，2016 年中国女性职场调查。

从职场上下级关系看，职场群体对当前的上下级关系评价偏消极，45.0%的人认为上下级之间缺少开放和坦诚的沟通，职场上下级关系趋紧张。虽然受访者认可在职场上领导能够为帮助下属的工作成功而处理好各种关系，他们也能够意识到在工作中会获得上级关心，但是对未来继续追随领导工作的意愿度却表现出信心不足。

比较女性和男性对职场中的上下级关系的评价，主要在“我的直接领导能够处理好各种关系，对我们的工作有帮助”以及“我愿意跟随我的领导工作”两方面存在较大的差异（见表14－10）。男性群体感受到领导对自身工作的帮助程度高于女性，较女性群体也更愿意追随自己的领导。女性群体对当前职场中的上下级关系的评价表现出明显的消极态度。

表14－10 职场上下级关系评价

单位：%

题目	选项	总体	女性	男性
在过去一年的工作中，从来没有人关心过我的成长	非常同意	6.5	7.3	9.5
	同意	10.7	10.3	9.5
	中立	30.0	27.9	29.2
	不同意	27.6	28.7	20.2
	非常不同意	25.2	25.7	31.5
我愿意跟随我的领导工作	非常同意	9.5	16.9	26.2
	同意	11.6	22.8	21.4
	中立	30.1	27.8	29.2
	不同意	20.5	14.0	9.5
	非常不同意	28.3	18.5	13.7
我的直接领导能够处理好各种关系，对我们的工作有帮助	非常同意	18.8	16.9	26.2
	同意	23.5	22.8	21.4
	中立	27.6	27.8	29.2
	不同意	12.0	14.0	9.5
	非常不同意	18.2	18.5	13.7
我的努力仅仅成了领导晋升的资本	非常同意	10.9	10.6	14.9
	同意	14.3	13.9	15.5
	中立	37.7	36.9	36.3
	不同意	22.9	22.9	19.0
	非常不同意	14.3	15.7	14.3
我认为公司的上下级之间很难进行开放和坦诚的沟通	非常同意	23.5	23.2	10.1
	同意	21.5	22.2	8.3
	中立	35.4	33.7	34.5
	不同意	12.2	13.3	19.6
	非常不同意	7.4	7.7	27.4

资料来源：智联招聘数据库，2016年中国女性职场调查。

3. 职场潜规则的容忍度

职场潜规则是指职场"成文法"背后隐藏着的各种隐形规则，如招聘中的性别歧视、晋升时的裙带关系以及责任推诿、权力寻租、利益输送等不良现象。

调查发现，总体而言，56.7%的职场人完全无法容忍职场潜规则的存在，表示应该坚决抵制。25.5%的受访者表示能够容忍，认为有职场就有潜规则。从两性对潜规则的态度来看，女性表示不能容忍，应予坚决抵制的比例和持相反态度，认为完全可以容忍的比例都高于男性（见表14－11），显示出极端化的特征。

表14－11　职场潜规则的容忍度

单位：%

选项	总体	女性	男性
完全无法容忍，坚决抵制	56.7	57.1	48.8
无所谓	17.8	17.1	30.2
完全可以容忍，有职场就有潜规则	25.5	25.8	21.0

资料来源：智联招聘数据库，2016年中国女性职场调查。

从不同年龄段来看，年龄越小，对职场潜规则的容忍程度越低。25岁以下人群对职场潜规则完全无法容忍的比例为59%，而35岁及以上年龄段的群体中无法容忍的比例下降至51.4%（见表14－12）。这可能与刚进入职场的人群思想比较单纯，较少经历职场潜规则有关。而对于职场经验丰富的高年龄段群体而言，看待问题趋向中庸，更加辩证和多元，因此对职场潜规则现象的态度趋于理性。

收入水平的状况表现出了与职场潜规则容忍度正相关的趋势，收入水平越高，容忍程度也就越高。月收入水平在9000元以上的人群表示对职场潜规则完全无法容忍的比例不足一半，月收入在11000元及以上的群体中认为完全可以容忍职场潜规则的比例为33.3%，显著高于其他收入水平群体。一般而言，高收入群体所处的年龄段更高，职场和人生阅历也较为丰富，如上所述，他们对于这类问题的看法也更加理性和包容。

表 14－12　职场潜规则的容忍度（年龄和收入）

单位：%

	完全无法容忍，坚决抵制	无所谓	完全可以容忍，有职场就有潜规则
25 岁以下	59.0	16.4	24.6
25～29 岁	56.2	17.9	25.9
30～34 岁	52.4	22.0	25.6
35 岁及以上	51.4	20.0	28.6
3000 元以下	59.7	18.9	21.4
3000～4999 元	56.7	17.1	26.2
5000～6999 元	56.6	16.6	26.8
7000～8999 元	57.6	15.3	27.1
9000～10999 元	45.2	29.0	25.8
11000 元及以上	48.5	18.2	33.3

资料来源：智联招聘数据库，2016 年中国女性职场调查。

从行业维度看，农、林、牧、渔行业女性对职场潜规则的容忍度最低，70%的女性认为完全无法容忍（见表 14－13），坚决抵制。其次是能源/矿产/环保行业，排在第三位的是服务业。而在各行业中政府/非营利机构中的女性对潜规则的容忍度最高。分析来看，从事农、林、牧、渔行业的女性多为体力劳动者，她们的工作主要以按劳分配方式进行，职场环境相对简单。而在男性绝对主导的能源/矿产/环保行业，因性别比例严重失衡，行业本身的性别选择倾向就已经是一种不成文的隐形规则。在服务业，女性从业人数接近男性，相对而言行业的两性比例相差不大，该行业工作的女性对潜规则的容忍度低，启示我们需要改善行业环境。此外，值得注意的是，在政府/非营利机构工作的女性对潜规则的容忍度则表现出了较大的宽容。

（三）女性专属福利状况

女性作为人类两性在体能上相对弱势的一极，同时又要承担生产和孕育后代的责任，理应在职场中受到更多的关怀和照顾，给予一定的专属福利，国家的劳动法律也对女性在病、产、孕期享有的某些权利做出了规定，但现实情况是，多数企业对于女性的权利故意忽略或刻意规避，职场女性的福利状况并不乐观，理想和现实差距较大。整体来讲，女性的权利意识已经觉醒，对专属福利期望较高（见表 14－14）。

表 14－13　职场潜规则的容忍度（女性）

单位：%

行业	完全无法容忍，坚决抵制	无所谓	完全可以容忍，有职场就有潜规则
IT/通信/电子/互联网	58.2	23.8	17.9
金融业	54.3	29.7	15.9
房地产/建筑业	59.9	25.8	14.3
商业服务（咨询/财会/法律/广告/公关/认证/外包）	48.5	29.1	22.3
贸易/批发/零售/租赁业/快速消费品/耐用消费品	57.3	28.9	13.7
文体教育/工艺美术	42.6	36.8	20.6
汽车/生产/加工/制造	58.9	24.8	16.3
交通/运输/物流/仓储	46.8	38.3	14.9
服务业（医疗/护理/美容/保健/酒店/餐饮/旅游/度假）	60.9	21.9	17.2
文化/传媒/娱乐/体育	57.7	24.7	17.5
能源/矿产/环保	66.7	23.1	10.3
政府/非营利机构	39.5	36.8	23.7
农林牧渔	70.0	10.0	20.0

资料来源：智联招聘数据库，2016 年中国女性职场调查。

表 14－14　公司应设立专门针对女性的福利

单位：%

题目	选项	总体	女性	男性
公司设立专门针对女性的福利非常必要	非常同意	59.6	62.9	34.5
	同意	22.6	22.3	19.6
	中立	11.8	10.2	33.3
	不同意	3.0	2.3	6.0
	非常不同意	2.9	2.2	6.5

续表

题目	选项	总体	女性	男性
我对现在公司设立的女性福利很满意	非常同意	4.4	4.7	11.3
	同意	10.2	11.0	11.9
	中立	34.6	34.8	44.0
	不同意	21.8	22.3	13.7
	非常不同意	28.9	27.3	19.0

资料来源：智联招聘数据库，2016 年中国女性职场调查。

事实上，企业对女性员工福利设置的现状却令人沮丧，仅有 16% 的人群表示公司有专门针对女性员工设置的福利，65.6% 的群体表示公司并没有特别针对女性职工的福利，另外 18.4% 的群体表示不清楚公司是否有相关的福利（见表 14－15）。

表 14－15　企业对女性员工设置的福利现状

单位：%

题目	选项	总体	男	女
女性福利设置现状	没有	65.6	46.5	66.7
	不清楚	18.4	32.6	17.6
	有	16.0	20.9	15.7

资料来源：智联招聘数据库，2016 年中国女性职场调查。

从不同性别来看，女性群体中有 66.7% 的人认为公司没有专门针对女性员工设置的福利，而男性群体同意此项的比例不足一半；另外，女性群体中仅有 15.7% 的人认为公司专门设置了针对女性员工的福利，而男性群体中具有同样认知的比例则稍高，为 20.9%。由此可见，男性和女性在针对女性员工的福利设置认知上存在较大差异，大多数女性员工认为自己并没有享受到相关的福利，而男性员工认为女性已经享受到专属福利的比例和不清楚的比例都较高。这一矛盾从侧面揭示作为专属福利的直接受益人，女性对企业提供专属福利表现出了更高的期望。

各行各业在设置女性福利方面表现不尽相同，尽管汽车/生产/加工/制造、能源/矿产/环保行业女性群体比例最少，却是女性感受到福利最多的行业（见表14－16）。反之，在女性为主体或性别比例均衡的文化/传媒/娱乐/体育、商业服务行业，设置女性专属福利的比例则最少。

表14－16　不同行业女性专属福利设置（女性）

单位：%

行业	没有	不清楚	有
IT/通信/电子/互联网	63.1	19.2	17.7
金融业	65.2	16.7	18.1
房地产/建筑业	66.4	18.9	14.7
商业服务(咨询/财会/法律/广告/公关/认证/外包)	61.2	27.2	11.7
贸易/批发/零售/租赁业/快速消费品/耐用消费品	68.2	15.6	16.1
文体教育/工艺美术	57.4	23.5	19.1
汽车/生产/加工/制造	51.9	17.1	31.0
交通/运输/物流/仓储	51.1	19.1	29.8
服务业(医疗/护理/美容/保健/酒店/餐饮/旅游/度假)	60.4	19.5	20.1
文化/传媒/娱乐/体育	73.2	16.5	10.3
能源/矿产/环保	51.3	17.9	30.8
政府/非营利机构	55.3	23.7	21.1
农林牧渔	50.0	35.0	15.0

资料来源：智联招聘数据库，2016年中国女性职场调查。

二　女性职业发展特点

（一）女性职业规划倾向

职业规划是人们实现自己职业目标和人生成就的重要环节，同时也体现当前的社会意识和价值观念。过去一般认为职业规划是男性专属，女性只求安稳，但随着女性在职场中的地位变化和作用提升，女性的职业规划也越来越重要。以下对女性群体职业规划的调查，能够反映当前我国职场女性的价值取向、职业倾向和就业水平。

同男性一样，现代职业女性也希望自身的职业价值能够得到肯定，但女性将快乐和享受看得更为重要，因此“能够发挥主动性和创造性，快乐工作，享受工作”是女性群体选择最多的职业理想，其次是“获取收入，提升生活品质”；“施展个人能力，体现个人价值”虽然是女性选择排名第三的职业理想，但选择的比例明显低于排名前两位的职业理想（见表 14－17）。

表 14－17 职业理想选择

单位：%

职业理想	总体	女性	男性
能够发挥主动性和创造性，快乐工作，享受工作	33.8	34.4	18.5
获取收入，提升生活品质	33.7	32.0	42.3
施展个人能力，体现个人价值	16.0	17.1	13.1
通过晋升获得更高职位	4.8	5.3	3.0
成为团队/公司的一员，获得归属感	4.2	4.9	6.0
能够通过工作体现个人对团队或企业的影响力	4.5	3.7	8.3
能够通过工作推动社会进步，为改变社会贡献力量	2.6	2.3	7.7
其他	0.4	0.3	1.2

资料来源：智联招聘数据库，2016 年中国女性职场调查。

对于已婚的女性群体，“获取收入，提升生活品质”是主要选择的职业理想，相对未婚人群，已婚女性需要承担更多的家庭责任，也对提升生活品质愿望迫切，因此更多已婚女性将获取收入作为主要的职业理想（见表 14－18）。

表 14－18 不同婚姻状况女性的职业理想选择

单位：%

职业理想	未婚	已婚
能够发挥主动性和创造性，快乐工作，享受工作	35.6	29.8
获取收入，提升生活品质	30.1	37.7
施展个人能力，体现个人价值	17.9	15.2
通过晋升获得更高职位	5.3	5.2
成为团队/公司的一员，获得归属感	5.9	2.1
能够通过工作体现个人对团队或企业的影响力	3.3	5.2
能够通过工作推动社会进步，为改变社会贡献力量	1.7	4.2
其他	0.2	0.6

资料来源：智联招聘数据库，2016 年中国女性职场调查。

职业女性认为获取生活与工作的平衡以及获取安全感和稳定感是最为重要的两项职业规划目标。此外，获得独立自主的工作、实现自我、成为领导者或管理者也是女性较为关心的职业目标。从这些选择可以发现，女性在职场中的自我意识逐渐觉醒，进取意识增强，开始希望通过事业成就体现个人价值，也有努力成为管理者的雄心。

男女两性在制订职业规划时差异明显，比较而言，女性渴望生活与工作的平衡和稳定。男性则在努力追求两者平衡的同时，更关注是否能够成为领导者或管理者，或者是所在领域的技术专家，对于职业的安全感和稳定感并不在意。两性对职业目标规划的差异表明，女性的职业目标多数仍以安全和稳定为主，男性则更愿意为实现个人成就努力并承担风险（见表 14－19）。

表 14－19　职业发展规划目标选择

单位：%

职业规划	总体	女	男
获取生活与工作的平衡	62.9	64.5	61.3
获取安全感和稳定感	42.4	43.1	29.8
获得独立自主的工作	37.4	39.1	29.2
实现自我	30.6	29.9	26.8
成为领导者或管理者	24.6	24.3	29.8
获得国际化的职业生涯	9.7	8.6	6.0
接受竞争性的挑战	8.7	7.3	7.7
奉献社会服务人类	5.1	4.9	11.9
成为技术专家	6.4	4.8	19.6

资料来源：智联招聘数据库，2016 年中国女性职场调查。

（二）女性领导力特征

无论在政界还是商界，女性领导者的影响都已不容小觑，全国人大代表中 23.6% 是女性，2015 年的胡润富豪榜上 21% 是女性。今后，随着女性经济活动参与度的不断提高，女性领导力势必将更为凸显和重要，而以共享和分享为主导的经济发展模式的转变，也使得女性领导力的特质具有了更大施展空间。女性领导力的优势及其构建和培训将成为未来企业要面对的重要课题。

本次调查发现，绝大多数人对女性具备领导能力持肯定态度，64.6%的受访者认为当前女性在职场上已经承担了重要角色，88.4%的受访者认可女性能够胜任公司高管。在询问不同性别对“女性可以胜任公司高管”的态度中发现，90.3%的女性认可女性可以胜任公司高管职位，而男性对此认可的比例仅为59.6%，29.8%的男性持中立态度，另有10.8%的男性持反对态度。对“女性在职场上已经承担了重要角色”的态度，男性和女性基本相同，均认可女性已经成为职场中的重要力量（见表14－20）。可见，尽管女性在职场上拥有了机会和位置，但男性对女性胜任管理职位仍持有相当偏见。

表14－20　女性职场领导地位评价

单位：%

题目	选项	总体	女性	男性
当前，女性在职场上已经承担了重要角色	非常同意	29.0	27.8	28.0
	同意	35.6	36.3	29.8
	中立	25.0	26.1	32.7
	不同意	7.4	7.4	4.8
	非常不同意	2.9	2.4	4.8
我认为女性可以胜任公司高管	非常同意	65.1	65.3	29.2
	同意	23.3	25.0	30.4
	中立	8.2	7.4	29.8
	不同意	1.5	0.9	4.8
	非常不同意	2.0	1.4	6.0

资料来源：智联招聘数据库，2016年中国女性职场调查。

通过邀请受访者评价女性领导者和男性领导者在众多领导者气质上的差异发现，女性领导者情感更丰富、更具有同理心，男性领导者更果敢刚毅和富有冒险精神。总体来看，职场人群认为大多数领导气质在男性和女性领导身上并没有什么不同，仅有个别气质特征表现出了明显的性别差异。75.2%的人群认为女性领导者更符合“情感丰富”的特征；而分别有62.6%和67.4%的人群认为“果断刚毅”和“富有冒险精神”的气质特征更符合男性领导者（见表14－21）。女性有别于男性的行为方式和性格特质让她们为职场带来了领导风格的多样性和思维方式的多元化，更有助于现代企业的人本管理和团队和谐。

从两性对多项领导者气质倾向性的评价发现，在7项领导者气质上存在性别差异。男性认为相比女性领导者，男性领导者在“果断刚毅”“富有冒险精神”“乐观积极”“宽容”“有成就”“条理清晰”上表现更为明显，认为女性领导者仅在“情感丰富”上高于男性领导者。而女性认为，相比女性领导者，男性领导者仅在“果断刚毅”和“富有冒险精神”两项上表现突出，女性领导者在“情感丰富”上占据优势，其他气质特征上男性领导者和女性领导者并无明显差异。

表 14－21　不同性别领导者的气质差异（仅展示差异显著的气质特征）

单位：%

气质	倾向	男	女
果断刚毅	男性领导者	68.5	62.5
	女性领导者	8.3	6.7
	无差异	23.2	30.7
富有冒险精神	男性领导者	76.2	67.8
	女性领导者	6.5	5.7
	无差异	17.3	26.5
乐观积极	男性领导者	38.7	23.0
	女性领导者	26.2	25.8
	无差异	35.1	51.2
情感丰富	男性领导者	11.3	4.5
	女性领导者	61.9	73.8
	无差异	26.8	21.7
宽容	男性领导者	35.1	37.2
	女性领导者	34.5	26.9
	无差异	30.4	35.8
有成就	男性领导者	48.8	36.4
	女性领导者	9.5	8.5
	无差异	41.7	55.1
条理清晰	男性领导者	40.5	32.7
	女性领导者	21.4	15.8
	无差异	38.1	51.5

资料来源：智联招聘数据库，2016年中国女性职场调查。

承担领导者角色是女性在职场生存的一大进步和成功，那么，除了在职场上获得领导者或管理者的位置可证明女性的成功外，社会大众在评价一位女性是否成功时，还看重的是哪些因素呢？调查结果表明，是否有自己的处世态度，能否做到不随波逐流以及能否传播正向价值观是评价一位女性成功与否最重要的两项要素。通过邀请女性群体对其心目中成功女性应具备的各个要素的重要性打分可以看出，“有自己的处世态度，不随波逐流”成为女性群体心目中重要性最高的要素，重要性指数高达4.53，其次是“传播正向的价值观”，重要性为4.52；“关爱自己，且能够关爱身边的人”与“拥有受人尊敬的人格魅力”以4.47的重要性指数并列第三。“嫁给一位优秀的伴侣”是女性心目中成功女性最不重要的要素，重要性指数远远低于其他方面，仅为3.69。此外，“拥有幸福美满的家庭”和“有一定的社会影响力/社会地位”的重要性指数分别为4.07和4.06，也比较偏低。在女性受访者看来，成功女性最重要的是拥有独立完整的人格，能够实现自身的职场和社会价值，相反，拥有幸福美满的家庭或者一位优秀的伴侣并不能体现自身的成功（见表14-22）。

表14-22 不同性别领导者的成功要素差异

成功者具备的要素	女	男
有自己的处世态度，不随波逐流	4.53	4.04
传播正向的价值观	4.52	4.17
关爱自己，且能够关爱身边的人	4.47	4.11
拥有受人尊敬的人格魅力	4.47	3.98
有强烈的社会责任感和同理心	4.35	4.01
在她所处的领域有一定成就	4.33	3.81
拥有幸福美满的家庭	4.07	3.87
有一定的社会影响力/社会地位	4.06	3.54
嫁给一位优秀的伴侣	3.69	3.45

注：数据根据5点量表计算平均值得出，平均值越高表示对观点的赞同程度越高。
资料来源：智联招聘数据库，2016年中国女性职场调查。

两性在评价女性的成功标准上也存在差异，相比女性群体认为成功女性应该具备的首要特征是“有自己的处世态度，不随波逐流”而言，男性群体认为“传播正向的价值观”才是成功女性应具备的首要特征，排在第二位的是“关爱自己，且能够关爱身边的人”，“有自己的处世态度，不随波逐流”仅排第三位。此外，在男性群体眼中，女性所具备的“强烈的社会责任感和同理心”也能够为其加分。由此看出，男性对成功女性的评价更倾向于其是否有感染力和影响力，而女性则更在意其是否拥有完善独立的人格魅力。差异之外，男性和女性对此的评价也存在共性，两者都认为“有一定的社会影响力/社会地位”以及“嫁得好（嫁给一位优秀的伴侣）”是评价女性是否成功最不重要的因素（见表14－22）。

三 结论与建议

综合以上调查结果，可以看出，在当前虽然绝大多数人对于女性的职场能力已毫无怀疑，普遍认为女性可以胜任管理职位，但在某些方面，如求职和晋升中的性别歧视和隐形规则，企业对女性员工的专属福利等方面，仍同理想状态存有差距。此外，女性的工作诉求和对自身的职业规划也相对保守。这说明根深蒂固的男女有别的社会意识和性别角色设定还在影响着人们，此外，我们也发现许多企业管理制度和风格上浓厚的男权特征也压抑了女性的职场发展。同时，政府在立法保障女性职业权益方面还有进一步提升的空间。针对以上存在的问题，我们提出以下改进的方法和建议。

（一）建立健全相关法律体系，切实维护妇女职业权益

女性正式登上职业舞台的时间相比男性来说要晚得多，对妇女劳动权益保护的立法也要晚得多。我国于1988年6月28日发布了第一部妇女职业权益保护法规：《女职工劳动保护规定》，之后又相继于1992年4月3日发布了《中华人民共和国妇女权益保障法》，于2012年4月18日发布了《女职工劳动保护特别规定》，可以说在保护妇女劳动权益方面基本上做到了有法可依。但是由于现实中侵害女性职业权益的现象多种多样，往往比较隐晦，很多从目前的法律上难以界定。比如就业中的歧视现象，由于法律规定用人

单位要给予女性生产、孕育、哺乳假期等特殊权益，许多企业认为会因此造成“性别亏损”，因此在招聘中明确要求男性优先，或故意抬高女性应聘者的应聘门槛，还一些企业也会对女性的相貌、身材、婚姻状况等做出要求，构成另外一种歧视。此外，在晋升环节，由于担忧女性在生育后不能全力投入工作，重要岗位或职位的人选往往都不考虑女性，许多女性在30多岁生育以后就遇到了职业瓶颈。

诸如以上女性在就业时和职场上经常遇到的现象，虽然我国现行的法律中有禁止就业性别歧视的基本原则，但由于在认定标准、执行细则、违法责任等方面的粗疏和缺失，并不能起到真正令行禁止的作用。加上大多数职场女性无明确的维权意识，或对于此类现象采取默认态度，也致使这类歧视成为半公开化的普遍现象，极大地损害了女性的职业权益。

建议国家应当从立法层面加大力度，认真分析当前妇女就业形势的新情况，制定符合时宜、具有可操作性的反对就业性别歧视的法律、法条，同时参考国外经验，设置相应的救济措施和救济机制，真正保障女性在遭受就业歧视后能够获得各方面的有效救济，降低维权成本，从而从源头上解决女性在职场遭受的歧视问题。同时，国家也应制定政策，从政府层面给予企业必要的补助或减税等优惠政策，降低企业的女性员工用工成本。此外，除政府调控外，工会及妇联组织作为劳动者利益代表机构，也要充分发挥自身的功能和价值，通过教育、培训等手段，提高女性的法律意识和维权意识，学会在受到侵害时敢于通过法律途径维护自身的合法权益。

（二）建立职场女性社会支持系统，帮助女性平衡工作和生活

从调查中发现，尽管女性在职场上的重要性已经凸显并受到一致认可，但是对于女性胜任领导角色的认可程度则不够理想，尤其以男性职场群体为主的单位，对于女性领导的认可度较低。此外，在对自身职业目标进行规划时，女性也表现出了更追求稳定的倾向。

在社会偏见的影响和压力下，一些女性在就业时存在“成功顾虑”，造成女性劳动者没有积极的自我发展欲望，在工作中处于次要地位。此外，随

着年龄的增长，家庭的组建，多重角色承担使得一些女性面临家庭与工作难以平衡的问题。尤其是在生育后，很多女性不得不减少对工作的投入甚至是放弃工作转向照顾家庭。因此，对这一问题的处理和缓解角色冲突的压力，也需要家庭与社会两个方面的努力。

对家庭而言，要使家庭中的女性做到家庭与工作兼顾，包括女性劳动者本人在内的每个家庭成员都必须有一个正确的家庭观与工作观，即正确认识家庭、工作及其相互关系。对女性自身而言，如何兼顾家庭和工作是很大的挑战，这要求外出工作的女性无论对家庭还是对工作单位，都应抱有同样的热情，在工作中是一个积极肯干的能手，在家庭中是一个充满爱心的主妇。女性要学会调节自我、管理时间、合理规划和安排事情。此外，对家庭其他成员而言，需要给予女性支持和帮助。家庭是每个家庭成员共同的家庭，而且家庭成员人人平等，每个人对家务劳动都有共同的责任和义务，如果家庭其他成员有这样正确的家庭观，就可以减轻女性在家庭中的压力，这实际上也是家庭其他成员对外出工作女性的最好支持，为她在工作中创造业绩提供条件。因此，只有建立和谐融洽的家庭关系，职业女性才能更好地投入工作，在工作中创造出好的业绩。

对社会而言，社会各方尤其是政府应该为缓解女性角色冲突创造更好的社会条件。平衡女性工作和生活的重要方式就是将女性从家庭各项工作中解放出来。将满足家庭成员生活需要的家务劳动，由家庭成员承担部分地转变为由社会组织和市场提供服务。这是减少家庭成员家务劳动负担的重要途径。从我国当前的经济发展水平看，将家务劳动社会化已经成为现实，未来将会有更多的女性从家务劳动中解放出来，有更多的时间和精力投身职场。

（三）关爱女性员工，完善女性福利

维护女性员工的合法权益，减少和解决女性员工在劳动和工作中因生理特点造成的特殊困难，保护其健康，是社会、政府、企业义不容辞的责任。针对女性的社会保障和福利制度，有些已经落到纸上形成法律或规章制度，如女职员生育期间的产检假、产假、哺乳假、生育津贴等。基于法律保护，

这部分的女性权益基本得到有效保障。然而在女性生育福利以及劳动保护福利之外，对女性员工的保健福利、福利服务的设置和实施则不尽如人意，而恰恰这部分福利最能反映出企业对女性员工的关爱。

调查结果显示，女性普遍对当前企业针对女性的福利设置和实施情况不满意。从女性对自身的职业规划来看，相较男性，女性表现出了更稳定更忠诚的态度。假设企业充分考虑女性的特殊性，针对女性员工的实际特点设置有特色的福利，将能够更好地获得女性员工的认同感，她们对企业的忠诚度也会更高。

（四）发挥女性职场优势，提升女性领导力

有赖于女性角色的社会化实践，尤其是得益于职场上的高参与度，新时代的女性形象已经建构。美国社会学家 L. 达维逊和 L. K. 果敦指出："如果妇女能够把整天忙家务的角色形象变为用部分时间做家务的角色形象，进而取得学业或工作的成功，她们就有可能重新定义她们自身的性别角色。"事实上，随着高等教育的普及化，接受教育的女性数量已经接近男性数量。她们渴望自我价值的实现，正在极力从公众对女性的刻板印象中解脱出来，纠正社会视女性为弱势群体的看法。这个时代的女性已经用行动证明了她们在学业和工作上的成就，女性正在用男性一样的奋斗精神，用女性独有的行为方式和性格特质为职场带来多样性的工作风格和多元化的思维方式。女性具有细腻的心思，她们考虑问题更倾向于周到而全面；乐于分享，善于沟通的品质能够使得她们更快速地融入团体或建立团队；情感丰富、富有同理心、耐心等女性显著的特点让她们更能够敏锐地觉察到环境的改变以及人际互动中的问题。作为女性领导者，这些特质有助于她们更好地体恤和关心下属的情感需求。根据马斯洛需要层次理论，人的上层需求是归属感、尊重、爱的需求。在物质基础满足的情况下，情感共鸣对于强化人与人之间的关系更加有用。

深入分析女性在性格、工作等方面的优势，能够帮助女性在职场上找准定位，提升自身的领导能力。但是俗语说"金无足赤，人无完人"，女性具

备优势的同时，也存在一些劣势。比如相比男性群体，在果断刚毅、冒险精神等方面明显不足，这导致女性虽然渴望在职场上获得自我价值的实现，但是在面对自身的职业规划时却表现出理想抱负不够远大，往往趋于保守，安于现状，乐于维持，并且对职业提升表现出信心不足。女性要想获得职业提升，在领导层和决策层与男性霸主抗争，就要努力在工作中扬长避短，不断提升自己的综合能力。

社会发展是人类永恒的主题，女性正在通过自身和社会的共同努力为社会的发展贡献半边力量。尽管在女性独立自主的发展道路上存在很多阻碍，这些阻碍或是长期男权社会下的产物，或是女性天然的生理特点限制，但是我们仍然看到女性在社会各个方面的价值贡献和财富创造，未来女性的力量将会在各个方面和领域得到充分体现和认可。

参考文献

骆晓戈主编《女性学》，湖南大学出版社，2009。

戴维·波普诺：《社会学》，李强等译，中国人民大学出版社，1999。

谭琳、陈卫民：《女性与家庭——社会性别视角的分析》，天津人民出版社，2001。

L. 达维逊、L. K. 果敦：《性别社会学》，程志民等译，重庆出版社，1989。

G.15 第十五章 产业结构升级中的劳动力素质变化

谢倩芸*

改革开放以来，中国经济持续高速增长，产业结构不断升级，突出表现在第一产业占 GDP 的比重不断下降，第三产业占 GDP 的比重不断上升。在产业结构升级的同时，中国的就业结构也在发生快速变化，就业在三次产业间的分布不断优化，第三产业就业占比快速提高。由于不同的产业部门，其劳动者的素质即人力资本水平存在很大差异，因此产业结构升级带来的就业结构变化，必然对劳动力素质产生直接影响。总体上看，第一产业劳动者的平均受教育年限比较短，也就是说其劳动者素质或人力资本水平相对较低；第二产业劳动者的平均受教育程度较高，劳动者素质相对较好；第三产业劳动者的平均受教育程度最高，其人力资本水平最高。因此，随着中国第三产业就业占比的提高，中国劳动力平均受教育年限即整体素质也在不断提升。

一 中国产业结构的快速变化

近年来，我国三次产业全面发展，产业结构得到持续改善。从 2001 年到 2014 年，三次产业都在不断发展，各产业产值逐年持续增加。但是第一产业总体增长较慢，第二产业和第三产业增长则较为迅速，说明随着我国经济的发展和技术的进步，第二产业和第三产业在快速发展，而第一产业部门

* 谢倩芸，中国社会科学院人口与劳动经济研究所助理研究员。

的发展速度较慢。根据三次产业产值的具体变化情况，对三次产业的产值进行了纵向比较（见图15－1）。

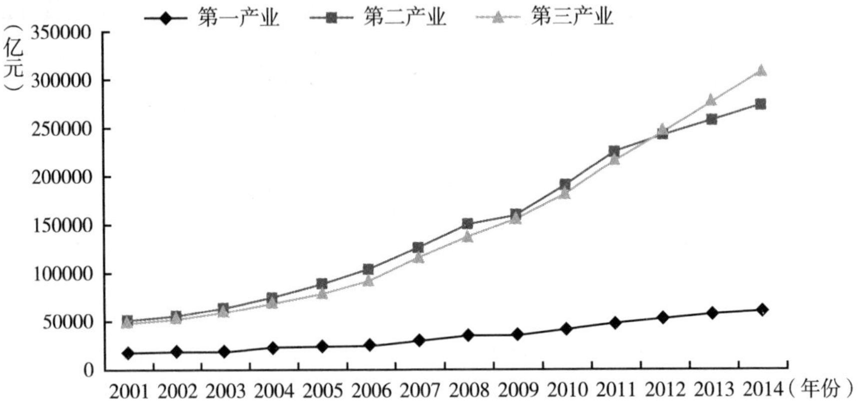

图15－1　三次产业产值（2001～2014年）

资料来源：《中国统计年鉴（2015）》。

在产业转型升级的过程中，第一产业产值占GDP比重持续下降，国民经济总量增长已转为主要由第二、第三产业带动。具体来看，第一产业产值占GDP的比重从2001年的14.06%下降至2014年的9.17%，居末位；第二产业产值占GDP的比重在波动中有所上升，从2001年的44.67%上升至2008年的46.76%，再下降至2014年的42.72%，居中；第三产业产值占GDP的比重稳定持续上升，从2001年的41.27%上升至2014年的48.11%，占首位（见表15－1）。

表15－1　三次产业产值占GDP的比重

单位：%

年份	第一产业产值占GDP的比重	第二产业产值占GDP的比重	第三产业产值占GDP的比重
2001	14.06	44.67	41.27
2002	13.38	44.32	42.30
2003	12.43	45.49	42.09
2004	13.01	45.75	41.24

续表

年份	第一产业产值占 GDP 的比重	第二产业产值占 GDP 的比重	第三产业产值占 GDP 的比重
2005	11.73	46.87	41.40
2006	10.71	47.40	41.89
2007	10.37	46.69	42.94
2008	10.34	46.76	42.91
2009	9.88	45.67	44.45
2010	9.62	46.17	44.20
2011	9.53	46.14	44.32
2012	9.53	44.97	45.50
2013	9.41	43.67	46.92
2014	9.17	42.72	48.11

资料来源：根据《中国统计年鉴（2015）》的国内生产总值及第一、二、三产业产值数据整理计算。

根据表 15－1 中数据做出的三次产业产值占 GDP 比重变化的柱状图，从中我们可以看出，第一产业产值占 GDP 的比重在逐年下降，且其增长率要慢于 GDP 增速，第一产业在逐渐萎缩；第二产业的产值占 GDP 的比重大致比较平稳，第三产业的产值占 GDP 的比重则在逐渐增加，甚至出现了追平第二产业的趋势，说明我国的第三产业在迅速地发展（见图 15－2）。

同时，从三次产业增加值占 GDP 的比重变化上来看，第一、二产业增加值占比逐年下降，第三产业增加值占比逐年上升，2012 年第三产业增加值占比首次超过第二产业，2015 年第三产业增加值占比首次突破 50%（见图 15－3）。国民经济总量增长已经从主要由第一、第二产业带动转为主要由第二、第三产业，特别是第三产业带动。

在三次产业结构升级、转型的同时，三次产业的就业结构也在发生变化，就业在三次产业间的分布不断优化，第三产业就业占比快速提高。从 2001 年到 2014 年，三大产业就业人员规模发生了较大的变化。第一产业就业人员数从 2001 年的 36399 万人下降到 2010 年的 27931 万人，再下降到 2014 年的 22790 万人；第一产业就业人员数占全体就业人员的比例从 2001 年的 50.0% 下降到 2010 年的 36.7%，再下降到 2014 年的 29.9%。第二产

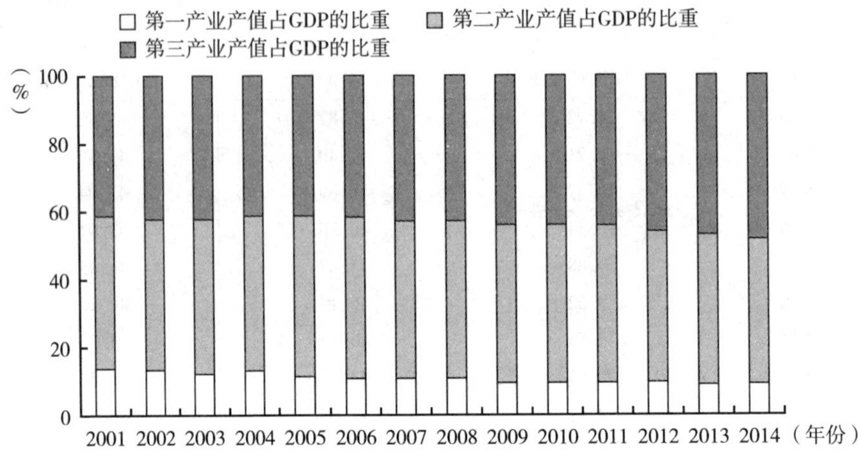

图 15－2　三次产业产值占 GDP 的比重

资料来源：根据《中国统计年鉴（2015）》的国内生产总值及第一、二、三产业产值数据整理计算。

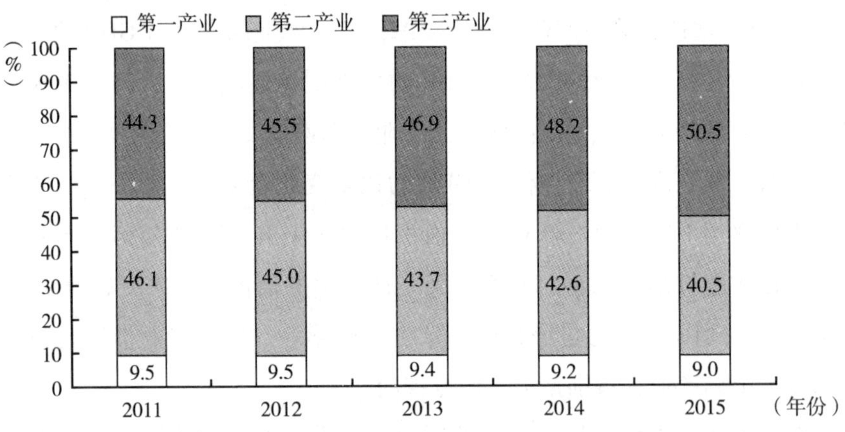

图 15－3　三次产业增加值占 GDP 的比重

资料来源：《中华人民共和国 2015 年国民经济和社会发展统计公报》。

业就业人员数从 2001 年的 16234 万人上升到 2010 年的 21842 万人，再上升到 2014 年的 23099 万人；第二产业就业人员数占全体就业人员的比例从 2001 年的 22.3% 上升到 2010 年的 28.7%，再上升到 2014 年的 29.9%。第三产业就业人员数从2001年的20165万人上升到2010年的26332万人，再上升到2014年的31364万人；第三产业就业人员数占全体就业人员的比例从2001的27.7%上升到2010年的34.6%，再上升到2014年的40.6%。在2011年，第三产业就业比重（35.7%）首次超过第一产业（34.8%），成为三次产业中最主要的就业部门（见图15－4）。

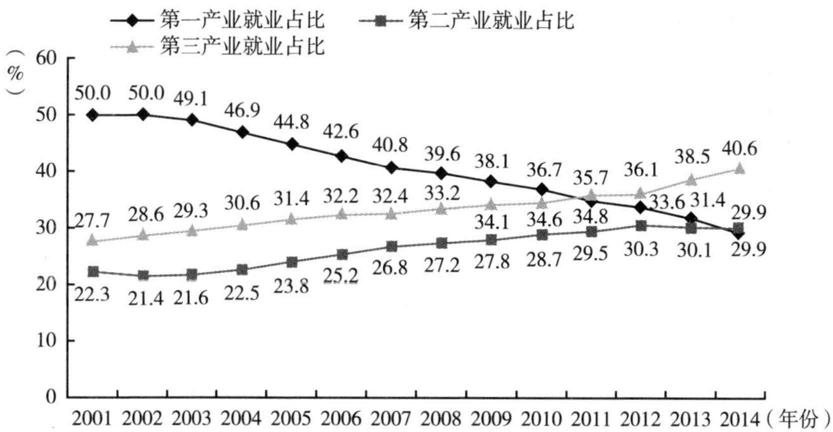

图15－4　三次产业就业结构的变化

资料来源：《中国劳动统计年鉴（2015）》。

二　中国劳动者素质的不断提升

（一）全国就业人员整体劳动力素质变化情况

从2001年到2014年，我国全部就业人员的劳动力素质即受教育水平在逐步提升。根据《中国劳动统计年鉴》的数据推算，2001年至2014年的十多年间，我国就业人员的人均受教育年限①在波动中逐年增加，由2001年

① 人均受教育年限＝未上过学（文盲）人口比例×0＋小学文化程度人口比例×6＋初中文化程度人口比例×9＋高中文化程度人口比例×12＋大专及以上文化程度人口比例×16。

的8.18年增加为2010年的9.10年，2014年进一步提升至9.93年（见图15-5）。

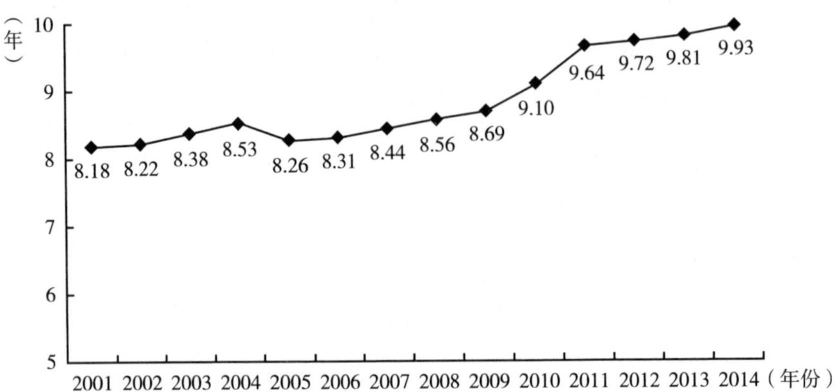

图15-5 全国人均受教育年限

资料来源：根据相关年份《中国劳动统计年鉴》中相关数据整理计算。

从2001年到2014年间，我国全部就业人员按受教育人年计算的人力资本总量[①]增长了28.91%，由2001年的59.53亿人年，先后增加为2010年的69.23亿人年和2014年的76.75亿人年（见表15-2）。

表15-2 全国人均受教育年限及人力资本总量

年份	人均受教育年限（年）	就业人员总规模（万人）	人力资本总量（亿人年）
2001	8.18	72797	59.53
2002	8.22	73280	60.24
2003	8.38	73736	61.75
2004	8.53	74264	63.35
2005	8.26	74647	61.68
2006	8.31	74978	62.34
2007	8.44	75321	63.56
2008	8.56	75564	64.71

① 本研究中的人力资本总量是指就业人员总规模与人均受教育年限的乘积。

续表

年份	人均受教育年限（年）	就业人员总规模（万人）	人力资本总量亿人年
2009	8.69	75828	65.86
2010	9.10	76105	69.23
2011	9.64	76420	73.69
2012	9.72	76704	74.57
2013	9.81	76977	75.51
2014	9.93	77253	76.75

资料来源：人均受教育年限由2002年至2015年各年《中国劳动统计年鉴》中相关数据进行整理计算；就业人员总规模来自于《中国劳动统计年鉴（2015）》；人力资本总量根据人均受教育年限及就业人员总规模推算得到。

2001年至2014年间，全国就业人员受教育程度构成也发生了较大的变化。2001年以来，我国就业人员中具有大专及以上文化程度的人力资源总量和比例明显提高，由2001年的4077万人增加为2010年的7651万人，再增加到2014年的12447万人，占就业人员比例由2001年的5.6%提高为2010年的10.1%，再增加到2014年的16.1%，一共增加了10.5个百分点①。具有高中文化程度的就业人员数和比例也有所增长，由2001年的9828万人增加为2010年的10557万人，再增加到2014年的13309万人，占就业人员比例由2001年的13.5%提高为2010年的13.9%，再增加到2014年的17.2%，增长了3.7个百分点。初中及以下文化程度就业人员数，由2001年的57897万人增加到2010年的58966万人，再减少到2014年的51496万人，占就业人员总量的比例由2001年的81.0%下降到2010年76.1%，再下降到2014年的66.7%，一共减少了14.3个百分点。

总体来看，目前中国就业人员仍以初中文化程度者为主体，占总就业人员数的46.7%；小学及以下文化程度占就业人员数的20%；高中文化程度占总就业人员数的17.2%，高中文化程度占就业总人员的比例依然偏低，

① 全国就业人员受教育程度构成比例来自于2002年至2015年各年《中国劳动统计年鉴》；各教育程度的就业人员人力资源人数由全国就业人员总人数及各教育程度构成比例推算得出。

增长速度较慢；另外，在总就业人员数中，接受过高等教育的占16.1%；其中，具有本科和研究生学历的总数为5248万人，仅占总就业人员的6.8%，高层次人才相对缺乏①。

（二）按三次产业分就业人员劳动力素质变化情况

1. 第一产业就业人员的劳动力素质变化情况

从2002年到2014年，第一产业即农林牧渔业就业人员劳动力素质构成发生了一定的变化。第一产业就业人员中未上过学的劳动者及具有小学文化程度的劳动者所占的比例均明显下降，分别从2002年的11.7%、41.4%下降到2014年的4.4%、35.8%；具有初中文化程度的劳动者所占的比例大幅度上升，从2002年的42.1%增加到2014年的52.2%；具有高中文化程度的劳动者及大专以上文化程度的劳动者所占的比例虽均有小幅增加，从2002年的4.5%、0.2%分别上升到2014年的6.6%、0.9%，但是比例仍然很低（见图15-6）。

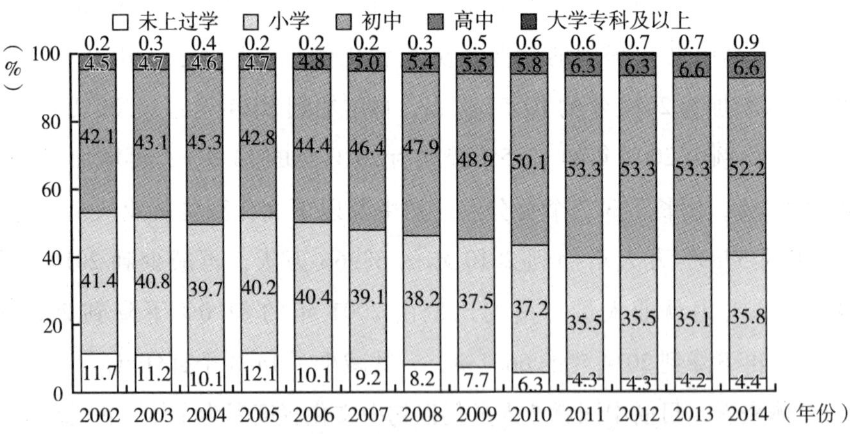

图15-6 第一产业劳动力素质构成变化情况

资料来源：相关年份《中国劳动统计年鉴》。

① 根据《中国劳动统计年鉴（2015）》整理计算。

根据《中国劳动统计年鉴》中的相关数据进行计算，第一产业就业人员的人均受教育年限从2002年的6.84年上升到2014年的7.79年，提高了0.95年（见图15－7）。但是，从2002年至2014年，第一产业就业人员总数逐年减少，从2002年的36870万人下降到2014年的22790万人，减少了14080万人①。由于就业人员总量的减少，第一产业的人力资本总量也相应减少了，由2002年的25.3亿人年变为2014年的17.8亿人年。

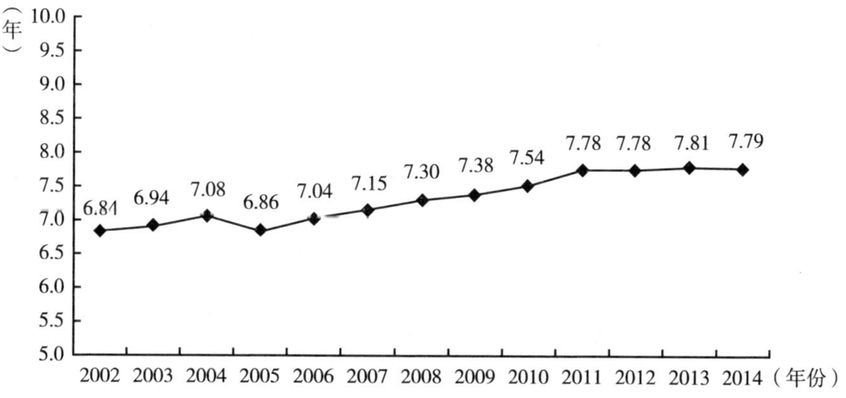

图15－7　第一产业人均受教育年限

资料来源：根据相关年份《中国劳动统计年鉴》中相关数据整理计算。

2. 第二产业就业人员的劳动力素质变化情况

从2002年到2014年，第二产业，即采矿业、制造业、电力、热力、燃气及水生产和供应业和建筑业四大行业的就业人员劳动力素质构成发生了较大变化。整体来说，第二产业各行业的就业人员劳动力素质均有不同程度的提高，高中文化程度及以上就业人员，特别是大专及以上就业人员所占比例均呈现上升趋势；但具有初中文化程度的劳动者在各行业中仍占较高比例。

具体来说，各行业的就业人员中具有小学文化程度及以下的劳动者

① 根据2002年至2015年各年《中国劳动统计年鉴》整理计算。

所占的比例均呈现逐年下降趋势，但采矿业、制造业、建筑业的就业人员中具有小学文化程度及以下的劳动者仍占有10%以上的比重（见表15－3）。

表15－3　第二产业具有小学文化程度及以下的就业人员所占比重

单位：%

年份	采矿业	制造业	电力、热力、燃气及水生产和供应业	建筑业
2002	18.4	15.7	7.0	22.4
2003	18.6	16.6	6.0	23.2
2004	25.3	15.5	5.9	22.9
2005	21.3	18.0	5.5	25.2
2006	18.3	16.5	5.1	23.3
2007	17.0	15.4	4.0	21.7
2008	15.9	15.0	4.6	20.8
2009	15.5	14.0	4.9	20.6
2010	13.8	13.9	4.4	21.1
2011	12.6	11.1	3.3	17.8
2012	10.8	10.6	3.2	15.9
2013	8.4	10.6	4.3	17.4
2014	12.5	10.8	3.6	17.2

资料来源：相关年份《中国劳动统计年鉴》。

从2002年到2014年，除建筑业外，其他三个行业的就业人员中具有初中文化程度的劳动者所占的比例整体呈逐年下降趋势，虽然在中间有些年份比例有过小幅上升；而建筑业的具有初中文化程度的劳动者所占的比例一直有上升趋势，仅在2014年下降至59.7%但仍高于2002年的57.6%（见表15－4）。并且，除电力、热力、燃气及水生产和供应业外，其余行业初中文化程度就业人员占有相对多数的比例，尤其是制造业和建筑业，这两个行业的就业人员中初中文化程度的劳动者所占的比例一直超过50%（见表15－4）。

表 15－4　第二产业具有初中文化程度的就业人员所占比重（2002～2014 年）

单位：%

年份	采矿业	制造业	电力、热力、燃气及水生产和供应业	建筑业
2002	55.0	53.4	35.3	57.6
2003	56.2	53.8	35.5	57.0
2004	54.4	54.9	36.5	58.5
2005	51.4	55.8	30.7	56.2
2006	52.8	55.0	28.0	55.6
2007	55.3	56.4	29.7	58.8
2008	56.5	56.0	30.2	60.0
2009	58.5	56.8	29.8	60.7
2010	50.1	56.3	28.3	60.5
2011	48.9	54.1	28.4	60.9
2012	50.7	53.0	27.3	61.9
2013	48.7	53.0	24.0	61.1
2014	42.5	51.8	25.9	59.7

资料来源：相关年份《中国劳动统计年鉴》。

从 2002 年到 2014 年，采矿业就业人员中具有高中文化程度的劳动者所占比例在波动中小幅上升，从 2002 年的 22.3% 增长到 2014 年的 27.7%；而制造业、电力、热力、燃气及水生产和供应业及建筑业这三个行业就业人员中，具有高中文化程度就业人员所占的比例均呈现逐年下降趋势。并且，采矿业、制造业和电力、热力、燃气及水生产和供应业就业人员中高中文化程度就业人员仍然占有超过 20% 的比重（见表 15－5）。

表 15－5　第二产业具有高中文化程度的就业人员所占比重（2002～2014 年）

单位：%

年份	采矿业	制造业	电力、热力、燃气及水生产和供应业	建筑业
2002	22.3	24.7	39.2	15.0
2003	19.0	23.2	39.8	14.5
2004	15.2	22.9	38.9	13.2

续表

年份	采矿业	制造业	电力、热力、燃气及水生产和供应业	建筑业
2005	20.4	19.8	38.2	13.5
2006	21.5	21.0	37.3	15.2
2007	20.9	21.0	37.3	14.2
2008	21.5	21.3	37.3	13.5
2009	18.4	20.6	37.5	13.4
2010	23.0	20.1	33.1	12.5
2011	23.5	23.3	31.6	14.7
2012	21.8	23.6	32.9	15.0
2013	23.6	23.1	32.0	14.0
2014	27.7	22.8	29.9	14.6

资料来源：相关年份《中国劳动统计年鉴》。

从2002年到2014年，第二产业内部四个行业的就业人员中具有大专及以上文化程度的劳动者所占的比例均呈现上升趋势。其中，提升幅度最快的是电力、热力、燃气及水生产和供应业，由2002年的18.5%上升到2014年的40.6%，上升了22.1个百分点；提升幅度最慢的是建筑业，由2002年的5.0%增加到2014年的8.4%，仅上升了3.4个百分点。但是，除电力、热力、燃气及水生产和供应业以外，其他三个行业中具有大专及以上文化程度的就业人员所占比重较低，低于具有初中或者高中文化程度的就业人员所占比重；尤其是建筑业，该比例小于10%（见表15－6）。

表15－6　第二产业具有大专及以上文化程度的就业人员所占比重

单位：%

年份	采矿业	制造业	电力、热力、燃气及水生产和供应业	建筑业
2002	4.3	6.3	18.5	5.0
2003	6.3	6.5	18.8	5.3
2004	5.0	6.7	18.7	5.4
2005	6.9	6.4	25.6	5.1
2006	7.5	7.6	29.6	6.0

续表

年份	采矿业	制造业	电力、热力、燃气及水生产和供应业	建筑业
2007	6. 9	7. 2	28. 9	5. 3
2008	6. 1	7. 8	27. 8	5. 7
2009	7. 6	8. 6	27. 9	5. 3
2010	13. 1	9. 8	34. 3	6. 0
2011	15. 0	11. 5	36. 6	6. 7
2012	16. 7	12. 8	36. 6	7. 3
2013	19. 2	13. 4	39. 8	7. 6
2014	17. 4	14. 6	40. 6	8. 4

资料来源：相关年份《中国劳动统计年鉴》。

根据各行业就业人员受教育程度构成计算得到第二产业各行业人均受教育年限，从2002年到2014年，第二产业各行业的就业人员的人均受教育年限均有不同程度的上升，说明第二产业各行业就业人员的劳动力素质均有所增加。其中，电力、热力、燃气及水生产和供应业的人均受教育年限增加幅度最大，由2002年的11. 22年增加到2014年的12. 62年，增加了1. 4年；建筑业的人均受教育年限增加幅度最小，由2002年的9. 03年增加到2014年的9. 47年，仅增加了0. 44年（见图15－8）。由此可见，第二产业内部各行业间人均受教育年限存在着较大差距，尤其是电力、热力、燃气及水生产和供应业的人均受教育年限一直明显高于第二产业中的其他三个行业。

以2014年为例，第二产业各行业中大专及以上文化程度就业人员所占的比例最高的是电力、热力、燃气及水生产和供应业（40. 6%），最低的是建筑业（8. 4%）；人均受教育年限最高的也是电力、热力、燃气及水生产和供应业（12. 62年），比最低的建筑业（9. 47年）高出3. 15年。由此看出，在第二产业各行业中，现有劳动力素质差距明显。

3. 第三产业就业人员的劳动力素质变化情况

在本研究中，第三产业包括批发和零售业，交通运输、仓储和邮政业，住宿和餐饮业，信息传输、软件和信息技术服务业，金融业，房地产业，租

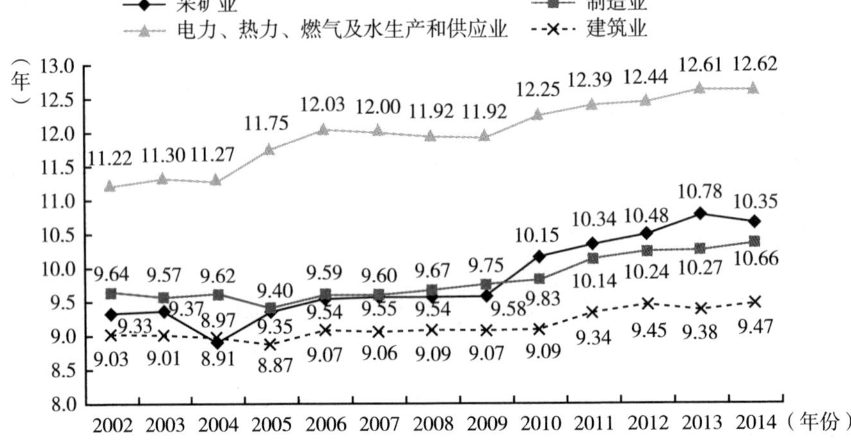

图 15－8　第二产业各行业人均受教育年限

资料来源：根据相关年份《中国劳动统计年鉴》中相关数据整理计算。

赁和商务服务业，科学研究和技术服务业，水利、环境和公共设施管理业，居民服务、修理和其他服务业，教育，卫生和社会工作，文化、体育和娱乐业，公共管理、社会保障和社会组织，国际组织这 15 个行业①。从 2002 年到 2014 年，第三产业就业人员劳动力素质构成发生了很大变化。整体来看，第三产业中绝大多数行业就业人员的劳动力素质有所提高，并且整体劳动力素质水平相对于第一、二产业就业人员的劳动力素质较高，特别是大专及以上就业人员所占比例均呈现上升趋势。但是第三产业内部各行业间的劳动力素质差距存在且较大。

具体来说，从 2002 年到 2014 年，批发和零售业，交通运输、仓储和邮政业，住宿和餐饮业，金融业，租赁和商务服务业，科学研究和技术服务业，居民服务、修理和其他服务业，卫生和社会工作，国际组织等行业的就业人员中具有小学文化程度及以下的劳动者所占的比例均呈现逐年下降趋

① 本研究中未包括第三产业中农、林、牧、渔业中的农、林、牧、渔服务业，采矿业中的开采辅助活动，制造业中的金属制品、机械和设备修理业这三个行业就业人员的劳动力素质数据。

势；而信息传输、软件和信息技术服务业，房地产业，水利、环境和公共设施管理业，教育，文化、体育和娱乐业，公共管理、社会保障和社会组织等行业的就业人员中具有小学文化程度及以下的劳动者所占的比例在波动中呈上升趋势。但是除住宿和餐饮业，水利、环境和公共设施管理业，居民服务、修理和其他服务业以外，第三产业大多数行业中具有小学文化程度及以下的就业人员所占比重均不超过10%（见表15-7）。

从2002年到2014年，批发和零售业，交通运输、仓储和邮政业，住宿和餐饮业，租赁和商务服务业，科学研究和技术服务业，居民服务、修理和其他服务业，卫生和社会工作，公共管理、社会保障和社会组织等行业的就业人员中具有初中文化程度的劳动者所占的比例均呈现下降趋势或者在波动中有减少；特别是，租赁和商务服务业中具有初中文化程度的就业人员所占比例从2002年的47.0%下降到2014年的28.6%，下降了18.4个百分点。而信息传输、软件和信息技术服务业，金融业，房地产业，水利、环境和公共设施管理业，教育，文化、体育和娱乐业，国际组织等行业中初中文化程度的就业人员所占的比例从2002年到2014年有所上升；并且，交通运输、仓储和邮政业，住宿和餐饮业，居民服务、修理和其他服务业这三个行业中具有初中文化程度的就业人员所占的比例一直超过50%（见表15-8）。

从2002年到2014年，除批发和零售业，住宿和餐饮业，居民服务、修理和其他服务业及国际组织这四个行业之外，其他行业就业人员中具有高中文化程度的劳动者所占的比例均呈现下降趋势；并且有些行业，比如信息传输、软件和信息技术服务业，金融业，科学研究和技术服务业，教育，卫生和社会工作，文化、体育和娱乐业，公共管理、社会保障和社会组织等下降幅度较大。但是，除科学研究和技术服务业，教育之外，其他各行业具有高中文化程度的劳动者所占比重仍超过20%（见表15-9）。

从2002年到2014年，除信息传输、软件和信息技术服务业及国际组织外，其他行业就业人员中具有大专及以上文化程度的劳动者所占的比例均呈现上升趋势。其中，提升幅度最快的是租赁和商务服务业，从2002年的11.3%上升到2014年的41.2%，增加了29.9个百分点；提升幅度最慢的是房地产业，由 2002 年的 33.8% 增加到 2014 年的 34.3%，仅增加了 0.5 个百分点；而信息传输、软件和信息技术服务业具有大专及以上文化程度的劳动者所占的比例从 2002 年的 42.9% 下降到 2014 年的 36.4%，下降了 6.5 个百分点；国际组织从 2002 年的 26.1% 下降到 2014 年的 19.1%，减少了 7 个百分点。而且，第三产业就业人员中具有大专及以上文化程度的劳动者所占比重相对第一、二产业较高，比如，金融业，科学研究和技术服务业，教育，卫生和社会工作，公共管理、社会保障和社会组织这几个行业中具有大专及以上文化程度的就业人员所占比重超过 50%；租赁和商务服务业及文化、体育和娱乐业具有大专及以上文化程度的就业人员所占比重在 40% 以上；信息传输、软件和信息技术服务业，房地产业，水利、环境和公共设施管理业这几个行业中具有大专及以上文化程度的就业人员所占比重在 30% 以上（见表 15－10）。

根据各行业就业人员受教育程度构成计算得到第三产业各行业人均受教育年限，从 2002 年到 2014 年，除信息传输、软件和信息技术服务业及房地产业外，第三产业绝大多数行业的就业人员的人均受教育年限波动中呈现上升趋势，说明第三产业绝大多数行业就业人员的劳动力素质有所提高。其中，租赁和商务服务业的人均受教育年限增加幅度最大，由 2002 年的 10.27 年增加到 2014 年的 12.45 年，共增加了 2.18 年；其次是国际组织的人均受教育年限由 2002 年的 9.25 年增加到 2014 年的 10.97 年，增加了 1.72 年；卫生和社会工作，批发和零售业的人均受教育年限从 2002 年到 2014 年分别增加了 1.47 年、1.33 年。不过信息传输、软件和信息技术服务业的就业人员的人均受教育年限有所下降，由 2002 年的 12.97 年下降到 2014 年的 12.05 年，共减少了 0.92 年，这个减少是从 2010 年开始的，在此之前，信息传输、软件和信息技术服务业的就业人员的人均受教育年限小幅逐年增加；而房地产业就业人员的人均受教育年限各年呈现不稳定变化，时增时减，由 2002 年的 12.16 年下降到 2014 年的 11.94 年，共减少了 0.21 年（见图 15－9）。整体来看，第三产业各行业人均受教育年限较高，均在 9 年以上，但是各行业间人均受教育年限仍存在着较大差距，比如教育，科

表 15－7　第三产业具有小学文化程度及以下的就业人员所占比重

单位：%

年份	批发和零售业	交通运输、仓储和邮政业	住宿和餐饮业	信息传输、软件和信息技术服务业	金融业	房地产业	租赁和商务服务业	科学研究和技术服务业	水利、环境和公共设施管理业	居民服务、修理和其他服务业	教育	卫生和社会工作	文化、体育和娱乐业	公共管理、社会保障和社会组织	国际组织
2002	17.9	10.7	17.2	2.1	4.3	6.5	11.4	2.8	12.1	20.5	1.1	4.6	3.2	1.9	30.1
2003	16.4	10.7	17.0	2.1	4.4	4.4	11.3	2.2	7.2	19.5	1.2	4.3	5.1	2.1	26.5
2004	16.3	10.7	15.3	2.3	10.7	4.3	9.3	2.4	9.0	19.5	1.1	4.1	4.5	1.9	21.1
2005	17.0	13.4	16.8	2.9	1.5	7.1	6.6	2.6	17.7	20.8	2.0	3.5	6.0	3.8	6.0
2006	15.2	12.4	15.1	3.0	1.2	6.4	6.5	2.2	11.5	19.3	1.5	3.6	5.9	3.2	0.0
2007	14.1	11.1	13.2	2.6	1.5	6.9	5.7	2.9	19.2	16.4	1.8	3.4	6.1	2.8	0.0
2008	13.4	10.6	13.5	2.4	1.5	8.6	6.5	3.5	16.6	15.9	2.2	2.8	7.0	3.1	0.0
2009	12.4	10.0	13.1	2.6	1.4	8.8	5.5	4.0	15.0	16.3	2.1	3.6	6.5	3.2	0.0
2010	11.9	10.5	14.0	2.4	1.2	9.3	6.1	2.3	19.1	16.9	1.8	2.7	5.5	3.9	1.4
2011	9.1	8.7	11.7	7.6	3.3	5.1	4.5	3.4	14.9	13.4	3.2	4.0	3.9	2.4	1.8
2012	8.6	7.9	11.4	7.5	2.8	8.0	5.5	2.8	11.7	12.9	3.1	3.7	4.5	2.9	0.0
2013	9.1	7.5	12.1	5.0	2.7	7.9	5.7	1.5	16.0	12.6	2.6	3.5	6.1	3.7	10.3
2014	9.1	7.0	11.2	5.5	2.6	8.4	5.4	1.8	14.7	11.8	2.2	2.4	5.1	3.0	0.0

资料来源：相关年份《中国劳动统计年鉴》。

表 15-8　第三产业具有初中文化程度的就业人员所占比重

单位：%

年份	批发和零售业	交通运输、仓储和邮政业	住宿和餐饮业	信息传输、软件和信息技术服务业	金融业	房地产业	租赁和商务服务业	科学研究和技术服务业	水利、环境和公共设施管理业	居民服务、修理和其他服务业	教育	卫生和社会工作	文化、体育和娱乐业	公共管理、社会保障和社会组织	国际组织
2002	52.4	52.5	58.9	19.5	12.2	23.7	47.0	18.1	33.3	54.7	7.6	19.8	22.5	12.7	26.8
2003	52.5	52.3	59.6	18.8	11.5	22.4	45.0	18.1	29.7	55.5	6.4	17.9	23.1	12.7	21.4
2004	53.3	54.6	61.4	23.1	22.2	20.7	49.5	18.0	28.2	54.8	6.4	18.6	27.3	12.1	29.4
2005	49.6	54.6	57.3	20.4	11.7	29.9	29.3	15.4	33.3	56.3	8.7	17.5	29.7	14.9	17.5
2006	49.6	53.9	57.1	19.4	12.6	28.2	30.8	13.5	34.2	55.9	8.7	16.4	31.4	13.2	0.0
2007	51.2	55.8	59.7	21.1	13.8	30.2	31.2	15.2	33.8	57.5	9.0	16.0	32.3	14.8	50.0
2008	50.7	55.4	59.5	21.6	13.8	33.3	27.6	16.8	37.6	55.2	9.7	16.2	33.6	14.4	33.3
2009	51.7	55.3	58.9	21.7	12.3	31.9	29.5	24.2	38.1	55.7	9.6	16.5	32.1	13.8	25.0
2010	50.0	54.5	58.4	18.2	12.0	33.7	29.5	13.6	35.7	57.0	9.0	14.3	31.5	14.7	12.8
2011	48.7	49.9	55.5	45.1	22.6	29.7	27.1	15.2	29.9	54.3	15.3	16.1	22.3	12.3	7.6
2012	47.3	51.4	54.9	39.2	19.8	30.8	31.7	17.8	33.4	54.5	13.0	15.7	27.8	11.8	31.6
2013	46.8	51.6	55.3	37.3	19.1	28.2	27.6	15.6	36.7	53.8	13.0	16.3	25.9	13.0	11.9
2014	45.5	51.4	55.9	35.0	16.6	29.9	28.6	16.8	33.7	52.9	12.8	13.9	27.0	11.8	59.7

资料来源：相关年份《中国劳动统计年鉴》。

表 15－9　第三产业具有高中文化程度的就业人员所占比重

单位：%

年份	批发和零售业	交通运输、仓储和邮政业	住宿和餐饮业	信息传输、软件和信息技术服务业	金融业	房地产业	租赁和商务服务业	科学研究和技术服务业	水利、环境和公共设施管理业	居民服务、修理和其他服务业	教育	卫生和社会工作	文化、体育和娱乐业	公共管理、社会保障和社会组织	国际组织
2002	24.7	29.7	20.8	35.4	37.1	36.0	30.2	30.0	32.5	20.6	33.0	39.9	36.9	33.5	16.3
2003	25.7	29.3	20.3	37.0	34.6	39.8	31.6	31.0	36.1	20.8	29.2	41.5	35.4	32.8	25.0
2004	25.5	27.4	19.9	33.3	24.1	37.2	28.5	27.4	35.9	20.9	25.5	39.1	32.2	29.5	19.3
2005	25.5	24.6	21.8	31.1	31.7	33.1	29.4	24.3	27.6	19.5	24.4	36.5	29.6	27.0	25.3
2006	26.8	25.5	22.9	30.2	28.1	32.5	27.2	25.0	30.9	20.7	22.9	32.4	27.9	27.2	0.0
2007	26.3	25.0	22.4	29.9	28.8	31.4	27.3	27.5	26.4	21.0	22.0	33.4	27.6	27.7	25.0
2008	26.7	25.1	22.3	28.2	28.5	29.1	29.8	23.3	25.0	23.0	20.4	32.0	27.2	27.0	0.0
2009	26.5	25.4	22.8	26.4	26.7	29.5	28.9	22.0	23.8	21.9	19.4	29.4	27.1	25.1	25.0
2010	25.8	24.1	21.3	24.3	24.2	27.4	24.3	18.7	22.2	20.4	18.0	27.5	25.2	23.0	15.3
2011	28.2	25.9	24.3	26.7	21.7	29.5	26.4	19.4	28.3	23.6	18.3	22.1	25.4	22.9	31.1
2012	29.2	26.3	25.4	25.8	23.4	28.4	26.5	21.1	24.6	24.7	16.5	21.3	25.6	22.9	50.3
2013	28.5	26.3	24.1	25.6	20.8	28.5	25.5	21.8	20.5	24.0	15.8	21.4	25.6	21.0	52.1
2014	28.1	25.9	23.0	23.1	20.6	27.4	24.7	17.3	21.6	24.2	15.4	20.3	22.2	20.6	21.2

资料来源：相关年份《中国劳动统计年鉴》。

表 15－10　第三产业具有大专及以上文化程度的就业人员所占比重

单位：%

年份	批发和零售业	交通运输、仓储和邮政业	住宿和餐饮业	信息传输、软件和信息技术服务业	金融业	房地产业	租赁和商务服务业	科学研究和技术服务业	水利、环境和公共设施管理业	居民服务、修理和其他服务业	教育	卫生和社会工作	文化、体育和娱乐业	公共管理、社会保障和社会组织	国际组织
2002	5. 0	7. 1	3. 0	42. 9	46. 5	33. 8	11. 3	49. 1	22. 2	4. 1	58. 3	35. 6	37. 4	51. 9	26. 1
2003	5. 6	7. 8	3. 1	42. 1	49. 5	33. 3	12. 1	48. 8	27. 0	4. 2	63. 1	36. 3	36. 5	52. 4	27. 2
2004	4. 9	7. 3	3. 4	41. 3	43. 0	37. 9	12. 6	52. 1	26. 8	4. 7	67. 1	38. 1	35. 9	56. 5	30. 3
2005	7. 9	7. 4	4. 1	45. 6	55. 1	29. 9	34. 6	57. 7	21. 4	3. 4	64. 9	42. 4	34. 7	54. 2	50. 6
2006	8. 4	8. 2	5. 0	47. 3	58. 1	32. 8	35. 4	59. 2	23. 4	4. 1	67. 0	47. 6	34. 8	56. 4	100. 0
2007	8. 4	8. 0	4. 6	46. 2	56. 1	31. 5	35. 8	54. 4	20. 7	5. 1	67. 2	47. 2	34. 0	54. 8	25. 0
2008	9. 1	8. 8	4. 7	47. 7	56. 2	28. 9	36. 1	56. 5	20. 8	5. 9	67. 7	48. 9	32. 3	55. 5	66. 7
2009	9. 4	9. 3	5. 2	49. 3	59. 7	29. 8	36. 1	50. 0	23. 0	6. 2	68. 9	50. 5	34. 4	57. 8	50. 0
2010	12. 4	10. 8	6. 3	55. 1	62. 6	29. 7	40. 1	65. 3	23. 0	5. 7	71. 2	55. 5	37. 8	58. 4	70. 5
2011	13. 9	15. 6	8. 6	20. 6	52. 3	35. 7	41. 9	61. 9	26. 9	8. 6	63. 2	57. 8	48. 5	62. 4	59. 6
2012	15. 0	14. 3	8. 3	27. 5	54. 0	32. 8	36. 3	58. 3	30. 3	7. 9	67. 4	59. 3	42. 2	62. 4	18. 0
2013	15. 6	14. 6	8. 5	32. 1	57. 4	35. 4	41. 3	61. 1	26. 8	9. 5	68. 6	58. 7	42. 4	62. 3	25. 7
2014	17. 3	15. 6	9. 8	36. 4	60. 2	34. 3	41. 2	64. 0	30. 0	11. 1	69. 6	63. 4	45. 7	64. 6	19. 1

资料来源：相关年份《中国劳动统计年鉴》。

学研究和技术服务业，公共管理、社会保障和社会组织等行业的人均受教育年限相较其他行业更高；而居民服务、修理和其他服务业，住宿和餐饮业，批发和零售业等行业的劳动力素质尽管逐年增加但整体还是低于第三产业其他行业。

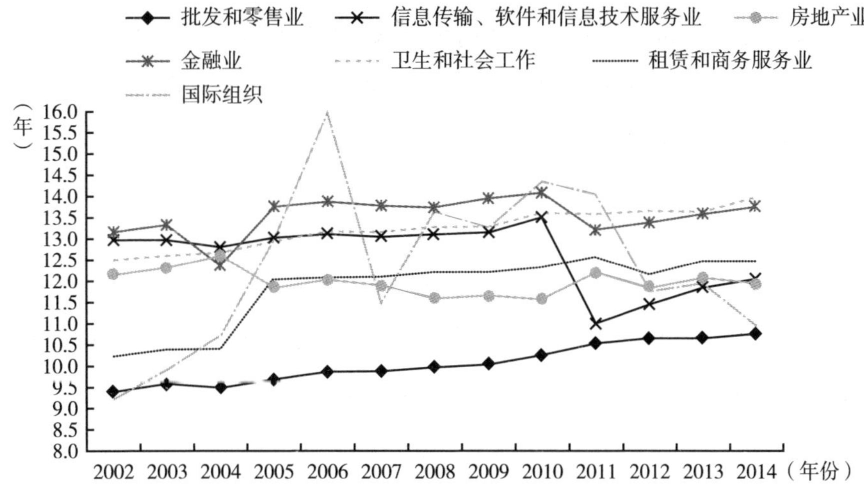

图 15-9　第三产业部分行业人均受教育年限

资料来源：根据相关年份《中国劳动统计年鉴》中相关数据整理计算。

以 2014 年为例，第三产业各行业中大专及以上文化程度就业人员所占比例最高的是教育（69.6%），其次是公共管理、社会保障和社会组织（64.6%），第三是科学研究和技术服务业（64.0%），最低的是住宿和餐饮业（9.8%）；人均受教育年限最高的是教育（14.26 年），其次是公共管理、社会保障和社会组织（14.04 年），然后是卫生和社会工作（13.97 年），科学研究和技术服务业（13.95 年），最低的是住宿和餐饮业（10.01 年），居民服务、修理和其他服务业（10.09 年），最高行业与最低行业之间的差距高达 4.25 年。这说明第三产业内部行业劳动力素质差距存在且较大。

三　结语

以上分析表明，在经济发展和产业结构升级过程中，中国的劳动力素质也在不断提高，表现为平均受教育年限的不断提升。也正是由于劳动力素质的不断提升，中国经济的快速增长才能够得以有效保障。在中国未来的经济增长和产业结构升级中，劳动力的素质将扮演越来越重要的角色。如果没有劳动力素质的提升作支撑，中国经济的持续增长恐将面临困境。

在未来5～10年，中国的产业结构将继续调整升级，三次产业劳动力需求结构也将继续发生调整，在行业间进行再分配：农业就业比重将越来越低，以制造业和建筑业为主的第二产业就业比重保持稳定，第三产业就业比重将逐步提高①。而第三产业各行业的劳动力素质即人均受教育年限一般高于第一、二产业的劳动力素质，因此，随着第三产业比重的上升，未来需要的劳动力素质也将提高，特别是高技能、高人力资本的行业需求量将增大。目前，中国各行业间劳动力素质差距还较大、人力资本水平还不均衡，未来产业结构变化会造成一些高素质人力资本的缺口。

① 张车伟、蔡翼飞：《中国“十三五”时期劳动供给和需求预测及缺口分析》，《人口研究》2016年第1期。

G.16

第十六章 劳动力素质差距与人力资本培养

高文书*

近年来，中国经济发展进入“新常态”，经济增长进入下行区间，经济结构深入转变。在新形势下，劳动者的技能无法适应产业结构的变化已成为中国就业的主要挑战①。中国要保持经济中高速增长，实现产业顺利转型升级，关键是要加快人力资本积累，提高劳动者的素质。加大人力资本投资，是经济增长特别是落后国家赶超发达国家的重要引擎，这也是发展经济学和经济增长理论的广泛共识。在经济结构转型升级的关键阶段，中国面临的重要挑战，就是如何用劳动力的质量替代劳动力的数量。这个时期最需要的是人力资本贡献的显著提高，培养和塑造大批符合市场需求、适应产业结构升级需要的高素质劳动者。

一 中国产业结构升级的人力资本需求

为测算未来年份中国产业结构升级的人力资本需求，我们将各产业的人力资本总量表示为就业人数与劳动者平均受教育年限之积，即 $HC = Labor \times Schooling$，其中 HC 表示人力资本，$Labor$ 表示就业人数，$Schooling$ 表示劳动者人均受教育年限。这样，利用相关统计数据和前文的测算结果，在人口和劳动力预测的基础上，我们可以分析产业结构升级后

* 高文书，中国社会科学院人口与劳动经济研究所研究员。

① 蔡昉：《劳动力供给与中国制造业的新竞争力来源》，《中国发展观察》2012 年第 4 期。

中国人力资本的缺口情况。未来中国产业结构及各产业就业规模的预测，如表 16-1 所示。

表 16-1　中国未来产业结构变化及就业规模预测

年份	总就业规模(万人)	第一产业就业份额(%)	第二产业就业份额(%)	第三产业就业份额(%)	第一产业就业规模(万人)	第二产业就业规模(万人)	第三产业就业规模(万人)
2016	77829	25.7	30.2	40.4	19976.3	23530.0	31454.2
2017	78112	24.0	30.2	41.6	18743.6	23602.7	32472.6
2018	78397	22.4	30.2	42.8	17587.1	23675.7	33524.0
2019	78683	21.0	30.2	44.0	16501.8	23748.9	34609.4
2020	78970	19.6	30.2	45.2	15483.6	23822.3	35729.9
2021	79258	18.3	30.1	46.5	14528.2	23895.9	36886.8
2022	79547	17.1	30.1	47.9	13631.7	23969.8	38081.1
2023	79837	16.0	30.1	49.2	12790.6	24043.9	39314.0
2024	80128	15.0	30.1	50.7	12001.3	24118.2	40586.9
2025	80420	14.0	30.1	52.1	11260.8	24192.7	41901.0

资料来源：中国社会科学院人口与劳动经济研究所，《“十三五”促进就业研究》，2015 年 8 月。

我们假设未来 10 年中国各产业劳动者平均受教育年限保持与过去同样的增长趋势，即第一、二产业平均每年提高 1 个月，第三产业每年提高 0.7 个月。前文分析表明，2014 年中国第一、二、三产业劳动者平均受教育年限分别为 7.8 年、10.8 年和 12.2 年，这样，便可以推算出未来年份各产业劳动者的平均受教育年限及相应的人力资本需求总额（见表 16-2）。

表 16-2　中国未来人力资本需求预测

年份	平均受教育年限(年)			人力资本总需求(年·人)				就业人员平均教育年限(年)
	第一产业	第二产业	第三产业	第一产业	第二产业	第三产业	合计	
2016	8.0	10.8	12.2	159211	254124	383741	797076	10.2
2017	8.1	10.9	12.3	150942	256868	398114	805924	10.3
2018	8.1	11.0	12.3	143089	259628	413016	815733	10.4

续表

年份	平均受教育年限(年)			人力资本总需求(年·人)				就业人员平均教育年限(年)
	第一产业	第二产业	第三产业	第一产业	第二产业	第三产业	合计	
2019	8.2	11.0	12.4	135628	262402	428464	826494	10.5
2020	8.3	11.1	12.4	128545	265190	444480	838215	10.6
2021	8.4	11.2	12.5	121819	267993	461085	850897	10.7
2022	8.5	11.3	12.6	115433	270811	478299	864543	10.9
2023	8.6	11.4	12.6	109372	273644	496143	879159	11.0
2024	8.6	11.5	12.7	103619	276491	514642	894752	11.2
2025	8.7	11.5	12.7	98160	279353	533819	911332	11.3

测算表明，中国未来的人力资本需求会不断增长，而且主要集中在第三产业。由于中国的新增劳动力数量已经开始下降，就业人员规模增长也基本停止，因此未来的人力资本需求将主要依靠提升劳动者的受教育程度来解决。表16－2的结果表明，在未来的十来年，中国全体就业人员的平均受教育年限需要提高1.1年。因此，继续推进教育事业发展，提高人们的受教育年限，仍然是中国应对产业结构升级不可缺少的选择。

二　中国劳动力素质现状调查

为了进一步深入了解和准确掌握我国劳动力素质与人力资本的现实情况，中国社会科学院人口与劳动经济研究所课题组在2015年底至2016年初专门进行了抽样调查。调查选取了河南省作为代表性省份，采取分层［即地级市、县/市/区、乡镇（街道）、村（社区）、家庭户各层］随机抽样法，通过入户对被访者发放并完成线上问卷进行调查。此项调查问卷包括两大部分：《家庭动态与成人基本能力调查》与《成人基本能力测试》。《家庭动态与成人基本能力调查》问卷在对家庭成员就业、家庭变化、类型、家庭收入、代际互动关系等全面调查的基础上，对被访者的受教育情况，包括受教育年限、教育程度等进行了详细调研。《成人基本能力测试》问卷则是采用世界经济合作与发展组织（OECD）的方法对被访者的人力资本进行了直接测量，从而深入、直接地了解和掌握劳动力素质与人力资本状况。本研究下面将分两部分对中国社会科学院人口与劳动经济研究所课题组此项关于我国劳动力素质与人力资本现状实际调查的初步结果进行简述。

（一）从受教育年限来看的劳动力素质与人力资本状况

中国社会科学院课题组的《家庭动态与成人基本能力调查》问卷实际调查了河南省的1621[①] 名被访者，其中男性871人，女性750人，平均年龄41.8岁，平均受教育年限为9.1年。调查表明，从分行业的平均受教育年限来看，各产业、行业间就业人员劳动力素质差距较大，人力资本分布不均，被调查的在第一产业就业人员的平均受教育年限低于整体被调查人员的平均受教育年限；在第二产业就业的被访人员的平均受教育年限总体高于第一产业；在第三产业就业的被访者平均受教育年限总体水平较高，但是第三产业各行业间差距依然存在。

具体来看，在第一产业就业的被访者平均受教育年限低于整体被访者的平均受教育年限。其中，农业就业人员平均受教育年限为7.03年，畜牧业就业人员平均受教育年限为7.33年，均低于整体的平均受教育年限9.1年。并且在被访的农业就业人员中，具有小学或者初中文化程度的劳动者所占比例很高，分别为41.7%与37.3%。

被访的第二产业就业人员劳动力素质与人力资本平均水平总体高于第一产业，并且有些行业平均受教育年限较高。比如，采矿业中，在煤炭开采和洗选业就业的被访人员平均受教育年限为13.3年，石油和天然气开采业就业的被访人员平均受教育年限为10年；制造业中，食品制造业就业的被访人员平均受教育年限为10.5年，农副食品加工业就业的被访人员平均受教育年限为9.1年，纺织业就业的被访人员平均受教育年限为9年；电力、热

① 该调查尚未全部完成，此处为第一轮调查完成有效《家庭动态与成人基本能力调查》问卷的被访者人数。

力、燃气及水生产和供应业中，在电力、热力生产和供应业就业的被访人员平均受教育年限为9.7年；建筑业中，土木工程建筑业就业的被访人员平均受教育年限为9.9年。不过，第二产业中仍有一些行业平均受教育年限较低，与其他行业存在着一定差距，比如，被访者在纺织服装、服饰业就业的人员平均受教育年限为7.3年，在房屋建筑业就业的人员平均受教育年限为7.9年。

被访的第三产业就业人员劳动力素质与人力资本总体水平较高，但是各行业间差距依然存在。一些行业平均受教育年限较高，比如，信息传输、软件和信息技术服务业。批发和零售业中，零售业的被访就业人员平均受教育年限为9.9年；电信、广播电视和卫星传输服务的被访就业人员平均受教育年限为11.8年，互联网和相关服务的被访就业人员平均受教育年限为13.6年，软件和信息技术服务业的被访就业人员平均受教育年限为14.2年；金融业中，保险业的被访就业人员平均受教育年限为15.5年；房地产业的被访就业人员平均受教育年限为10.3年；租赁和商务服务业中，商务服务业的被访就业人员平均受教育年限为12.8年；科学研究和技术服务业中，专业技术服务业的被访就业人员平均受教育年限为10.8年；教育的被访就业人员平均受教育年限为14年；卫生和社会工作中，卫生的被访就业人员平均受教育年限为13.2年，社会工作的被访就业人员平均受教育年限为13年；公共管理、社会保障和社会组织中，中国共产党机关的被访就业人员平均受教育年限为11年，国家机构的被访就业人员平均受教育年限为13.4年。不过仍有一些行业的被访就业人员平均受教育年限相对较低，低于整体平均受教育年限9.1年，比如，批发和零售业中，批发业的被访就业人员平均受教育年限为8.3年；交通运输、仓储和邮政业中，道路运输业的被访就业人员平均受教育年限为8.4年；住宿和餐饮业中，住宿业的被访就业人员平均受教育年限为9年，餐饮业的被访就业人员平均受教育年限为8.9年；居民服务、修理和其他服务业中，居民服务业的被访就业人员平均受教育年限为8.5年，机动车、电子产品和日用产品修理业的被访就业人员平均受教育年限为8.5年。

（二）直接测量的人力资本状况

传统人力资本研究一般用受教育年限来间接测量人力资本，但是受教育年限指标存在着一定的局限性，比如，受教育年限只反映了人们接受学校教育的时间长短而不能反映学校教育的质量和结果，未反映学校教育结束后人力资本积累的动态过程，不能综合反映人们除在学校以外的其他场所积累的人力资本情况。因此，近些年来人力资本研究日渐主张用人的技能来直接测量人力资本。技能既能反映学校教育的时长，也能反映学校教育的质量和结果；技能能够反映个体一生之中人力资本变化的动态过程；技能能够反映个体从学校、家庭、社会等不同场所积累的人力资本总和①。

世界经济合作与发展组织（OECD）将技能定义为“完成一项任务或活动所必须具备的知识、特征与潜能的集合”②，这也就是个人的人力资本；而“一个国家在一定时间内所具备的技能总和”则可认为是这个国家的人力资本。OECD 在国际上开展一项具有影响的面向成年劳动力的技能专门调查——国际成人技能调查（Programme for the International Assessment of Adult Competencies，PIAAC）。国际成人技能调查旨在协助各国政府评估、监测和分析成年人口中的技能水平和分布情况以及各种技能在不同环境中的使用程度。国际成人技能调查主要调查 15～65 岁成人的读写能力、计算能力及在丰富的技术环境中问题解决能力的现状及水平，以了解参与调查劳动力的技能现状及存在的问题，对劳动力的技能状况进行动态监测。

参照 OECD 的国际成人技能调查并结合被调查地区的实际情况，中国社会科学院人口与劳动经济研究所课题组设计了《成人基本能力测试》问卷以直接测量被访者的实际人力资本状况。问卷测试主要包括阅读能力、数学能力及信息通信技术使用能力。课题组在前述河南省参与《家庭动态与成

① 曹浩文、杜育红：《人力资本视角下的技能：定义、分类与测量》，《现代教育管理》2015 年第 3 期。

② OECD. 2012. *Better Skills, Better Jobs, Better Lives: A Strategic Approach to Skills Policies*. Paris: OECD Publishing.

人基本能力调查》问卷的被访者中随机抽取了50%的样本进行成人基本能力调查。最后实际有效参与成人基本能力测试调查的被访者共767[①]名，其中男性393人，女性374人，平均年龄41.6岁，平均受教育年限9.33年，受教育程度大致情况是具有初中教育程度的被访者占比例最高为38.68%，其次是具有小学教育程度的比例为23.09%，再次是具有普通高中教育程度的被访者比例为15.44%。

调查表明，被访者的阅读能力、数学能力及信息通信技术使用能力平均水平相较测试满分较低，实际人力资本水平有较大提升空间。各产业间人力资本水平差距较大，第一产业人力资本水平相对最低，第二、三产业人力资本水平相对较高但行业间差距仍然存在。

具体来看，在成人基本能力测试问卷中，阅读能力测试包括一系列的技能测试，从文字的解码到句子的理解、解释并评价复杂的文本，每个被访者阅读能力的测试总分为17分。整体被访者样本的阅读能力测试平均分为5.72分，阅读能力测试平均正确率为33.64%。其中，男性的阅读能力测试平均分为5.68分，阅读能力平均正确率为33.44%；女性的阅读能力测试平均分为5.75分，阅读能力平均正确率为33.85%。从调查结果来看，被访样本中女性的平均阅读能力稍高于男性的平均阅读能力。

分产业、行业来看，第一产业的平均阅读能力最低，第二、三产业就业人员的平均阅读能力整体水平较高但行业间差距较大。比如，第一产业中农业、畜牧业就业人员的阅读能力测试平均分均低于整体样本的平均分，分别为5.24分、5分；第二产业中石油和天然气开采、家具制造业、煤炭开采和洗选业的就业人员的阅读能力测试平均分较高，分别为12分、10.67分、8.5分，而食品制造业、土木工程建筑业、房屋建筑业的就业人员的阅读能力测试平均分较低，分别为2.75分、3.6分、5.64分，均低于整体样本的平均分；第三产业中软件和信息技术服务业的阅读能力测试平均分为9.5

---

① 该调查尚未全部完成，此处为第一轮调查完成有效《成人基本能力测试》问卷的被访者人数。

分，其他金融业平均分为 8.4 分，批发业平均分为 7.17 分，零售业平均分为 7.10 分，但房地产业平均分仅为 5 分。

在成人基本能力测试问卷中，数学能力测试主要是测评获得、使用、解释及组合数学信息和理念的能力，每个被访者数学能力的测试总分为 12 分。整体被访者样本的数学能力测试平均分为 3.91 分，数学能力测试平均正确率为 32.57%。其中，男性的数学能力测试平均分为 3.85 分，数学能力测试平均正确率为 32.89%；女性的数学能力测试平均分为 3.87 分，数学能力测试平均正确率为 32.25%。从调查结果来看，被访样本中男性的平均数学能力稍高于女性的平均数学能力。

分产业、行业来看，第一产业的平均数学能力最低，第二、三产业就业人员的平均数学能力高于第一产业但行业间差距较大。比如，第一产业就业人员的数学能力测试平均分低于整体样本平均分，其中农业就业人员的数学能力测试平均分为 3.44 分；第二产业中石油和天然气开采业、家具制造业、煤炭开采和洗选业的就业人员的数学能力测试平均分较高，分别为 7 分、5.33 分、5 分，而食品制造业、房屋建筑业的就业人员的数学能力测试平均分较低，分别为 2 分、3.53 分；第三产业就业人员的数学能力测试平均分行业间差距也较大，比如批发业平均分仅为 2.83 分，餐饮业平均分为 4 分，而软件和信息技术服务业平均分为 7 分。

在家庭动态与成人基本能力调查问卷中，信息通信技术使用能力测试主要是评估在工作与生活中使用数码技术、通信工具、网络获取、评估信息、与人交流、执行实际任务、解决问题的能力。调查表明信息通信技术即计算机及计算机能力在工作中的使用需要还不够普及。仅有 22.14% 的被访者在工作中需要使用计算机；仅有极少数（3.7%）被访者表示为了做好工作需要高级的电脑使用能力水平，27.31% 的被访者表示需要比如文字处理、工作表或数据库等的中等水平，而大多数（68.98%）的被访者表示只需要一般的电脑使用能力水平即可做好工作；并且只有少数（36.15%）的被访者表示缺乏计算机能力会影响找工作、晋升或者加薪。

分产业、行业来看，第一、二产业工作中基本不需要使用计算机，而第三产业各行业就业人员报告工作中需要使用计算机的比例相对较高。比如，仅 13% 的农业被访者表示在工作中需要使用计算机，14.29% 的房屋建筑业表示在工作中需要使用计算机；而电信、广播电视和卫星传输服务，互联网和相关服务，软件和信息技术服务业，保险业，其他金融业等行业的被访者全部表示工作中需要使用计算机，66.67% 的教育被访者工作中需要使用计算机，39.29% 的零售业被访者工作中需要使用计算机，23.81% 的餐饮业被访者表示工作中需要使用计算机。

调查结果也显示工作中使用信息技术解决问题，包括在电脑上或其他电子设备上进行实际活动情况频率还较低。比如，绝大多数被访者（80.44%）在工作中从不使用电子邮件，8.97% 的被访者表示该频率是一个月不到一次，仅 2.21% 的被访者会每天在工作中使用电子邮件；大多数被访者（75.11%）在工作中从不使用互联网去更好地理解与工作有关的问题，8.69% 的被访者表示该频率是一个月不到一次，仅 2.95% 的人会每天使用互联网去更好地理解与工作有关的问题；关于在互联网上进行交易，例如购买或销售产品或服务，或者转账等银行业务的情况，大多数被访者（76.51%）从不在互联网上进行交易，9.1% 的人在工作中一个月不到一次，仅 2.2% 的被访者会每天在互联网上进行交易。而且大多数的被访者在工作中从不使用电子表格软件如 Excel 等、文字处理软件如 Word 等，所占比例分别为 83.41%、82.79%；仅 2.37% 的被访者会每天使用电子表格软件、文字处理软件。工作中，大多数被访者（79.32%）从不在互联网上参与实时讨论，例如在线会议、聊天群等，仅 4.32% 的人每天会在互联网上参与实时讨论。

另外，调查问卷中也有专门关于信息通信技术在生活中使用情况的相关问题，调查表明信息通信技术即计算机及计算机能力在生活中的使用比在工作中普及。超过半数的被访者（59.66%）在生活中使用过电脑；31.91% 的被访者经常使用电脑。调查结果显示在日常生活中使用信息技术进行有关活动、解决问题的频率也较低。比如，大多数被访者（77.81%）在生活中从不使用电子邮件，11.38% 的被访者一个月不到一次会使用电子邮件，仅

2.84%的被访者会每天在生活中使用电子邮件；大多数被访者（75.11%）从不在生活中上网去更好地理解相关的问题，例如健康或疾病，金融事务或环境问题等，12.93%的被访者表示一个月不到一次会使用互联网去理解与日常生活相关问题，仅3.98%的人会每天使用互联网去更好地理解与日常生活有关的问题；生活中，大多数人（70.96%）从不在互联网上进行交易，例如购买或销售产品或服务，或者转账等银行业务，10.59%的人一个月不到一次，仅2.58%的被访者会每天在互联网上进行交易。而且大多数的被访者在日常生活中从不使用电子表格软件如Excel等，所占比例为81.91%，仅2.28%的被访者会每天使用电子表格软件；81.81%的被访者在生活中从不使用文字处理软件如Word等，所占比例为83.41%，仅2.58%的被访者会每天使用文字处理软件。生活中，大多数被访者（76.44%）不会在互联网上参与实时讨论，例如在线会议或聊天群等，6.18%的人一个月不到一次，仅6.03%的人每天会在互联网上参与实时讨论。

三　人力资本培养对策建议

“十三五”时期是中国经济结构调整与发展方式转变的关键时期，就业形势与矛盾将更加复杂化。在中国经济新的发展阶段，需要通过对人力资本的培育来提升我国就业人员的劳动力素质，将中国从人力资源大国建设成为人力资本强国。前文的分析表明，中国的人力资本积累面临着一些问题。目前，我国就业人员的劳动力素质整体水平有所上升，但是产业、行业间劳动力素质差距日益增大，就业出现技能偏向，行业、职业分布呈现两极化，行业、职业间人力资本的密集程度的差异日益加大，尤其随着产业结构的升级、调整，各行业、职业对就业人员的劳动力素质的需求也日益变化。高技能、高人力资本的行业和职业就业增长速度快，劳动力素质提升也更快，低技能、低人力资本的行业和职业就业增长缓慢。因此，在新形势下，我国人力资本的培育应采取新思路，在继续提高劳动者受教育水平的同时，应注重提高劳动者的技能，完善人力资本培训的内容、方法与机制，以及推进鼓励劳动者在人力资本积累和提升过程中的积极参与，从而进一步促进中国人力资本的积累。

（一）加大力度提高劳动者的技能

前文的分析指出“技能”作为对人力资本的直接测量，有效地解决了传统的人力资本指标——受教育年限的局限性。因而，人力资本政策在已经很关注国民受教育年限提高的基础上，应该注重教育以及其他人力资本培育手段是否真正提高了劳动者的技能。劳动者的技能，尤其是劳动力市场所需要的技能的提高，不仅能够帮助劳动者更好地获得就业的机会，保证收入和生活水平，而且可以保证整体就业的稳定，促进国家经济的增长和维持社会的稳定。因此，加大力度提高劳动者的技能应成为国家人力资本政策的新方向和新重点。

人力资本培育应该注重劳动者的各种技能的提高，包括阅读能力、数学能力、使用信息技术解决问题能力等的提高。阅读能力是劳动者理解、使用书面文本增加知识和潜力，参与社会，实现自我目标的基础，知识和信息很多是以书面的形式储存、交流与发送的，与他人的交流与互动会通过信函、表格、备忘录等各种形式的文本文档。数学能力是能够在生活和工作中处理一系列情境的数学需要，从事和管理实际活动的基础。信息技术在许多方面日益重要，通过计算机、手机等各种智能设备来获取、整理、分析、管理、交流与发送各种知识和信息，使用这些设备管理和处理信息的能力在现代工作、生活中不可缺少。与此同时，阅读和数学能力程度的高低是影响人们使用信息技术的主要因素之一。阅读和数学能力可以影响基本信息的获取，即使人们有一些计算机技能，但是由于阅读和数学能力低，可能也很难熟练地处理在高技术环境中遇到的管理和信息的任务。综上所述，阅读、数学和使用信息技术解决问题的能力在工作与生活中都非常重要，是全面参与社会经济必不可少的能力。

因此，缩小劳动力素质差距，加大人力资本的培育，不仅仅应该重视和提高劳动者的受教育水平，还应该提高劳动者的技能。加大力度通过采取各种手段，比如保障基础教育的投入，加大公共教育包括非义务教育阶段中技能训练的投入等，提高人们的阅读能力、数学能力以及使用信息技术解决问题的能力，从而提高劳动力素质及人力资本的培育。

保障基础教育的投入，通过基础教育，尤其是把已经全面普及的义务教育作为主要手段，全面培养计算能力、阅读能力与在高技术环境中解决问题的能力等各项技能。研究表明基础教育具有相对较高的社会收益率，政府在基础教育领域进行投入可以获得较高的教育回报，并且，保障基础教育充分的财政投入，可以改善教育资源配置的不均衡，能够提高教育的质量。而且，个体在基础教育阶段能够较为全面地接受、吸收和培养不同的能力，有助于技能的全面提升，如此才能够为进入劳动力市场时的技能水平打下坚实的基础。

加大公共教育包括在非义务教育阶段，比如高中教育、职业教育中技能训练的投入，在各个环节完善技能的培育和训练。充分的公共教育投入，是成功跨越中等收入阶段的重要条件。因此，中国仍需要保持和加大国家对教育的公共性投入，尤其是加大公共教育中技能训练的投入，以提高劳动者素质。在保障基础教育的公共投入的基础上，也需要加大对非义务教育阶段，比如高中教育、职业教育等各个环节技能培训的公共投入。高中教育是一个重要的教育阶段和环节，衔接着初等教育和高等教育，在这个阶段可以深入培训和提高阅读、数学及使用信息技术处理问题的能力，以适应劳动力市场对技能的需求。中国需要一批具有较高技能的熟练劳动者队伍，而这要靠中等和高等职业教育来培养（高文书）。职业教育环节可以针对劳动力市场需求进行特定、专门的技能培训，不仅有利于劳动者技能和素质的提高，也有助于劳动力市场上供求双方的匹配。

（二）完善人力资本培训的内容、方法与机制

人力资本培训，尤其是企业提供的在职培训，是企业人力资本投资的主要方式，也是人力资源开始与人力资本积累的一个重要手段。为了全面提升

就业人员的劳动力素质和进行有效的人力资本培育，应该从内容、方法与机制几个方面完善人力资本培训。

完善人力资本培训的内容，应在进行知识培训和心态培训的同时，将对劳动者的技能培养作为重要内容加入培训中，使劳动者充分掌握、应用和发挥理论与实际技能，以达到人力资本的积累和提高。一方面，人力资本培训可以对在劳动力市场上通用的技能进行一般培训，比如对多个企业均适用的阅读、数学和使用信息技术解决问题的能力等，赋予员工可以转移的技能和知识，增加员工在劳动力市场上的人力资本价值。另一方面，人力资本培训可以针对企业、岗位需要和有用的技能进行特殊培训，比如工作需要的特殊编程电脑能力等，赋予员工不能转移的技能和知识，增加员工人力资本的同时也给企业带来较大收益。

完善人力资本培训的方法，综合采用内部自主培训、外部公开培训、外聘讲师培训等多种培训形式，使用课堂演讲法、操作示范法、多媒体视听法、网上课程学习法、模拟培训法等多种培训方式，多渠道、全方位地开展人力资本培训，全面提升劳动者的综合素质。比如，在内部自主培训，可以根据实际工作需要，进行小规模、灵活实用的技能培训；针对有特殊需要的工作开展定向性、目标性培训。可以大力实施“走出去”培训方法，加强外部公开培训，选送员工进行思维拓展、业务技能提升等外出培训学习，组织特殊岗位的人员参加指定培训，不断提高劳动者的工作能力和整体素质。积极推进“引进来”培训，针对特定需求，有的放矢，可以进一步增强培训实效，也可以扩大培训覆盖面，能够全面提高就业人员的整体素质。

完善人力资本培训的机制，对培训进行计划、实施、控制及评价，并形成培训、考核、激励一体化机制，有效地提高劳动力素质和人力资本的积累。通过对人力资本培训的需求进行分析，明确人力资本培育的方向，深化并明确培训目标，计划设置多样的培训项目，创新培训方式，实施控制并评价培训整体情况，提高人力资本培训的有效性。在培训完成后，针对培训的结果，进行笔试、口试、实际操作等多种形式的考核，以确认人力资本培训的效果，并将考核的结果与各种激励形式如绩效工资、晋升等挂钩，通过建立培训、考核、激励一体化机制，全面提升劳动者的综合能力。

（三）推进鼓励劳动者在人力资本积累和提升过程中的积极参与

劳动者既是人力资本培育的主体，又是人力资本培育的客体。在人力资本积累和提升的过程中，应该强调劳动者自身的觉悟性和主动性，充分发挥劳动者的主观能动性，推进鼓励劳动者积极参与，通过自身有意识的理论学习和实践活动，进行人力资本的培育。为了鼓励劳动者积极参与人力资本培育的过程，企业、政府可以从不同层面上采取措施推进。企业应该关注人力资本的特殊属性，设计有效的激励方案来激发劳动者的主动性和积极性，以达到人力资本培育的有效性。企业可以通过薪酬管理中的薪酬激励来提高劳动者的工作积极性，比如积极参加企业的人力资本培训，通过培训来积累和提升自身的人力资本；或者劳动者为了能够更好地做好工作，为企业效益做出自己的贡献，主动自发地学习知识、技能，进行人力资本的积累和提升。企业也可以通过非薪酬激励的方式来鼓励劳动者积极参与人力资本培育，比如，企业关注劳动者的健康状况，按计划进行人力资本的补充和更替，安排员工休息、休假，让员工身体上得到恢复，心理上得到满足感，对企业的归属感更强，从而更加积极主动地积累人力资本。企业还可以通过建立优秀的企业核心价值观和企业文化，给员工提供明确的行为方向和准则，以利于实现自我管理，进而充分发挥员工的积极性和创造性，也有利于人力资本的培育。

政府应该为劳动者提供稳定的环境，诱导劳动者积极参与进行更多的人力资本投资，以适应经济在更高层次的增长和产业结构升级的需求。政府可以通过完善基本公共服务保障制度给劳动者提供必要的福利保障，如医疗保险、养老保险等，构建一个稳定的居住环境。政府也可以制定灵活安全的劳动力市场制度，规范用工制度和劳动力市场准入条件，着眼于经济结构的调整和升级，注重与人力资本制度的衔接，有利于劳动者素质的提升和人力资本的积累。政府还可以通过实施平等的社会政策，为劳动者提供更多的活动机会，让劳动者能够运用自身的知识和能力，并在此过程中提升人力资本的价值。稳定的居住环境和就业预期，以及提高了的基本公共服务水平，有利于劳动者积极参与人力资本积累和提升的过程，以实现更加充分的就业和收入增长。

专题五　社会保障改革与完善

Part Ⅴ　The Reform and Perfection of Social Security

G.17

第十七章

银色经济的就业与养老金

杨燕绥　胡乃军　于 淼*

人口老龄化引发经济社会新常态。伴随人均寿命的延长，需要适度增加劳动人口年龄和推迟领取养老金年龄，提高劳动人口的就业参与率，这是保障劳动力市场供给的必要条件，也是本章的核心问题。如何实现这个目标，需要政府和社会公众达成共识。以英国为例，在进入深度老龄社会时，将社会保障部改为劳动与养老金部（Labour and Pension Ministry），以促进国民就业和推进养老金改革。中国在进入老龄社会时才启动国有企业减员增效改革，几千万职工下岗或提前退休，至今仍然沿用20世纪50年代初期的退休年龄（女职工50岁或55岁、男职工60岁），尚有大量的人以各种理由办理

* 杨燕绥，清华大学公共管理学院教授；胡乃军，清华大学公共管理学院助理研究员；于淼，清华大学公共管理学院博士研究生。

了提前退休。由于政府没有及时动员社会和做出公共选择，学者的研究成果被个别媒体作为盈利点，进行断章取义的加工后形成具有刺激性的热门话题，利用不明情况的社会公众的关注度提高网上点击量，恶炒“延退”问题，将这一社会政策问题几乎演变成极度敏感的政治话题，进一步拖延了解决问题的时间和增加了改革的成本。

目前，中国正在接近深度老龄社会，退休年龄早且与养老金领取年龄捆绑。对退休人员来说，早退休人员养老金水平很低，达到法定年龄希望继续工作不被允许只得进入灰色劳动力市场；对企业来说，养老保险费率高，企业负担重，企业大量逃避税费和使用非正规就业，增加了政府的社会保障负债和社会不稳定因素，抑制了企业发展，减少了就业岗位；对社会保障部门来说，养老保险和医疗保险赡养负担趋重，社会保险基金收支平衡有风险；这些现象正在构成一个恶性循环圈，对宏观经济和社会发展造成负面影响。

中国政府正在积极构建一个覆盖全体国民的养老金制度。一是对城乡60岁以上居民提供低水平的养老补贴计划（被称为养老保险）；二是机关事业单位与企业职工实现养老保险并轨。养老金政策的公平性大大加强，接下来的问题是持续性，促进就业以开源，伴随人均寿命建立早减晚增的养老金领取机制至关重要。

本章主要内容如下：第一部分，描述银色经济的定义和特征；第二部分，论证银色经济发展战略一，即提高劳动人口人力资本，延长劳动年龄与提高正规就业参与率；第三部分，论证银色经济发展战略二，即养老金领取机制与弹性退休政策。

一　银色经济及其主要特征

银色经济，即指基于人口老龄化的需求和约束条件，组织生产、分配、流通和消费活动及其供求关系的总称。人口老龄化并非社会老化，健康长寿意味着社会稳定和经济发达，继农业经济、工业经济之后，人类进入以信息经济和健康产业革命的第三财富波时代。所以，银色经济不同于银发经济，不仅是老年人的事情，也是全新的经济社会发展常态，具有如下主要特征。

（一）技术进步与人文进步并重，以创新带动升级

有研究表明，人均 GDP 达到 3000 ~ 5000 美元时，社会整体消费模式将从温饱型转向品质型，人性化的健康服务需求不断加大。健康产业革命以生命科学为龙头，以精准医疗为例，通过基因排序大大提高诊断水平和用药有效性，还有健康管理、医疗旅游等，比工业革命更加尊重人的生命。

发达国家在完成农业现代化和工业现代化之后进入老龄化，中国尚未完成这两个阶段即已进入老龄社会，粗放的发展模式与人性化服务需求相距甚远。因此，需要以教育创新和科技创新带动理念更新和产业升级的社会发展。我国亟须改革教育理念和教育体制，从爱护幼儿的想象力做起，培育青年人具有良好的身心健康、知识结构和创新能力。

目前，我国健康产业初具规模，并形成四大基本产业群体，即以医疗服务机构为主体的医疗产业，以药品医疗器械以及其他医疗耗材产销为主体的医药产业，以保健食品、健康产品产销为主体的保健品产业，以个性化健康检测评估、咨询服务、调理康复、保障促进等为主体的健康管理服务产业。“十三五”期间，需要在四个方面着力：构建医养结合的服务体系，发展健康管理服务业，发展特色医疗健康旅游业，提高药品医疗器械国际竞争力。一要创新体制机制，建立大部制科学决策体制和各级政府一站式运行机制，结束“多龙治水”、“信息孤岛”和“碎片化”的局面。二要完善政策法规，规范社会企业和社会组织建设。从准入制到备案制，制定统一准入标准、指导和规范产业发展；规范产业扶持政策以及财税、金融、土地、环保等方面的配套政策，破解资金瓶颈；培养专业人才，引导大专院校开设医疗健康服务专业，扩大招生人数，各级人社部门免费开设各类培训班，培训专业服务人员；保护知识产权，鼓励持续创新，形成各地独具特色的服务品牌。三要加强医药科技创新体系建设。增加政府研发预算，建立激励机制，引导有实力的企业投入新药品的研发活动中。增强企业与科研院所的交流与

合作，加大基础性和前瞻性的研究力度，以掌握关键技术为支撑，逐步成为国际行业标准的引领者，提高医疗健康产品的国际竞争力和市场占有率。四要重视慢性病防治。推动健康大数据平台建设，给予充足的法律保障、资金保障，强化疾病及危险因素检测系统、慢性病死因检测系统建设；对主要慢性病设立重大防控专项，如心脑血管、恶性肿瘤、糖尿病等；强化基本公共卫生服务机构建设、人头费制度和研制慢性病管理服务包。五要注重培育全社会健康理念和意识。支持健康知识传播机构发展，培育健康文化产业。充分利用广播电视、平面媒体及互联网等新兴媒体深入宣传，提高公民健康意识和素养，开展心理健康咨询活动、健身运动，把医保工作重点由花钱治病转向健身防病，在全社会形成重视和促进健康的社会风气。

（二）发展速度与提高质量并重，树立科学发展观

发展银色经济要坚持质量优先、以人为本，追求人均 GDP 福利相关性的发展目标。逐步提高城乡居民收入进入中高水平，加大消费对经济增长的贡献，居民消费率达到 70% 以上。国家治理体系和治理能力现代化取得重大进展，政府向服务型转变，将消除贫困、提高国民素质和社会文明程度、改善生态环境作为社会发展主要方向。为此，需要从心理到政策等多方面做好准备。发达国家在进入深度老龄社会之后，其 GDP 增长速度仅为 1% ~5%，日本出现了 GDP 负增长的情况，但企业创新能力仍保持世界第一。预计我国 GDP 增速在初级老龄社会阶段可以保持在 6% ~7% 的水平上，在深度老龄社会阶段保持在 5% 左右，进入超级老龄社会后将低于 5%。

银色经济是发达经济和买方市场，客户越来越偏好质量和个性化。在经济上，包括“老龄科技”在内的高新技术产业在制造业的比重高于 30%；包括“医养服务”在内的第三产业占 GDP 比重超过 70%，其中健康服务业占 GDP 的 10% 以上，老年护理占劳动力市场的 10% 以上。老年人可以选择居住于独立式住宅、老年公寓、养老院、护理院、老年养生社区，每一类住所均辅以相应的老年服务和管理体系。

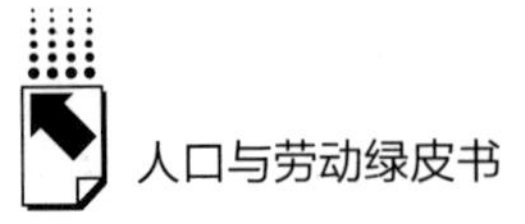

（三）就业开源与福祉改善并重，调结构和建机制

老龄社会需要开源节流，正确处理就业与福利的关系，实现代际协调发展。以英国为例，在进入深度老龄社会之后，以“就业与养老金部”取代“社会保障部”，意在促进就业和积累养老金。

银色时代的劳动力市场逐渐发生以下变化：一是伴随人均寿命的延长而使国民劳动年龄从 60 岁提高到 69 岁，通过“早减晚增”等措施激励和约束国民增加就业，提高劳动人口就业参与率和劳动力供给。二是规范劳动关系和完善薪酬制度，包括规范灵活就业的工资关系和社会保障税费关系，通过增加正规就业为改善福祉开源。国家就业政策与法律鼓励和规范灵活用工，相关税费按照工作小时计算；扶助大龄人员从第一、二产业向第三产业的养老服务业转移。三是实行二元结构养老金计划，激励就业和改善老龄人口资产结构。中央统筹职工基础养老金，夯实职工基础信息和缴费制度，建立待遇调整机制和支付系统，实现精算平衡。同时，根据国民平均预期寿命，界定领取全额基础养老金的法定年龄，建立“早减晚增”的全额养老金领取机制。四是创新金融服务模式，改善老龄人口资产结构。创新投融资引导方式，设立银色经济产业投资基金。鼓励金融机构创新适合健康服务和养老的金融产品和服务方式，积极支持符合条件的健康服务企业上市融资和发行债券。政府引导、推动设立由金融和产业资本共同筹资的医疗健康产业投资基金。按照生命周期进行资产配置。积极开展生命周期基金和生命周期时点配置资产的产品研发，改善老龄人口的资产结构，提高老龄人口的购买力。积极发展医养商业保险，大力推进商业保险创新，开发适应老龄人口需要的保险产品，积极探索商业保险与地产、医养服务实业融合的微利综合经营模式。

（四）政府主导与社会参与并重，大力发展社会企业

银色经济时代企业的成本提升，利润下降，需要构建新的现代企业制度。社会企业是指属于社会所有，服务于社会利益，企业化经营，有微利而

无股东和税负，人员资质和薪酬水平适中的实体组织。社会企业产生于19世纪40年代的英国，是一种融合了市场竞争和社会目标的混合型企业，是社会部门和经济部门跨界融合的产物。英国政府把社会企业定义为：拥有基本的社会目标，不是以股东利益最大化和所有者利益最大化为动机的企业，其所获得的利润都再投入企业或社会之中。寻求社会目标是社会企业的价值追求，企业化运作是社会企业创新性地实现社会目标的手段。因此，社会企业也被看作社会创新的典范。20世纪八九十年代，社会企业在欧美国家兴起，在实现国家、社会和个人力量团结整合，提高经济社会建设的社会参与度方面发挥了重要作用。社会企业在英国的医疗护理和养老相关行业中占比较高，超过18%，高于咨询、教育、培训、住房等领域。欧美国家70%的医疗机构属于非营利性社会企业。经营好的社会企业在微利积累到一定规模时，可以转化为股份制企业，放弃政府补贴等优惠政策，进入市场融资，为社会创造更多价值。在发展中国家，社会企业在解决贫困、疾病、环境污染和消除恐怖主义滋生土壤等问题上，显示出独特而有效的、并可持续发展的能力。

20世纪90年代中期，社会企业在我国也开始产生。最近几年，社会企业的发展受到关注，开始形成了一股社会企业热潮。社会企业兴起的主要原因包括教育医养等公共服务需求不断加大，整合和非营利组织均面临资金压力，政府和社会资金的PPP项目的开展，商业精英进入社会创业领域，外国经验的影响。社会企业应是我国公立医院改革和医养服务创新的未来方向。

推动我国社会企业的发展，需要制定“社会企业法”，为其发展打造法治环境。社会企业是有别于国有企业、事业单位、非营利组织的新的企业类型。主要特征如下：一是企业化经营，可以获得政府补贴、社会捐助，也可以向社会融资（还本付息），可以有盈利但没有股东（去寄生文化）；二是社会企业服务于社会利益，如教育、医疗和养老服务，企业资产属于社会所有，非国家所有、非个人利益；三是企业盈利可以用于补偿人力资本，教育、医疗、养老等服务属于知识型服务，需要人力资本方面做加法。中国的公立医院是计划经济的产物，公助型社会企业是中国公立医院的出路，以提供基本医疗服务为主，政府为荣誉国民和贫困人口买单；此外，要大力发展股份型民营医院，可以参与基本医疗服务，获得医疗保险费用；可以提供特需服务，获取微利。

（五）家庭生育与国家人口规划并重，科学计划生育

基于国家人口规划鼓励家庭有计划生育，如引导家庭间隔性 1 ~2 胎和 2 ~3 胎的激励政策，禁止性别歧视，是实现家庭生育与国家人口规划一致性的制度安排。进入老龄社会，国家要特别关注人口总量、性别结构和年龄结构的关系，将总和生育率控制在 1. 8 ~2. 0，性别比控制在 1∶1 的水平上。

我国人口出生性别比从 1982 年的 108. 5 上升到 2010 年的 118. 1。据预测，到 2020 年中国处于婚龄的男性人数将比女性多出 2400 万。2015 年 5 月 13 日，国家卫计委发布“中国家庭发展追踪调查”结果显示，我国平均家庭规模为 3. 35 人，出现“少子化”“老龄化”“独子化”“空巢化”的社会问题。作为社会细胞的家庭，不但存在“失独”风险，而且弱化了养老功能，给社会化养老服务保障带来巨大压力。

2016 年，我国全面进入二孩家庭阶段，间隔性二孩家庭政策有助于减缓人口老龄化的步伐，延长我国“人口红利”。据《中国发展报告 2011/12：人口形势的变化和人口政策的调整》课题组测算，2015 年实行“二孩”政策对我国人口的影响，从长期看能有效增加我国劳动年龄人口，到 2030 年和 2050 年时，约分别增加劳动年龄人口 0. 25 亿和 0. 9 亿。同时，减缓了我国人口老龄化的趋势，到 2050 年时 60 岁及以上老龄人口占比约降低 5%。青壮年劳动人口的增加扩大了养老保障缴费群体的人数，降低我国老龄人口赡养比，有助于缓解我国养老保障基金的压力。此外，由于更多家庭有了两个子女，将提高其抵御“失独”风险的能力。国家制定激励二孩政策时，要鼓励家庭间隔性养育二孩，生育两个孩子的间隔时间适当拉长。

（六）终生自立与家庭社会养老并重，更新社会文化

建立个人财务终生自立与家庭社会养老相结合的新的代际关系和社会

文化。一是鼓励国民积极就业和实现个人财务终生独立，实现健康长寿的人生目标。积极参与就业，即指保持健康的身心状态，提高自身人力资本；实现终生财务自由，即在日常开支中包括买健康、买养老的支出，为高龄失能阶段预购护理服务。贝克人力资本理论、弗里德曼平滑消费理论和莫利安尼财务生命周期三个获得诺贝尔经济学奖的理论，其核心思想是，一个人要坚持学习，管理健康，努力工作，积累财富。二是基于现代生活方式实现家庭养老。提倡老年人有健康长寿的伴侣，维护老年人的两口之家，包括支持丧偶老人再婚或者结伴养老；鼓励孩子采取多种方式关爱老人，如回家看看、就近购房、天天可视、穿戴跟踪、周末聚会等；建立包容家庭的养老社区，弘扬孝敬老人的传统社会文化，保持家庭养老功能。三是基于现代社会文化实现社会养老。社会养老是指入户的居家医养服务和各类养老机构，以及养老社区的配套服务，重视发展老龄科技、老龄建筑和环境改造、医养服务等。

总之，要在资源配置、运行模式、收入分配、社会文化、国民教育等诸多方面，按照人口老龄化的需求和约束进行全方位的创新，以改革创新红利取代低劳动成本的“人口红利”，实现银色经济的供需平衡，形成“速度稳、质量高、福祉好、可持续”的经济社会发展新常态。

二 银色经济发展战略一：提高劳动人口年龄和就业参与率

银色经济需要在劳动力市场开源，通过提高劳动力人口年龄和就业参与率来增加人力资本和增加劳动力供给。

2015 年末，中国国民平均寿命达到 76 岁，假设退休后平均余寿 15 年（实际低于这个水平），2016 年老龄人口的年龄应为 61 岁。目前，中国法定劳动人口年龄为 16 ~ 45/50/55/60/65 岁，等级繁多，上限偏低，退休年龄早 1 ~ 11 年。即使如此，还有 50% 的劳动年龄人口提前退休，劳动年龄人口就业参与率不足 70%，大量非正规就业难以治理，这是中国社会保险费率过高、社会保险待遇支付出现当期缺口的主要原因。为此，有必要根据中国人口平均寿命的提高，逐渐延长劳动人口的年龄，抑制提前退休和促进大龄人员就业，特别是让传统产业的企业富余人员向医养服务业转移，提高劳动人口的正规就业参与率，为社会保障持续发展奠定基础。因此，建立“早减晚增”的法定养老金领取机制，具有激励就业和延迟退休的作用，是应对人口老龄化的战略措施之一。

（一）中国劳动人口年龄及其就业参与率

中国劳动人口年龄上限偏低、提前退休比例较大、就业参与率不高、正规就业不足，对经济社会发展正在发生负面影响；在人口老龄化的背景下，这种负面影响将会倍增，必须引起高度重视并及时扭转。

2010 年人口普查数据显示（见图 17 -1），中国劳动人口在22 岁以前进入正规就业的比例超过 70%，但女性职工在 50 岁时的正规就业参与率仅为 50%，男性职工在 60 岁时的正规就业参与率仅为 50%，距离目标有 20% 的差距，另外的 50% 已经由于种种原因离开了正规就业的劳动力市场，他们中的一部分进入灰色劳动力市场；50 ~65 岁女职工和 60 ~65 岁男职工作为

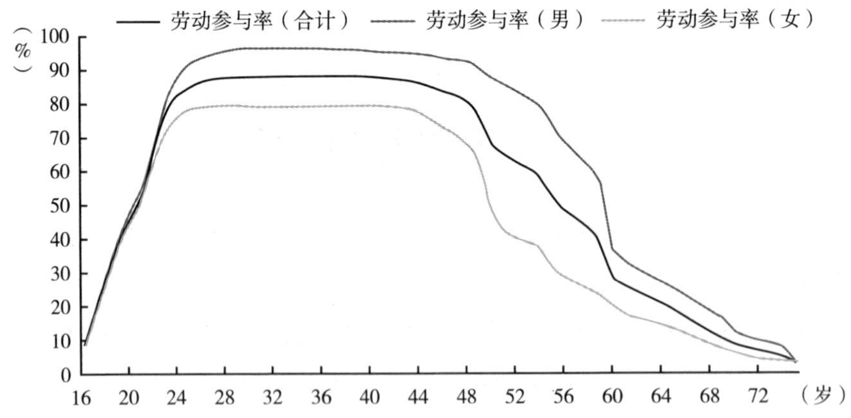

图 17 -1　中国城镇劳动年龄人口就业参与率示意

资料来源：据中国第六次人口普查数据统计。

大龄劳动人口，还有部分高龄劳动人口也在灰色劳动力市场中；此外，在北京等大城市的社会保险参保缴费人中可以见到80～90岁以上的老龄人还在继续缴费，应当是院士们。因此，1996年以来，中国城镇从业人员增长率处于下降趋势（忽略2008年的特殊点），1996年中国从业人员共68950万人，截至2013年增加到76977万人，增长率从1.3%（1996年）跌至0.36%（2013年），不排除与总和出生率下降和劳动年龄人口减少有关。

（二）人口老龄化对劳动力市场的影响

人口老龄化对劳动力市场供给的影响主要体现在总量减少和结构改变两个方面，进而影响劳动力价格、劳动生产率和产业结构转型升级。

劳动力供给总量。在人口规模不变的条件下，如果出生率和死亡率同时下降，老龄化将导致劳动年龄人口在总人口中的比重下降，使劳动力供给总量减少。就中国情况而言，1953年第一次“婴儿潮”的出生人口，目前已进入老年阶段；1963年第二次“婴儿潮”的出生人口，是下一步潜在的老年人口，但是他们中的女职工自2013年开始进入退休高峰。随着他们退出劳动力市场，中国老龄化程度将逐步加深，劳动力市场逐步出现供给下降。2012年，中国15～59岁劳动年龄人口第一次出现了绝对数量的下降，比上年减少345万。中国社会科学院预测[①]，2035年中国劳动年龄人口降至8亿以下，2050年约为6.51亿。

劳动力供给结构。人口老龄化同样改变了劳动力供给结构，导致劳动年龄人口比重下降。随着中国人口老龄化的发展，劳动力人口的年龄结构将会呈现老化，年轻劳动力的数量将越来越少，劳动力平均年龄将越来越大，中青年劳动力的供给将大幅减少。他们是劳动力市场最活跃和最重要的人群，其规模的下降将给未来就业和劳动力市场带来较大影响，不可避免地带来经济增长贡献潜力的下降。

---

① 蔡昉、张车伟主编《中国人口与劳动问题报告》，社会科学文献出版社，2016，第10～11页。

劳动生产率。由于大龄劳动者的知识技能老化速度加快，知识更新速度相对迟缓——难以达到工作岗位的技能素质要求，人口老龄化会直接影响劳动生产率的提高；同期，OECD 国家的 GDP 水平为 1% ~5% 。

产业结构升级。产业结构升级调整也必将对劳动力素质提出新的要求，并导致就业结构的变迁。城镇化中的失地农民亟待向加工业转移，大龄产业工人亟待向现代服务业的低端岗位转移，大学生亟待适应现代服务业的高端岗位。劳动力的供给结构是产业结构升级和变动的基础，其素质高低直接影响着产业结构的演进速度和升级。在技术进步不断加快的条件下，产业结构演进、升级速度加快必将对劳动力素质提出新的要求，要求以高层次的劳动力素质结构为基础。例如，产业结构的调整必然要求劳动力在不同地区和不同产业部门之间进行转移和流动，要求劳动力的技术水平结构与之相适应。随着中国人口老龄化趋势的加剧，大龄劳动者的技能和知识素质老化加快，低素质劳动力不适应产业结构升级和高新技术产业发展而大量滞留在低技术产业，从而将延缓产业结构升级的进程。在劳动力老龄化的背景下，本应逐步转向资本密集型的劳动密集型产业，不得不大批保存以维持老龄劳动力就业的稳定。由于中老年劳动力对于长期从事的工作岗位比较习惯，并形成了一定的专业技能。随着新行业、新工种的不断涌现，社会分工将更加复杂，要求劳动力有较强的适应能力和较新的知识技术结构。如果教育体制改革滞后，缺乏有效的扶助政策和措施，知识更新缓慢的大龄劳动力将难以适应产业调整的需求，造成结构性失业，有碍于产业结构的顺利调整。

（三）OECD 国家劳动人口年龄及其就业参与率

欧盟委员会定期发布《人口老龄化与公共预算预测报告》，分析 27 个成员的人口老龄化情况和与之匹配的发展战略。2012 年发布的《人口老龄化和公共预算预测报告（2010 -2060）》显示（见图 17 -2）:[①]目前法定劳动人口年龄上限为 65 岁，55 ~64 岁大龄劳动人口的就业参与率不足 60% 。

① *Aging Report in 2012*, European Union Commission service, EUC.

2012 年以后劳动年龄人口呈现继续下降的趋势，劳动力供给总量继续减少；未来发展目标是提高大龄劳动人口的就业参与率，使之达到 70% 以上。

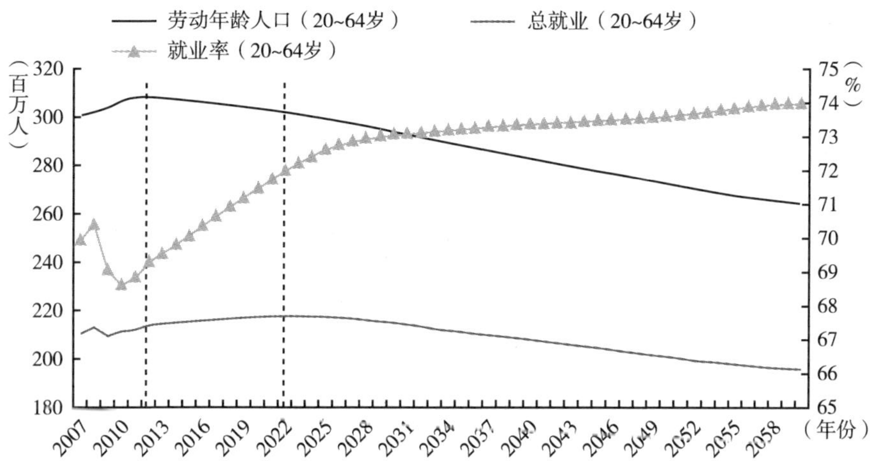

图 17－2　欧盟 27 个成员劳动人口年龄提升和就业参与率上升趋势

以德国为例，为鼓励大龄人员参与就业（55 ~ 64 岁），推动银色经济第三产业，2006 年开始启动“50 +”计划，将德国 50 岁以上的大龄劳动人口的就业率提升至 55%。该计划包括“复合工资”项目，政府对愿意接受少于失业前工资工作的大龄人员给予一部分工资补助，第一年补助新旧工资收入差额的 50%，次年为 30%，此外政府额外免除该老年人两年内 90% 的养老保险缴费。与此同时，雇用大龄人员的企业也将获得政府发放的一至三年的补贴费用，津贴补助大概为工资水平的 30% 到 50%，增加了企业雇用老年人的动力。

根据前述欧盟报告中发布的德国预测数据显示，未来德国人口老龄化将进一步加重，到 2060 年 55 ~ 64 岁大龄人员的就业参与率必须达到 75%，因此，男性、女性的就业参与率将分别提高 7.5% 和 18%（见图 17 －3），才能解决劳动力市场供给需求、控制养老保险缴费和确保养老金支付等社会问题。

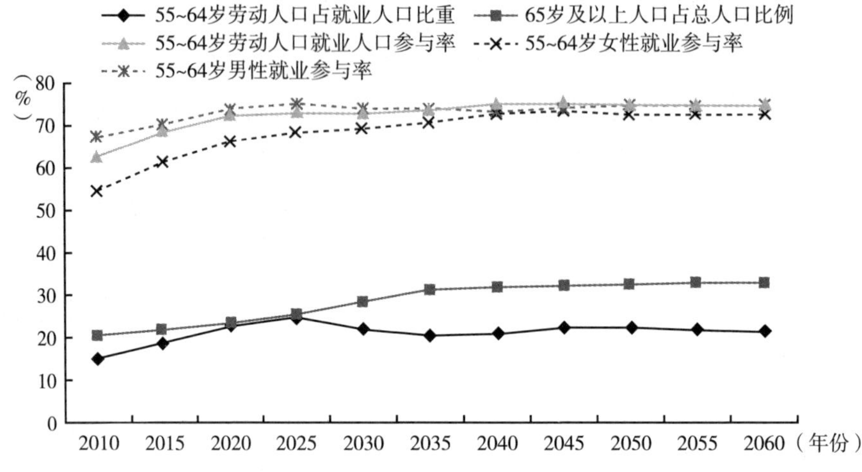

图 17－3　德国 2010～2060 年大龄人员就业情况预测

三　银色经济发展战略二：养老金领取机制与弹性退休政策

领取全额基础养老金的法定年龄涉及养老金计划的收支平衡，涉及养老金税费和养老金替代率的代际利益关系，进入老龄社会以后它变得越来越敏感，发达国家纷纷修订养老金政策，建立“早减晚增”的养老金领取机制，实行自主弹性退休。

中国《社会保险法》第十六条规定：“参加基本养老保险的个人，达到法定退休年龄时累计缴费满十五年的，按月领取基本养老金。”一般不允许自动延迟退休和延迟领取养老金。自 2005 年开始，养老金年均增长 10%，远远高于退休前工资增长率，这种工资与养老金增长的倒挂局面，与刚性的退休政策捆绑之后，形成鼓励提前退休的效果，导致劳动力市场供给不足问题在中国提前出现。成为增加劳动人口年龄、延迟退休和提高就业参与率的障碍。反之，发达国家在进入老龄社会之后，改善就业政策和改革养老金制度的措施之一，就是建立“早减晚增”的养老金领取机制，实施弹性退休政策。这是一个促进就业和增加养老金积累的一举两得的公共选择。

（一）中国退休制度的历史沿革

中国退休制度经历了三个历史时期，即创建期、调整期和改革创新期。

制度创建期（1950～1958 年）。新中国成立初期，中国借鉴苏联经验选择了国家保险模式，建立了劳动保险制度。退休制度带有浓厚的福利性色彩，其宗旨是“最充分满足有劳动能力者的需要，保护劳动者的健康并维持其工作能力”。新中国成立后颁布的第一部关于退休及养老方面的法规，是1950 年颁布的《关于退休人员处理办法的通知》，规定党政机关以及海关、铁路、邮电等公共服务部门领取工资的工作人员，退休时可以一次性领取一笔退休费。1951 年颁布的《中华人民共和国劳动保险条例》，标志着新中国职工养老制度的建立，职工的退休养老保障是其中极其重要的内容。该条例规定男职工的领取年龄为 60 周岁，女职工的领取年龄为 50 周岁。1953 年扩大适用范围，覆盖到民营企业职工。1955 年国务院颁布的《国家机关工作人员退休处理暂行办法》，将一次性发放养老金改为按月发放，按个人工作年限规定了不同的待遇标准，并把女干部的领取年龄提高到 55 周岁，这一规定一直沿用至今。

制度调整期（1958～1977 年）。此时期对机关事业单位工作人员和企业职工实行了统一的退休办法，确立了军官的退休制度，并补充了集体制单位的退休制度，更多的群体被纳入退休制度的体系中。1958 年颁布《国务院关于工人、职工退休处理的暂行规定》，将企业和机关女职员的领取年龄统一规定为 55 周岁，女工人仍为 50 周岁。但是，在“文化大革命”的十年中，中国社会保障制度受到了严重的冲击，社会保险事务处于无人管理的状态，退休制度也基本处于停滞状态。

制度改革创新期（1978～1986 年）。1978 年，国务院颁发《关于工人退休、退职的暂行办法》（国发〔1978〕104 号）、《关于安置老弱病残干部的暂行办法》，对干部和工人的退休、退职待遇进行了修改，区分了退休和离休人员两个群体不同的待遇，并在 1980 年针对干部群体制定了在退休待

遇上更为优厚的离休制度。1986 年，退休养老制度开始改革，试行建立养老保险制度。1997 年国务院出台了《关于建立统一的企业职工基本养老保险制度的决定》，统一了全国各地养老保险制度，实现了退休制度向社会养老保险制度的转型；同时，宣布提前退休（平均年龄 47 岁）人员的工龄视同缴费，作为处理转制成本的方法，但始终没有预算，不得不将职工缴费按照空账模式运行，资金被用于支付当期养老金。

关于延迟退休的规定。根据《国务院关于高级专家离休退休若干问题的暂行规定》（国发〔1983〕141 号）、《国务院关于延长部分骨干教师、医生、科技人员退休年龄的通知》（劳人科〔1983〕153 号）、《关于高级专家退（离）休有关问题的通知》（人退发〔1990〕5 号）规定，对于确因工作需要，身体健康能够坚持正常工作的少数高级专家，征得本人同意，并按干部管理权限，经任免机关批准后，其领取年龄可以适当延长；担任过县处级以上职务的女干部和女性高级专家只要身体条件允许，本人自愿领取退休金年龄可延长至 60 周岁；确因工作需要的少数高级专家可延长至 65 周岁，甚至 70 周岁；国家需要的杰出人才未设上限。

（二）当前中国退休制度面临的挑战

1. 法定领取年龄偏低，不符合经济社会发展现状

中国现行退休制度在 20 世纪 50 年代时期形成，当时人均寿命不足 50 岁。当前为 76 岁，60 年间中国人口预期寿命增长了近 30 岁，领取养老金年龄没有随之进行调整。1998 年的国有企业减员增效改革，以 2000 多万职工下岗和提前退休为代价，下岗和提前退休职工平均年龄只有 47 岁。至今，各类单位均仍以提前退休为代价提高工效。而且，国民的老龄化和养老教育不足，社会公众也没有做好增加就业的思想准备。

2. 提前退休现象普遍，导致职工平均领取养老金的年龄越来越低

由于居民登记、工资报告制度和法制缺失，养老金改革顶层设计滞后，20 世纪 90 年代以来提前退休现象比较普遍，主要有内部退养和提前领取养老金两种情况。

内部退养。1993年国务院颁布的《国有企业富余职工安置规定》指出："职工距领取年龄不到5年的，经本人申请，企业领导批准，可以退出工作岗位修养。"原劳动部《关于严格掌握企业职工退休条件的通知》明确表明："企业对接近领取年龄的职工，要妥善安排，因年老体弱不能坚持正常生产工作的，可以实行离岗退养，离岗退养期间，按连续工龄计算，按一定比例发放工资，所需费用仍在工资基金中列支。"于是就有了"提前退休"这一政策，提前退休主要有四种方式：内部退养、借助从事特殊工作提前退休、子女顶替职位提前退休和各种病退。20世纪90年代中后期，"内部退养"政策成为经济转轨过程中经济效益处于劣势的国有企业"减员增效"的一个最直接途径，一些国有企业从自身局部利益出发，采取一些不恰当的方法让职工内退，甚至出现修改年龄、造假艰苦岗位工种证明和病历证明等方式办理"内退"。这使大批未到领取年龄，有经验、有技能、优秀的职工流失，浪费了企业人力资源。

提前领取养老金。在1998年国有企业"减员增效"改革中，大批职工先"下岗"，后提前退休和领取养老金，他们的平均年龄只有47岁，与企业解除了劳动关系，实现了社会化服务，这直接导致了领取年龄的低龄化。由于政策执行不规范和缺乏法制，不仅对企业的生产经营产生一定影响，也使中国近年职工的平均领取年龄越来越低。根据人力资源社会保障部有关数据，目前中国企业女职工领取年龄不足50岁，男女实际领取年龄加总平均只有54岁，"生寡食众"的格局日趋严重，年青一代职工负担越来越重，赡养率越来越高。

3. 养老保险政策缺乏精算平衡，导致当前中国养老金陷入困境

1993年，党的十四届三中全会决定建立"社会统筹"与"个人账户"相结合的养老保险制度。1997年7月16日，国务院《关于建立统一的企业职工基本养老保险制度的决定》（国发〔1997〕26号）文件规定，企业费率是工资总额的20%，职工费率为个人缴费工资总额的8%，但实际上缴费基数约为社会平均工资的70%，[①] 实际征缴率在20%以下。社会统筹是国

① 杨燕绥主编《中国老龄社会与养老保障发展报告（2013）》，清华大学出版社，第103页。

民基础养老金的基础，个人账户是个人积累养老金的管理方式，体现了公共品和准公共品的二元结构原则，具有控制财政风险和激励个人多工作多积累的双重政策效应。当时中国正在进入老龄社会，这个选择具有前瞻性和科学性。但是，这个政策在执行中被扭曲。在1998年国有企业2000多万下岗职工提前退休，几十年视同缴费工龄“只点菜、不买单”，至今没有预算，致使地方政府为支付养老金而挪用了职工的个人缴费，由此陷入“混账管理”和个人账户空账记录，个人积累激励延迟退休的作用没有发挥出来。2005年至2015年，国家已连续11年按照10%的幅度调整企业退休人员基本养老金水平。2015年全国企业退休人员月养老金平均值为2250元，北上广超过3000元。2014年，城镇职工基本养老保险的各级财政补贴为3548亿元。企业基本养老保险费率过高，大部分企业无力建立企业年金计划，截至2014年末有7.33万户企业建立年金计划，覆盖职工2293万人，结存资金7689亿元。[①] 个人养老储蓄缺乏税费减免激励政策、法人受托人、投资保值途径等制度安排。2005年以来养老保险待遇连年涨10%，2009年开始出现在职职工和退休职工、缴费年限的长短和养老待遇的倒挂现象，养老金待遇超过在职工资；工作年限越长、缴费年限越长、退休越晚，退休时领到的待遇越低。例如，某退休女职工1963年7月出生，1988年12月参加工作，2013年7月满50周岁正常退休，其累计缴费年限为24.58年，退休待遇核定为897.60元，若此人五年前因病完全丧失劳动能力，提前五年退休，经过几年来退休人员不断调整待遇，现在退休待遇为1310元。少交五年费，多领五年钱，今后还要每月高出46%的待遇。

4. 退休权利义务不对等，影响养老保险制度健康可持续运行

《社会保险法》第十五条规定：参加基本养老保险的个人，达到法定领取年龄时累计缴费满十五年的，按月领取基本养老金。该法规沿用了20世纪有关规定，忽略了日益延长的人均寿命，特别是忽略了1963～1975年的“婴儿潮”现象和“一孩”家庭政策。目前，1963年出生的女职工，在

① 资料来源：《人力资源和社会保障事业发展统计公报（2014）》。

2013年进入退休高峰，建立制度之初所设计的退休预期余寿10年的界限将很快突破，等她们到63岁时就已把个人账户记录权益用尽。按照当前全国城镇人口人均预期寿命76岁，男女平均领取年龄54岁计算，每人有十多年的养老金支取压力需要国家解决。随着中国人口老龄化进程的加速，60岁以上的老龄人口和80岁以上的高龄人口增长的速度更快。职工缴费年限偏短，领取养老金年限偏长，劳动者的权利和缴费义务严重扭曲，是造成目前养老保险基金面临困境的主要原因。

5. 退休制度逐渐缺乏弹性，导致人力资源使用缺乏效率

中国现行政策捆绑了领取养老金和退休的年龄，达到法定年龄的人必须办理退休手续，出现“被老龄化”的人群。客观而言，何时退休应当由个人决定。人们进入劳动力市场的时间并不一样，不同人力资本有不同的绩效，不同的家庭、健康和工作性质决定人们选择退出劳动力市场的时点存在差异。在不同的历史时期和社会经济背景下，“老”的概念也具有相对性，固化和统一领取年龄，在一定程度上违背了人力资本的周期性规律，而且并不能很好反映个体差异，从而导致人力资本的浪费和缺乏人性化。另外，不同地区居民的平均寿命也不同，在西藏地区不足60岁，大兴安岭地区不足63岁，这些地区应当考虑降低领取养老金的年龄。但是各地的法定领取年龄却是全国统一的，这与地区差异性相矛盾。为此，应当在法定领取年龄的基础上，给个人选择的空间，实行“早退逐减”养老金和推迟退休增加养老金的激励政策。

6. 领取年龄存在较大差异，不适应当前的社会发展需要

中国现行领取年龄因性别、身份、岗位的差异等存在较大不同，有些不合理，有些欠规范。

一是性别上存在差异。中国当前女性干部与女性工人和同等条件的男性职工，存在5岁到10岁的差距。政策制定初期，实行男女区别主要是为了尊重和保护妇女权益。但随着经济社会的发展，男女不平等问题已经逐步解决，同时女性的平均寿命也高于男性，这样男女退休的差异化政策，就逐渐开始不适应社会发展的需要。

二是身份上存在差别。退休政策制定之初，为了区分工作性质，更好地保护脑力劳动者和体力劳动者，对不同工种制定了不同的退休政策，女干部与女工人表现最为明显。但随着经济社会发展变化，当前技术性工人和办公室勤杂工的比重很大，将他们同单纯的体力工人同等对待则不尽合理，而且，不同岗位的待遇差别也很大，不利于基层工人。同时，中国当前规定中对允许领取年龄延长的群体中并没有涉及技术工人这一类别，而仅限于高级专家或女干部等。

三是艰苦岗位变化大。现行规定艰苦岗位女职工 45 岁退休，男职工 55 岁退休。但是，伴随生产方式的进步，原有一些艰苦岗位已经不存在，一些新的艰苦岗位出现了。伴随一般领取年龄的提高，艰苦岗位是否可以适度提高，对这些问题缺乏研究，且尚未进入政策更新的过程。在实际中，尚有利用开具假岗位证明、工伤证明和疾病证明，提前办理退休和领取养老金的违规现象。

7. 退休制度法制化程度低，导致非正规退休现象屡禁不止

2010 年以前，领取年龄和领取养老金的依据主要是国务院条例、规范性文件、部门规章和地方规定，从严格的意义上来讲并不能算作法律，而是作为一种制度规范存在的，伸缩性较大。因为条例较之法律缺少一定的严肃性，并不能对违规现象给予强有力的制裁，从而导致中国当前非正规退休现象频繁发生。2010 年《社会保险法》规定了养老保险的缴费年限（最低 15 年），但尚缺乏具体实施细则。目前中国尚缺乏专门的养老金法律，以及领取年龄、养老金待遇调整机制的法律制度，短期的、针对特殊群体的和一些地方性政策“打补丁”的规定较多，由此形成不同时期和不同人群的待遇差距越来越大，相互攀比，形成社会问题。为此，应严肃领取年龄规定，进一步规范退休程序，将退休制度纳入法制化，是目前迫切需要解决的问题。

退而不休灰色就业现象。人们理解的退休即指退出正规就业单位，从国家领取养老金（等于退休工资）后继续挣灰色收入。在正规单位“搭乘早退休的公共便车，领到养老金再下车打草搂兔子，进入灰色劳动力市场”的现象很普遍，凸显中国劳动力市场和养老金缺乏法治和治理的问题。

8. 国民缺乏老龄化和养老金教育，大龄人员就业服务不足

一方面，在1998年中国进入老龄社会之时，当时的国有企业还以几千万职工提前退休为基础进行“减员增效”改革，至今政府、公共部门和私营企业均以提前退休作为提高单位绩效的措施，有大量政策在鼓励提前退休，甚至2010年的《社会保险法》还规定缴费15年即可以领取养老金，退休职工不缴纳医疗保险费等短期性规定。另一方面，老龄社会常识被束之高阁。伴随人口老龄化，领取养老金的年龄如何确定，需要达成社会共识：一要严格统计国民预期平均寿命，二要确定养老金平均支付年限。以2014年为例，城市人口平均预期寿命超过78岁，减去15年即63岁。领取养老金的年龄应当伴随国民预期平均寿命的延长而自动推迟。由于缺乏这方面的国民教育，很多人将20世纪50年代的规定理解为永恒不变的政府支付养老金的承诺，殊不知任何合同均必须顺应履行合同情景的变化进行修订。中国应当将老龄化纳入经济社会新常态，加强对国民进行人口教育和养老金教育，避免滋生蔓延“未富先懒”的社会现象，既要允许困难人群提前领取部分养老金，也不能让延迟领取养老金的人吃亏。

有人认为，延迟退休将对青年就业形成挤出效应。这种对就业岗位的静态观察，忽略了进入买方市场之后消费拉动经济、带动就业的动态原理，因此才得出了上述的消极结论。经济合作与发展组织（以下简称“经合组织”）国家的数据显示，提高领取养老金的年龄，不仅增加了大龄人员的就业和收入，而且带动了青年就业。大龄人员就业呈现三产化和灵活性的特征。

大龄劳动人口就业服务不足。大龄劳动人口具有丰富的工作经验，但由于体力不足，在第一产业和第二产业中渐渐失去就业优势；由于知识老化，难以在现代服务业立足。他们需要得到政府和社会的帮助，从重体力到轻体力、从远距离到近距离、从全日到自由选择时间实现转移就业，特别是进入养老服务业。但是，现代服务业发展不足，转移就业的职业培训不足，企业用工成本过高，社会保险缴费政策刚性，导致大龄人员转移就业难，这也是延迟退休的障碍。

（三）发达国家养老金领取机制和弹性退休政策

养老金是老年人日常开支的现金流。工业化和市场经济发达国家均有国民养老金制度，包括大陆模式（又称德国俾斯麦社会保险模式）、盎格鲁撒克逊模式（又称英国贝弗里奇社会福利模式）和个人积累市场模式（又称新加坡自储公助模式）。前两种均属于预先确定养老金待遇的制度安排，也称待遇确定型计划（Defined Benefit，DB），一般由养老金提供者做出待遇和承担风险；后一种则由养老金储蓄和投资收益的情况决定养老金待遇，也称缴费确定型养老金计划（Defined Contribution，DC）；近年来，有些法制健全、政府信誉好、数据基础好、精算模型相对准确的小国家，实行名义化或者权益化的个人账户（Name DC），不对个人账户资金进行实账运行。基本养老金通过公共账户操作，职业养老金和个人养老金通过个人账户操作（荷兰除外），即三个来源和两个账户的养老金制度安排，公共账户用来保基本和维护社会安全，个人账户用来激励就业和积累养老资产。进入老龄社会后，发达国家养老金制度安排主要有三个层次，即贫困老人补贴、基本养老金、个人养老金（含职业养老金），基本养老金的替代率为工资的30%～50%，且呈现继续降低的趋势；加入个人养老金后的总替代率可以达到70%。

1. 养老金精算平衡与养老金领取年龄

养老金精算平衡，即指基于预期寿命、领取年龄、费基费率和替代率等条件建立数学测算模型观察收支平衡的条件和结果。如果一个人缴费45年，费率是工资的15%，退休后的预期余寿是15年，65岁领取养老金，养老金的替代率可以达到工资的45%，似乎是平衡的；但是，工资增长率和养老基金贴现率是动态的。目前，经合组织成员国的国民平均预期寿命为80岁左右，领取法定养老金男女平均年龄在65岁左右。2030年以后国民平均寿命达到82～85岁，领取法定养老金的年龄将为67～70岁。

增加劳动人口年龄和延迟领取养老金涉及全体国民的利益，民意非常不同。最大差异来自两种人，一是就业困难群体，他们很难坚持到领取养老金的法定年龄；二是就业优势群体，他们在达到领取养老金的法定年龄时仍然有就业和缴费的能力和愿望。福利设计大师贝弗里奇强调："不同的人到晚年工作能力因人而异，养老金政策不应催促人们退休，强迫有工作愿望和工作能力的人退休，强迫没有工作能力的人在岗位上挣扎，都是错误的、不公正的，是任何社会保障制度都要避免的。"① 为此，发达国家在进入深度老龄社会时，纷纷根据养老金精算平衡模式设定领取全额养老金的法定年龄，在一定范围内允许个人选择领取养老金的时点，并建立了"提前领取逐减、推迟领取逐增"的激励机制（见表17－1）。

表17－1 不同养老金模式下领取全额养老金法定年龄及其增减机制的国际比较

国家	模式	提前退休年龄(岁)	扣减率(%)	正常退休年龄(岁)	增加率(%)
澳大利亚	T DC	— 60	 —	67 67	— —
奥地利	DB	62	5.1	65	4.2
比利时	DB	62	0	65	0
加拿大	Basic/T DB	— 60	 7.2	67 65	7.2 8.4
智利	Basic/T DC	— Any age	 —	65 65/60	— —
捷克	DB	64	3.6～5.6	69	6.0
丹麦	Basic/T DC	— —		67 67	5.8 —
爱沙尼亚	Points DC	62 62	4.8 —	65 65	10.8 —
芬兰	Min DB	63 63	4.8	65 68	7.2 4.8
法国	DB DB(Occ)	62 60	5.0 4.0～7.0	67 67	5.0 0
德国	Points	63	3.6	67	6.0
希腊	DB	62	0/6.0	67	0

① 劳动和社会保障部社会保险研究所：《贝弗里奇报告：社会保险与相关服务报告》，英国文书局、中国劳动社会保障出版社，1995，第106～107页。

续表

国家	模式	提前退休年龄(岁)	扣减率(%)	正常退休年龄(岁)	增加率(%)
匈牙利	DB	—		65	6.0
冰岛	Basic/T DB(0cc)	— 65	 7.0	67 67	 6.0
爱尔兰	Basic/T	—		68	—
以色列	Basic/T DC	—	—	67M/64F 67	5.0 —
意大利	NDC	62	—	67	—
日本	Basic/DB	60	6.0	65	8.4
韩国	DB	60	6.0	65	7.2
卢森堡	DB	57/60	0	65	—
墨西哥	Min DC	60 Any age/60	0 —	65 65	0 —
荷兰	Basic	—		67	—
新西兰	Basic	—		65	—
挪威	Min NDC/DC	— 62		67 67	— —
波兰	NDC/DC	—		67	—
葡萄牙	DB	55	6.0	65	4.0~12.0
斯洛伐克	Points DC	65 65	65 —	67 67	6.0 —
斯洛文尼亚	DB	60	3.6	65	4.0
西班牙	DB	65	6.0~8.0	67	2.0~40.
瑞典	Min NDC DC	— 61 55/61	 4.1~4.7 —	65 65 65	— 4.9~6.1 —
瑞士	DB DB(0cc)	63M/62F 58	6.8 6.35~7.1	65M/64F 65M/64F	5.2~6.3 4.5~5
土耳其	DB	—		65	0
英国	Basic/DB	—		68	10.4
美国	DB	62	5.0/6.7	67	8.0

注：Data rounded to one decimal place. Calculations for late retirement assume a maximum retirement age of 70.

以加拿大为例，领取待遇确定（DB）养老金的法定年龄为65岁，允许60岁开始领取，每提前1年的扣减额为7.2%，这决定她/他的养老金永远减少7.2%；每延迟一年的增加额为8.4%。将何时领取养老金的决定权交给受益人自己，大大减少了这项改革的社会成本。

以美国为例，1983年《社会保障修订案》规定，自2000年开始用22年时间，将老遗残保障金领取年龄从65岁提高到67岁。具体的改革方式是，1938年及之前出生的人为65岁；1938年至1943年出生的人，每晚一年出生提高2个月，直至66岁；1943年至1954年出生的人维持在66岁不变；1960年及以后出生的人以66岁以基准，每晚一年出生，年龄提高2个月，直至67岁。具体情况如下（见表17－2）[①]，1937年及之前出生的人领取年龄为65岁，金额为1000美元；如果他在62岁时开始领取，其养老金水平为每月800美元，下降20%；1960年及以后出生的人领取年龄为67岁，在62岁时领取的养老金为700美元，下降30%；如果延迟一年领取，养老金提高约7%。美国社会保障总署推出了养老金通知单。养老金通知单包括个人的工薪税缴纳记录，各年的收入记录，最早领取养老金的年龄，不同领取年龄的养老金水平等。2012年5月1日起，美国开通了养老金通知单网上查询系统，社会保险参保者可以通过网上系统查询自己的养老金水平。

表17－2 美国根据出生年份划分法定年龄领取和62岁领取的养老金水平

出生年份	正常领取年龄	正常领取年龄和62岁之间的月数(个)	假设养老金是1000美元在62岁提前领取时的水平(美元)	养老金水平下降比例(%)
1937年及之前	65岁	36	800	20.00
1938年	65岁2个月	38	791	20.83
1939年	65岁4个月	40	783	21.67
1940年	65岁6个月	42	775	22.50
1941年	65岁8个月	44	766	23.33

① 殷俊、陈天红：《美国延迟退休激励机制分析——兼论对中国延迟领取年龄改革的启示》，《经济与管理》2014年第4期，第30页。

续表

出生年份	正常领取年龄	正常领取年龄和62岁之间的月数(个)	假设养老金是1000美元在62岁提前领取时的水平(美元)	养老金水平下降比例(%)
1942年	65岁10个月	46	758	24.17
1943~1954年	66岁	48	750	25.00
1955年	66岁2个月	50	741	25.83
1956年	66岁4个月	52	733	26.67
1957年	66岁6个月	54	725	27.50
1958年	66岁8个月	56	716	28.33
1959年	66岁10个月	58	708	29.17
1960年及以后	67岁	60	700	30.00

资料来源：United State Social Security Administration（http：// www. Social security. gov/retire2/agereduction. htm）。

因此，在发达国家，国民领取养老金的年龄和实际退休的年龄是不一致的（见表17－3）。目前，日本、瑞士的男、女实际领取年龄超过了领取法定养老金年龄。瑞典的男性，英国、意大利的女性实际领取年龄超过领取法定养老金年龄。瑞典的男性实际领取年龄超过法定养老金领取年龄1.3岁，瑞士的男性超过0.5岁，瑞士的女性超过0.1岁，意大利的女性超过0.8岁，英国的女性超过2.3岁。日本的男性超过5.3岁，女性超过4.7岁。奥地利、比利时和卢森堡的男性领取法定养老金的年龄为65岁，而大多数男性在60岁之前已停止工作。奥地利、法国女性领取法定养老金的年龄为60岁，比利时、加拿大、德国、卢森堡、西班牙、瑞典女性为65岁，美国女性为65.8岁，上述国家大部分女性在达到领取全额养老金年之前即退休。

“早减晚增”的养老金领取机制主要针对DB养老金计划而言。在DC型养老金计划下，因养老基金是个人资产，可以提前领取养老金，没有任何奖励。澳大利亚规定67岁领取养老金，可以提前到60岁开始支取。美国401（k）个人养老金计划规定，可以在59.5岁时开始支取，解决领取养老金之前退休生活的问题，但70.5岁时必须开始支取，以拉动消费，否则政府将增加征税。智利规定男65岁、女60岁支取个人账户养老金，没有规定

表 17－3　经合组织各国实际领取年龄和法定养老金领取年龄

单位：岁

男性	实际领取年龄	法定养老金领取年龄	女性	实际领取年龄	法定养老金领取年龄
墨西哥	71.5	65	墨西哥	70.1	65
韩国	71.4	60(65/2033)	韩国	69.9	60(65/2033)
日本	69.3	64(65/2025)	日本	66.7	62(65/2030)
冰岛	68.2	67	冰岛	65.7	67
智利	68.1	65	智利	68.1	60
瑞典	66.3	65	瑞典	64.4	65
葡萄牙	66.2	65	葡萄牙	65.1	65
新西兰	65.9	65	新西兰	65.7	65
瑞士	65.5	65	瑞士	64.1	64
美国	65.2	66(67)	美国	64.8	65.8
澳大利亚	65.2	67(70/2035)	澳大利亚	62.9	64(70/2035)
爱沙尼亚	64.5	63	爱沙尼亚	62.6	61
挪威	64.2	67	挪威	64.3	67
加拿大	63.8	65	加拿大	62.5	65
英国	63.6	65(68/2040)	英国	62.3	60(68/2040)
荷兰	65.6	68(70)	荷兰	62	65
丹麦	63.5	65	丹麦	61.4	65
土耳其	63.5	60	土耳其	70.4	58
爱尔兰	63.3	66	爱尔兰	63.5	66
捷克	62.6	62	波兰	59.4	60
西班牙	62.3	65	西班牙	63.4	65
德国	61.9	65(67/2030)	德国	61.4	65(67/2030)
希腊	61.8	65	希腊	59.9	62
芬兰	61.8	65	芬兰	62	65(70)
法国	60	62(全额 65)	法国	59.5	60(全额 65)
意大利	60.8	65	意大利	60.8	60
奥地利	58.9	65	奥地利	57.9	60
比利时	59.6	65	比利时	58.3	65
卢森堡	59.2	65	卢森堡	60.3	65
经合组织平均	65.2	64.5	经合组织平均	64.1	64.4

注：法定养老金年龄采取各国 2010 年和 2011 年相关法律，而实际平均领取年龄则是市场每 5 年进行的调研结果；( ) 内容是在 2011 年后的新规定。

资料来源：欧洲的各国劳动力市场调研数据。

提前支取的年龄，由个人决定何时支取。在名义个人账户计划（NDC）的条件下，也会实行“早减晚增”政策。在瑞典，65 岁领取法定全额养老金，可以提前到 61 岁领取，早领逐年扣减 4.1% ~4.7%，晚领逐年增加 4.9% ~6.1%。在挪威，67 岁领取法定全额养老金，可以提前到 62 岁领取，没有早减和晚增的规定。

此外，男女领取养老金年龄趋同。在经合组织的 30 个成员中，2010 年领取年龄不一致的有澳大利亚、奥地利、捷克、匈牙利、波兰、斯洛伐克、瑞士、土耳其、英国 9 个国家，占成员国总数的 30%。预计到 2020 年时，匈牙利、斯洛伐克和英国的男女领取年龄将达到一致，剩下 6 个国家的男女领取年龄不一致，占成员国总数的 20%；到 2030 年时，澳大利亚的男女领取年龄将一致，剩下 5 个国家，占成员国总数的 17%；到 2040 年和 2050 年时，仅有波兰、瑞典和土耳其 3 个国家的男女领取年龄不一致，占成员国总数的 10%。预计在 2010 ~2050 年，经合组织国家的男女领取年龄一致的国家将从 70% 提高到 90%。

总之，“早减晚增”延迟领取养老金政策具有如下优势：①既考虑了就业困难人群的需求，又降低了养老金支付总额。早领的人贡献小，养老金支付总额被减少。例如，提前 5 年领取了 5 个全额养老金的 75%，在此后的 20 ~30 年里将减少领取 20 个 25%；②考虑了自愿延迟退休人群的就业愿望和积累养老金的愿望，他们的人力资本得到较大限度的利用；③一旦允许个人选择，每个人均可以做出相对有利于自己的决定，大大减少对政府的抵触情绪，从而降低延退政策的执行成本。

2. 调整养老金结构，以个人账户激励延迟退休

在 20 世纪 80 年代的养老金改革潮中，国际组织和发达国家纷纷修订法律和采取积极的应对老龄化措施。越来越多发达国家借鉴了美国二元结构的养老金制度，开发了个人养老金账户。

1935 年，为走出经济危机美国制定了《社会保障法》和建立了老遗残保障金（公共品）计划；1974 年，为应对人口老龄化美国制定了《雇员退休收入保障法》，1981 年又修订了《国内税法》和增加了第 401 条 k 款，建

立了职工个人积累养老金计划（准公共品）。其策略是既要夯实基础养老金，又要激励人们努力工作和积累个人养老金，从而实现公平与效率的有效结合，积极应对人口老龄化。一方面面对人口老龄化，年轻人意识到缴纳养老金税费可能无法收回，可能拒绝参保和逃避缴纳税费，令公共养老金计划更加难以为继，二元结构是最佳选择。另一方面，伴随产业结构的变化，出台了一系列促进大龄人员灵活就业的政策，鼓励他们进入服务业和从事可选择时间的岗位，非全职就业占到就业总量的30%左右。

3. 规范灵活用工，为大龄劳动人口提供可选择性工作岗位

欧盟成员国在20世纪末期，普遍实行按照实际工作小时缴纳社会保险费的制度，促进灵活就业规范化，这对大龄人员选择性就业十分重要。经合组织国家2006～2011年的相关数据显示，国民退出劳动力市场（实际退休）的时点和领取基础养老金（法定养老金）的时点是不一致的（见表17－1）。

通过弹性工作制支持延迟领取养老金和延迟退休的具体做法如下：①规定最低领取年龄和法定领取年龄。这意味着劳动者在满足了规定的缴费年限后，可申请提前领取养老金，但是养老金的给付将被适当扣减。1988年，法国引入部分养老金制度，规定年满60岁从事150个季度工作的劳动者，可以从事非全时工作，并从基本养老保障制度中领取养老金。西班牙规定若缴费满40年仍继续工作者，每年养老金增加2%～3%，视具体缴费年数而定。②部分工作和部分退休制。1992年，德国引入部分退休的选择权，使劳动者在就业和退休之间有了更多的选择权。人们可以选择提前退休，从而领取1/3、1/2或是2/3的养老金。领取部分养老金并取得收入的人仍需缴费，这样，完全退休后其养老金将会增加。后来，日本也实行了这种政策。③减免税收鼓励延迟领取养老金。荷兰规定老年雇员可享有所得税减免，年纪越老减免越多。

4. 按照老龄社会发展时间表倒计时地解决问题

多数发达国家能够按照老龄社会发展的时间，倒计时地进行养老金结构调整和延迟领取年龄。

1950～1975 年，在进入老龄社会时期时必须完善养老金制度，实现老有所养。此时劳动人口与老龄人口的赡养比约为 10∶1，就业人口赡养比约为 7∶1，纳税人口赡养比约为 5∶1；养老金税费率达到工资的 10% 左右，最低养老金替代率为退休前工资的 50%，领取养老金人数占总人口的 7% 以上，领取全额养老金的年龄在 60 岁左右。在此期间，经合组织国家完善了国民基础养老金制度，如德国养老保险、英国国民养老金、美国老遗残保障金等。这些制度安排之间虽有差异，但均做到了有法可依、全覆盖和保基本生活。

1975～2010 年，在进入深度老龄社会时期必须调整养老金结构，和谐代际关系。此时的老年赡养比约为 5∶1，就业人口和纳税人口赡养比约为 3∶1，非常强调规范就业；养老金税费率达到工资的 18% 左右，最低养老金替代率等于或高于 55%，领取养老金人数超过总人口的 14%，领取全额养老金的年龄在 65 岁左右。为了养老金总替代率不下降、鼓励年轻人缴纳养老金税费，经合组织国家开始调整养老金结构，一方面，要夯实国民基础养老金，确保支付，替代率维持在 30%～40%；另一方面，建立个人养老金账户，鼓励个人多工作和增加养老金积累，以延期征税政策激励雇主和个人积累养老金。由此形成了二元结构的养老金制度体系。

2010～2050 年，在进入超级老龄社会时期只能通过强化养老金管理，相对降低国民基础养老金待遇和实现个人养老储蓄保值增值。届时的老年赡养比几乎是 2∶1，养老金税费将超过工资的 20%，基本养老金替代率降至 40% 左右，领取养老金人数达到总人口的 21% 以上。一方面，领取全额养老金的年龄提高到 67～70 岁；另一方面，通过增加投资收益等多种渠道增加养老金的充足性。

（四）中国建立“早减晚增”的养老金领取机制需要三步走

我国从渐进式延迟退休到建立“早减晚增”领取养老金的激励机制，需要经历如下三步，即渐进推开、加速匹配和建立机制。

1. 渐进式推开延迟领取养老金的步伐

1949 年新中国成立初期，中国国民平均寿命不足 40 岁，国家规定女职工 50 岁退休和领取退休金，这个政策没有与时俱进地进行修订，要求 50 岁女职工一步到位地延迟到 61 岁领取养老金是不现实的，无论个人还是社会均没有做好准备。中国在 1996～2000 年进入老龄社会，恰逢国企“减员增效”式改革，因服务业不发达，只能用提前退休解决国企的冗员问题，这个做法在当时是不得已的，应当对当期下岗职工封闭实施，照顾好他们，不应当普遍实施。至今，提前退休好处多多，是公共政策的失误。公共政策的短期性、对公众老龄化教育的缺失和激励提前退休政策，是导致中国延迟难的主要原因。在“十三五”期间，以渐进式做法打开增加就业和延迟领取养老金的局面，是符合中国国情的选择。

2. 加速推进与国民平均寿命匹配

中国是人口老龄化速度最快的国家之一，2030 年国民平均寿命可能达到 80 岁，届时领取全额养老金的年龄应为 65 岁。如果从 2022 年开始每年延迟 3 个月，到 2030 年，女职工不到 53 岁即退休，距离国民平均寿命下应当的退休年龄很远。可见，执行渐进式延迟退休政策的后期，应当通过一系列政策激励人们加快延迟退休的速度，直到与国民平均寿命相匹配，实现养老金计划的精算平衡。为此，国家需要实施一系列激励政策和保护措施。

一是谨慎地制定中央统筹基础养老金的支付水平，且与个人缴费年限挂钩。1994 年，世界银行发布报告《预防老年危机，保护老年人及促进经济增长政策》，掀起全球养老金模式和结构性改革的浪潮。一方面，修订养老金法律，增加领取基本养老金的条件，相对降低基础养老金支付水平（德国为个人工资的 42%，美国 41%，英国 39%，日本 37%）；另一方面，以极大的创新精神联合国民和利用市场机制开辟养老金第二支柱，即实账运营的职业养老金和个人养老金，通过减免延期征税激励（减税额占 GDP 的 0.5%～1.5%），强制或鼓励个人通过就业、储蓄和投资来保障养老金的充足性；让每个工作的人体会到劳动价值，实实在在地为自己积累养老金。很多国家对职业养老金和个人养老金不做延迟领取的法律规定。在美国，允许人们从 59.5 岁开始支取 401（k）计划下个人账户资金，以渡过大龄阶段就业与生活的难关，等待 65 ~67 岁领取养老金。

二是大力发展“50 +”行动计划，帮助和引导大龄人员向“一老一小”的服务业转移就业。中国亟待发展二胎幼托服务，每年增加几百万个岗位；中国亟待发展高龄失能老人护理服务，每年增加近千万个岗位；中国不存在总量失业问题，但结构性失业问题比较严重，需要政府和社会搭个桥，让“50 +”这一代人过去。德国“50 +”行动计划的做法非常好，让四五十岁的职工回家照顾老人，政府给 1/3 工资，同时照顾别人家老人再加一些工资，结果是这批人学会照顾老人，成为医养服务业的中流砥柱，很多人成为小型护理院的组织者。在中国杭州等地，政府为从事医养服务业 5 年以上的职工发年度奖金的做法很有意义。中国需要借鉴先行老龄化的国家的经验，创新就业与福利政策，鼓励人们淡化年龄概念，逐渐延长工作年龄，为实现健康长寿目标而积累养老资产，实现个人终生财务独立与平衡，为建立“早减晚增”养老金领取机制奠定社会基础。

3. 实行“早减晚增”的养老金领取机制

“早减晚增”养老金领取机制包括如下内容：一是区别对待退休（自愿）和领取养老金（法定）。以往中国实行过“企业内退”和“买断工龄”等做法，均具有区分退休和领取养老金两件事的价值。二是激发群众智慧，为每人建立养老金精算平衡模型，并教育国民学会算账，例如，当国家规定 65 岁领取全额养老金时，每提前一年扣减 5%，一个提前 3 年在 62 岁时即领取养老金的人，多领了一份 95%、一份 90% 和一份 85% 的养老金，在 65 岁以后一律领取 85% 养老金，他（她）将失去很多个 15% 养老金，想想自己不划算，便选择努力工作，登上延迟领取养老金的台阶。

参考文献

劳动和社会保障部社会保险研究所：《贝弗里奇报告：社会保险与相关服务报告》，

英国文书局，中国劳动社会保障出版社，2004。

胡乃军、杨燕绥：《中国老龄人口有效赡养比研究》，《公共管理评论》2012 年第 12 期。

王丰、安德鲁・梅森：《中国经济转型过程中的人口因素》，《中国人口科学》2006 年第 3 期。

杨燕绥主编《中国老龄社会与养老保障发展报告（2013）》，清华大学出版社，2015。

《养老金概览（Pension at a Glance）》，OECD and G20 Indicators，http：// dx. doi. org. / 10. 1787/ pension_ at - glance -2013 - ed。

OECD：《养老金市场焦距》，www. oecd. org/daf/pensions/pensionmarkets.

United Nations，*World Population Ageing 2009*. December，2009.

Population Division，DESA，United Nations. *World Population Ageing（1950 - 2050）*. 2001.

Ronald Lee，Andrew Mason. *Population Aging and the Generational Economy - A Global Perspective*. Edward Elgar Publishing Limited，2011.

G.18

第十八章
建立共享的养老保障体系

程 杰*

人人能够享受基本的养老保障是全面建成小康社会发展战略的重要内容。进入21世纪以来，养老保障事业加快发展，初步建立了以新型农村养老保险（城乡居民养老保险）、城镇职工基本养老保险为核心内容、覆盖城乡居民的现代养老保障体系，制度层面上已经基本实现了全覆盖，正在加快走向人员全覆盖，养老保障待遇逐步提高。但是，中国当前已经进入人口、经济与社会结构加快转型阶段，老龄化进程加深，城镇化步伐加快，经济增速趋于放缓，关键领域的改革进入深水区，养老保障体系面临越来越严峻的挑战，尤其公平性与可持续问题，如何构建一个共享的养老保障体系是应对矛盾与挑战的关键所在。

当前中国养老保障体系的矛盾与利益共同体主要表现在几个方面：一是城乡居民与城镇职工，两个制度旨在实现两种目标，但却常常混淆交织、矛盾纠结；二是流动人口与本地人口，一个制度旨在保障公平权利，但却难以突破城乡分割，实际境况迥异；三是企业人员与机关事业单位人员，体制矛盾根深蒂固，艰难实现并轨之后仍然面临着名义的制度统一、实质的待遇差异，两类群体之间的矛盾也将进一步体现在企业年金与职业年金之间失衡的利益格局中。一个共享的养老保障体系应该能够让所有人公平地分享养老保障权利，同时也合理地承担各自相应的责任，应该既能够保障老年人基本体面生活，又能够让有生产力的人继续活跃在劳动力市场中，应该既能够维护

* 程杰，中国社会科学院人口与劳动经济研究所副研究员。

社会稳定与公平正义，又能够保障劳动力市场和经济可持续发展。坚持共享发展理念，将公平与公正放在优先位置，妥善处理好关键利益矛盾，走共享的养老保障发展道路是中国特色社会保障体系改革发展的内在要求。

一　居民与职工：两个制度、两种保障

城乡居民养老保险与城镇职工养老保险存在属性上的本质差别，前者更接近于一种社会福利，后者才属于社会保险范畴。尽管从概念或称谓上都叫“保险”，享受的保险待遇都叫“养老金”，基本模式也都采取个人账户与社会统筹相结合，但两者之间几乎没有直接可比性。最大的区别在于，城乡居民养老保险制度以政府为主导，依靠中央和地方各级财政投入，采取近似普惠制的方式补贴个人缴费和养老金支付，参保的农民和城镇非就业人员仅仅负担少量的缴费，而城镇职工养老保险制度主要由个人和用人单位缴费为主，中央和地方各级政府仅仅定向补贴少数困难地区和职工。因此，城镇职工养老保险反映出通常意义上的风险共担机制，而城乡居民养老保险几乎要完全依靠财政转移支付兜底运行，应该归属于一种社会福利政策。

一个是福利，一个是保险，直接将两者简单对比容易产生混淆和误解。最激烈的讨论就是城乡养老金水平差距，普通民众、媒体甚至一些学者都习惯于直接将城镇职工养老保险与城乡居民养老保险的养老金水平进行对比，两者的绝对差距的确达到23倍之多（见表18－1），由此就简单做出判断，城乡之间的养老保障制度悬殊，城乡二元结构继续固化。但是，两种制度的属性截然不同，简单进行比较显然是不科学的。从筹资状况来看，2014年城乡居民养老保险人均年筹资仅为645元，而城镇职工养老保险人均年筹资接近万元，筹资水平的高低很大程度上决定了养老金待遇，城镇职工养老保险相对更高的养老金水平取决于更高的参保缴费水平。

从成本收益来看，城乡居民养老保险尽管绝对待遇水平更低，但其实更为经济合算。首先，从筹资结构来看，城乡居民养老保险主要依靠财政补贴，个人缴费比例很小，2014年个人平均年缴费仅为186元，这反映出多

数参保居民选择了每年 100 元的最低缴费档次，个人缴费仅占到筹资总额的 28.8%，而城镇职工养老保险原则上完全由个人和用人单位缴费，中央和地方财政仅仅对特定困难群体给予一定补助，并非普惠制地补贴给每一位参保职工，即便考虑到这些补贴，2014 年个人和单位缴费比重也高达 80.7%。对于参加城乡居民养老保险的城乡居民来说，既享受高比例的缴费补贴，又享受了来自各级财政的基础养老金补贴，尽管当前保障水平较低，但比起完全依靠个人和单位缴费的城镇职工养老保险来说，显然是更合算的。进一步从终生成本收益比较来看，城乡居民养老保险制度的吸引力更是一目了然。我们以 2014 年标准静态估算，既不考虑城乡居民收入、职工工资、物价水平等因素，预期寿命统一为 75 岁，那么，城乡居民养老保险参保者终生养老金收益累计约为 1.65 万元，城镇职工养老保险参保者终生养老金收益累计将近 38 万元，两者相差 23 倍之多。但若考虑到个人和单位累计缴费总额，城乡居民养老保险参保者的累计缴费总额与平均养老金之比为 2.5，这意味着参保者退休后只需要两年半就能够收回“成本”，而城镇职工养老保险参保者则需要将近 8 年才能收回“成本”，如果不考虑政府补贴作用，参保者则需要大约 10 年才能收回“成本”。从另一个角度来看，城乡居民养老保险参保者终生养老金收益累计与个人和单位缴费总额之比为 5.9，这意味着投入产出比接近 6 倍，而城镇职工养老保险的投入产出比不到 2 倍，如果不考虑政府补贴作用，投入产出比则只有 1.5 倍。综合制度属性和成本收益观察，两种制度究竟谁更合算，谁更具有吸引力，应该就无所争议了。

表 18－1　城乡居民养老保险与城镇职工养老保险的对比（2014 年标准的静态估算）

	城乡居民养老保险	城镇职工养老保险
基本模式	政府普惠地补贴个人缴费和养老金（即补“进口”和“出口”）	个人和用人单位缴费为主，定向补贴少数困难地区和职工
人均筹资（元/年）	645	9913
其中：政府补贴（元/年）	459	1390
个人和单位缴费（元/年）	186	8004

续表

	城乡居民养老保险	城镇职工养老保险
个人和单位缴费占比	28.8%	80.7%
个人和单位缴费总额(元)(按达到平均养老金水平的最低累计年限估算)	2790	200100
平均养老金水平(元/年)	1098	25317
终生养老金总额(元)(按75岁预期寿命估算)	16470	379755
个人单位缴费总额/平均养老金	2.5	7.9
终生养老金总额/个人单位缴费总额	5.9	1.9

注：①城镇职工养老保险的筹资来源除了个人和单位缴费、政府补贴之外，还有少部分来源于基金利息和投资运营增值。②根据养老金待遇计算办法估算，城乡居民养老保险缴费累计15年、城镇职工养老保险缴费累计25年大约可以享受平均养老金待遇。

资料来源：根据《2014年度人力资源和社会保障事业发展统计公报》相关估算得到。

两种制度覆盖率的巨大差异，背后反映的正是两种制度的属性差异。尽管新型农村养老保险制度从2009年才开始试点实施，并且原则上要求自愿参加，并不具有完全强制性，但实际覆盖率迅速提高，2011年城乡居民养老保险制度开始试点实施，当年城乡居民养老保险制度覆盖率就已经接近60%，赶超了运行十几年的城镇职工养老保险制度，2014年城乡居民养老保险参保人数已经达到5亿，有效覆盖率超过90%（见图18－1）。一项原则上自愿性的保险制度为何能够迅速地实现全覆盖，除了中国传统上的行政管理体系和基层经办能力的优势之外，政府主导、财政补贴的制度安排应该是内在动力。与之形成鲜明对比的是，尽管伴随着国有企业改制应运而生的城镇职工养老保险制度已经发展十多年，并且原则上要求强制性参加，但实际覆盖率只能以每年1～2个百分点缓慢地提高，2014年有效覆盖率约为65%，距离全覆盖目标仍然有较长的路要走。对比来看，强制性的保险制度反而覆盖率更低，而自愿性的制度安排反而更接近全覆盖目标，背后的制度属性差异应该是我们客观评价制度效果的基础。

两种属性的养老保险制度安排是中国初步建立共享的养老保障体系的

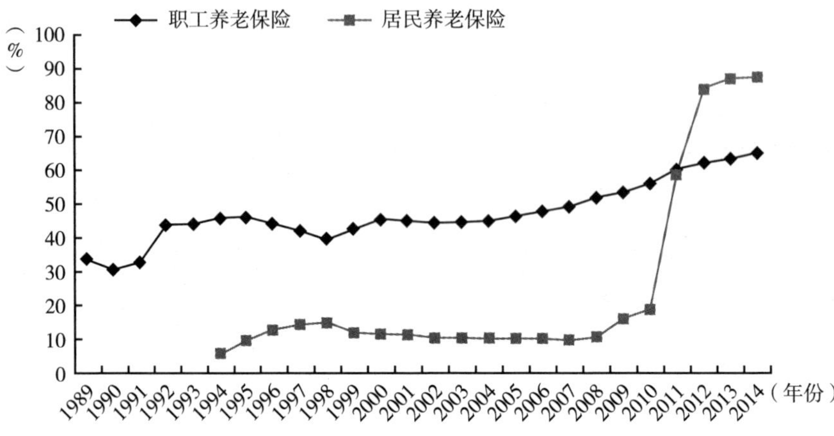

图 18－1　居民养老保险与职工养老保险的参保率变化

注：城乡居民养老保险以农村养老保险（包括“老农保”和“新农保”）反映，城镇职工养老保险指城镇职工基本养老保险。农村居民保险参保率以实际参保总人数占农村户籍人口（扣除 16 岁以下儿童、16 岁以上在校生）比重估算，应参保人数在 5.5 亿～6.0 亿之间，城镇职工养老保险参保率以实际参保在职职工人数占城镇就业总人数比重估算，城镇就业人员中部分不适用于此类保险（如并轨之前的机关事业单位人员），因此，这里估计的粗参保率与实际参保率存在一定偏差。

资料来源：根据（历年）《中国统计年鉴》相关数据估算得到。

适宜选择，但并不意味着改革就已经完成。作为一个发展中的大国，如何让数亿农民和城镇未就业人员纳入养老保障体系中，的确是一个很大的挑战，旨在建立覆盖城乡居民的养老保障体系，让所有居民都能够分享改革与发展的成果，两种属性差异巨大、保障水平有别的制度安排可以说是迈出了重要第一步。尽管城乡居民尤其是农民的养老金待遇较低，相对于农民人均纯收入的替代率只有约 10%，但从无到有本身就是一大跨越，更关键的是，以财政补贴为主的制度安排将城乡居民养老保障事业提升到公共福利和国家战略层面，而有别于风险共担的社会保险，体现出对于弱势群体的政策保护。但是，中国不会永远停留在城乡二元结构之中，也不太可能停滞在当前的发展阶段，随着城镇化继续推进，农村居民和农业从业人员的比例都将持续下降，人口与劳动力在城乡、区域、行业之间的流动也会加快，覆盖人数高达 5 亿之多的城乡居民养老保险制度显然不能成为未来中国养老保障体系的主导，更多的人需要公平、有序地加入保障水平更高、社会保险属性更强的城镇职工养老保险制度中，这正是养老保险体系改革亟待解决的重要议题。

这项改革必须要首先回答这一疑问：同样作为一国公民，为何只有农民和城镇未就业人员才有资格享受国家补贴的基础养老金，而参加城镇职工养老保险的就业人员却没有？这似乎有违国民待遇和权利公平。原本旨在支持弱势群体的政策是否会引导他们偏向于停留在低水平福利困境中？制度改革与试点过程中确有迹象表明，新型农村养老保险制度倾向于将参保者继续依附在生产率更低的农业农村部门（程杰，2014）。即便同样作为居民身份，为何有些地方城乡居民的基础养老金标准可以超过每月 500 元（如北京、上海），而有些地方的基础养老金只能达到国家规定的最低标准每月 55 元？国家主导的城乡居民养老保险制度的内部差异同样值得关注，目前这一制度尚未能有效推动养老保障的跨区域整合（张展新，2014）。为此，我们既要慎重思考公民权利的内涵与范畴，也可以借鉴良好的国际经验，一个普惠制、全覆盖的国民养老金制度是否更符合共享发展的理念呢？

二　流动人口与本地职工：一个制度、两种境况

流动人口究竟该如何纳入社会保障体系，是 21 世纪初开始快速城镇化和大规模人口迁移提出的重要议题，学术界和决策层曾经一度讨论并尝试单独为流动人口在城镇设计一套养老保险制度方案，国家层面制定的《农民工参加基本养老保险办法》也曾进入征求社会意见阶段，一些地方也先试先行地开展了试点，如农民工综合社会保险政策。2006 年前关于是否为农民工单独设立社会保险项目的争议很大，直到 2008 年新《劳动合同法》正式颁布实施，这是就业市场化改革的一个里程碑，破除了对农民工就业的制度性歧视，2010 年《社会保险法》正式颁布，这场争论终于尘埃落定，根据第 59 条规定，进城务工的农村居民依照本法规定参与社会保险，这是包容性社会保险改革的一个里程碑（张展新，2015）。客观地评价，将流动人口一视同仁地纳入城镇社会保险体系顺应了共享发展理念，是经济社会一体化改革的一个进步。但是，由于现

行城镇社会保险体系改革尚未完成，全国统筹尚未实现，社会保险制度可携带性差与劳动力流动性强之间矛盾突出，尽管流动人口与本地职工在城镇劳动力市场中适用于同样的养老保险制度安排，但两个群体境况迥然。

农村流动人口与城镇本地居民的参保率差异巨大，而且差距倾向于逐渐拉大。根据全国层面总体估算显示（见图 18－2），2014 年城镇职工总体的养老保险参保率已经达到65%左右，而农村流动人口的养老保险参保率刚刚达到20%，两者参保率相差40 多个百分点，而且从趋势上看，城镇职工的参保率呈现出稳定提高的特征，而农村流动人口的参保率表现出缓慢提高的徘徊状态。制度上已经允许流动人口参加城镇养老保险，而且新《劳动合同法》等相关法律也强调了其参保的强制性，为何农村流动人口的实际参保状况并没有发生实质性的显著变化呢，在法律平等与事实平等之间落差为何如此之大?

在直接原因上表现为，流动人口的主观参保意愿不强，客观上流动人口在城乡、区域之间的高度流动性、就业稳定性低，而且就业多集中在服务业、建筑业等特定行业，自雇就业方式普遍，非正规就业比例高，实际参保难度较大。正是由于目前城市社会养老保险项目与农村迁移人口的就业特点不适应，“参保”并不意味着迁移工人必然受益（朱玲，2009）。在深层次的制度根源上，关键存在两个方面障碍：一是现行的养老保险制度设计和政策安排统筹层次过低，保险账户的可携带性差，流动人口在返乡或跨区域迁移过程中仅仅能够带走个人账户和部分统筹账户基金，转移接续的操作成本很高，保障权益在人口与劳动力流动过程中产生巨大损失，而且还造成严重的劳动力市场和人力资源配置扭曲，这种扭曲对于生产效率和经济增长的损失不容忽视（程杰，2015）。二是养老保险制度的转轨成本尚未消化，肩负着太重的历史负担，个人账户无法做实并积累巨额“空账”，统账结合的制度模式本质上转变为现收现付模式，在完全依靠当期个人和单位筹资的情况下，不可避免地造成高缴费率、高负担水平，对于无法形成稳定预期的流动人口参保者来说，参加现行的城镇养老保险更大程度上是一种负担或成本，而并非是一种保障或收益。前些年份曾经出现的农民工大范围退保，近些年份出现的中断缴费问题、劳务派遣规避社保现象都是制度矛盾的现实表现。

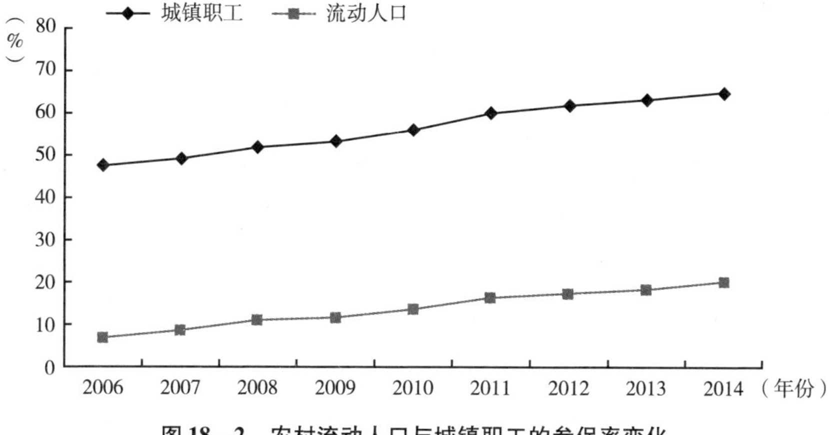

图 18－2　农村流动人口与城镇职工的参保率变化

注：流动人口指国家统计局定义的户籍仍在农村、在本地从事非农产业或外出从业 6 个月及以上的劳动者，即广义上的农民工（包括外出农民工和本地农民工），参保率指参加城镇职工养老保险的农民工占全国农民工总量的比例。

资料来源：流动人口资料来源于国家统计局发布的（历年）《全国农民工监测报告》，农民工参保资料来源于（历年）《人力资源和社会保障事业发展统计公报》，城镇职工数据根据（历年）《中国统计年鉴》相关数据估算得到。

城乡分割体系仍然是流动人口真实有效地融入城镇养老保险体系的一大障碍。尽管城乡一体化改革取得长足进步，户籍和身份在农村劳动力自由迁徙和就业中的影响在逐步弱化，但社会保障和福利制度仍然较大程度上依附在户籍和身份之中，旨在为农村居民设计的养老保障制度更倾向于激励他们留在农村和土地上，尽管福利水平有所提高，但一定程度上强化了他们固有的农民身份，而旨在为城镇居民设计的养老保障制度尽管原则上允许流动人口加入其中，但政策安排上倾向于强化城镇身份。根据国家卫计委流动人口监测调查显示（见表 18－2），2014 年乡城迁移流动人口即农民工的城镇养老保险参保率为 27. 1%，明显要低于城镇本地非农人口的参保率，但具有城镇户籍的城乡迁移流动人口的参保率也达到 58. 7%，与城镇本地非农人口的参保率并没有差异，另外，即便具有本地户籍但身份为农业，城镇养老保险的参保率也并不高，只有 23. 4%，与农民工的参保状况基本相近。这反映出，城镇养老保障体系仍然实质性地排斥农民身份，而并不完全排斥外地身份。

从现有制度安排来看，城镇养老保险对于农村流动人口更多是一种负担，而非福利，那么，他们被迫游离于城镇保障体系之外是否恰恰意味着规避成本呢？其实不然。一方面，他们无法加入城镇社保体系，意味着在较长时期内只能停留在相对低水平的农村保障范围中，难以融入风险分担范围更广、保障水平更高的社会保险体系，进入老年阶段之后难以得到较高生活水平保障，从长期来看必然是一种损失。另一方面，即便从短期来看，规避城镇社保能够减少成本支出，但并不意味着农村流动人口就真的可以轻松自如地独善其身，尤其以雇员方式在正规部门就业的农村流动人口仍然要按照相关法规受到城镇社保制度规制，根据调查显示，雇员方式就业的农民工参保率也接近40%，随着劳动力市场逐步完善，正规就业比例逐步提高，这种规制的影响也会逐步增强，当然也将意味着参保率的提高和养老保险制度矛盾的激化。

一个共享发展的社会，要求我们尽快调整流动人口与城镇本地人口“一个制度、两个境况”的社会保障格局。改革要应对的关键挑战在于，传统的城乡分割视角和理念导致城镇养老保障制度与农村养老保障制度之间缺乏足够的兼容性和包容性，农村流动人口真正要实现共享城镇养老保障体系改革发展的成果，仍然需要加快全国一体化的社会保障改革步伐。

表 18－2　流动人口与城镇本地人口的参保率对比

单位：%

	城镇本地		流动人口	
	本地农业	本地非农	乡城迁移	城城迁移
总体	23.4	58.7	27.1	58.7
男性	23.8	59.1	27.7	60.7
女性	22.7	58.1	26.2	56.1
雇员	40.6	73.1	37.2	71.0
雇主	28.8	49.8	16.2	47.2
自雇	6.1	27.5	9.6	23.7

注：流动人口监测覆盖全国31个省（区、市），被调查流动人口样本约20万个，城市融合专题调查抽取其中代表性的八个城市，包括北京市朝阳区、山东省青岛市、福建省厦门市、浙江省嘉兴市、广东省深圳市和中山市、河南省郑州市、四川省成都市。为保证可比性，流动人口和城镇本地人口参保率计算都使用这8个典型城市调查样本，每个城市流动人口和城镇本地人口样本量均为2000个，合计约1.6万个。

资料来源：2014年国家卫生与计划生育委员会实施的全国流动人口监测调查和城市融合专题调查。

三　企业职工与机关事业单位职工：一个制度、两种保障

养老金公平性问题长期以来被视为城镇养老保险制度的一大病症，双轨制改革历经艰难但终归势在必行。城镇企业职工的养老保险制度承担着配合国有企业改制的重任，参保缴费人员面临高额缴费负担，退休人员面临较低的养老金待遇，甚至在改革初期一度面临养老金无法按时正常发放问题。机关事业单位基本上沿用了离退休制度，不仅无须缴纳费用，养老待遇完全由财政承担，养老金替代率几乎接近100%。根据研究估算表明（侯慧丽、程杰，2015），双轨制对于城镇退休人员养老金差异贡献了30%～50%，成为养老金不平等的最主要来源。公共部门特别是公务员的养老保障存在“保护过度”，成为中国社会保障体系板块分割的最突出表现，导致整个养老保障体系既有失公平，又损失效率（朱玲，2010）。2000年前后，城镇企业职工与机关事业单位职工的平均养老金差异大约为1.5倍，随后几年机关事业单位离退休费继续增长，而企业部门养老金水平增长缓慢甚至无法及时发放，到2005年两者的养老金差距扩大到2倍（见图18－3）。保障水平持续拉大加剧了城镇居民对双轨制的强烈不满，决策部门一方面尝试推动养老制度并轨改革，但由于触及既得利益部门的切身利益，改革试点举步维艰，另一方面通过提高企业退休人员养老金待遇，以缩小差距和缓解矛盾。2005年开始逐年以10%的增幅上调企业部门养老金水平，到2015年企业平均养老金水平已经达到2270元。双轨制下的养老金待遇差距有所缩小，从2005年前后的2.0倍下降到2013年的1.3倍。

但是，完全依靠更快速度、更大幅度提高企业部门养老金待遇，同样也产生新的矛盾，养老金增幅已经明显超越经济增长和劳动生产率增长，待遇调整已经脱离了经济发展实际状况，显然不具有可持续性。而且，政府没有明确规则，以讨价还价方式回应利益相关群体的利益诉求，造成福利攀比和福利竞赛，犹如推倒了多米诺骨牌，激励更多群体和个人投入索求特殊待遇

的竞赛，以至于养老保险制度规则被破坏，制度可持续性和代际公平性被严重削弱（中国社会科学院经济研究所社会保障课题组，2013）。决策部门逐渐深陷两难境地，不得不重新审慎待遇调整方案，决定从2016年开始养老金待遇增幅下降为6.5%，与经济发展新阶段相适应，与此同时，机关事业单位养老金待遇也同步、等幅调整，这背后的决策基础正是2015年正式全面启动企业与机关事业单位养老保险制度并轨。

从两种制度并轨到一种制度是具有里程碑意义的改革突破，但制度并轨并不必然就意味着保障共享和待遇均等。首先，企业和机关事业单位退休人员的养老金待遇格局基本稳固，制度并轨意味着没有进一步通过差异化政策缩小养老金差异的空间。从2016年开始，企业和机关事业单位退休人员的待遇调整将统一纳入城镇职工养老保险体系中，假定“十三五”时期经济增长保持在6%～7%之间，有理由相信企业和机关事业单位退休人员的养老金待遇将继续按照每年6.5%的幅度同步调整，这意味着“十三五”时期企业和机关事业单位人员的养老金差异将保持在目前1.3倍的格局不变，而绝对水平差距还有所增加，从2015年的680元扩大到2020年的930元（见图18－3）。因此，若站在相对弱势群体的企业部门来看，尽管双轨制改革带来了制度层面上的公平，但似乎为之付出的“代价”是接受现有养老金差异的格局不再调整。这种格局究竟是否公平合理，是否符合保障共享的改革原则，仍然还需要审慎讨论。

其次，并轨之后形成了一个制度、两个基金的基本格局，企业与机关事业单位人员在较长时期内仍将置身于两种不同的保障环境。尽管并轨之后机关事业单位人员适用于城镇职工养老保险制度，采用相同的筹资模式和费率标准，但保险基金完全独立封闭运行，统筹层次可以理解为机关事业单位内部统筹，在城镇职工养老保险全国统筹没有实现的情况下，相当于又多出一个省级统筹的养老保险基金，差别在于保险基金中个人缴费和单位缴费完全都来自于政府财政。实际上，民众对于双轨制的不满并不在于两种制度，而根本上在于两种制度背后的悬殊待遇，若并轨后原则上实现了一个制度，但待遇公平性问题并未解决，矛盾仍将会继续存在。

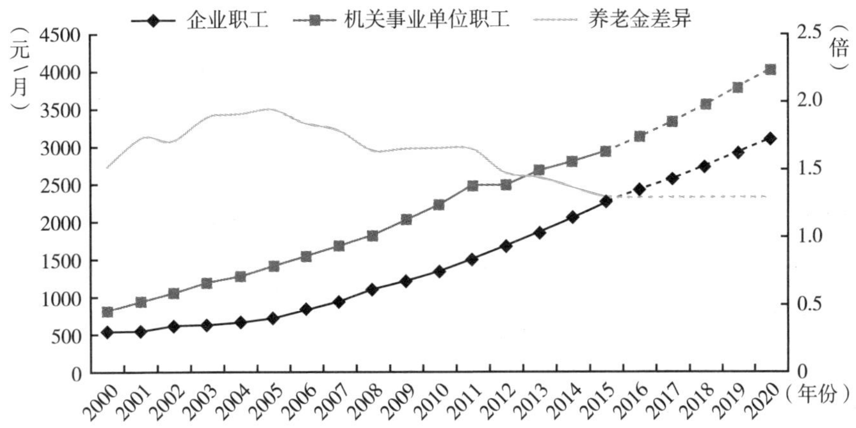

图 18－3　企业职工与机关事业单位职工的平均养老金变化

注：企业职工平均养老金指城镇职工基本养老保险中平均每个离退休企业人员的养老金水平，即养老基金支出总额/企业离退休人员数量。机关事业单位职工养老金用平均离退休费用衡量，即离退休费用总额/离退休人员数量，2006 年之前数据可以直接通过《中国劳动统计年鉴》获得，之后年份不再公布，根据《全国公共财政支出决算表》中“行政事业单位离退休费”估算得到。2016～2020 年为预测值，参考按照国务院相关政策精神，假定企业和机关事业单位养老金均按照 6.5% 增幅调整。

资料来源：根据国家统计局（历年）《中国统计年鉴》、（历年）《中国劳动统计年鉴》以及财政部公布的人（历年）《全国公共财政支出决算表》相关数据计算得到。

事实也表明，这种矛盾要彻底解决并非易事，待遇公平性问题仍在困扰着改革深入推进。国务院《关于机关事业单位工作人员养老保险改革的决定》早在 2015 年初就正式颁布，而且方案确定并轨时间从 2014 年 10 月 1 日开始，但直到目前，具体参保缴费标准和缴费基数尚未最终确定，大多数机关事业单位人员参保缴费只能暂时预交，待最终方案确定后再“多退少补”。方案迟迟未定背后反映出改革推进的难度很大、矛盾复杂，其中一大挑战是按照现行城镇职工养老保险制度和操作办法，在机关事业单位工资制度没有大幅调整的情况下，难以保障退休人员的养老待遇不下降（现行制度的替代率仅为 59%），而改革后待遇不下降原则恰恰又是改革顺利推进的重要条件。在决策部门和机关事业单位内部，这一原则似乎已经基本达成共识，2016 年调整机关事业单位人员基本工资也正是出于配合养老保险制度改革，以便提高缴费基数和筹资水平。而对于企业职工来说，这一共识恰恰又可能引发出新的矛盾。

矛盾根本解决之道需要在统一制度下实现基金统筹和群体兼容。不同区域、不同部门、不同行业的制度统一关键在于风险共担、收益共享，这要求保险基金要实现更高层次统筹，保险账户可以随着人员流动而无缝衔接、自由携带。机关事业单位单独设立保险基金可以规避来自城镇企业部门养老保险基金缺口的潜在风险，但同时也隔断了来自企业部门长期生产率提升和风险分散能力增强的潜在收益。因此，尽管并轨改革实现了制度统一，但改革并未完成，两个基金、两种保障的格局仍然有违共享的养老保障体系目标和原则，未来需要沿着制度统一、基金统筹、风险共担、待遇共享的道路继续前进。

四　企业年金与职业年金：两个制度、两种境况

年金作为基本养老保险的重要补充，通常被视为养老保险体系的“重要支柱”。企业年金早在城镇职工养老保险体系改革初期就启动试点，尽管2000年之后陆续出台了一些配套管理办法和鼓励政策，但发展一直比较缓慢，期望的补充功能并未有效发挥。职业年金是机关事业单位养老保险制度改革的产物，旨在保障改革人群的新养老金水平不低于现有水平，早在2008年五省（市）事业单位养老保险改革试点方案中就提出配套职业年金试点，主要面向事业单位、未覆盖机关单位，如同养老保险改革试点一样，职业年金试点也并未取得实质性进展，直至2015年初双轨制改革迈出重要一步，按照相关政策规定，从2014年10月1日起机关事业单位开始在全国范围建立职业年金。

尽管都称之为“年金”，但企业年金和职业年金存在属性差异，本质上属于两种不同的年金制度。主要差异在于：一是基本属性不同，企业年金是自愿性行为，而职业年金是政府主导的强制性制度安排。二是筹资模式不同，企业年金没有固定的缴费基数和缴费比例，原则上要求企业缴费每年不超过本企业上年度职工工资总额的1/12（相当于8.3%），企业和职工个人

缴费合计一般不超过本企业上年度职工工资总额的1/6（相当于16.6%），职业年金的缴费基数、缴费方式与其基本养老保险相同，缴费比例统一确定，单位缴纳职业年金的比例为本单位工资总额的8%，个人缴费比例为本人缴费工资的4%。三是基金运行模式存在差异，企业年金基金实行完全积累，采用个人账户方式进行管理，即个人缴费和单位缴费部分都是“实缴”，而职业年金基金实现半积累方式，个人缴费部分完全积累，财政全额拨款单位的单位缴费部分采用记账方式，即“空账”运行。

两种不同类型的年金制度，其发展境况势必会大相径庭。企业年金启动更早，但发展过程可谓步履蹒跚。截至2015年，建立企业年金的企业数量只有7.5万家，根据第三次经济普查结果，全国各类企业数量达到820万家，据此估算企业年金的企业覆盖率仅为0.9%。2015年企业年金覆盖职工人数为2316万人，广义上的覆盖率（即参加年金职工人数占城镇就业人员总数比例）仅为5.7%，而城镇职工基本养老保险参保率已经达到65%左右，狭义上的覆盖率（即参加年金职工人数占参加城镇基本养老保险职工人数比例）也只有9%左右（见图18-4）。21世纪以来的十几年间大约可以分为两个发展阶段，2000~2007年经济快速发展，城镇就业人员快速增加，而企业年金参加企业徘徊在2万家左右，参加职工不到千万人，实际覆盖率几乎处于停滞状态，2008年参加企业增加到3.3万家，参加职工突破1000万人，基金规模积累接近2000亿元，实际覆盖率开始逐步提高，但扩面速度依然缓慢，2008~2015年，覆盖率仅仅艰难地提高了不到3个百分点。企业年金发展缓慢一定程度受到年金税收政策不统一和不完整的影响，尤其长期以来个人缴费前端征税政策严重抑制企业年金发展（郑秉文，2010），但是，根本上还要归因于社会保险体系对企业造成的负担过重，激励不足，大多数企业在负担高达40%左右社保缴费之后已经缺乏建立企业年金的动力和能力，尽管从2014年开始企业年金个人所得税递延纳税优惠政策正式实施，旨在推动企业年金快速发展，然而实际激励效果仍然有限，而且，这种优惠政策EET模式（即在购买阶段、资金运用阶段免税，在养老金领取阶段征税）尽管当期可以免税，但按照中国现行税制，职工在一次性领取企业年金时最高扣除45%的税额，预期收益不确定导致政策激励不足。

职业年金启动较晚，一些机关事业单位尚未开始落实，但这一制度安排具有强制性，肩负着配套机关事业单位养老保险改革的重任，筹资主要来源于各级财政资金，具体实施完全由政府行政主导推进。可以预见，职业年金将会在未来短短几年内实现全覆盖目标。若未来几年城镇职工养老保险制度改革没有更大突破，基本养老保险缴费负担没有大幅下降，即便在相关税收优惠政策激励下，短期内企业年金发展也难以突飞猛进，“十三五”期间我们可能将不得不面对一个覆盖率10%与100%的巨大差距，企业年金与职业年金将陷入境况迥异的尴尬格局。职业年金的基金规模也比较庞大，完全可以达到企业年金的同等量级。按照改革方案，职业年金与养老保险并轨改革同步实施，2014年10月开始机关事业单位将近4000万职工进入年金体系，按照国家统计局公布的相关工资数据估算，以国有单位的科学研究、教育、卫生与社会保障、公共管理和社会组织等行业的从业人员和平均工资为参考，全国机关事业单位2014年当年平均工资约为5.8万元，按照单位缴纳8%、个人缴纳4%的比例估算，当年职业年金筹资总额接近2800亿元，但是只有个人缴费采取实账积累，对财政全额供款的单位采取记账方式“空账”运行，因此，职业年金实际可投资运营的筹资主要是个人缴费部分，每年在1000亿~1500亿元之间。2015年企业年金积累基金规模为9500亿元，据此估算，职业年金的基金规模在“十三五”期间就将赶超企业年金，而可投资运营的基金规模也相当可观，预计达到企业年金的一半左右，而从两者使用的潜在群体规模巨大差异来看，职业年金与企业年金的基金规模相当其实也就意味着群体共享机制的缺失。

更严峻的挑战在于，两种年金都可能走向一种结构矛盾突出、利益格局失衡的困局。企业年金实际覆盖群体以垄断性国有企业为主，补充养老保险功能异化成特殊企业的福利政策。大多数民营企业在承担强制性的基本养老保险缴费负担情况下，基本没有经济能力再参与企业年金，尤其在当前经济形势放缓、企业经营困难的环境下，他们不仅无力参与年金，更大的呼声是降低基本养老保险负担，决策部门也顺应这一形势，从2015年开始采取了

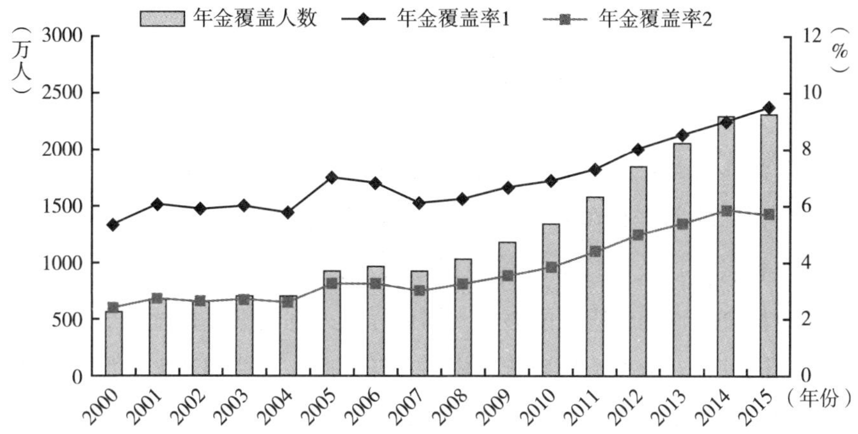

图 18－4　企业年金覆盖人数与覆盖率变化

注：年金覆盖率 1 指参加企业年金职工人数占参加城镇职工基本养老保险职工人数的比例，即狭义的覆盖率；年金覆盖率 2 指参加企业年金职工人数占城镇就业人员总数的比例，即广义的覆盖率。

资料来源：根据国家统计局（历年）《中国统计年鉴》、（历年）《人力资源和社会保障事业发展统计公报》相关数据计算得到。

阶段性的降税减负行动，失业保险和养老保险费率陆续下调了 1～2 个百分点，但这对于目前民营经济来说可谓杯水车薪，更谈不上对于企业年金的激励效果。与之形成鲜明对比的是，垄断性的国有企业充分利用了企业年金政策空间，将垄断超额利润转化为职工福利，这不失为应对近些年实施的国有企业限薪管制的补偿之举。事实也表明，国有企业建立企业年金的比例明显高于民营企业，而且集中度很高，结构失衡严重。根据相关数据表明，建立企业年金的中央企业虽然不到参与年金企业数量的 8%，但其覆盖的人群占参加企业年金总人数的比重以及占企业年金基金结余总额的比重都在 50% 以上，企业年金积累超亿元的行业基本集中在电力、石化、石油和电信等垄断行业，甚至企业年金被责难为“垄断行业俱乐部”（郑秉文，2016）。对于职业年金来说，我们同样会心存疑问，究竟是否同样会发展成为体制内的一种变相福利政策，体制外的大多数人无法分享年金的补充保障，而体制内的年金福利最终仍然由普通民众以税收方式埋单。因此，如果年金改革没有走向共享发展的正确道路，未来势必会成为养老保障体系新的公平性矛盾焦点。

五　走向共享的养老保障发展道路

一个共享的养老保障发展道路应该走向何处？至少应该实现以下基本目标：一个共享的养老保障体系应该能够让所有人（不同地区、不同部门、不同行业和职业）公平地分享养老保障权利，同时也一视同仁地、公平合理地承担相应的责任；应该能够让不同代际的人都能够可持续地分享养老保障权利，同时也一脉相承地肩负相应的责任；应该既能够让人民群众安享晚年、体面生活，又能够维持劳动力市场和经济社会活力。

面向共享发展之路，养老保障改革有必要遵循以下基本原则：一是公平的优先序，公平首先要解决制度不平等、规则不公正问题，其次才有条件发挥弱势群体保护和再分配功能，主次不分的结果很可能导致出于良好愿望的公平政策并未带来合理的结果，甚至引发新的公平矛盾，因此公平既要合理，也要有效。二是制度无差异、保障水平有差别，共享的养老保障体系并非要求绝对均等一致的待遇水平，关键要遵循所有人无差异地、有选择地享受统一的制度和政策，合理的待遇差别同样是制度公平的体现。转向适应市场经济运行的养老保障体系要强调制度公正的基本特征，但并非推行社会保障的平均主义（朱玲，2014）。三是制度流动性与要素流动性同等重要，流动性是要素价值的体现，也是制度权益的保障，仅仅有制度规则的统一，缺乏充分的可携带性，同样无法保证共享的保障权利，一个基本原则是养老保障制度与劳动、资本等视为同等重要的可自由流动的生产要素，欧盟在应对人口老龄化和现代化社会保障改革中就提出“社保制度本身就是一个生产要素”的重要理念（European Commission，1997）。四是体系内部与体系之外的融合，养老保障体系不仅仅是一个独立的内部系统，与劳动力市场和经济社会系统密切关联，一个可持续的共享养老保障体系必然要求与系统之外相互协调和融合发展，应该是经济社会的“稳定器”、经济发展的“激励器”以及收入分配的“调节器”。由此，养老保险体系改革也应该放置于整体经济社会系统之中，根本之道是依靠持续的生产率提升和经济发展（程杰，2015）。

坚持共享发展理念，坚定改革目标和原则，加快实质性的制度并轨和统一，增强养老保障制度与劳动力市场和经济发展的适应性，改革重点要立足于养老保障体系的“三大支柱”，着眼于根深蒂固、矛盾复杂的群体公平性和矛盾对立，找到简单不失公平、包容不乏激励的政策举措。

一是将国民养老金作为养老保障体系的共享基础。目前近似于国民养老金的城乡居民养老保险制度目标群体并非全体国民，而且保障水平偏低、地区差异很大，同时又存在制度衔接和跨区转移问题。作为“第一支柱”的国民养老金要实现“全覆盖、保基本”的原则和目标，国民待遇自然应该是全民共享且近乎绝对公平，而维护这一基本的公民权利理应由政府完全承担。以目前城市最低生活保障标准为参考依据的国民养老金计划可以作为第一支柱的选择方向，2014 年全国 60 岁及以上老年人规模为 2.12 亿人，按照城市平均低保标准和补助水平，每人每年的养老金标准为 3180 元，财政每年负担约为 6700 亿元，仅相当于当年 GDP 的 1.1%，全国财政总收入的 4.8%。世界银行课题组（Dorfman et al.，2013a）也提出了一个以城市低保标准或城镇平均工资水平的 28%（即 OECD 国家的平均标准）的国民养老金方案，经过估算在财政上也具有可持续性。国民养老金计划简单但不失公平，无差异地覆盖全体城乡居民和职工，符合共享发展的基本理念，应该作为未来养老保障体系的共享基础，既有助于弥补目前城乡居民养老保险制度的不足，同时国民养老金带来 20% 左右的收入替代率也为第二支柱的缴费率下调释放了空间。

二是将更具包容性与可携带性的城镇职工养老保险制度作为养老保障体系的共享核心。一个相对较高的待遇水平和体面的退休生活仍然需要坚实的“第二支柱”予以保障。目前城镇职工养老保险制度面临的矛盾最为复杂，既要解决历史遗留问题，又要应对人口老龄化和城镇化加速的新挑战，但改革方向应该是明确的，坚持共享发展的道路，建立一个更具有包容性和可携带性的养老保险制度，不管是农业户籍和城镇户籍，本地人口还是流动人口，体制内人员还是体制外人员，只要进入城镇劳动力市场中，都应该无例外条件地纳入统一的制度框架之中。与制度统一同样重要的是，养老保险制度应该在城乡之间、区域之间、部门之间充分自由衔接，养老保险账户应该如同劳动力流动一样充分可携带，制度并轨不能仅仅停留在政策层面，更要关注实际操作层面，降低劳动力和养老保险流动的制度性成本。全国性的要素市场是驱动效率提升和经济增长的动力，全国统筹的养老保险同样也是养老保险体系效率提升和共享保障的动力，这一改革举措应该在“十三五”期间取得实质性突破。双轨制改革迈出了关键一步，但改革尚未完成，应该进一步破除体制内利益部门的改革阻力，避免制度并轨、待遇差异格局稳固甚至继续扩大，尽快从目前基金封闭运行转向基金统筹运行，既要实现制度统一，更要确保待遇公平合理，彻底消除公共部门与市场部门之间的人力资源流动障碍。剥离城乡居民养老保险制度的国民养老金功能之后，将社会保险功能的个人账户与城镇职工基本养老保险制度妥善衔接，确保账户可以双向自由流动，保障参保者在就业状态变化、城乡之间流动过程中养老保障权利不受损失。就业正规化是经济发展的长期趋势和一般规律，政策方向应该有所调整，不宜再将无雇主的灵活就业人员作为城镇职工养老保险扩面工作的主要对象，鼓励他们加入城乡居民养老保险制度，随着就业方式变化再引导他们加入城镇职工养老保险制度。类似于城乡居民养老保险制度缴费环节的补贴政策可以应用到城镇职工养老保险制度中，重点支持弱势群体和困难人员参保，相对于退休后的养老金补贴，退休前的缴费补贴可以提供更强的参保激励，并且具有长期效果，有助于提高与缴费对应的养老金待遇充足性（Dorfman et al. ，2013b）。

三是一个规则公平的年金制度作为养老保障的共享范畴。目前年金制度最有可能成为未来养老保障体系公平性矛盾的新触发点。企业年金与职业年金基本功能都定位为补充保险，但实际境况却截然不同，企业年金未能实现大部分职工共享，几乎成为特殊利益部门的福利政策，职业年金以强制性的方式保障机关事业单位人员的退休待遇，同样有可能演化成新的双轨制矛盾。从职业年金制度安排来看，部分记账管理的模式的确有潜在的模式蜕变风险，未来有可能被贴上特权与双轨制的标签，对此决策层应该清醒认识

（郑秉文，2015）。年金制度改革关键要建立一个规则公平的制度，确保享受年金的人与其实际价值创造相适应，而避免成为垄断势力和行政体制的专享福利，企业年金的有效覆盖率有待逐步提高，加快完善“延迟征税”等鼓励政策，适当降低企业年金准入门槛，进一步降低企业社会保障税负是更为行之有效的激励措施，同时要严格规范国有垄断企业的年金政策，尤其对于经营不善甚至连续亏损、劳动生产率没有明显提升的企业有必要排除在外。职业年金刚刚启动，更需要谨慎实施，特别是部分记账式管理模式有待慎重考虑，要严格规范年金操作办法，参照城镇职工平均劳动生产率和工资水平，科学、合理地确定和动态地调整年金标准，同时尽快完善职业年金与企业年金衔接的办法。

参考文献

Dorfman Mark C., Philip O'Keefe, Dewen Wang and Jie Cheng (2013a). "China's Pension Schemes for Rural and Urban Residents," *Matching Contributions for Pensions*, Edited by Richard Hinz, Robert Holzmann, David Tuesta, and Noriyuki Takayama, The World Bank Publishing, Washington D. C..

Dorfman Mark C., RobertHolzmann, Philip O'Keefe, Dewen Wang, Yvonne Sin, and Richard Hinz (2013b). *China's Pension System: A Vision.* The World Bank, Washington D. C..

European Commission (1997). *Modernising and Improving Social Protection in the European Union: Communication from the Commission*, March.

程杰、高文书：《“十三五”时期养老保险制度与劳动力市场的适应性》，《改革》2015 年第 8 期，第 84 ~ 95 页。

程杰：《养老保障的劳动供给效应》，《经济研究》2014 年第 10 期。

程杰：《养老金的劳动力市场扭曲》，《劳动经济研究》2015 年第 6 期。

侯慧丽、程杰：《老龄化社会中养老金代际代内收入差距与养老金再分配》，《人口与发展》2015 年第 1 期。

张展新：《居民养老保险改革的城乡整合成效与区域分割问题》，《劳动经济研究》2014 年第 4 期。

张展新：《双重转型、均等化改革与农民工地位提升》，《劳动经济研究》2015 年第

6 期。

郑秉文：《中国养老金发展报告（2015）：“第三支柱”商业养老保险顶层设计》，经济管理出版社，2016。

郑秉文：《机关事业单位养老金并轨改革：从“碎片化”到“大一统”》，《中国人口科学》2015 年第 1 期。

郑秉文：《中国企业年金发展滞后的政策因素分析——兼论“部分 TEE”税优模式的选择》，《中国人口科学》2010 年第 2 期。

中国社会科学院经济研究所社会保障课题组：《多轨制社会养老保障体系的转型路径》，《经济研究》2013 年第 12 期。

朱玲：《城镇职工养老保险制度对农村迁移工人生计的影响》，《比较》2009 年第 5 期。

朱玲：《建立与市场相适应的社会保障体系》，《劳动经济研究》2014 年第 4 期。

朱玲：《中国社会保障体系的公平性与可持续性研究》，《中国人口科学》2010 年第 5 期。

G.19
第十九章 医疗保险与卫生服务利用

牛建林*

现代社会中，医疗保险是社会保障制度的重要组成部分，它不仅关系着社会成员"病有所医"的民生问题，也是社会成员共享发展成果的反映。分析医疗保险制度的发展历程与现状，对于了解我国在解决十三亿人口"病有所医"的道路上所取得的成就、面临的困难与挑战具有重要的现实意义。本章主要利用现有公开发布的统计资料和全国健康与养老跟踪调查数据（CHARLS）[①]，分析我国社会医疗保险的现状及其对参保人医疗服务利用行为的作用。具体而言，本章考察的主要问题包括：①现行社会医疗保险体系的基本特征、覆盖情况及其发展趋势；②不同人群的实际参保行为以及医疗保险资源的差异；③医疗保险资源与个人医疗服务利用行为的关系。通过分析这些问题，本研究将探讨现行医疗保险体系存在的问题以及可能的对策建议。

一 医疗保险体系的现状

（一）社会医疗保险体系概述

中国现行的医疗保险体系主要由三大社会医疗保险组成，包括新型

---

* 牛建林，中国社会科学院人口与劳动经济研究所副研究员。

① 关于 CHARLS 调查的详细介绍，参见：http：//charls. ccer. edu. cn/zh－CN/page/data/2011－charls－wave1。

农村合作医疗保险、城镇居民基本医疗保险和城镇职工医疗保险。这三大社会医疗保险制度中，城镇职工医疗保险（以下简称“职工医保”）发展最早，于20世纪末在原有公费医疗和劳保医疗的基础上改革成型。目前，职工医保主要面向城镇从业人员设立，原则上要求城镇所有用人单位（包括不同类型的企业、机关、事业单位、社会团体、民办非企业单位等）及其职工共同参加。职工医保的保险费用由用人单位和职工共同缴纳，形成医疗保险统筹基金和个人账户，为参保职工提供住院和门诊报销①。

新型农村合作医疗保险制度（即“新农合”）从2003年开始试行，最早试点的县有304个，主要分布在社会经济发展水平较高的地区。与其他医疗保险制度相区别，新农合面向广大农村居民设立，其制度设计规定家庭户为基本参保单位，参保采取自愿的原则。新农合保险基金的筹集，采取“农民个人缴费、集体扶持和政府资助”相结合的办法。与职工医保相比，新农合以大病统筹为主，重在解决“农民因患传染病、地方病等大病而出现的因病致贫、返贫问题”。到目前为止，新农合已成为我国覆盖人口最多的社会医疗保险制度②。

城镇居民医疗保险（以下简称“居民医保”）是三大社会医疗保险制度中发展最晚的保险制度，于2007年开始在88个城市试行③，该医保制度主要针对城镇非从业居民设立，包括不在业的成年人、学生、儿童和老人。与新农合相类似，居民医保也以大病统筹为主，采取参保自愿的原则。保险基金采取由家庭缴费为主、政府适当补助的原则进行筹资，重点用于住院和门诊大病医疗支出。

如上所述，三大社会医疗保险为全国不同户籍和从业类型的居民实现

---

① 具体规定可参见1998年《国务院关于建立城镇职工基本医疗保险制度的决定》国发〔1998〕44号，http：//www. gov. cn/banshi/2005 -08/04/content_ 20256. htm。

② 参见2002年《中共中央国务院关于进一步加强农村卫生工作的决定》中发〔2002〕13号，http：//www. gov. cn/gongbao/content/2002/content_ 61818. htm。

③ 参见2007年《国务院关于开展城镇居民基本医疗保险试点的指导意见》国发〔2007〕20号，http：//www. gov. cn/zwgk/2007 -07/24/content_ 695118. htm。

“病有所医”提供了基本制度性保障。不过，这些医疗保险制度发展的早晚不同，参保原则有强制参保（如职工医保）和自愿参保（如新农合和居民医保）之分，再加上各自在筹资方式、保险范围、管理与实施等方面存在的城乡及地域差异，客观上决定了现行医疗保险体系的内在复杂性。为了进一步了解现行社会医疗保险体系的特征与发展趋势，本章将从保险制度的覆盖率、主要保险特征出发进行对比分析。

（二）社会医疗保险的覆盖情况与发展趋势

1. 医疗保险发展迅速，在社区层次已实现全面覆盖

在三大医疗保险制度中，尽管新农合与居民医保设立时间较晚，但这些医疗保险制度均发展迅速；到 2010 年，新农合与居民医保项目已扩展到全国各个地区，在城乡社区实现了全面覆盖。图 19 - 1 展示了各地区新农合和居民医保制度在社区层次的发展状况。由图 19 - 1 可见，从社区层次来看，东部地区开始推行医疗保险（包括新农合和居民医保）的时间最早，中部和西部地区相对较晚；平均而言，最早开始推行医疗保险制度的地区往往是社会经济发展水平较高的县市[①]。不过，随着时间的推移，各地区医疗保险覆盖率的差距快速缩小。到 2008 年，东、中、西部地区开始推行医疗保险的社区均达到九成左右，医疗保险覆盖情况的地区差距不再显著；到 2010 年，全国范围内城乡社区均已实现医疗保险制度的全面覆盖（见图 19 - 1 所示）。

2. 医疗保险的参保人数快速上升

与医疗保险制度在全国城乡地区快速拓展的发展趋势相一致，三大社会医疗保险项目的实际参保规模也经历了令人瞩目的快速上升。图 19 - 2 利用公开发布的卫生事业及相关统计资料，展示了过去十年间我国三大社会医疗保险制度对目标人群实际覆盖情况的变化。

---

① 2011CHARLS 调查数据显示，各社区开始推行医疗保险的年份与县级人均地区生产总值的相关系数为 -0.21，p = 0.001。

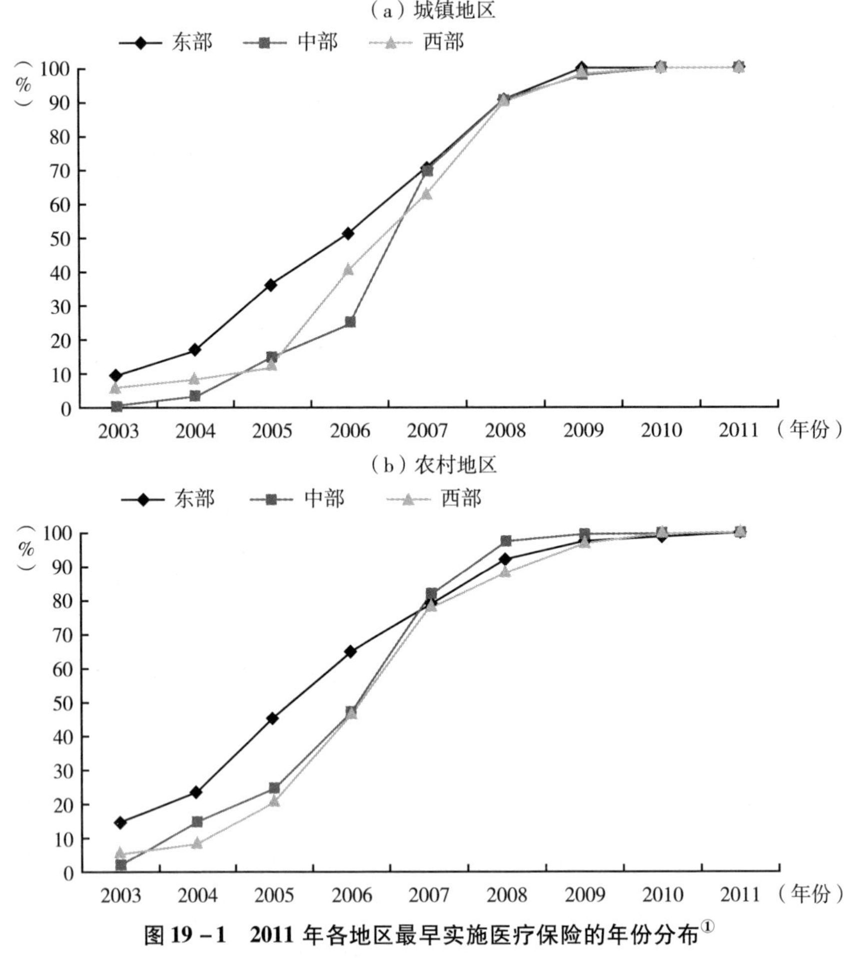

图 19－1　2011 年各地区最早实施医疗保险的年份分布[①]

资料来源：CHARLS2011 社区调查资料。

由图 19－2 可见，过去十年间我国三大社会医疗保险项目的参保人数均增长明显。以覆盖人口规模最大的新农合为例，其实际参保人数从 2005 年的 1.79 亿快速上升到 2008 年的 8 亿以上；并于 2010 年达到峰值。峰值时（2010 年），全国新农合的参保人数约 8.36 亿，参保率达 96%[②]。此后，受

① 由于 CHARLS2011 关于各社区开始推行医疗保险的年份信息为回顾性数据，图 19－1a 中城镇社区最早实施医疗保险的情况包含了部分村改居的社区在城镇化进程伴随的新农合转为居民医保的情况。

② 参见 2011～2014 年中国卫生与计划生育事业发展统计公报，下同。

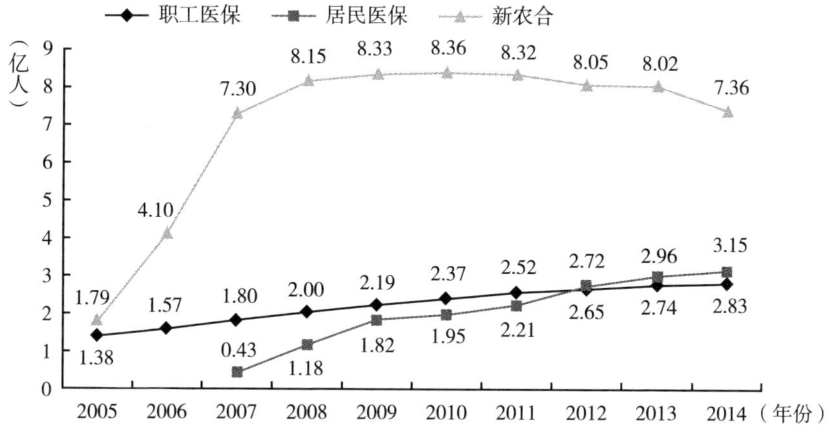

图 19－2　2005～2014 年三大医疗保险项目实际参保人数的变化趋势

资料来源：2005～2007 年《劳动和社会保障事业发展统计公报》，2008～2014 年《人力资源和社会保障事业发展统计公报》，2005～2010 年《中国卫生事业发展统计公报》，2011～2014 年《中国卫生与计划生育事业发展统计公报》。

人口快速城镇化、农村人口规模下降的影响，新农合实际参保人数开始缓慢下降，但相应参保率仍保持一定的上升趋势。到 2014 年，新农合的实际参保率约为 98.9%。

与新农合相比，居民医保项目的实际参保人数迄今为止保持了相对持续和稳定的上升趋势，其实际参保人数由 2007 年不足 0.5 亿的水平，上升到 2014 年已接近 3.2 亿。居民医保参保人数持续上升的趋势，一方面反映了城镇化进程和城镇社会保障事业迅速发展的客观趋势，另一方面也隐含了城镇居民医疗保险需求缺口相对较大的现实。

相比之下，职工医保在过去十年间实际参保人数的变化较为平缓。2005 年，职工医保的实际参保人数为 1.38 亿，到 2014 年相应规模扩展到 2.83 亿，增幅略高于一倍。与其他两类医疗保险实际覆盖情况的发展趋势相对照，职工医保参保人数较为平缓的上升趋势，更多地反映了同一时期城镇就业人口规模稳步增长的现实。

3. 无医保和重复参保现象仍在一定程度上存在

如上所述，过去十年间我国社会医疗保险制度扩张迅速；然而，到目前为止，个人层次全民医保的目标尚未实现。无医保和重复参保现象在一定程度上同时存在，已成为当前发展和完善我国医疗保险制度必须解决的现实问题。

据2011年全国健康与养老追踪调查数据估计，全国45岁及以上人口中，明确表示没有参加任意形式的医疗保险的人约占7.4%[①]；而表示参加了一种以上的社会医疗保险者也超过1.3%，这一比例与同一时期全国范围内审查统计的重复参保率接近（张国栋等，2015：p36；关于重复参保现象的讨论，另见蔡滨等，2012；刘敬峰，2012；王书勤，2015；张国栋等，2015）。受重复参保现象的影响，三大医疗保险实际参保人数的增加在一定程度上高估医疗保险扩张对社会成员的实际覆盖状况，遮蔽了无医疗保险人群问题的实际严峻程度。关于无医疗保险人群的特征以及重复参保现象，将留待本章第二部分的微观层次分析中进一步探讨。

（三）医疗保险的制度壁垒、城乡及地区差异

在医疗保险制度迅速发展的同时，医疗保险项目的制度壁垒以及城乡和地区差异也成为现阶段我国社会医疗保险体系的重要特征。如前文所述，我国三大社会医疗保险制度针对不同户籍和从业类型的人群设立，且采取分部门、属地管理的原则，受此影响，在实践中，医疗保险项目的融资状况、保险覆盖范围、报销方式、具体管理与运行等方面均呈现重要差异。本节以融资和缴费为例，讨论医疗保险的城乡及地区差异。

图19－3展示了2006～2014年间城乡人均医疗保险基金的水平与变化趋势。受数据资料可得性的限制，图19－3中未能将城镇职工医保与居民医保区分开来，不过其结果仍能反映医疗保险资源的城乡差异。由图19－3可见，在考察时期的任一年份，城镇地区人均医疗保险基金均远高于农村地区。在2006年以来多数年份，城镇地区医疗保险基金人均超过1000元；与之相比，农村地区新农合筹资水平在2009年首度超过100元/人。此外，根据不同类型的医疗保险项目在筹资制度设计中的差异可以推断，城镇职工医

---

① 笔者根据CHARLS2011数据加权统计求得。

保基金水平高于居民医保水平，这一点可以从图 19－3 中城镇医保人均保险基金综合水平在2007 年左右有所下降的变化中得以印证。2007 年，居民医保开始在部分城镇地区试行，与职工医保相比，居民医保的人均保险基金较低，由此导致图 19－3 中相应曲线有所下降。值得强调的是，图 19－3 中人均保险基金随时间变化的总体趋势表明，过去十年间城乡人均医疗保险基金均经历了快速的上升趋势。截至 2014 年，城镇地区医疗保险基金已超过1600 元/人，新农合筹资水平也接近 450 元/人。

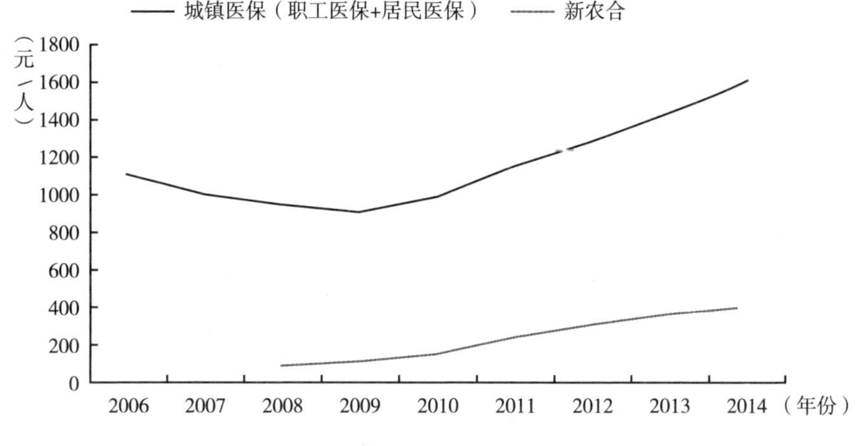

图 19－3　2006～2014 年城乡医疗保险的人均基金数额

资料来源：2005～2007 年《劳动和社会保障事业发展统计公报》，2008～2014 年《人力资源和社会保障事业发展统计公报》，2005～2010 年《中国卫生事业发展统计公报》，2011～2014 年《中国卫生与计划生育事业发展统计公报》。

除城乡差异外，医疗保险的筹资状况在各地区的发展也明显不均衡。总体而言，在经济发展水平较高的地区，财政支付能力较强、参保个人及家庭的平均支付能力和支付意愿也往往较强，与之相适应，这些地区的医疗保险融资水平较高；反之，在经济发展水平较低的地区，医疗保险的融资水平较低（Li 和 Zhang，2013；Lin 等，2009；周丽贤，2013）。图 19－4 展示了2011 年我国东、中、西部地区新农合和居民医保在社区层次的人均缴费水平。以居民医保为例，图 19－4 显示，2011 年，在东部城镇社区，居民医保参保人需缴纳的保险费由免缴到3600余元不等，人均缴费中位数为280元/（人·年）；而在中部和西部地区，相应医疗保险的缴费水平明显较低，中位数分别为112元/（人·年）和135元/（人·年）。与居民医保相比，新农合的保险费较低（中位数在30~40元之间），且地区差异相对较小。新农合与居民医保缴费水平的差异，与制度设计和管理的地区差异有关，也在一定程度上反映了城乡及不同地区间参保人缴费能力与意愿的客观差距。

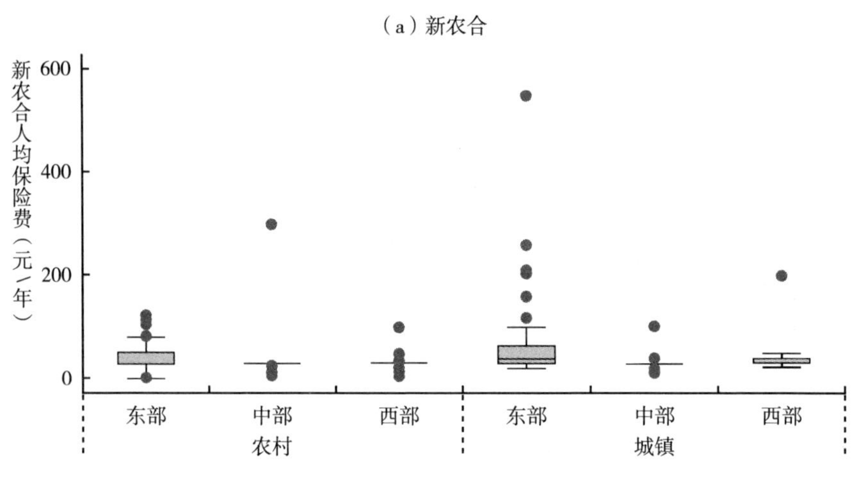

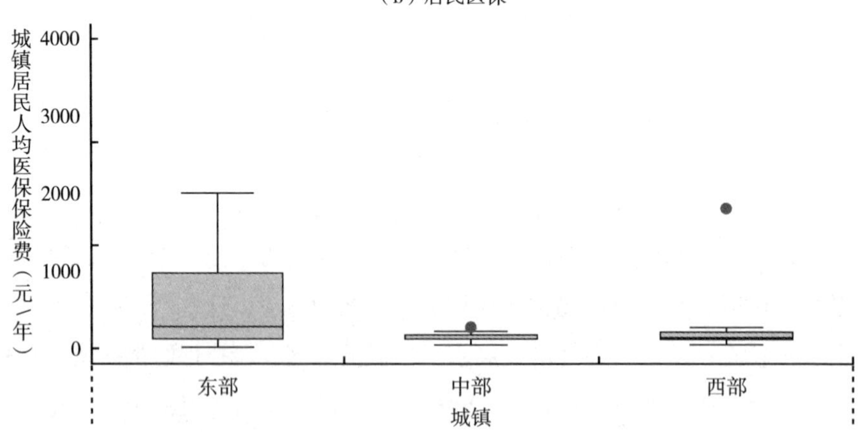

图19－4　社区层次医疗保险费的地区差异

资料来源：CHARLS社区调查。

二　个人参保行为与医疗保险资源的差异

（一）未参加医疗保险的人群

上文分析指出，截至2010年，我国社会医疗保险已在全国范围内实现对城乡社区的全面覆盖。然而，迄今为止，全民医保的目标尚未实现，部分城乡居民仍被自愿或非自愿地“排除”在医疗保险的覆盖之外。这些无医疗保险的人群具有什么样的特征，其未参保的原因是什么？本文针对这两个问题，结合CHARLS抽样调查数据分析个人的参保行为。

图19－5以45岁及以上人群为例，展示了2011年城乡不同人口与社会特征的居民无医疗保险的情况。由图19－5可见，不论性别、年龄、受教育程度、婚姻状况以及在业状况等特征，城镇地区各人群中无医疗保险的比例均明显高于农村地区。这一城乡差异可能与城镇地区居民医保项目的发展与新农合相比相对较晚、实施时间较短有关。如图19－2所示，随着医疗保险项目的进一步扩张，城镇地区居民医疗保险实际覆盖状况有望进一步改善，城乡差距将随之下降。除此之外，城乡居民实际参保行为的差异也可能在一定程度上与城镇地区社会医疗保险项目的个人缴费水平较高有关（见图19－4），这些因素的具体影响强度有待后续研究进一步探讨。

除城乡差异外，个人是否参保的选择也与性别、年龄等因素有关。图19－5显示，就45岁及以上的中老年人而言，女性无医疗保险的比例显著高于男性；年龄较大（75岁及以上）、受教育程度较低、从未工作、无配偶的未参加任意形式的医疗保险的比例明显较高。其中，无配偶的中老年人未参加医疗保险的比例是有配偶者的两倍左右。这些结果表明，现阶段，无医疗保险者往往是社会资源较少、相对弱势的群体。

利用上述抽样调查数据对无医疗保险者未参保的原因①进行分析发现，

① 根据数据可得性，相应分析基于2011年无医疗保险者在2013年跟踪调查时所表述的未参加医疗保险的主要原因，资料来源：CHARLS2011和CHARLS2013。

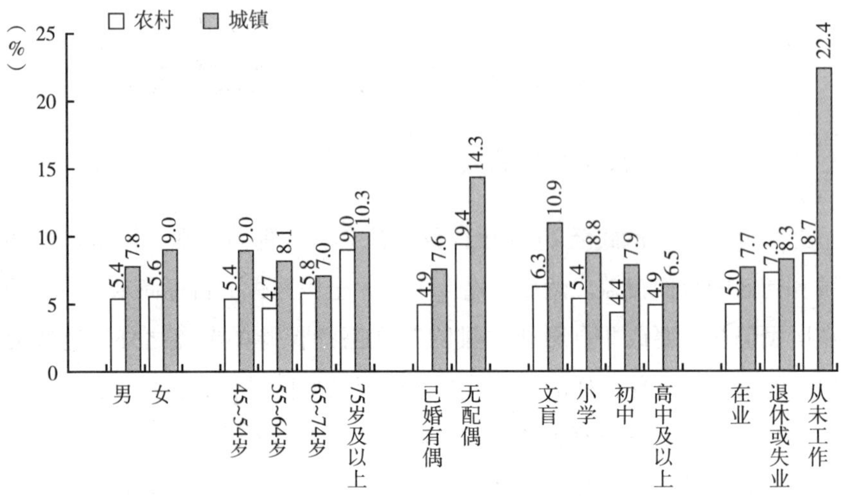

图 19－5　2011 年 45 岁及以上城乡居民中无医疗保险的比例

资料来源：CHARLS2011。

在 45 岁及以上无医疗保险的人群中，接近 1/3 的人表示未参保的主要原因是“支付不起保险费”，1/6 左右的人表示主要原因是“不需要”；其他未参保的原因包括“不知道该去哪办”“从未想过这个问题”等。未参保的原因在不同特征的人群中差异很小，不具有统计显著性。

（二）重复参保现象

除未参保人群客观存在外，重复参保现象也是当前我国社会医疗保险发展所面临的现实问题。图 19－6 展示了 2011 年 45 岁及以上中老年人群中重复参保者的主要分布特征。由图 19－6 可见，与无医疗保险者的人口特征相区别，重复参保现象更多地发生在城镇居民中，其中，男性比女性重复参保的可能性更大，受教育程度较高者重复参保的现象超过受教育程度较低者。特别值得注意的是，高中及以上学历的农村居民重复参保的比例明显高于其他人群。

重复参保现象发生的人群特征，从一个侧面反映了现行医疗保险体系中存在的制度分隔、管理缺乏协调等客观问题与漏洞。以农村地区高中及以上学历者为例，这一人群极有可能是拥有非农业户籍、从事（或从事过）非农劳动的农村居民，由于居住地类型、户籍性质和从业类型的特殊性，实际管理中对这一人群适用的医疗保险项目可能产生不清晰明确的界定，从而导致重复参保现象。与之相类似，过去十余年间大范围地撤村建镇、撤村建居在客观上增加了医疗保险项目间管理部门调整与衔接的复杂性；此外，大规模的城乡人口流动现象为医疗保险项目属地管理原则提出了更严峻的挑战。由于新农合以家庭户为基本参保单位，流动人口可能在户籍地参加新农合，与此同时，受异地报销困难等现实问题的困扰，流动者也可能在条件允许的情况下在流入地城镇地区重新参保，从而使得重复参保成为现行医疗保险制度下的一种无奈选择。

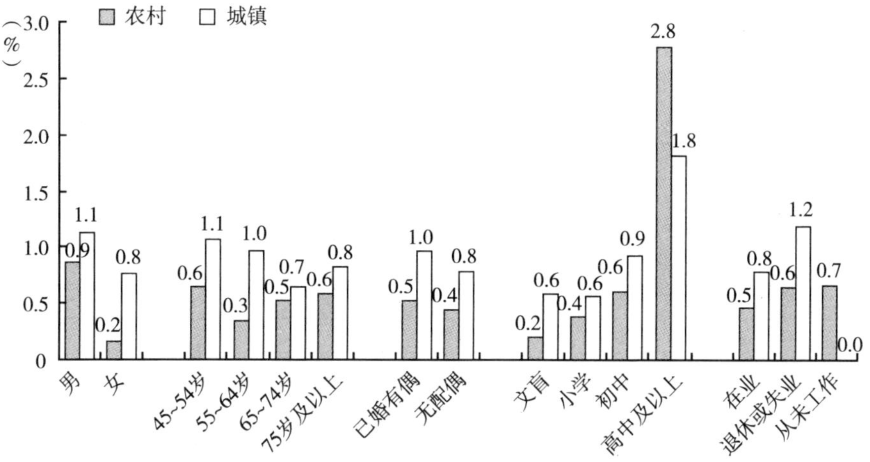

图 19－6　2011 年 45 岁及以上城乡居民中重复参保的比例

资料来源：CHARLS2011。

（三）医疗保险类型的差异

尽管现阶段无医疗保险和重复参保现象在一定程度上客观存在，但绝大多数社会成员参加且仅参加了一种社会医疗保险项目。由于保险制度设计相互分隔的原因，个人实际参加的医疗保险类型在很大程度上决定了不同参保人医疗保险资源的实际差异。

表 19－1 利用 CHARLS2011 调查数据中城乡 45 岁及以上有医疗保险者

的信息，展示了不同人群的医疗保险特征。由表 19 – 1 可见，不论城乡，新农合是现阶段覆盖人口最多的医疗保险类型。在农村地区，超过九成的已参保人群仅拥有新农合；其中，女性、无配偶者、受教育程度较低者、从未工作者仅参加新农合的比例明显更高，参加其他类型医疗保险的比例较小。尽管如此，现阶段也有少数农村居民参加了职工医保、居民医保或其他类型的医疗保险（如商业医疗保险等），以高中及以上学历的农村中老年居民为例，相应人群中有 9.2% 的人参加了职工医保。结合上文关于重复参保问题的讨论，农村地区高学历的中老年人拥有新农合以外的医疗保险的比例，反映了这一人群的非农从业经历以及与之相关的医疗保险资源特征。在城镇地

表 19 – 1　2011 年 45 岁及以上有医疗保险的城乡居民实际参加的医疗保险类型

单位：%

	农村				城镇			
	新农合	职工医保	居民医保	其他医保	新农合	职工医保	居民医保	其他医保
性别								
男	91.5	3.3	2.0	3.2	48.9	30.6	11.0	9.5
女	96.8	0.4	1.5	1.3	54.7	24.3	14.5	6.6
年龄								
45 ~ 54 岁	93.4	1.6	1.6	3.4	55.8	25.1	12.6	6.6
55 ~ 64 岁	95.0	1.6	1.8	1.6	53.1	27.5	13.4	6.0
65 ~ 74 岁	93.9	2.7	1.9	1.5	45.3	31.6	11.6	11.6
75 岁及以上	94.6	1.6	2.2	1.6	43.8	27.6	13.5	15.0
婚姻状况								
已婚有偶	93.8	2.0	1.8	2.4	51.8	27.8	12.2	8.2
无配偶	96.7	0.8	1.3	1.1	53.0	23.9	16.9	6.3
受教育程度								
文盲	97.5	0.3	1.2	1.0	77.9	7.3	11.8	3.0
小学	94.6	1.6	2.0	1.9	67.3	15.3	12.5	4.8
初中	92.0	2.7	1.9	3.4	44.4	32.9	15.2	7.4
高中及以上	79.9	9.2	3.1	7.8	16.9	54.6	11.3	17.2
在业状况								
在业	94.4	1.6	1.7	2.3	66.5	19.1	9.7	4.8
目前不在业	92.9	2.9	2.1	2.1	34.7	38.1	15.3	12.0
从未工作	97.1	0.7	0.0	2.2	61.1	2.0	34.2	2.7

资料来源：CHARLS2011。

区，现阶段中老年人的医疗保险类型也以新农合为主。表19－1显示，除文盲、高中及以上学历和从未工作过的居民外，城镇地区不同特征的中老年人中参加新农合的比例均明显高于其他类型的医疗保险；参加职工医保的比例次之。城镇居民医疗保险资源分布的特征，在一定程度上揭示了近年来伴随着人口快速城镇化——城乡人口流动或撤乡建镇/居，医疗保险制度的调整与管理衔接滞后于城乡人口分布变化的客观现状。

在保险类型以外，医疗保险的其他特征也可能影响个人层次医疗保险资源的差异。受医疗保险项目属地管理原则的影响，同一类型的医疗保险项目可能在不同地区实施不同的报销方式、保险范围等规定，这些具体保险特征也是影响个人医疗保险资源差异的重要因素。以保险的报销方式为例，2011年CHARLS调查的中老年人中，新农合参保人医疗费用实施即时报销的比例不足1/3（约31%），居民医保中，即时报销的比例略高，约为35%；相比之下，职工医保提供即时报销的比例最高，接近一半（约49%）。不同地区医疗保险项目报销方式的差异显示，平均而言，在经济发展程度较高的地区（如北京、上海、江苏、浙江、广东等）各类医疗保险项目采取即时报销的比例相对更高。这些个人层次医疗保险资源的差异，从根本上决定着社会医疗保险资源的分布状况及其对于解决“病有所医”问题的实际效应。

三 医疗保险制度的健康行为效应

现阶段，我国社会医疗保险体系是否有助于缓解“看病贵、看病难”的问题[①]，个人医疗保险资源的差异与卫生服务利用状况以及医疗服务需求满足情况的关系如何？利用CHARLS2011微观调查数据，本节主要从有无医疗保险、保险类型以及报销方式出发，分析个人层次医疗保险资源与卫生服务利用行为和医疗服务需求满足状况的潜在关系。

① 例如，2003年全国健康调查结果显示，46%的农村居民有病不医，而其中40%的人表示医疗费用是阻碍其就医的主要原因（Yip和Hsiao，2009）。

（一）医疗服务利用状况

表 19－2 展示了 2011 年 45 岁及以上不同医疗保险资源拥有者利用门诊服务（“在过去一个月是否利用过门诊服务的情况”）、住院服务（“过去一年内是否接受过住院治疗”）、常规体检（“过去两年内进行过常规体检”）以及自我治疗的情况（“过去一个月内是否有过不同类型的自我治疗行为”）。与有医疗保险者相比，没有参加任意医疗保险的中老年人利用门诊服务、住院服务以及进行常规体检的比例均显著较低；未进行过自我治疗的比例则明显较高（54.3%）。与新农合参保人相比，无医疗保险的中老年人在过去一个月利用过门诊服务的比例低 6.5 个百分点，过去一年内利用过住院服务的比例低 4 个百分点，过去两年内进行过常规体检的比例低 7.1 个百分点。

表 19－2　2011 年 45 岁及以上不同医疗保险拥有者对医疗服务的利用状况

单位：%

医疗保险资源	门诊服务	住院服务	常规体检	自我治疗			N
				无	药物治疗	保健品/器械等治疗	
无医疗保险	13.7	4.9	35.9	54.3	42.3	3.5	1132
新农合	20.2	8.9	43.0	53.2	43.1	3.7	12266
职工医保	18.0	12.7	60.2	44.4	46.7	9.0	1880
居民医保	18.3	9.6	48.9	45.6	49.8	4.6	967
其他医保	19.0	12.4	57.4	49.2	42.5	8.3	712
p	<0.001	<0.001	<0.001	<0.001			

资料来源：CHARLS2011。

在拥有医疗保险的中老年人中，新农合参保人对门诊服务的利用比例较高，但其对住院服务利用比例，进行过常规体检的比例，以及采取自我治疗的比例均明显低于其他类型医疗保险的参保人。相比之下，职工医保的参保人利用住院服务，进行常规体检，以及自我治疗（特别是利用保健品或器械等进行自我治疗）的比例均明显高于其他类型医疗保险的参保人，但其利用门诊服务的比例低于其他类型医疗保险的参保人。这些差异反映了医疗保险的参保状况和保险类型对个人卫生服务利用行为的重要作用。概括而言，现阶段，医疗保险对参保人利用卫生服务的行为具有客观促进作用；其中，职工医疗保险对参保者进行疾病治疗、预防和保健等行为具有相对突出的促进作用。

图 19－7 进一步区分医疗保险类型和报销方式，展示了 2011 年 45 岁及以上中老年人对各类卫生服务利用行为的差异。由图 19－7 可见，个人的卫生服务利用行为因医疗保险报销方式的不同而存在较大差异。总体而言，即时报销有助于提高参保人的常规体检行为。但其他卫生服务利用行为，报销方式的作用特征较为复杂。

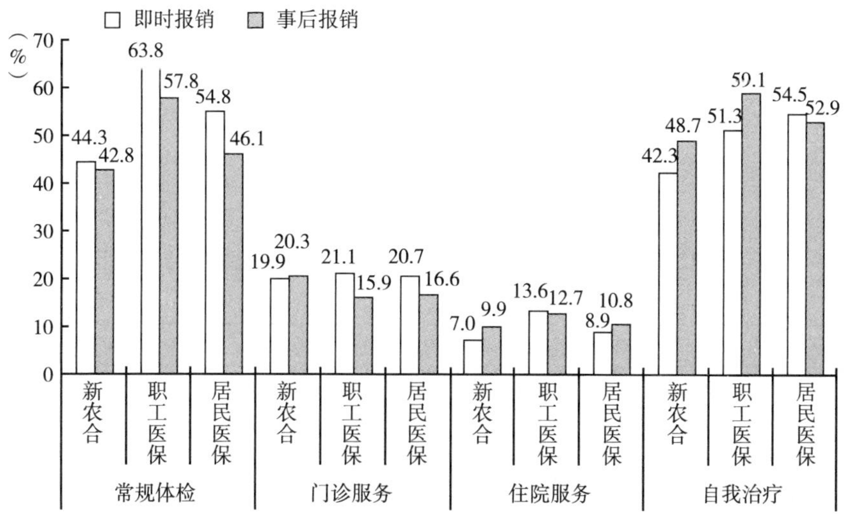

图 19－7　按医疗保险类型和报销方式划分的中老年人卫生服务利用状况

资料来源：CHARLS2011。

图 19－7 显示，对职工医保和居民医保而言，在实行即时报销制度的情况下，参保人对门诊服务的利用比例显著较高；类似地，在即时报销制度下，职工医保参保人对住院服务的利用比例也较高。在其他情况不变的条件下，由于即时报销能够直接降低参保人个人承担的医疗支出，简化报销程序，并消除事后报销可能存在的风险，从而减少患者支付医疗费用面临的经

济约束和事后偿付可能带来的后顾之忧。由此可以推断，相对于事后报销方式，即时报销的制度安排在客观上对参保人利用卫生服务具有促进作用，从而在一定程度上缓解有病不医的问题。

（二）有病不医的现象

个人对卫生服务利用行为的差异，不仅与医疗保险资源有关，而且也可能与健康状况的系统差异有关。为了更好地理解医疗保险资源的健康效应，本节进一步探讨医疗保险资源与个人对医疗需求满足状况的关系。具体而言，本节考察的医疗需求满足状况包括：过去一个月内有病需要就医而实际未看医生（“未满足的门诊需求”），过去一年内需要住院而实际未住（“未满足的住院需求”），以及过去一个月内有慢性病未加以治疗（“未治疗的慢性病”）的情况。表 19－3 展示了相应医疗保险类型和医疗需求满足情况之间的交叉表分析结果。

表 19－3　2011 年 45 岁及以上人群医疗保险资源和医疗需求满足状况

单位：%

种类	未满足的门诊需求	未满足的住院需求	未治疗的慢性病
新农合	7.5	4.6	35.3
职工医保	5.6	4.2	40.4
居民医保	7.1	4.4	38.7
其他医保	5.3	3.9	39.6
无医疗保险	6.5	4.1	34.1
p	<0.001	<0.001	<0.001

资料来源：CHARLS2011。

由表 19－3 可见，在不同类型医疗保险的参保人中，新农合参保人有病不医的现象相对更为多见。2011 年 45 岁及以上的人群中，新农合参保人有未满足的门诊需求、未满足的住院需求的比例分别为 7.5% 和 4.6%，明显高于其他类型医疗保险的参保人，甚至也高于无医疗保险者的相应比例。不过，新农合参保人有未治疗的慢性病的比例明显低于其他类型医疗保险的参保人；无医保者的相应比例更低。究其原因，首先，这些差异也可能在一定程度上与个人对慢性病患的了解情况有关。如表 19 －2 所示，新农合参保人和无医保者进行常规体检的比例较低，这可能一定程度上降低其对潜在健康问题的了解，其自报的未治疗的慢性病比例也可能因此而较低。其次，受居住地、从业类型等社会经济特征差异的影响，不同类型医疗保险的参保人可能存在系统的健康差异。按照疾病转变的一般规律，慢性疾病往往从社会经济状况较好的人群扩散到社会经济地位较低的人群，现阶段，农村居民患慢性疾病的比例仍低于城镇居民。与之相联系，在我国不同类型社会医疗保险的参保人中，新农合参保人患有慢性病的比例相对较低，有未治疗的慢性病的比例也相应较低。值得注意的是，表 19 －3 中无医疗保险者有未治疗的慢性病的比例最低，这可能反映了在自愿参保原则下个人的参保行为存在一定程度的逆向健康选择性，即健康状况较好的个体选择不参保的可能性相对较高。由此不难理解无医疗保险者慢性病相对较少的现象。

图 19 －8 进一步区分医疗保险类型和报销方式，展示了个人医疗需求满足情况的差异。与上文关于卫生服务利用行为的发现相一致，医疗保险的报销方式不同，同一类型医疗保险参保人的医疗需求满足状况也呈现较大差异。以职工医保为例，在事后报销的制度安排下，参保人有未满足的门诊服务需求的比例（7.7%）比即时报销情况下（3.3%）高出一倍以上。如上文所讨论，相对于即时报销，事后报销的制度安排有可能加剧“有病不医”的情况发生，相应效应突出地体现在住院需求和慢性病治疗需求的满足中（如图 19 －8 所示）。

四 共享发展成果：问题、挑战与前景展望

21 世纪以来，我国社会医疗保险体系发展迅速。截至 2010 年，三大社会医疗保险制度已经在全国城乡社区实现全面覆盖，各类医疗保险的实际参保人数快速攀升。除此之外，近年来我国社会医疗保险体系的融资和保障水平也不断提高，城乡人均医疗保险基金快速增长。这些发展成就表明，我国

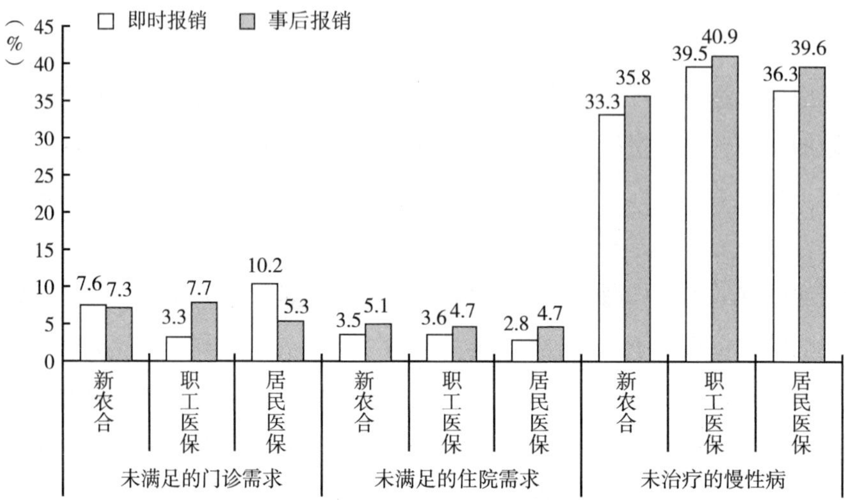

图 19－8　按医疗保险类型和报销方式划分的中老年人医疗服务需求满足状况

资料来源：CHARLS2011。

现行的社会医疗保险体系发展已初显成效，为广大社会成员实现“病有所医”提供了基本的社会保障。

然而，不容忽视的是，现行医疗保险制度的发展历程相对较短，保险制度的设计与管理实施中仍存在一些现实的问题与客观挑战。本文研究发现，我国现行的医疗保险制度在以下方面仍有待进一步改革和完善：

首先，我国三大社会医疗保险制度间缺乏协调、制度壁垒与漏洞并存。这不仅导致了在医疗保险制度全面覆盖的背景下，仍有部分社会成员被自愿或非自愿地“排除”在医疗保险体系之外，而且相应制度障碍也在客观上滋生了一定程度的重复参保现象。

其次，目前的医疗保险水平总体较低。现阶段，社会医疗保险体系中对人口覆盖最广的保险制度为新农合，其实际参保人口超过了全国总人口的一半。然而，截至 2014 年新农合人均保险基金尚不足 500 元，在三大社会医疗保险制度中处于最低水平。大规模低医保水平人群的客观存在，为现阶段提高我国社会医疗保险的总体水平提出了艰巨的任务和现实的挑战。

再次，现行的社会医疗保险制度实行县市级统筹管理。由于统筹管理层次较低，各地区、城乡间医疗保险水平差异显著，各类医疗保险的具体特征（如报销方式等）也因此而呈现明显的内部不一致性。这不仅加剧了社会医疗保险的地区不平衡性，而且也在客观上降低了保险统筹的效率。

最后，现行的社会医疗保险项目对于保障“病有所医”、缓减“有病不医”现象的效果仍有待进一步提高。目前我国各大社会医疗保险资源的不平衡性，可能在一定程度上导致医疗卫生资源利用效率的下降。一方面，医疗保险资源较为匮乏者倾向于减少预防性医疗服务的利用以及早期就医的行为；另一方面，医保资源较富足者可能对医疗卫生资源存在过度利用。

针对上述问题，现阶段发展和完善我国社会医疗保险体系，应当从以下方面入手进行必要的改革：

首先，在制度设计上统筹三大社会医疗保险制度，统一管理部门，尽可能地减少制度壁垒，并消除制度间的管理漏洞。

其次，提高社会医疗保险项目的统筹层次，在提高保险融资效率的同时有效分散风险，真正发挥社会保险的功能。

再次，逐步提高各地社会医疗保险的水平，在完善相关制度的基础上，进一步评估和完善医疗保险管理和实施的具体细节。切实推动保险制度与相关信息的透明化，在条件允许的情况下，尽可能地简化保险的办理和报销等程序。

最后，将医疗保险制度的完善与医疗卫生部门的管理相协调，尽可能地促进医疗资源的高效利用，切实改善全民健康与保障状况。

参考文献

Li, Xin and Wei Zhang (2013). “The impacts of health insurance on health care utilization among the older people in China,” *Social Science & Medicine* 85: 59-65.

Lin, W., Liu, G. G., & Chen, G. (2009). “The urban resident basic medical insurance: alandmark reform towards universal coverage in China,” *Health Economics*, 18,

S83 – S96.

蔡滨、柏雪、殷群、王俊华：《基本医疗保险重复参保现象研究》，《中国卫生经济》2012 年第 4 期。

刘敬峰：《破解重复参保“迷局”》，《中国社会保障》2012 年第 10 期。

王书勤：《从沛县实践看城乡居民重复参保问题》，《中国医疗保险》2015 年第1 期。

张国栋、左停、徐小言：《医疗保险“重复参保”研究》，《中国卫生经济》2015 年第 5 期。

周丽贤：《广东省新农合医保基金财政补助的地区差异研究》，《经济视角》2013 年第 7 期。

G.20

第二十章 城市第一代独生子女父母养老服务需求与供给

伍海霞*

一 引言

为了控制人口增长速度和人口数量，20世纪70年代初期我国全面推行“晚、稀、少”的生育政策，允许一对夫妇四年最多生育两个孩子；1978年“提倡一对夫妇最好生育一个孩子”政策；1980年开始实施“除了在人口稀少的少数民族地区以外，要普遍提倡采取一对夫妇只生育一个孩子”的独生子女政策。历经30余年，我国人口生育水平大幅度下降，家庭平均规模明显缩小，独生子女家庭数量持续上升。据推算，目前我国累计独生子女人数已经达到8000万～1.1亿（杨书章、郭震威，2000；宋健，2005；风笑天，2006；王广州，2009），且相当比例的独生子女家庭分布在城市地区。近年来，早期响应生育政策号召的第一代独生子女父母已进入养老期，老有所医、老有所养，幸福地安度晚年已成为他们生活的主要目标。但独生子女家庭中只有一个孩子的现实使独生子女父母更早地步入，并且更长地经历着人生的“空巢”阶段生活，同时也将他们置于一种更为脆弱的家庭养老基础之上（风笑天，2006）。成年独生子女间通婚比例的上升，与之相关的“四二一”家庭代际结构的增多，都将使独生子女父母的养老面临严峻的挑战。

* 伍海霞，中国社会科学院人口与劳动经济研究所副研究员。

家庭养老、社区养老和机构养老是我国三种基本的养老模式。家庭养老模式下老年人的养老需求主要由家庭成员或其他近亲属承担，实质上是代际间的一种责任和交换。受传统文化观念的影响，家庭养老一直是中国城乡老年人养老的主要方式。随着社会经济、文化的变迁，家庭规模缩小，家庭结构趋于核心化，老年人的家庭地位下降，子女给予老年父母的养老支持减少，家庭养老功能趋于弱化。家庭养老模式的不足促使城乡老年人对社会养老服务的需求激增，家庭养老逐步向社会养老服务过渡。有学者指出，社会养老服务是家庭养老日渐式微的产物，社会养老服务需求在很大程度上取决于家庭养老的可替代性（田北海、王彩云，2014）。面对子女少、可获得的养老支持不足的现实，是否会有更多的独生子女父母由家庭养老转向社会化养老需要做进一步探讨。

老年人的养老需求可划分为物质生活、精神文化生活、权益维护以及生活质量等内容（郑功成，2011）。与之相应地，针对老年人在老年期生理、心理等特殊需求，养老服务主要包括生活照料、医疗卫生、康复护理和精神文化服务等（王莉莉、杨晓奇，2015）。目前，由政府、市场、社区、家庭、个人共担计划生育老年人的养老责任已成为社会各界的共识，针对独生子女父母的养老现状及存在的困难，需要对已步入老年的独生子女父母从家庭、社区、社会得到的养老服务，以及影响独生子女老年父母养老服务的需求与供给的因素进行深入探讨与分析。

本文利用中国社科院人口与劳动经济研究所“2015 年城市第一代独生子女家庭状况调查”数据，对城市第一代独生子女父母从社区、家庭得到的养老服务，以及入住养老院意愿等进行分析，以期揭示当前城市独生子女父母的养老服务需求与供给现状，以及存在的养老困难，并在此基础上，提出提高独生子女父母养老保障水平与家庭福祉的对策与建议。

二 家庭给予的养老服务

本文采用中国社会科学院人口与劳动经济研究所 2015 年五省（市）城

市第一代独生子女家庭状况专项调查数据。本次调查采用分层随机抽样方法，在重庆市、湖北省、山东省、甘肃省和黑龙江省等五个省（市）实施调查，调查省（市）涵盖中国东、中、西部和东北部地区，在地理区位与经济发展水平上具有一定的代表性。问卷调查以出生于1973年至1987年的城市独生子女的父亲或母亲为调查对象，调查包括家庭人口信息、被访者婚姻生育情况、独生子女状况、家庭经济状况和养老等内容。经数据录入、清洗，最终得到3093个有效样本。本文以调查得到的有效样本中60岁及以上被访老年人数据为基础，最终得到1565个样本。

本次调查的老年人中，平均年龄为62.95岁，男性和女性被访者分别占41.21%和58.79%，已婚有配偶、丧偶和离异的比例分别为86.77%、9.97%和3.26%。被访老年人中受教育程度为小学及以下者约占17.7%，初中占42.94%，高中/中专占27.09%，大专及以上占12.27%。

基于本次调查数据，家庭给予老年人的养老服务主要从日常家务支持和情感交流两个方面进行分析。

（一）日常家务支持

1. 部分独生子女父母得到了子女的家务支持，父母帮子女操持家务更为普遍

独生子女家庭中，独生子女每天帮助父母做家务的比例约为18.68%，近60%的子女很少或基本不帮父母做家务；而几乎每天帮子女做家务的父母逾40%，所占比例高于子女帮父母做家务的，不帮子女做家务的父母比例低于子女不帮父母做家务的比例（见表20－1）。

表20－1 独生子女亲子家庭家务支持情况

单位：%

内容	几乎每天	每周几次	每月几次	一年几次	很少	不做
子女帮父母	18.68	12.8	8.03	4.11	22.08	34.29
父母帮子女	40.62	9.38	4.92	3.75	10.35	30.98

资料来源：2015年城市第一代独生子女家庭状况调查。

特别是在亲子同住的独生子女家庭中，父母每天帮子女做家务的比例显著高于子女每天帮父母做家务的比例，父母为子女提供家务服务更为普遍（见表 20 -2）。

表 20 -2　独生子女亲子同住家庭家务支持情况

单位：%

内容	几乎每天	每周几次	每月几次	一年几次	很少	不做
子女帮父母	37.18	17.41	4.43	0.79	22.63	17.56
父母帮子女	81.16	8.32	1.10	0.78	2.67	5.97

资料来源：2015 年城市第一代独生子女家庭状况调查。

2. 与父母同住、居住在父母附近的独生子女给予了父母更多的日常家务支持

研究表明，子代的居住安排会对其给予亲代的日常照料、家务等实际支持产生影响（鄢盛明等，2001）。本次调查中，与父母同住的子女几乎每天、每周帮父母做几次家务的比例相对最高，随着子女居住地距父母家距离的增大，父母日常得到的家务支持锐减（见图 20 -1）。

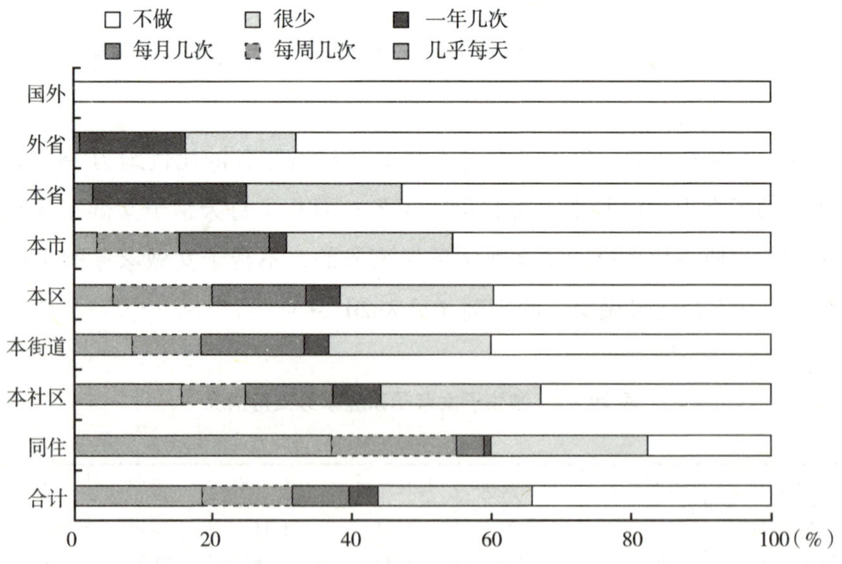

图 20 -1　不同居住安排下子女（及配偶）给予父母的日常家务支持

以上结果在一定程度上表明，受居住安排的影响，绝大多数独生子女日常给予父母的家务服务少于父母为之提供的家务支持，“日常为子女付出”在独生子女父母中仍较为普遍，子女给予父母的养老服务水平较低。一方面，目前多数城市第一代独生子女父母为低龄老年人，生活自理能力强，尚不需要子女帮助操持家务；另一方面，包括未婚独生子女在内，与父母同住的比例仅为40.7%，亲子普遍分居也降低了独生子女为父母提供日常家务等实际支持的可能。随着独生子女父母年龄的增大，即使有一定比例的独生子女回归原生家庭，亲子共同生活，家务、日常照料等实际养老服务的缺乏势必会影响独生子女父母的晚年生活。

（二）情感交流

情感慰藉是老年人更为需要的养老支持之一，“常回家看看”“与父母聊聊天、谈谈心”真切地道出了老年人的情感需求。

1. 因亲子分居日常见面少，影响了独生子女亲子情感交流

整体上，过半独生子女家庭中亲子几乎每天见面（见表20－3），近80%的家庭亲子每周见面在1～2次以上，一年见几次面、一年见一次面的比例相对较低。在亲子分居家庭中，亲子几乎每天见面的比例不足30%，近50%的家庭亲子每周或每月能见面，也有极少数家庭中亲子不见面或不联系。亲子见面少不可避免地减少了亲子间面对面的交流，给亲子关系带来不利影响。

表20－3　独生子女家庭亲子见面情况

单位：%

分类	几乎每天	每周3～4次	每周1～2次	每月1～2次	一年几次	一年1次	不见面/不联系
所有家庭	55.47	9.79	12.92	8.25	7.93	4.22	1.41
亲子分居家庭	27.65	15.55	20.73	13.71	13.07	7.02	2.27

资料来源：2015年城市第一代独生子女家庭状况调查。

2. 相当比例的父母不愿意与子女交流情感，独生女儿在感情上更体贴父母

独生子女家庭中，逾 20% 的父母不愿意对子女讲自己的心事或困难（见表 20－4），60% 以上的子女愿意听父母讲自己的心事或困难，不愿意听父母讲心事或困难的子女所占比例相对较低。特别地，独生女在感情上更能理解体贴父母，日常愿意听父亲或母亲讲心事或困难的比例高于独生子。

表 20－4　子女给予父母的情感支持

父亲/母亲	儿子/女儿	不愿意听	有时不愿意听	愿意听	自己不愿意讲
父亲	儿子	7.67	13.15	53.42	25.75
	女儿	7.69	7.69	62.64	21.98
	小计	7.68	10.82	57.37	24.14
母亲	儿子	8.40	12.87	57.46	21.27
	女儿	4.76	8.99	72.22	14.02
	小计	6.89	11.27	63.57	18.27
总计		7.22	11.08	61.02	20.68

资料来源：2015 年城市第一代独生子女家庭状况调查。

在经常或有时感到孤独的独生子女父母中，近 40% 日常不愿意与子女讲自己的心事或困难。与多子女家庭相比，子女少本身造成了父母从家庭可获得的情感支持的减少，加之部分子女不愿意倾听父母的心声，或父母不愿意与子女交流，家庭中老年人情感慰藉的主要通道不畅也不可避免地增强了老年父母的孤独与无助，影响其日常的生活质量。

三　社区养老设施及服务的需求与供给

“十二五”以来，我国致力于发展社会养老服务体系，社会养老资源将成为老年人晚年生活的主要依赖，而社区所能提供的养老设施与服务又是社会养老资源的重要部分。本次调查针对被访社区的养老设施、养老服务等情况开展了详细调查。本部分针对社区养老设施、养老服务的供给，以及老年人对相应设施的利用等进行深入分析，探讨社区养老资源的现状。

（一）社区养老设施及利用

1. 社区养老设施资源

本次调查主要从被访者视角对社区的养老设施情况进行了调查。绝大部分被访者住家周围有运动场地，所居住社区有老年活动室和图书室的比例相对较高，用于日间照料的托老所，以及可丰富老年人日常文化生活的老年大学的比例相对较低（见表20－5）。

表20－5　社区养老设施情况

单位：%

内容	有	无	内容	有	无
托老所(日间照料)	47.83	52.17	运动场地	88.04	11.96
老年活动室	84.24	15.76	图书室	74.46	25.54
老年大学	50.00	50.00			

资料来源：2015年城市第一代独生子女家庭状况调查。

分城市级别看，省会城市中社区有托老所、老年活动室、老年大学、运动场地、社区图书室的比例均高于二级城市和地级市社区，地级市社区中有相应养老设施的比例普遍较低（见图20－2、20－3、20－4、20－5、20－6）。但同时也发现，即使在省会城市，托老所、老年大学、社区图书室等养老设施的保有率也较低。随着老龄化的加剧，养老设施的不足将不可避免地影响老年人的日常生活，满足居家养老对社区养老服务的需求，在各级城市继续加强社区养老设施建设势在必行。

2. 独生子女父母对社区养老设施的利用率相对较低，并存在较大的个体差异

相对而言，在知悉相应养老设施的独生子女老年人中，经常或偶尔在住家周围的运动场地和社区活动室参加活动的老年人所占比例相对较高，其次为参加老年大学、到社区图书室读书，经常或偶尔去社区托老所的老年人所占比例最低（见表20－6）。可见，基于室外运动、强身健体的需求，老年人住家周围的运动场地和老年活动室的利用率最高。而一些社区图书室面积

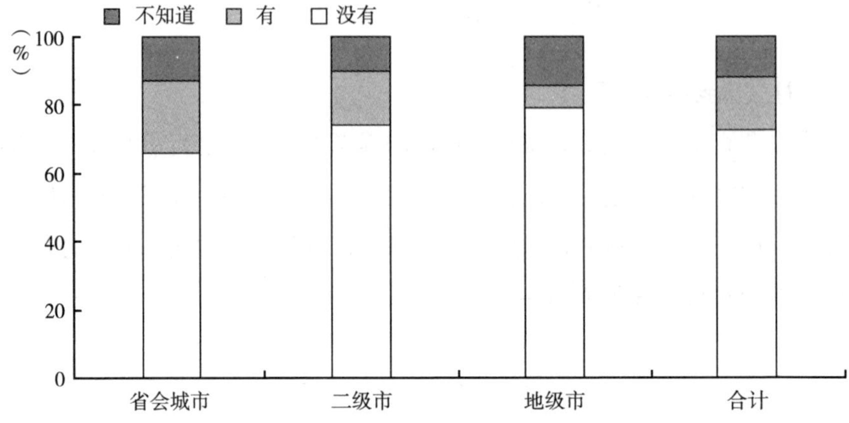

图 20－2　社区托老所

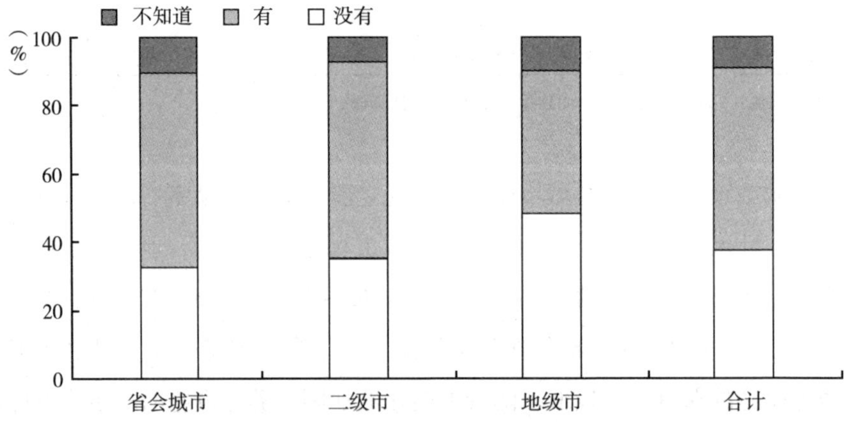

图 20－3　社区老年活动室

较小、书少，经常无人接待等也不可避免地影响了图书室的使用，导致老年人对社区图书室的利用率较低。

在知晓社区相关养老设施的独生子女老年人中，男性对社区养老设施的使用率普遍高于女性，65 岁及以上老年人利用社区养老设施的比例高于 64 岁及以下老年人，健康状况好、一般的老年人使用养老设施的比例显著高于健康状况差的老年人，家庭经济富裕的老年人使用养老设施的比例高于家庭

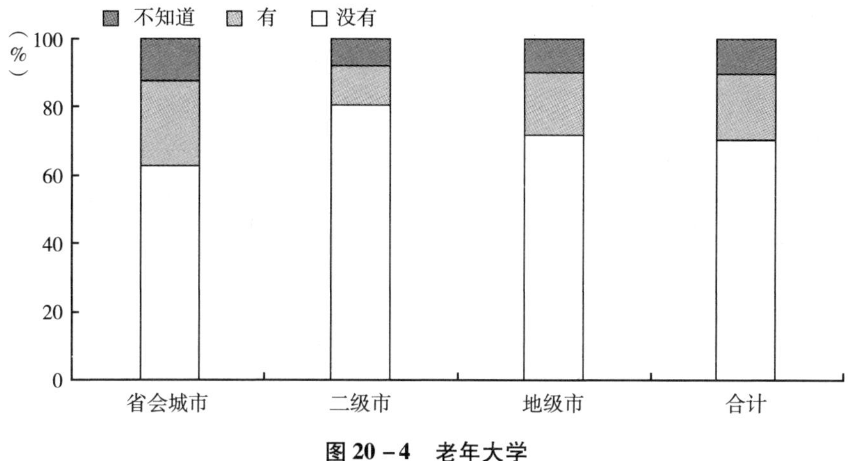

图 20－4　老年大学

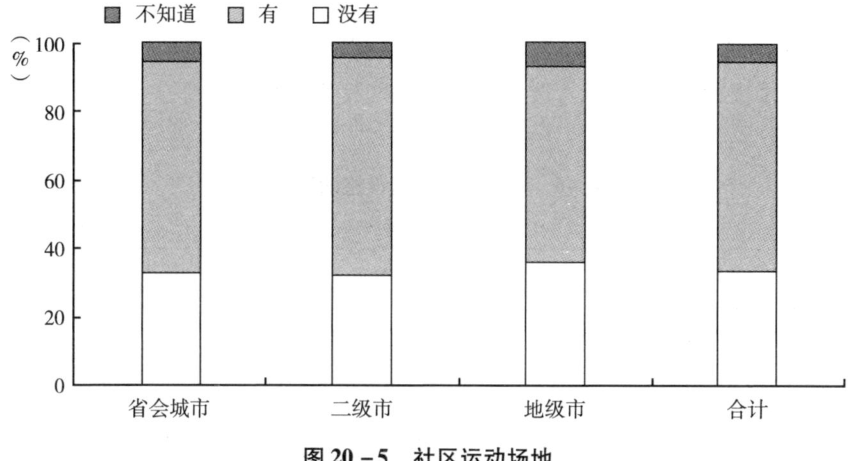

图 20－5　社区运动场地

经济状况一般、困难的老年人。另外，家庭经济困难的老年人对社区各项养老设施的利用率均普遍较低（见表 20－7）。这可能源于独生子女家庭中女性老年人大多需要操持家务、带孙子女，自己锻炼娱乐的时间相对少于男性老年人；多数健康状况差的老年人身体机能下降或丧失，外出活动减少；而家庭经济状况好的老年人家庭生活的富足使其大多较为乐观，愿意与亲朋邻居交往，参加室外活动。为此，社区应针对独生子女家庭中老年人的个体差异，在养老设施建设、社区活动开展中特别关注独生子女家庭中的女性老年

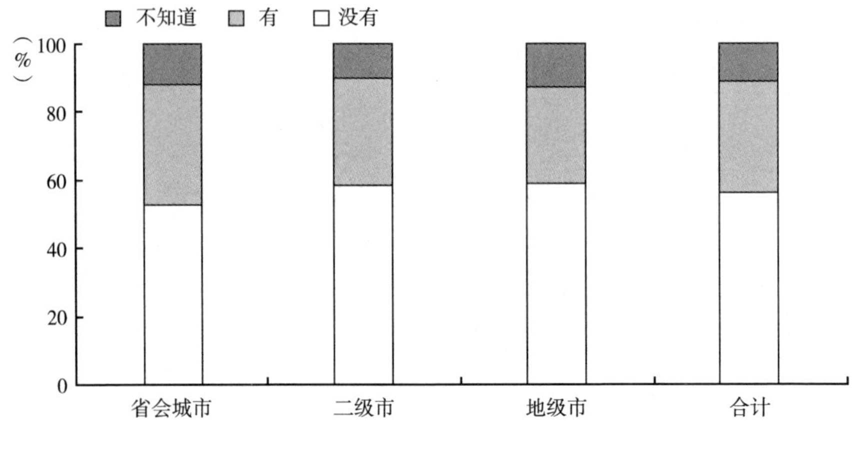

图 20－6　社区图书室

人，以及身体健康状况差、家庭经济困难的群体，带动他们积极参与社区活动，使他们融入社区老年人群体，丰富这些特殊群体的老年生活。

表 20－6　老年人对社区设施的利用情况

单位：%

内容	经常	偶尔	从不
托老所(日间照料)	10.26	10.26	79.47
老年活动室	31.79	27.06	41.14
老年大学	18.25	15.75	66.00
运动场地	44.89	27.41	27.71
图书室	16.50	25.58	57.92

资料来源：2015 年城市第一代独生子女家庭状况调查。

另外，相当比例的被访老年人不知道当地社区有托老所（日间照料）、老年活动室、老年大学、运动场地，以及图书室，这也在一定程度上降低了相应养老设施的使用效果。为此，基层社区在加强养老设施建设与维护的同时，应在日常工作中通过开展活动、加强信息宣传等方式提高老年人对社区相应公共设施的知晓率，使养老资源更好地在老年人的日常生活中发挥更大的效用。

表 20－7　不同个体特征老年人对社区养老设施的利用情况

单位：%

养老服务内容	性别		年龄		健康状况			家庭经济状况		
	男	女	64 岁及以下	65 岁及以上	好	一般	不好	富裕	一般	困难
老年活动室	60.99	57.43	58.56	59.81	61.59	59.09	51.18	63.25	60.71	47.30
老年大学	36.30	32.68	32.55	38.24	35.35	35.34	27.54	34.43	36.46	22.58
托老所	22.06	19.51	19.76	22.58	22.89	23.42	9.38	27.45	20.43	14.55
运动场地	72.06	72.45	71.32	75.42	75.83	73.02	61.20	78.36	73.94	60.12
图书室	47.78	38.16	38.82	52.00	46.25	40.31	33.33	48.31	42.52	34.38

资料来源：2015 年城市第一代独生子女家庭状况调查。

（二）社区养老服务

1. 养老服务的供给

目前，社区提供的老年人生活照料主要包括上门起居照料、介绍保姆/小时工、帮助购买生活用品、老年餐桌服务、上门看病/送药、老年人服务热线、法律援助和组织文娱活动，涵盖了日常生活照料、医疗服务和精神生活服务三个方面。其中，组织文娱活动在社区服务中较为普遍，半数以上社区提供上门起居照料、老年人服务热线、法律援助服务，提供介绍保姆/小时工、帮助购买生活用品和老年餐桌服务的社区所占比例相对较低（见图 20－7）。

省会城市中提供上门起居照料、上门看病/送药、介绍保姆/小时工、老年人服务热线、帮助购买生活用品、法律援助、老年餐桌服务的社区比例均明显高于二级市和地级市（见图 20－8、20－9、20－10、20－11、20－12、20－13、20－14、20－15）；二级市提供日常帮助购买生活用品、法律援助服务的社区比例与地级市无明显差别，二级市和省会城市中组织文娱活动的社区比例相对较高，省会城市社区这一比例最低；地级市中目前尚无社区开展老年餐桌服务，省会城市和二级市社区这一服务已形成一定规模。

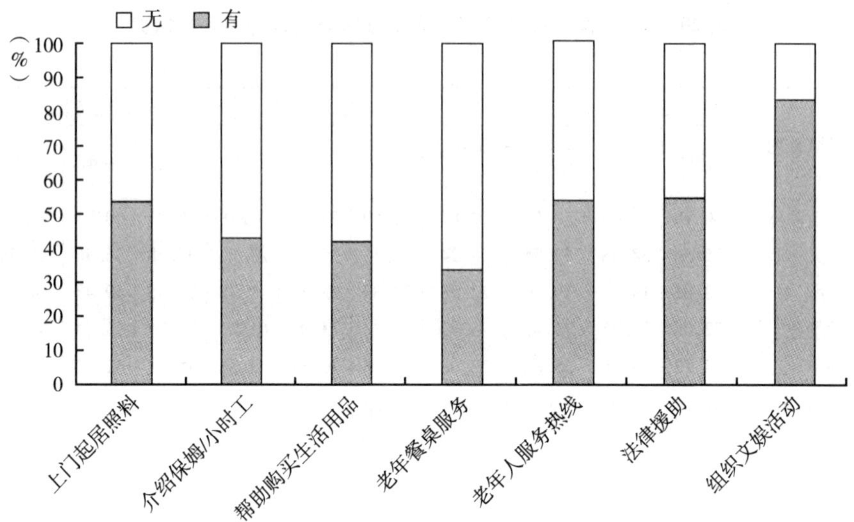

图 20－7　社区养老服务项目

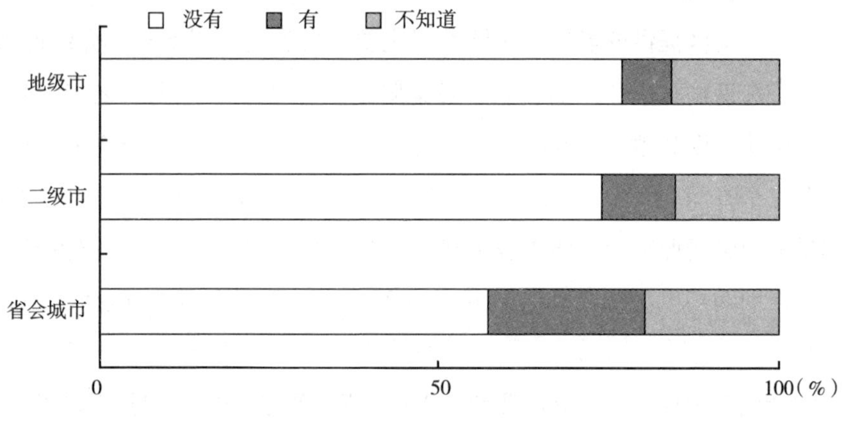

图 20－8　上门起居照料服务

2. 老年人对社区养老服务的使用情况

相对而言，在目前社区提供的养老服务中，经常参加社区组织的文娱活动的独生子女老年人比例较高，其次为老年餐桌服务、介绍保姆/小时工、上门起居照料和老年人服务热线，帮助购买生活用品、上门看病/送药、法律援助等服务的使用比例均较低（见表 20－8）。

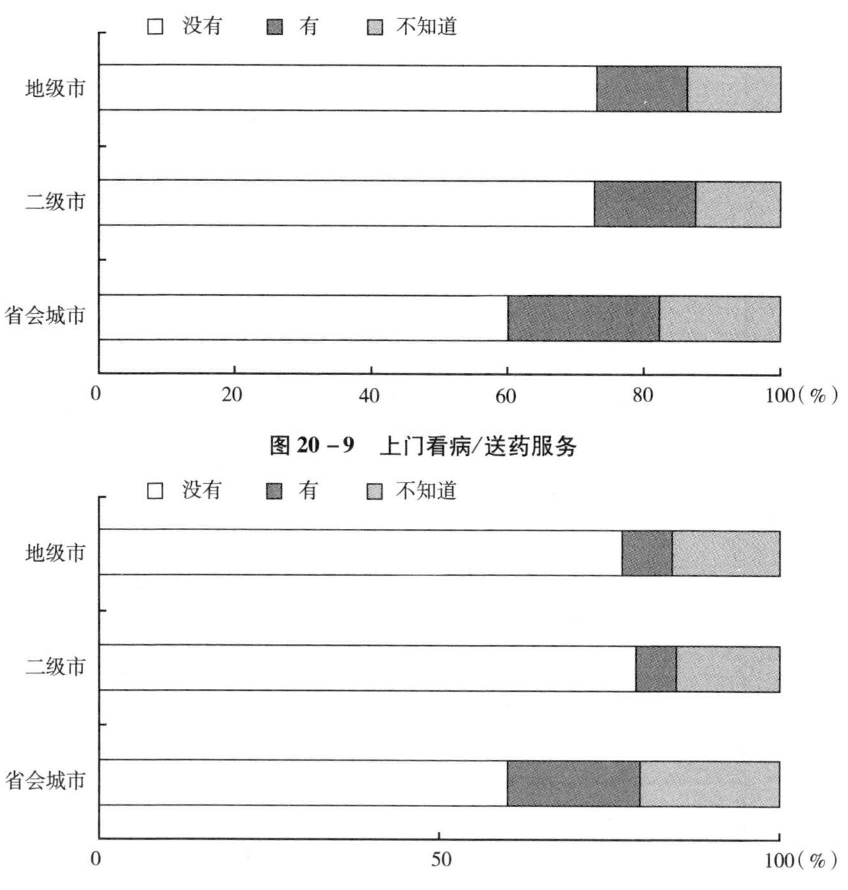

图 20－9　上门看病/送药服务

图 20－10　介绍保姆/小时工的服务

表 20－8　老年人接受社区养老服务情况

单位：%

养老服务内容	从不	偶尔	经常
上门起居照料	80. 17	14. 46	5. 37
介绍保姆/小时工	67. 27	25. 18	7. 55
帮助购买生活用品	85. 49	10. 88	3. 63
上门看病/送药	83. 33	13. 64	3. 03
老年人服务热线	76. 58	18. 99	4. 43
法律援助	85. 50	11. 07	3. 44
组织文娱活动	38. 21	32. 02	29. 78
老年餐桌	66. 89	24. 50	8. 61

资料来源：2015 年城市第一代独生子女家庭状况调查。

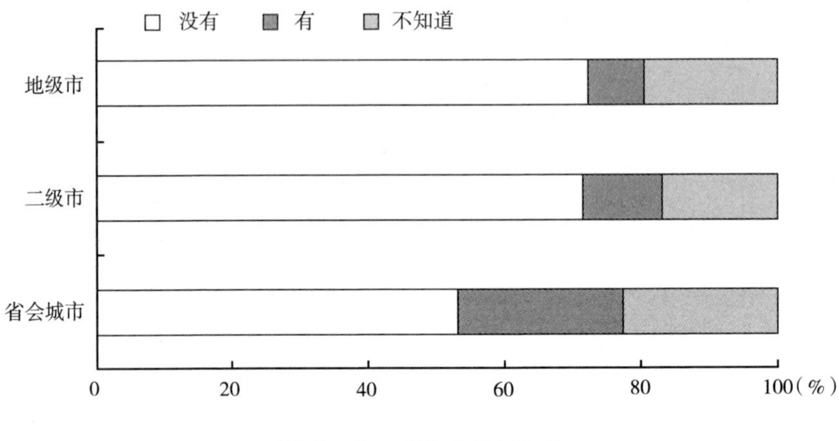

图 20－11　老年人服务热线

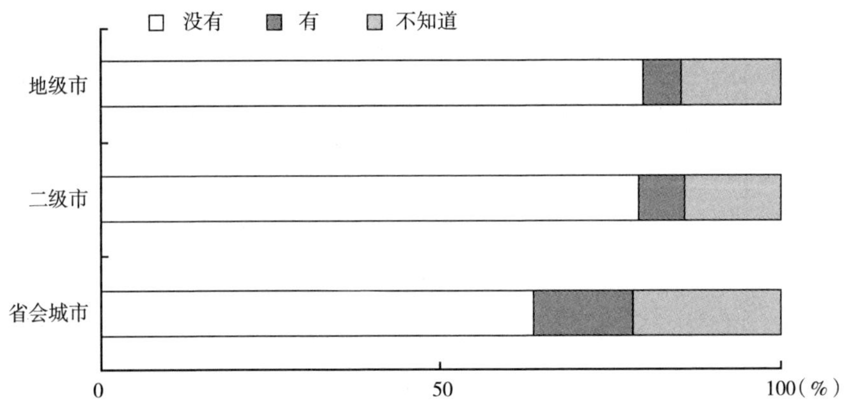

图 20－12　日常帮助购买生活用品的服务

在知晓社区相关养老设施的独生子女老年人中，女性参与社区文娱活动的比例相对较高（见表 20－9），老年餐桌、老年人服务热线和介绍保姆/小时工等社区服务的利用率也较高；相对而言，男性对老年餐桌、上门起居照料等服务的利用率高于女性。分年龄看，65 岁及以上老年人参与文娱活动的比例略低于 64 岁及以下老年人，上门看病/送药和老年餐桌的利用率高于 64 岁及以下老年人，年龄尚未形成老年人社区服务利用率的

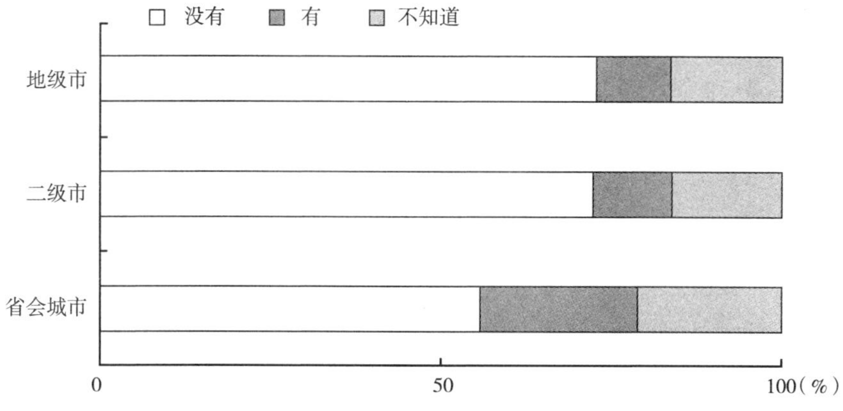

图 20－13　法律援助服务

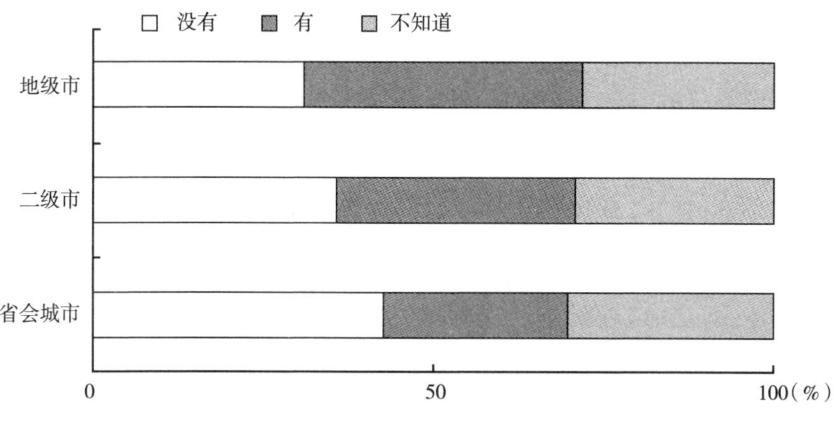

图 20－14　组织文娱活动

分野。健康状况不好的老年人对老年餐桌、老年人服务热线、介绍保姆/小时工、帮助购买生活用品等养老服务的使用率明显高于健康状况好、一般的老年人。可见，社区养老服务的内容需更多地关注老年人的健康状况。家庭经济状况富裕的独生子女老年人利用上门起居照料、上门看病/送药、老年人服务热线、老年餐桌服务的比例低于家庭经济状况不好的老年人。

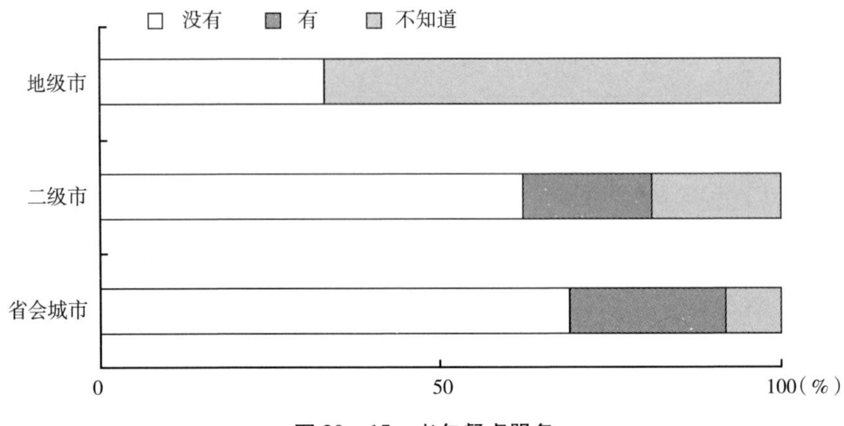

图 20－15　老年餐桌服务

表 20－9　不同个体特征老年人对社区服务的利用情况

单位：%

养老服务内容	性别		年龄		健康状况			家庭经济状况		
	男	女	64 岁及以下	65 岁及以上	好	一般	不好	富裕	一般	困难
上门起居照料	21.30	18.66	21.23	15.87	13.27	27.17	21.62	10.00	19.55	30.30
介绍保姆/小时工	36.13	30.19	34.14	28.77	30.47	32.69	39.13	15.79	36.68	29.27
帮助购买生活用品	17.11	12.82	15.44	11.36	12.00	16.67	19.05	10.34	15.11	16.00
上门看病/送药	16.96	16.45	16.02	18.07	17.32	13.54	21.95	22.86	14.14	23.68
老年人服务热线	23.08	23.66	24.37	20.51	23.61	20.31	31.82	20.83	22.52	30.43
法律援助	12.39	16.11	14.93	13.12	15.15	14.89	11.11	11.76	15.63	11.11
组织文娱活动	50.70	68.50	62.82	58.24	61.54	64.17	58.16	57.78	64.26	53.04
老年餐桌	33.33	32.94	30.77	41.17	28.77	34.48	45.00	35.29	29.91	52.94

资料来源：2015 年城市第一代独生子女家庭状况调查。

总体上，虽然目前社区提供的养老服务涵盖了老年人日常生活照料、求医问药和精神生活，但城市第一代独生子女父母群体使用社区养老服务比例较低，一方面源于第一代独生子女父母尚处于老年初期阶段，年龄较低，健康状况普遍较好，大多具有较强的生活自理能力，对于家庭，甚至配偶之外的实质性的诸如生活照料、看病送药、购买生活用品等养老帮助需求较少。分析也发现，老年人的健康状况在一定程度上决定着他们对养老服务的使用，因此，社区服务内容的设定需要结合老年人的健康状况，考虑老年人的健康诉求进行细分化。家庭经济状况不好的独生子女父母对社区养老服务的利用率相对较高，在一定程度上表明，社区养老服务能更好地惠及经济较为困难的老年人，发展社区养老服务将有助于经济困难的独生子女家庭中老年人养老质量的提高。

3. 独生子女家庭老年人对社区养老服务的需求

分析问项“再过几年您认为自己需要社区提供以下服务吗?”数据发现，逾 30% 的独生子女父母未来对社区提供的养老服务非常需要或比较需要（见表 20－10），尤其对上门起居照料、介绍保姆/小时工服务具有较高的潜在需求。可见独生子女能给予的有限的家庭养老，促使独生子女父母未雨绸缪，未来对社区养老服务的需求率远高于目前相应养老服务的使用率。

表 20－10　老年人接受社区养老服务情况

单位：%

养老服务内容	非常需要	比较需要	一般	不太需要	不需要
上门起居照料	14.67	24.07	11.33	22.27	27.67
介绍保姆/小时工	16.97	24.84	11.61	20.65	25.94
帮助购买生活用品	12.61	20.94	11.83	23.27	31.35
上门看病/送药	14.85	22.98	12.65	21.24	28.28
老年人服务热线	13.06	21.98	11.70	21.72	31.54
法律援助	12.62	20.00	13.07	22.85	31.46
组织文娱活动	21.28	28.37	11.80	16.89	21.66
老年餐桌	14.89	20.22	12.55	20.94	31.40

资料来源：2015 年城市第一代独生子女家庭状况调查。

4. 小结

调查省市内多数社区有老年活动室、老年大学、托老所、运动场地和图书室，为社区居民提供了一定的运动、娱乐和学习场所，有助于丰富城市第一代独生子女父母的日常生活。同时，调查涉及的社区大多为老年人提供上门起居照料、上门看病/送药、介绍保姆/小时工、老年人服务热线、帮助购买生活用品、法律援助、组织文娱活动和老年餐桌等服务，涵盖老年人日常生活照料、医疗和精神生活等方面。但目前接受过相关社区服务的第一代独生子女父母比例相对较低，社区养老设施、养老服务的知晓率和利用率也比较低。随着第一代独生子女父母年龄的增大、步入老年的人数的增多，对社区养老设施与养老服务的需求将逐步扩大，为此应加大对社区养老服务的宣传，进一步地针对所服务群体进行细分化，以为居家养老的独生子女父母做好养老服务。

四　城市第一代独生子女老年父母的养老意愿

前述研究结果表明，独生子女家庭中亲子分居将在一定程度上弱化子女给予老年父母的日常家务等养老支持，在一定程度上增大了老年父母养老的困境。在未来，随着年龄的增大，在身体健康状况恶化，生活自理能力降低甚至丧失的情况下，独生子女父母会有什么样的居住安排意愿，未来有多大比例独生子女父母有入住养老院的打算？本部分将利用调查数据给出答案。

（一）独生子女父母的居住安排意愿及其影响因素

1. 生活能自理时更愿意独住，生活不能自理时与子女同住、住养老院者参半

在生活能自理时，超过 3/4 的城市第一代独生子女父母希望独自居住（见图 20－16），近 1/5 的独生子女父母希望与子女共同生活。可见，生活能自理时独自生活是绝大多数独生子女父母期望的居住方式。

在生活不能自理时，愿意入住养老院和与子女共同生活的独生子女父母比例均显著增加，独住比例降低，独住雇人照料的比例也有所上升，但有相当比例的独生子女父母在生活不能自理时打算不再依靠子女养老。基于子女少的现实，部分独生子女父母更趋于通过社会养老服务的方式安度晚年。

2. 家庭经济状况对独生子女父母的居住安排意愿具有显著影响

在生活能自理时，家庭富裕的独生子女父母中愿意独住雇人照料者的比

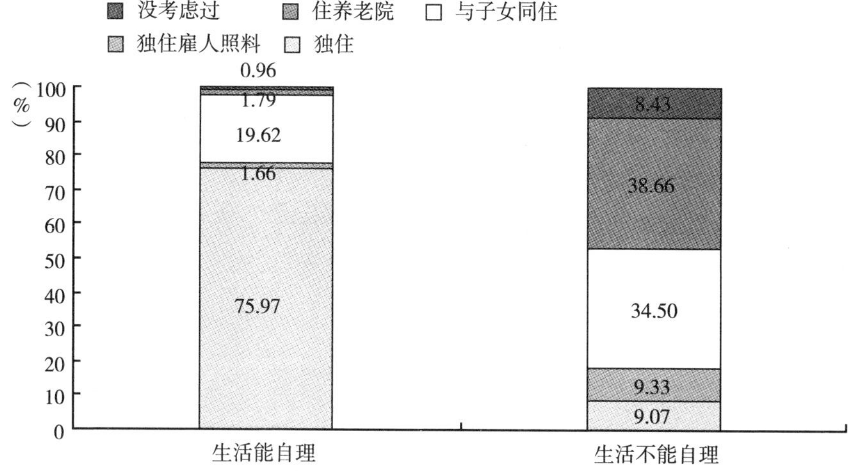

图 20－16　不同生活自理程度下居住意愿

例显著高于家境一般、困难者（见图 20－17）；家庭经济困难的独生子女父母愿意与子女同住的比例相对较高。当生活不能自理时，家境富裕的独生子女父母中愿意独住雇人照料的比例最高，住养老院比例低于家境一般的老年人，家庭比较困难的老年人愿意与子女同住的比例明显增大。可见，家庭经济状况对独生子女家庭中老年人的养老方式具有直接影响。

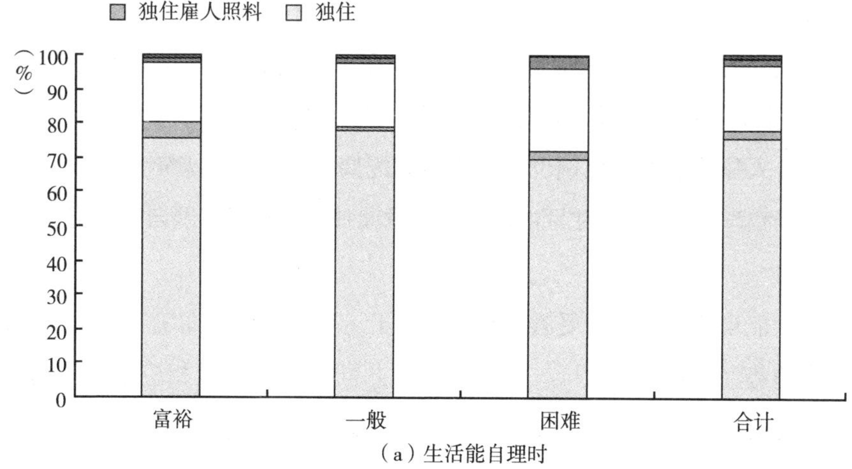

（a）生活能自理时

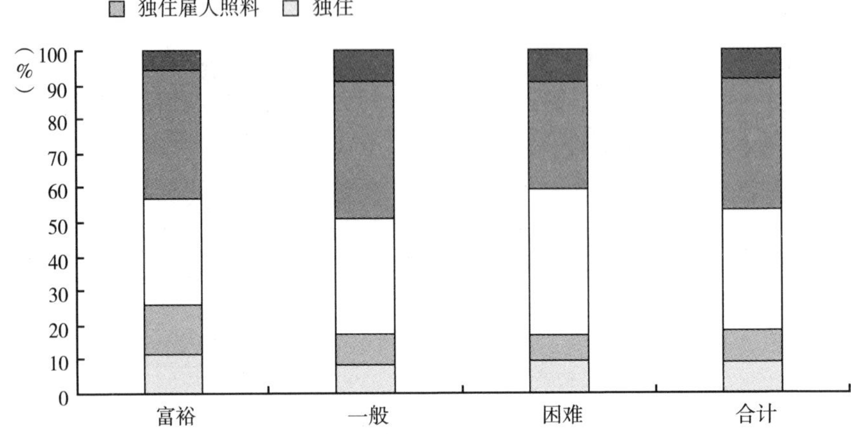

（b）生活不能自理时

图 20－17　家庭经济状况与独生子女家庭老年人的居住安排意愿

3. 生活能自理时有配偶者更意愿独住，当生活不能自理时婚姻状况对居住意愿无显著影响

已有研究表明，配偶主要通过日常生活照顾、精神慰藉、防范意外事故等对老年人的健康与生活发挥保护作用（林湘华，2007）。配偶的缺失也促使丧偶老年人对来自子女等其他家庭成员、社区与社会的依赖性增强。由于子女少，配偶在独生子女家庭老年人生活中的作用更为突出：在生活能自理时，有配偶的老年人愿意独住的比例明显高于无配偶的老年人（见图 20－18）；在生活不能自理时，有配偶的老年人与子女同住的比例低于无配偶的老年人，入住养老院的比例也相应高于无配偶的独生子女老年人。

4. 受教育程度越高，生活能自理时越意愿独住，生活不能自理时更可能入住养老院

生活能自理时，随着受教育程度的上升，独生子女父母意愿独住的比例呈上升趋势（见图 20－19），意愿与子女共同生活的比例相应呈下降趋势；生活不能自理时，随着教育程度的上升，意愿入住养老院、独住雇人照料的比例相应上升，意愿独住、与子女共同生活的比例显著降低。这一结果在一

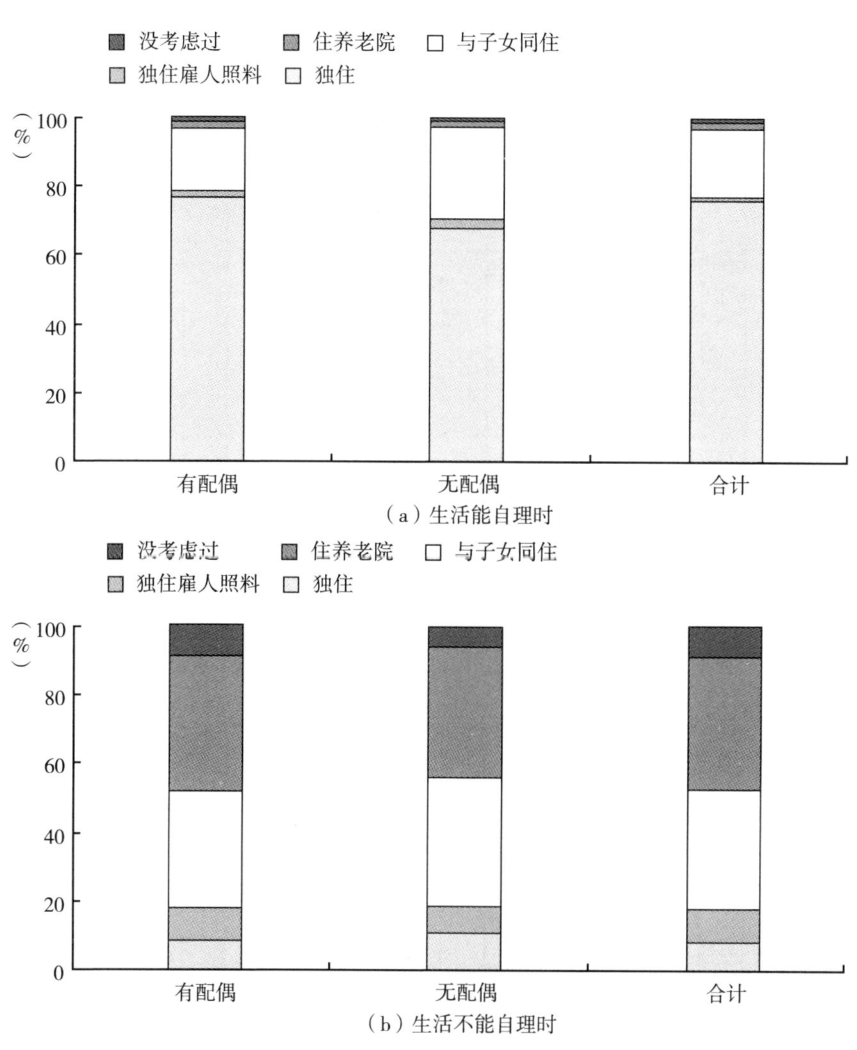

图 20－18　婚姻状况与独生子女家庭老年人的居住安排意愿

定程度上表明，具有较高受教育程度的独生子女父母，更希望依靠自身的力量解决养老问题，不愿意增加子女的负担。与之相对地，受教育程度较低的独生子女父母，依然具有较强的传统的依靠子女养老的观念，在确实需要生活照护时依赖子女养老。

可见，健康状况、家庭经济状况、婚姻状况和受教育程度等均在一定程

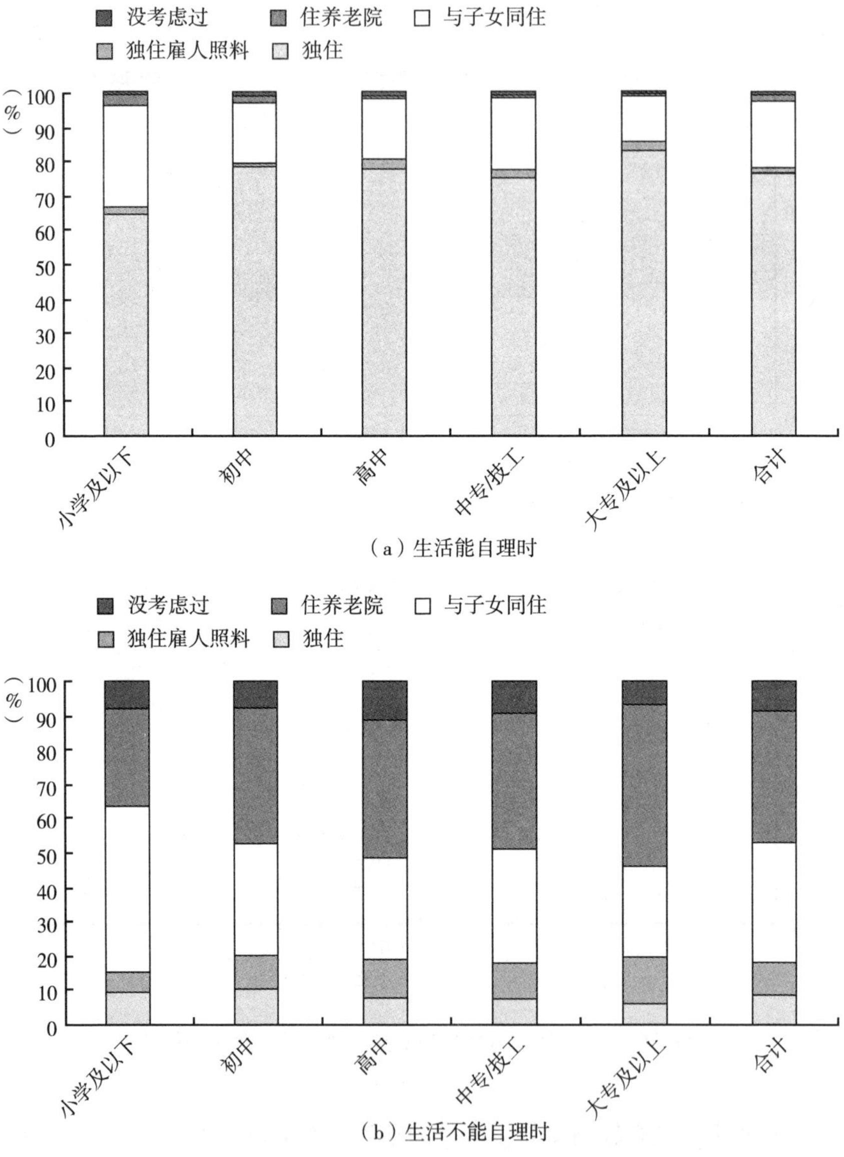

（a）生活能自理时

（b）生活不能自理时

图 20－19　受教育程度与独生子女家庭老年人的居住安排意愿

度上对独生子女父母的居住安排意愿产生了影响。其中，健康状况是决定独生子女父母居住安排意愿的重要基础。受教育程度高、家庭经济状况越好的独生子女父母，在身体健康因素的影响下，越有可能入住养老院或独住雇人照料。相对地，受教育程度低、家庭经济状况差的独生子女父母，在生活不能自理后更可能与子女共同生活，依赖子女养老。

（二）将来有多大比例的城市第一代独生子女父母打算入住养老院?

1. 低龄、受教育程度高的老年人打算入住养老院的比例较高

调查数据表明，逾40%的城市第一代独生子女父母将来有入住养老院的打算（见图20－20），近35%的老年人无入住养老院的打算，其余老年人尚处于不确定中。其中，女性老年人将来打算入住养老院的比例明显高于男性，64岁及以下老年人打算入住养老院的比例略高于65岁及以上老年人，有配偶与无配偶对老年人是否打算入住养老院无显著影响，健康状况一般的老年人打算入住养老院的比例明显高于健康状况好、不好的老年人。受教育程度为中专/技工、高中的独生子女父母打算入住养老院的比例明显高于受教育程度为初中及以下、大专及以上的老年人。这一结果在一定程度上表明，低龄老人、受教育程度高的独生子女父母更能接受家庭之外的社会化养老方式，诚然，这一群体大多有较为稳定的养老金或退休金，以及较为丰厚的家庭经济资源，也更有能力购买社会化养老服务。

2. 单人户、夫妇家庭和隔代家庭生活的独生子女父母打算入住养老院的比例较高

单独生活、夫妇共同生活的独生子女父母处于空巢期，日常与子女的亲情交流、得到子女的生活照料等普遍少于与子女共同生活在直系家庭中的老年人，相对更能接受社会化养老，形成入住养老院的意愿（见图20－21）。隔代生活的独生子女父母大多尚在照料孙子女，相对繁重的家务与生活负担在一定程度上助长了其“逃离家庭”，强化了其入住养老院的打算。

（三）亲子同住或子女婚后住在父母家附近将是独生子女家庭居住安排的主流

本次调查发现，已婚有配偶的独生子女中，配偶为独生子女、配偶不是

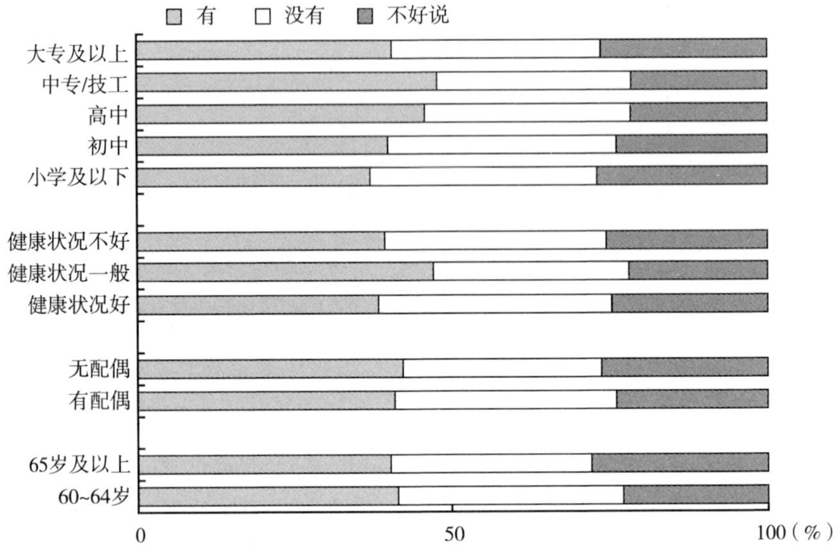

图 20－20　个体特征与入住养老院的打算

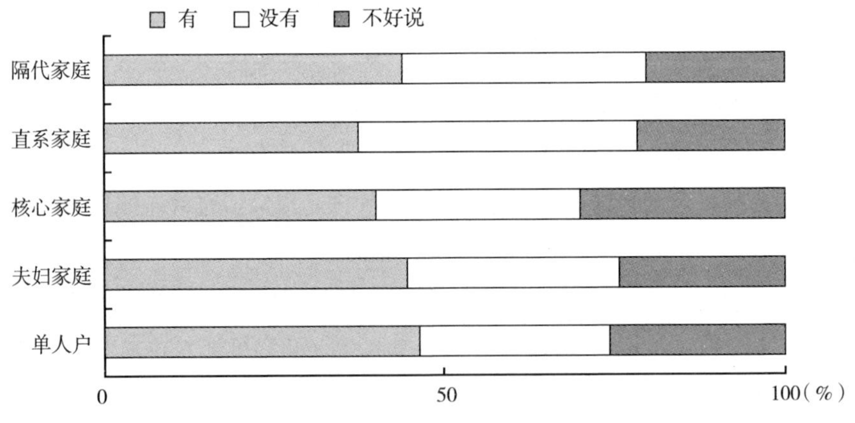

图 20－21　居住安排与入住养老院打算

独生子女的比例分别为 38.3% 和 61.7%。这些配偶双方为独生子女的夫妇中仅 25.25% 与父母同住，与父母住在同一社区、同一街道、同一区、同一市等距离父母家较近者约占 64.15%，住在外省，甚至国外者的比例相对较低。夫妇一方为独生子女时与父母同住比例相对高于夫妇均为独生子女的情况。总体上，已婚独生子女与父母同住或住地离父母家较近已成为独生子女家庭亲子居住安排的主要特征。

亲子共同生活固然能较好地满足老年独生子女父母在日常照料与情感慰藉上的需要，但子女工作、就业的需要，观念与生活方式的差异又不可避免地使部分独生子女婚后不与父母共同生活；亲子共同生活家庭中家事的操劳，以及两代人之间生活观念、生活方式的差异，又不可避免地会产生各种家庭矛盾，影响家庭生活。鉴于此，除亲子同住、独生子女父母入住养老院外，子女住在父母家附近、父母居家养老、社区提供养老服务的方式不失为城市独生子女老年父母养老的理想方式。

表 20－11　已婚有配偶的独生子女夫妇与父母居住情况

单位：%

类型	同住	本社区	本街道	本区/县	本市	本省	外省	国外
夫妇双方为独生子女	25.25	10.18	6.31	17.72	29.94	3.05	6.92	0.61
夫妇一方为独生子女	41.59	13.40	3.67	12.90	16.81	1.90	9.23	0.51
合计	35.34	12.17	4.68	14.74	21.84	2.34	8.35	0.55

资料来源：2015 年城市第一代独生子女家庭状况调查。

五　结论

利用 2015 年城市第一代独生子女家庭状况调查数据，本文分析了城市第一代独生子女父母从家庭、社区获得的养老服务，对社区养老服务的需求，居住安排、是否打算入住养老院等养老意愿，以及社区养老设施与养老服务的供给等。本文研究主要得到以下结论。

第一，城市第一代独生子女父母从家庭中获得了一定的家务等实际支持和情感慰藉，由于其大多处于低龄，健康状况较好，在家庭中仍属于主要“付出者”，为家庭成员提供照顾与支持，对家庭养老支持需求水平相对较低。

第二，省会城市、二级城市和地级市社区养老设施的覆盖率存在较大差距，城市第一代独生子女父母对社区服务的使用率较低。省会城市养老设施覆盖率显著高于二级市，地级市养老设施覆盖率最低，在所有被调查的地级市社区中尚无老年餐桌服务。受个体对社区养老服务设施与养老服务知晓情况的影响，第一代独生子女父母对社区养老设施、养老服务的使用率较低。

第三，城市第一代独生子女父母能较为理性地看待自身的养老问题，将来对社区养老服务和养老院均有一定的需求。多数城市第一代独生子女父母对自己将来的养老做出了规划。健康状况、家庭经济状况、婚姻状况和受教育程度等均在一定程度上影响了未来独生子女父母的养老意愿。部分独生子女父母入住养老院、亲子同住或子女婚后住在父母家附近将是未来独生子女父母养老居住安排的主流。

当前城市第一代独生子女父母尚处于低龄期，生活自理能力良好，对家庭、社区、养老院等养老服务的需求相对较低。随着时间的推移，更多的独生子女父母将进入养老期，高龄独生子女父母，特别是失能、患慢性病老年独生子女父母等均需要家庭与社会提供长期的照护服务。为积极应对独生子女父母老龄化浪潮，需构筑由家庭、社会和国家共同承担养老责任的养老保障体系。

第一，基于独生子女父母居住安排意愿的现实，倡导子女同父母同住；对于亲子分居家庭，通过相关税收减免等政策，鼓励并支持独生子女尽可能地在父母家附近购房居住，以方便照料和关怀老年父母。

第二，在社区养老服务建设中，一方面，要加强社区养老设施，特别是要加强地级市等中小城市养老设施的建设，以满足老年人日常活动、强身健体等需求；另一方面，积极推广社区养老服务，提高老年人对相应社区养老服务的使用率，有效地支撑独生子女家庭老年人居家养老对社区养老服务的需求。

第三，关注独生子女家庭老年人入住养老院的需求，针对确有入住养老院需求，但缺乏经济购买力的高龄、空巢、特困等独生子女老年父母，政府应有区别地通过养老救助、购买养老服务等方式实现集中供养，满足独生子女老年人在自愿基础上的机构养老需求。

参考文献

风笑天：《中国独生子女：规模、差异与评价》，《理论月刊》2006 年第 4 期。

林湘华：《大城市丧偶老人群体状况分析》，《南方人口》2007 年第 4 期。

宋健：《中国的独生子女与独生子女户》，《人口研究》2005 年第 2 期。

田北海、王彩云：《城乡老年人社会养老服务需求特征及其影响因素》，《中国农村观察》2014 年第 4 期。

王广州：《中国独生子女总量结构》，《中国人口科学》2009 年第 1 期。

王莉莉、杨晓奇：《我国老龄服务业发展现状、问题及趋势分析》，《老龄科学研究》2015 年第 7 期。

鄢盛明、陈皆明、杨善华：《居住安排对子女赡养行为的影响》，《中国社会科学》2001 年第 1 期。

杨书章、郭震威：《中国独生子女现状及其对未来人口发展的影响》，《市场与人口分析》2000 年第 4 期。

郑功成：《中国社会保障改革与发展战略》（救助与福利卷），人民出版社，2011。

G.21

第二十一章 城镇婚姻市场上的高学历女性

吴要武*

自从20世纪80年代开始执行严格的人口控制政策，性别比失衡问题就作为政策负面效应之一出现了：城乡家庭，尤其是农村家庭，因偏好男孩而采取性别选择手段。家庭联产承包责任制对男性劳动力的需求以及传统的“养儿防老”模式，使这个失衡长期得不到矫正。今天，这些性别比失衡的人口队列已经持续进入婚姻市场，对男性产生婚姻挤压的问题开始引起社会关注。由于城乡收入差距和传统计划体制的影响，以户籍制度为代表的城乡分割至今仍然存在，表现在婚姻市场上，就形成农村婚姻市场和城镇婚姻市场。这种分割则进一步加剧了婚姻市场的失衡。

性别比失衡主要发生在农村，但中国正处于快速城镇化进程中，农村适婚年龄女性在参与城镇劳动力市场时，有很多人在城镇婚姻市场找到配偶。在农村婚姻市场，“剩男”本来就因性别比失衡而存在，农村女性进入城镇婚姻市场，进一步减少了能够匹配的女性，使本来就失衡的农村婚姻市场被挤压得更加失衡。农村婚姻市场最大的问题是“剩男”。

城镇婚姻市场也存在失衡，主要原因来自年轻人口队列受教育结构的快速变化。中国人口教育结构的特征一直是男性高于女性，1999年高校扩招以来，受过高等教育的女性在年轻队列开始赶上甚至超过男性。这些高学历女性主要聚集在城镇婚姻市场，传统的“男高女低”匹配模式仍占据主导地位，导致高学历女性择偶困难。另外，由于城镇劳动力市场朝着技能偏好

* 吴要武，中国社会科学院人口与劳动经济研究所研究员。

型演进，教育回报率高（吴要武，2010），这些受过高等教育的女性积极参与劳动力市场，从婚姻中得到的相对收益减少，减少了她们择偶的激励。上述因素共同作用下，出现了城镇婚姻市场的高学历“剩女”现象。

将全国适龄男女作为一个总体来分析，城镇适婚女性不能成功匹配，无疑会传导到农村，使这里的适婚男性受到挤压并降低结婚率。因此，研究并解决城镇婚姻市场的“剩女”问题，也是在为农村的“剩男”问题寻求解决办法。本文重点分析城镇高学历女性的婚姻市场状况。

一　城镇婚姻市场发生的变化

（一）高等教育的性别结构变化

本文将大专及以上文化程度者视为接受了或正在接受高等教育。观察这个群体不同年龄队列的性别变化，可以看出，女性所占比例在持续提高：把45～64岁阶段视为婚姻市场上的大龄人口，女性在高学历人群中的比例徘徊在30%～40%之间。但在更年轻的队列中，女性所占比例持续提高，在28岁队列开始超过50%（见图21－1）。由于大学阶段是重要的婚姻市场，很多接受了高等教育的男女，在这里结识了自己未来的配偶。仅仅从这个性别比变化，便能理解城镇高学历剩女出现的原因：大学生中的男女比例由2∶1，下降到1∶1，甚至更低。

其他发达国家在发展高等教育时，也曾经发生同样的性别结构变化（Goldin and Katz，2008）。但与发达国家相比，中国发生的变化更迅速，经历的时间更短，择偶模式来不及做出及时调整，必将给婚姻市场带来冲击。

（二）接受教育对婚姻选择的影响

按照中国的婚姻法，年龄满20周岁是女性结婚的最低门槛。由于结婚前会有搜寻阶段，那么，高等教育阶段与适婚年龄是重合的，学业会减少女性在婚姻市场的搜寻和推迟结婚，对婚姻产生不利影响。以处于适婚年龄的

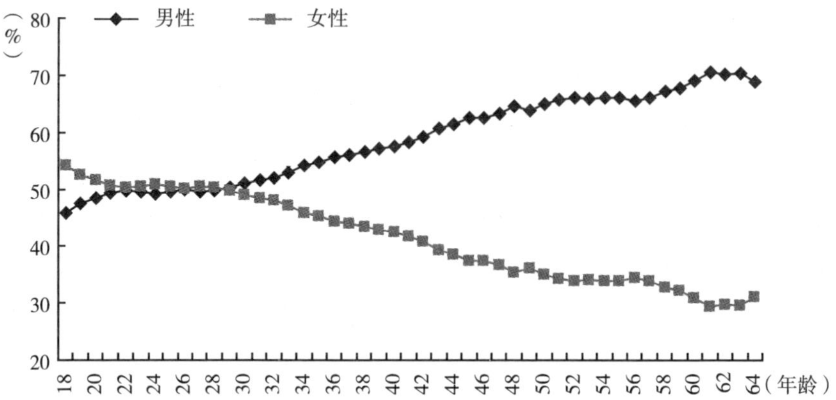

图 21－1 中国接受高等教育者的性别变化

资料来源：2010 年人口普查数据。

25～34 岁女性为例，如果接受更长时间的教育，比如研究生，在学还是已毕业，会显著影响结婚选择。表 21－1 显示，在本科及以下的样本中，2000 年和 2005 年，已毕业者和总样本的结婚率是无差异的：这个年龄阶段的女性几乎都已完成了相关阶段的教育。但在研究生群体内，差异很显著：已毕业的女研究生，结婚率从 2000 年的 89.2% 下降到 2005 年的 76%；但是，把在学研究生包括进来，女研究生的结婚率从 85.4% 下降到 69.9%。可以判断：学业显著影响了高学历女性的婚姻选择。

另外，女性受教育水平越高，有配偶的比例越低，这不仅是一个典型事实，而且呈现出持续下降的态势：在受过高等教育的群体内，2005 年的有配偶比例比 2000 年显著下降了。

表 21－1 25～34 岁女性的有配偶状况

单位：%

文化程度	所有样本		已毕业	
	2000 年	2005 年	2000 年	2005 年
文盲	93.6	91.5	93.6	91.5
小学	96.5	96.1	96.5	96.1
初中	94.4	94.0	94.4	94.0

续表

文化程度	所有样本		已毕业	
	2000 年	2005 年	2000 年	2005 年
高中	91.5	88.7	91.5	88.7
大专	89.7	86.3	89.7	86.5
本科	88.3	82.0	88.5	82.5
研究生	85.4	69.9	89.2	76.0
合计	93.4	91.4	93.4	91.5

资料来源：2000 年人口普查数据和 2005 年 1% 人口抽样调查数据。

初婚年龄的差异提供了婚姻匹配的重要信息，我们从不同受教育程度女性的初婚年龄差异来理解高学历女性在婚姻市场上的不利地位。图 21－2 显示了相关信息。首先，受教育程度越高，初婚年龄越高。受教育时间延长，必然推迟进入婚姻市场，从而提高结婚年龄。其次，初婚年龄是相对稳定的。在 2000～2005 年，在每个受教育群体内，初婚年龄的变化不大。进一步观察 25～34 岁年龄组的女性，发现有轻微提高：高中到本科，提高了 0.1～0.2 岁；研究生则提高了 0.6 岁。

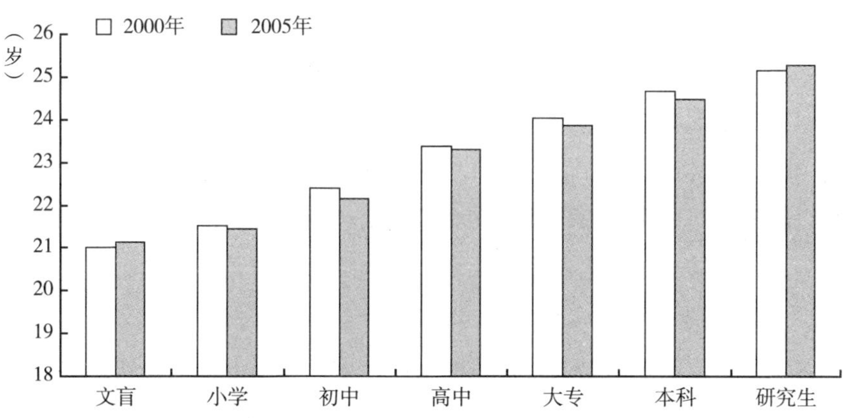

图 21－2　不同受教育程度女性的初婚年龄

资料来源：2000 年人口普查数据和 2005 年 1% 人口抽样调查数据。

女研究生的初婚年龄为 25.2～25.3 岁，从这个事实可以推论出另一个重要事实：那些择偶成功的女研究生，其婚姻市场搜寻主要发生在大学和研究生读书阶段。我们的高等教育机构如果以受教育者兼顾劳动力市场和婚姻市场的成功作为目标，其内容设计就需要改革。应该将这个信息主动提供给大学和研究生阶段的在读学生：除了读书和获取知识，这里还是重要的婚姻市场；在大学或研究生院里，能遇到未来的配偶。

二　农村人口参与城镇婚姻市场

有一个众所周知的经验事实，那些来自农村的迁移者，不仅会参与城市的劳动力市场，也会参与婚姻市场。但占主导地位的模式为，处于适婚年龄的农村女性与城镇男性匹配。通过观察城镇人口中夫妻双方的户口状况，可大致了解城镇婚姻市场对农村女性的吸引力（见表 21 - 2）。在城镇所有的年轻夫妻中——女性在 22 ~ 34 岁之间，“妻子为农业户口、丈夫为非农业户口”的家庭，在 1990 年、2000 年和 2005 年，分别占这个年龄段妻子的 6.9%、5.4% 和 5.6%。同样年龄阶段的“妻子为非农业户口、丈夫为农业户口”的家庭，分别占这个年龄段妻子的 1.3%、2.8% 和 3.4%。可以看出，相对于农村男性，农村女性参与城镇婚姻市场是占主导地位的。

北京和上海，是户籍制度管理最严格的城市。在 2000 年和 2005 年，农业户口女性匹配非农业户口男性的家庭，在所有家庭中比例分别为 6.6% 和 7%；非农业户口女性匹配农业户口男性的家庭，分别只有 2% 和 2.9%。这是可以理解的：由于农村迁移者在城镇务工经商的成功，积累了财富的那一小部分人，能够突破户籍制度和住房市场的障碍，与城镇非农业户口的女性结婚。

占主导地位的仍然是农业户口的女性在城镇婚姻市场上找到了城镇非农业户口的男性做丈夫。这个因素的存在，意味着农村女性在城镇婚姻市场上挤压城镇女性。尤其是在传统的“男高女低”的婚配模式下，受教育水平不高的农村女性，相对于受教育水平更高的城镇女性，在传统的婚配模式下，恰恰形成了比较优势。参加城镇劳动力市场的绝大多数农村男性，无法参与城镇的婚姻市场，还是要回到农村寻找配偶。

农村女性参与城镇婚姻市场，对城镇本地女性的影响有限，因为两个群体之间的受教育差异显著。但对农村“剩男”的影响更严重：适婚年龄的性别失衡，主要发生在农村；当本来就男多女少的农村婚姻市场，进一步抽走了女性时，男性受到的挤压更大。再加上城镇化主要吸引农村家庭，那么，在持续减少的农村人口中，“剩男”的比例就更高了。

表 21－2　不同户籍女性的通婚情况

单位：%

组合	全国			北京与上海	
	1990 年	2000 年	2005 年	2000 年	2005 年
农女，城男	6.9	5.4	5.6	6.6	7
城女，农男	1.3	2.8	3.4	2	2.9

注：这里的女性为 22～34 岁。

资料来源：2000 年和 2005 年人口普查数据。

表 21－3 显示了城市婚姻市场上，22～34 岁女性自身的受教育状况和其丈夫的受教育状况。左边窗格为不同匹配模式下，妻子的受教育年限。2000 年，那些自身为农业户口且丈夫为农业户口的妻子，平均受教育年限为 7.64 年；那些自身为农业户口但丈夫为非农户口的妻子，平均受教育年限为 8.83 年，比前者高出 1.2 年。2005 年，夫妻都是农业户口的妻子，受教育年限为 8.01 年；但自身为农业户口嫁了非农户口丈夫的妻子，平均受教育年限为 9.46 年。可以看出，能够在城镇婚姻市场搜寻成功的农村女性，是受教育水平更高的。

反过来看，那些嫁了非农户口但自身为农业户口的女性，其丈夫的平均受教育年限要显著低于娶了城镇非农户口女性自身为非农户口的丈夫。2000 年，前者（丈夫）的受教育年限为 10.18 年，后者（丈夫）的平均受教育年限为 11.81 年，比前者多了 1.63 年；2005 年，后者（丈夫）的平均受教育年限为 12.28 年，比前者（丈夫）的 10.85 年，多了 1.43 年。可以说，城镇最优秀的男性，会优先挑选城镇的优秀女性；那些在城镇婚姻市场上缺少竞争力的男性，则会挑选到城镇婚姻市场搜寻的农村女性——这是农村受教育水平最高的群体。那些选农村男性作配偶的女性，受教育水平是次高的。

能够想见，经过这样的匹配，农村将会产生出一群无法实现婚姻匹配的男性，他们不仅在婚姻市场上竞争失败，在劳动力市场上也同样是最缺少竞争力的。

表 21－3　不同婚配模式下的受教育年限

单位：年

2000 年	已婚女性		已婚男性	
	丈夫为农业户口	丈夫为非农户口	丈夫为农业户口	丈夫为非农户口
女性为农业户口	7.64	8.83	8.45	10.18
女性为非农户口	9.56	11.19	9.47	11.81
2005 年	**已婚女性**		**已婚男性**	
	丈夫为农业户口	丈夫为非农户口	丈夫为农业户口	丈夫为非农户口
女性为农业户口	8.01	9.46	8.66	10.85
女性为非农户口	10.19	11.77	9.85	12.28

注：这里的女性为 22～34 岁。

资料来源：2000 年和 2005 年人口普查数据。

三　教育匹配与主观福利

当女性受教育水平提高并且在高等教育阶段占优势时，传统的“男高女低”夫妻匹配模式必须打破，才能使更多受高等教育的女性选择婚姻，降低“剩女”比例。但从全国妇联 2000 年和 2010 年妇女社会地位抽样调查数据的结果看，“男高女低”的匹配模式，在 2000～2010 年间，没有发生显著改变（见表 21－4）：2000 年，受过高等教育的妻子，受教育程度高于丈夫的比例为 34.2%；到 2010 年，这个比例为 32.4%，还略有下降。在接受高等教育的丈夫中，受教育水平高于或等于妻子的比例从 2000 年的 93.3%，下降到 2010 年的 91.6%，下降幅度只有 1.7 个百分点。由于样本有限，尚不能轻易断言这个结论是稳健的，但与人口普查数据的结果是一致的。

近年来，由于高中阶段生源的限制，高等教育扩张规模遇到了瓶颈。中央政府开始普及高中阶段的教育，以期突破这个瓶颈。可以预期，无论是政府财力还是执行能力，普及高中阶段的任务都会完成，高等教育的规模也会继续提高。这是改变增长方式所必需的。但对婚姻市场的影响，尚未受到关注。如果没有更多受过高等教育的女性接受“女高男低”的婚姻模式，那么，高等教育的进一步扩大规模，会带来更多的“剩女”。

表 21－4　不同受教育程度已婚者的教育匹配

单位：%，人

	女性			男性		
	中学生	大学生	小计	中学生	大学生	小计
2000 年						
夫妻相等	32.5	50.3	35.6	23.0	28.4	24.2
丈夫高	37.7	15.5	33.9	58.0	64.9	59.6
妻子高	29.8	34.2	30.5	19.0	6.7	16.1
观测值	806	166	971	981	299	1280
2010 年						
夫妻相等	34.4	49.1	41.8	24.9	40.4	32.7
丈夫高	30.4	18.5	24.4	52.3	51.2	51.7
妻子高	35.2	32.4	33.8	22.8	8.4	15.6
观测值	874	876	1750	832	838	1670

注：这里为 25～40 岁样本。

资料来源：2000 年和 2010 年妇女社会地位调查数据。

我们进一步观察不同教育匹配模式下，受过大学教育的女性，是否在主观幸福感上有不利的得分呢？2000 年和 2010 年的妇女社会地位调查数据里，都设计了 8 个关于带有主观性问题，能更好地描述自身福利状况。比如，“最近一个月是否有过下列情况？A 睡不着觉”，设计的选项为“没有，0；偶尔，1；有时，2；经常，3；不回答，9”。我们再将“不回答”者定义为“遗失”，将选“没有”者定义为“1”，其他 3 个选项定义为“0”。然后，将 8 个问题的得分加总，视为被访者的主观福利（Subjective Well－Being）。

表21－5报告了不同匹配模式下，被访者的主观福利综合得分。在此只比较接受了中等教育和高等教育两个群体。对女性来说，接受了高等教育者，其主观福利得分要低于仅接受中等教育者，无论是2000年还是2010年，这个结果都是一致的。女大学生如果所嫁的丈夫受教育水平比自己高（如女大专，男本科；女本科，男研究生），这是传统的婚配模式，她们的主观福利得分似乎并不高。在2000年样本里，显著低于平均水平；在2010年样本里，也略低于平均值。夫妻的受教育水平相等，得分最高。同阶层匹配模式，在全世界各个民族中都占主导地位，从这个结果可以谨慎推断，中国也同样遵循这个匹配模式。

如果妻子的受教育水平高于丈夫，主观幸福如何呢？在2000年样本里，高于平均水平，但在2010年样本里，低于平均水平。对于微观经验研究来说，2000年的女大学生样本可能过小了。由于分年份观察使女大学生样本减少，影响了结果的稳健性，我们将2000年和2010年数据混合，计算得到作为妻子的女大学生主观福利为：受教育相同的夫妻，主观福利得分最高，5.71分；妻子高于丈夫时次之，5.55分；丈夫高于妻子时最低，5.41分。

与只接受中等教育的同伴相比，受高等教育女性的主观福利反而更低。虽然不能断言是由于婚姻导致的，但受高等教育的男性，主观福利与只接受中等教育的男性相当。这个事实是什么因素导致的，还有待深入的探究。另一个重要的信息是主观福利得分的性别差异。在任何受教育群体和任何匹配模式下，男性的主观福利得分都显著高于女性。如果女性从婚姻中得到的主观福利不高，是女性选择不结婚的诱因，那么，那些不结婚的女性，尤其是有高等教育学历的女性，主观福利如何呢？数据显示的结果是更低，平均只有4.97分。而未婚男性大学生，主观福利得分与已婚者基本相等，分别是6.3分和6.32分。

似乎可以这样概括女大学毕业生的主观福利得分：不结婚者，主观福利最低；结婚者，主观福利则既低于中学生同伴，也低于男大学毕业生。

表 21－5　不同教育匹配模式下的主观福利（综合得分）

	女性			男性		
	中学生	大学生	小计	中学生	大学生	小计
2000 年						
夫妻相等	5.74	5.53	5.69	6.44	6.30	6.40
丈夫高	5.82	4.53	5.72	6.15	6.49	6.24
妻子高	5.57	5.66	5.59	5.96	6.33	5.99
总计	5.72	5.42	5.67	6.18	6.42	6.24
2010 年						
夫妻相等	5.97	5.74	5.83	6.66	6.29	6.43
丈夫高	5.65	5.55	5.61	6.37	6.25	6.31
妻子高	6.00	5.53	5.78	6.44	6.40	6.43
总计	5.88	5.64	5.76	6.46	6.28	6.37

注：这里为 25～40 岁样本。

资料来源：2000 年和 2010 年妇女社会地位调查数据。

四　女性对家庭劳动的态度

如果接受高等教育的女性在市场上有高收入，对她们来说，家庭内劳动也就意味着更高的时间成本。她们会设法寻找社会服务或者其他家庭成员的帮助，以节省自己投入家庭内的时间。在孩子数量减少的条件下，这些高学历妈妈面临着给孩子提供照料和教育，增进孩子人力资本的任务，这时可以看到，那些高学历女性在抚育孩子时显示出的不同模式。2010 年第三次中国妇女社会地位调查数据显示，20～49 岁的已婚妇女对 3 岁以下婴幼儿照料模式为："大专及以上"群体中，"本人或配偶"照料的只有 23.7%；在"中专及以下"群体中，"本人或配偶"照料者则达到 62.2%（见图 21－3）。

由于对孩子的需求不仅取决于妻子，也取决于丈夫及双方的家庭成员，那些缺少生育意愿的女性，就会因为对生育和抚养孩子的厌恶而拒绝结婚。这是高等教育带来的间接影响。社会上未婚同居现象的增多，其实是对传统婚姻某种程度上的替代。

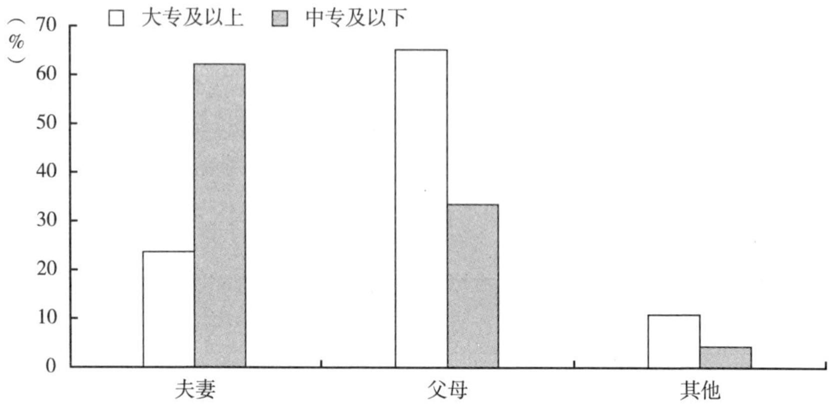

图 21－3　城镇 20～49 岁已婚女性照料 3 岁以下儿童的方式

资料来源：根据全国妇联 2010 年第三次中国妇女社会地位调查数据整理计算得出。

女性在高等教育群体里开始占主导地位是个典型化事实，也是她们结婚率下降的主要贡献因素，可以由此推论：改变传统的婚姻匹配模式，将会是解决“剩女”问题的必然选择。这需要时间才能完成调整，只有当男性和女性都接受了婚姻模式的改变时，才可能有更多的“女高男低”的匹配模式出现。不然的话，哪怕接受了高等教育的女性愿意“下嫁”，那些没有接受高等教育的男性也不愿意“高攀”，高学历“剩女”还是会存在。

五　特别值得关注的“剩女”群体：研究生

教育结构变化导致城镇婚姻市场失衡，更大程度上影响了受教育水平最高的女研究生群体。接着分析女研究生的婚姻状况。表 21－6 的统计结果显示，2000～2010 年，男女研究生的结婚率都在显著下降。2010 年，女研究生的结婚率下降到 50% 以下。在 25～34 岁这个适婚阶段下降尤其明显①。

① 2010 年的人口普查数据为统计局公布的汇总信息，这里的研究生包括在校生和毕业生，2000 年和 2005 年的数据保持了同样口径。

由于研究生在不同年份招生数量不同，比较总样本中结婚率的变化，只能提供一个大致信息。

可以推断，30～34 岁和 35～39 岁队列，在读研究生会越来越少。这两个年龄组中有配偶的比例在 2005～2010 年期间下降幅度比 2000～2005 年更大。使用 2000～2005 年数据分析研究生婚姻的变化趋势，会低估 2005 年以后的真实下降趋势。换言之，女研究生今天在婚姻市场的表现，可能要比本文的估计结果更严重。

社会环境在变化，处于不同生命周期队列的婚姻选择是有差异的。要想准确评价结婚率的长期变化，需要更长时间的观测和研究，以确保这个变化能充分显示出来。在当前的数据条件下，对估计结果的解读要谨慎。为确保估计结果既符合事实，又有足够的样本数量，需要对年龄区间进行选择：年龄太小，研究生还没有进入婚姻市场或者还允许他/她有进一步搜寻的可能；选择年龄队列的策略，要兼顾估计效率和足够样本。

表 21－6　不同年龄阶段研究生的有配偶比例

单位：%

年龄(岁)	2000 年	2005 年	2010 年	2000 年	2005 年	2010 年
	女			男		
20～24	5.2	3.3	1.6	1.4	1.8	1.0
25～29	59.1	45.5	36.7	42.2	34.8	27.9
30～34	87.8	85.7	81.6	83.3	84.2	78.3
35～39	90.5	91.9	88.8	94.4	95.1	92.0
40～44	87.9	92.8	90.6	95.1	97.4	95.9
45～49	88.2	94.0	90.9	93.9	97.9	97.1
50～54	77.4	88.4	88.8	90.3	95.9	96.7
55～59	94.1	90.9	89.5	92.7	95.5	96.8
60～64	68.8	86.8	88.8	92.2	95.8	95.5
65 及以上	77.5	74.8	72.9	85.0	95.7	89.5
总计	63.3	62.0	49.4	70.5	76.2	60.1

资料来源：人口普查数据相关年份。

高校扩招缩小了接受高等教育群体的性别差异。图 21－4 显示，这个影响尤其体现在研究生阶段。在 20～29 岁年龄组，2010 年，女性已经超过了男性。换言之，新入学的研究生，以女性为主。

如果男性偏好受教育水平相当或略低的配偶，在35岁以上的研究生中，因男性比例更高，女性容易找到相匹配的配偶；在34岁以下的年轻群体中，性别比变得对女性不利，如果匹配模式不变，则接受了研究生教育的女性，更难找到相应配偶：受教育水平提高，使她们同时面临年龄增大和候选配偶减少双重风险。

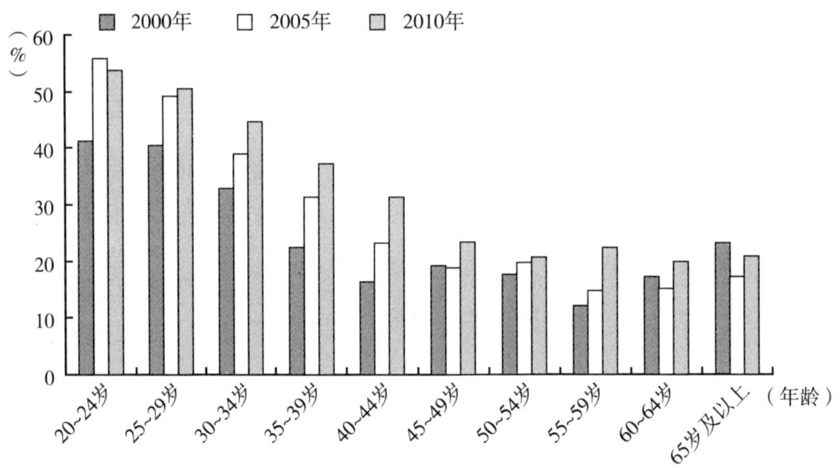

图21-4　研究生群体中女性比例及其变化

资料来源：相关年份人口普查数据。

婚姻市场上不同受教育群体是怎样匹配的呢？按照婚姻阶层假说，在正常情况下，男女都会偏好同一个阶层的异性（Choo and Siow，2006；Schwartz and Mare，2005）。但是，如果男性出现了减少，则男性会娶到更多高阶层的女性。第一次世界大战导致法国的青年男子减少，高阶层的女性只好“下嫁”低阶层的男性（Abramitzky，et al.，2011）。

将受教育水平作为其所处阶层的代理变量，表21-7显示，2000~2005年，婚姻匹配的基本模式是丈夫的受教育水平高于或等于妻子。在接受了高等教育的女性中，这个偏好仍然存在，而且没有发生改变的迹象：2000年，受教育程度为大专的女性，其丈夫受教育程度相等或更高的比例为69.2%，2005年为73.6%；受教育程度为本科的女性，其丈夫受教育程度相等或更高的比例在这两个年份分别为64.4%和65%；女研究生能嫁的丈夫最高受教育分类也是研究生，两个年份的比例分别为48.1%和48.6%。接受了高等教育的女性，对丈夫的受教育程度要求没有改变：如果找不到受教育程度相当或更高的丈夫，她们可能会选择单身。

反过来，男性则愿意找一个教育水平低于自己的妻子，男性受教育程度越高，妻子受教育程度低于自己的比例越大。高校扩招改变了高等教育群体的性别比，但女性寻找配偶的模式并未变化，使她们匹配失败的风险增大。面对女大学毕业生的增加，男性在婚姻市场上的匹配模式开始发生变化：受教育程度为大专的男性，其妻子受教育程度相等或更高的比例，由38.4%上升到49%；受教育程度为本科的男性，其妻子受教育水平相等或更高的比例由30.1%上升到38.4%；男研究生的妻子为研究生的比例，也从2000年的17.3%上升到22.6%。

婚姻市场上，5年时间在经验上不算长，但可以谨慎判断：男性已开始根据变化了的环境，调整自己的配偶选择，而女性对配偶的选择还没有表现出明显的变化。这可能是“剩女”现象比“剩男”更严重的原因。女性是否会随着时间延长做出调整以适应婚姻市场的供求变化，还有待更新的大样本数据来分析。

表21-7 25~44岁有配偶者的受教育状况

单位：%

学历	妻子		丈夫	
	教育相同	丈夫更高	教育相同	妻子更高
2000年				
大专	45.9	23.3	32.4	6.0
本科	56.7	7.7	28.6	1.5
研究生及以上	48.1	—	17.3	—
2005年				
大专	47.5	26.1	39.6	9.4
本科	57.6	7.4	36.3	2.1
研究生及以上	48.6	—	22.6	—

资料来源：2000年人口普查数据和2005年1%人口抽样调查。

六　结论和含义

最近三十多年来，中国城镇婚姻市场发生了显著的变化。以下因素影响了人们的选择：人口控制政策导致的性别结构失衡；高等教育扩张导致的受教育结构变化有利于女性；城镇劳动力市场在发生技能偏好型技术演变；农村适婚年龄女性加入城镇婚姻市场竞争等。这些因素共同推动城镇“剩女”现象的出现和加重，高学历女性受到更大的压力并降低了结婚率；另外，也反过来导致农村受教育水平低的男性，受到婚姻挤压。

发达国家高等教育走过的历程显示，女性会占据主导地位，其劳动力市场参与率因受教育水平提高而不断提高（Goldin, Katz and Kuziemko, 2006）。中国高等教育的性别结构逆转，在更短的时间内发生了。中国女性的劳动参与率，一直在国际上处于较高水平，这个传统，会激励那些接受了高等教育的女性，参与劳动力市场，甚至占据那些竞争激烈的工作岗位，这限制了她们投入家庭的时间。从一定意义上说，那些接受了高等教育的“剩女”，大多是劳动力市场上的成功者（Bertrand, Goldin and Katz, 2010），中国也显示出同样的特征。

接受高等教育的女性不结婚的概率显著提高了。在中国劳动年龄人口开始减少，总和生育率远低于更替水平的条件下，中国会遭遇多重损失：首先会进一步减少出生人口数量，而且，减少的恰恰是潜在最优家庭的人口。这群最有生物学和社会学优势的人口没有出生，阻断了家庭内人力资本的代际传递——受教育程度高的父母更利于子女教育（Currie and Moretti, 2003）。其次从微观层面看，这些不结婚者进入老年时，即使能为自己积累足够的养老金，也会缺少家庭内的照料和安慰，面临更高的身心健康风险。

对城镇婚姻市场的研究结论，能引申出什么样的政策含义呢？首先，女性在高等教育阶段占主导地位是发达国家经历过的事实，那么，应以此为出发点，寻找干预的措施，比如，在大学阶段调整课程设置，对大学生进行婚育教育，帮助毕业生为参与婚姻市场和组建家庭做好准备。对那些有成立家庭意愿的年轻人，不可因其缺少相关知识和信息或者不准确期待值等原因，忽略了未来必然面临的婚姻市场选择，导致搜寻失败。其次，要关注和引导婚姻匹配模式的变化。从事家务劳动的比较优势，应该更多地考虑到婚姻匹配决策中，鼓励那些有市场竞争优势的女性，选择有家庭内劳动优势但教育程度较低的男性为配偶。

参考文献

Abramitzky, Adeline Delavande, and Luis Vasconcelos (2011). "Marrying Up: The Role of Sex Ratio in Assortative Matching." *American Economic Journal: Applied Economics 3* (July): 124 - 157.

Bertrand Marianne, Claudia Goldin and Lawrence Katz (2010). "Dynamics of the gender gap for young professionals in the financial and corporate sectors." *American Economic Journal: Applied Economics 2* (July): pp. 228 - 255.

Choo Eugene, Siow Aloysius (2006). "Who marries whom and why?" *Journal of Political Economy*, 114 - 1: pp. 175 - 201.

Currie Janet and Enrico Moretti (2003). "Other's Education and the Intergenerational Transmission of Human Capital: Evidence from College Openings." *The Quarterly Journal of Economics* 118 (4): 1495 - 1532.

Goldin Claudia, Lawrence Katz and Ilyana Kuziemko (2006). "The Homecoming of American College Women: The Reversal of the College Gender Gap." *The Journal of Economic Perspectives*. Vol. 20, No. 4 (Fall), pp. 133 - 156.

Schwartz Christine, Mare Robert (2005). "Trends in Educational Assortative Marriage from 1940 to 2003," *Demography* 42: 621 - 46.

Goldin Claudia, Lawrence Katz (2008). *The Race Between Educatin and Technology*. Haward University Press.

皮书起源

“皮书”起源于十七、十八世纪的英国，主要指官方或社会组织正式发表的重要文件或报告，多以“白皮书”命名。在中国，“皮书”这一概念被社会广泛接受，并被成功运作、发展成为一种全新的出版形态，则源于中国社会科学院社会科学文献出版社。

皮书定义

皮书是对中国与世界发展状况和热点问题进行年度监测，以专业的角度、专家的视野和实证研究方法，针对某一领域或区域现状与发展态势展开分析和预测，具备原创性、实证性、专业性、连续性、前沿性、时效性等特点的公开出版物，由一系列权威研究报告组成。

皮书作者

皮书系列的作者以中国社会科学院、著名高校、地方社会科学院的研究人员为主，多为国内一流研究机构的权威专家学者，他们的看法和观点代表了学界对中国与世界的现实和未来最高水平的解读与分析。

皮书荣誉

皮书系列已成为社会科学文献出版社的著名图书品牌和中国社会科学院的知名学术品牌。2011 年，皮书系列正式列入“十二五”国家重点出版规划项目；2012~2015 年，重点皮书列入中国社会科学院承担的国家哲学社会科学创新工程项目；2016 年，46 种院外皮书使用“中国社会科学院创新工程学术出版项目”标识。

中国皮书网

www.pishu.cn

发布皮书研创资讯，传播皮书精彩内容

引领皮书出版潮流，打造皮书服务平台

栏目设置：

- □ 资讯：皮书动态、皮书观点、皮书数据、皮书报道、皮书发布、电子期刊
- □ 标准：皮书评价、皮书研究、皮书规范
- □ 服务：最新皮书、皮书书目、重点推荐、在线购书
- □ 链接：皮书数据库、皮书博客、皮书微博、在线书城
- □ 搜索：资讯、图书、研究动态、皮书专家、研创团队

中国皮书网依托皮书系列“权威、前沿、原创”的优质内容资源，通过文字、图片、音频、视频等多种元素，在皮书研创者、使用者之间搭建了一个成果展示、资源共享的互动平台。

自 2005 年 12 月正式上线以来，中国皮书网的 IP 访问量、PV 浏览量与日俱增，受到海内外研究者、公务人员、商务人士以及专业读者的广泛关注。

2008 年、2011 年中国皮书网均在全国新闻出版业网站荣誉评选中获得“最具商业价值网站”称号；2012 年，获得“出版业网站百强”称号。

2014 年，中国皮书网与皮书数据库实现资源共享，端口合一，将提供更丰富的内容，更全面的服务。

法律声明

“皮书系列”（含蓝皮书、绿皮书、黄皮书）之品牌由社会科学文献出版社最早使用并持续至今，现已被中国图书市场所熟知。“皮书系列”的LOGO（）与“经济蓝皮书”“社会蓝皮书”均已在中华人民共和国国家工商行政管理总局商标局登记注册。“皮书系列”图书的注册商标专用权及封面设计、版式设计的著作权均为社会科学文献出版社所有。未经社会科学文献出版社书面授权许可，任何使用与“皮书系列”图书注册商标、封面设计、版式设计相同或者近似的文字、图形或其组合的行为均系侵权行为。

经作者授权，本书的专有出版权及信息网络传播权为社会科学文献出版社享有。未经社会科学文献出版社书面授权许可，任何就本书内容的复制、发行或以数字形式进行网络传播的行为均系侵权行为。

社会科学文献出版社将通过法律途径追究上述侵权行为的法律责任，维护自身合法权益。

欢迎社会各界人士对侵犯社会科学文献出版社上述权利的侵权行为进行举报。电话：010－59367121，电子邮箱：fawubu@ssap.cn。

社会科学文献出版社

权威报告·热点资讯·特色资源

皮书数据库

ANNUAL REPORT(YEARBOOK) DATABASE

当代中国与世界发展高端智库平台

WWW.PISHU.COM.CN

皮书俱乐部会员服务指南

1. 谁能成为皮书俱乐部成员?

- 皮书作者自动成为俱乐部会员
- 购买了皮书产品(纸质书/电子书)的个人用户

2. 会员可以享受的增值服务

- 免费获赠皮书数据库100元充值卡
- 加入皮书俱乐部，免费获赠该纸质图书的电子书
- 免费定期获赠皮书电子期刊
- 优先参与各类皮书学术活动
- 优先享受皮书产品的最新优惠

3. 如何享受增值服务?

(1)免费获赠100元皮书数据库体验卡

第1步 刮开附赠充值的涂层(右下);

第2步 登录皮书数据库网站(www.pishu.com.cn),注册账号;

第3步 登录并进入“会员中心”—“在线充值”—“充值卡充值”，充值成功后即可使用。

(2)加入皮书俱乐部，凭数据库体验卡获赠该书的电子书

第1步 登录社会科学文献出版社官网(www.ssap.com.cn),注册账号;

第2步 登录并进入“会员中心”—“皮书俱乐部”，提交加入皮书俱乐部申请;

第3步 审核通过后，再次进入皮书俱乐部，填写页面所需图书、体验卡信息即可自动兑换相应电子书。

4. 声明

解释权归社会科学文献出版社所有

皮书俱乐部会员可享受社会科学文献出版社其他相关免费增值服务，有任何疑问，均可与我们联系。

图书销售热线：010-59367070/7028
图书服务QQ：800045692
图书服务邮箱：duzhe@ssap.cn

数据库服务热线：400-008-6695
数据库服务QQ：2475522410
数据库服务邮箱：database@ssap.cn

欢迎登录社会科学文献出版社官网(www.ssap.com.cn)和中国皮书网(www.pishu.cn)了解更多信息

社会科学文献出版社 SOCIAL SCIENCES ACADEMIC PRESS (CHINA) 皮书系列

卡号：8663233618162890

密码：

S 子库介绍
Sub-Database Introduction

中国经济发展数据库

涵盖宏观经济、农业经济、工业经济、产业经济、财政金融、交通旅游、商业贸易、劳动经济、企业经济、房地产经济、城市经济、区域经济等领域，为用户实时了解经济运行态势、把握经济发展规律、洞察经济形势、做出经济决策提供参考和依据。

中国社会发展数据库

全面整合国内外有关中国社会发展的统计数据、深度分析报告、专家解读和热点资讯构建而成的专业学术数据库。涉及宗教、社会、人口、政治、外交、法律、文化、教育、体育、文学艺术、医药卫生、资源环境等多个领域。

中国行业发展数据库

以中国国民经济行业分类为依据，跟踪分析国民经济各行业市场运行状况和政策导向，提供行业发展最前沿的资讯，为用户投资、从业及各种经济决策提供理论基础和实践指导。内容涵盖农业，能源与矿产业，交通运输业，制造业，金融业，房地产业，租赁和商务服务业，科学研究，环境和公共设施管理，居民服务业，教育，卫生和社会保障，文化、体育和娱乐业等 100 余个行业。

中国区域发展数据库

以特定区域内的经济、社会、文化、法治、资源环境等领域的现状与发展情况进行分析和预测。涵盖中部、西部、东北、西北等地区，长三角、珠三角、黄三角、京津冀、环渤海、合肥经济圈、长株潭城市群、关中—天水经济区、海峡经济区等区域经济体和城市圈，北京、上海、浙江、河南、陕西等 34 个省份及中国台湾地区。

中国文化传媒数据库

包括文化事业、文化产业、宗教、群众文化、图书馆事业、博物馆事业、档案事业、语言文字、文学、历史地理、新闻传播、广播电视、出版事业、艺术、电影、娱乐等多个子库。

世界经济与国际政治数据库

以皮书系列中涉及世界经济与国际政治的研究成果为基础，全面整合国内外有关世界经济与国际政治的统计数据、深度分析报告、专家解读和热点资讯构建而成的专业学术数据库。包括世界经济、世界政治、世界文化、国际社会、国际关系、国际组织、区域发展、国别发展等多个子库。